プリント形式のリアル過去問で本番の臨場感！

東京都

渋谷教育学園渋谷中学校

第1回

2025年春受験用

解答集

本書は，実物をなるべくそのままに，プリント形式で年度ごとに収録しています。
問題用紙を教科別に分けて使うことができるので，本番さながらの演習ができます。

■　収録内容

・解答集（この冊子です）

書籍ＩＤ番号，この問題集の使い方，最新年度実物データ，リアル過去問の活用，
解答例と解説，ご使用にあたってのお願い・ご注意，お問い合わせ

・2024（令和６）年度 ～ 2020（令和２）年度　学力検査問題

JN132489

○は収録あり	年度	'24	'23	'22	'21	'20	
■ 問題（第1回）		○	○	○	○	○	
■ 解答用紙		○	○	○	○	○	
■ 配点							

全教科に解説があります

◎第2回は別冊で販売中
注）問題文等非掲載：2024年度国語の一と社会の1，2022年度国語の一と社会の1，2020年度国語の一と二

問題文などの非掲載につきまして

著作権上の都合により，本書に収録している過去入試問題の本文や図表の一部を掲載しておりません。ご不便をおかけし，誠に申し訳ございません。

本文の一部を掲載できなかったことによる国語の演習不足を補うため，論説文および小説文の演習問題のダウンロード付録があります。弊社ウェブサイトから書籍ＩＤ番号を入力してご利用ください。

なお，問題の量，形式，難易度などの傾向が，実際の入試問題と一致しない場合があります。

教英出版

■　書籍ＩＤ番号

入試に役立つダウンロード付録や学校情報などを随時更新して掲載しています。
教英出版ウェブサイトの「ご購入者様のページ」画面で，書籍ＩＤ番号を入力してご利用ください。

書籍ＩＤ番号　122413

（有効期限：2025年9月30日まで）

【入試に役立つダウンロード付録】
「要点のまとめ(国語／算数)」
「課題作文演習」ほか

■　この問題集の使い方

年度ごとにプリント形式で収録しています。針を外して教科ごとに分けて使用します。①片側，②中央のどちらかでとじてありますので，下図を参考に，問題用紙と解答用紙に分けて準備をしましょう（解答用紙がない場合もあります)。

針を外すときは，けがをしないように十分注意してください。また，針を外すと紛失しやすくなりますので気をつけましょう。

① 片側でとじてあるもの　　② 中央でとじてあるもの

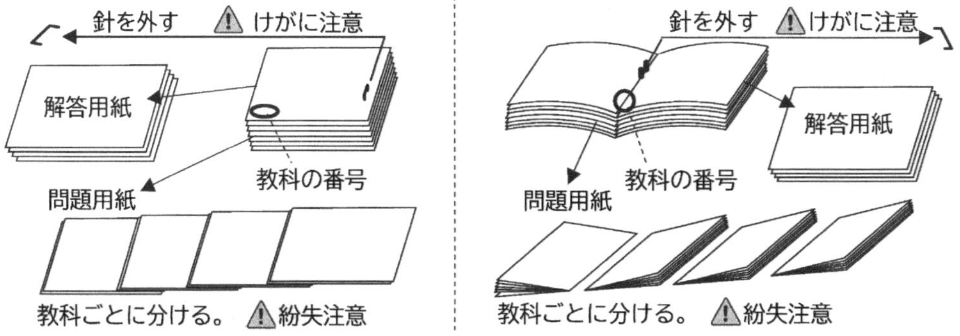

※教科数が上図と異なる場合があります。
解答用紙がない場合や，問題と一体になっている場合があります。
教科の番号は，教科ごとに分けるときの参考にしてください。

■　最新年度 実物データ

実物をなるべくそのままに編集していますが，収録の都合上，実際の試験問題とは異なる場合があります。実物のサイズ，様式は右表で確認してください。

問題用紙	Ａ４冊子(二つ折り) 国：Ｂ５冊子(二つ折り)
解答用紙	Ｂ４片面プリント 算：Ａ３片面プリント

リアル過去問の活用

～リアル過去問なら入試本番で力を発揮することができる～

本番を体験しよう！

問題用紙の形式（縦向き／横向き），問題の配置や余白など，実物に近い紙面構成なので本番の臨場感が味わえます。まずはパラパラとめくって眺めてみてください。「これが志望校の入試問題なんだ！」と思えば入試に向けて気持ちが高まることでしょう。

入試を知ろう！

同じ教科の過去数年分の問題紙面を並べて，見比べてみましょう。

① 問題の量

毎年同じ大問数か，年によって違うのか，また全体の問題量はどのくらいか知っておきましょう。どのくらいのスピードで解けば時間内に終わるのか，大問ひとつにかけられる時間を計算してみましょう。

② 出題分野

よく出題されている分野とそうでない分野を見つけましょう。同じような問題が過去にも出題されていることに気がつくはずです。

③ 出題順序

得意な分野が毎年同じ大問番号で出題されていると分かれば，本番で取りこぼさないように先回りして解答することができるでしょう。

④ 解答方法

記述式か選択式か（マークシートか），見ておきましょう。記述式なら，単位まで書く必要があるかどうか，文字数はどのくらいかなど，細かいところまでチェックしておきましょう。計算過程を書く必要があるかどうかも重要です。

⑤ 問題の難易度

必ず正解したい基本問題，条件や指示の読み間違いといったケアレスミスに気をつけたい問題，後回しにしたほうがいい問題などをチェックしておきましょう。

問題を解こう！

志望校の入試傾向をつかんだら，問題を何度も解いていきましょう。ほかにも問題文の独特な言いまわしや，その学校独自の答え方を発見できることもあるでしょう。オリンピックや環境問題など，話題になった出来事を毎年出題する学校だと分かれば，日頃のニュースの見かたも変わってきます。

こうして志望校の入試傾向を知り対策を立てることこそが，過去問を解く最大の理由なのです。

実力を知ろう！

過去問を解くにあたって，得点はそれほど重要ではありません。大切なのは，志望校の過去問演習を通して，苦手な教科，苦手な分野を知ることです。苦手な教科，分野が分かったら，教科書や参考書に戻って重点的に学習する時間をつくりましょう。今の自分の実力を知れば，入試本番までの勉強の道すじが見えてきます。

試験に慣れよう！

入試では時間配分も重要です。本番で時間が足りなくなってあわてないように，リアル過去問で実戦演習をして，時間配分や出題パターンに慣れておきましょう。教科ごとに気持ちを切り替える練習もしておきましょう。

心を整えよう！

入試は誰でも緊張するものです。入試前日になったら，演習をやり尽くしたリアル過去問の表紙を眺めてみましょう。問題の内容を見る必要はもうありません。どんな形式だったかな？受験番号や氏名はどこに書くのかな？…ほんの少し見ておくだけでも，志望校の入試に向けて心の準備が整うことでしょう。

そして入試本番では，見慣れた問題紙面が緊張した心を落ち着かせてくれるはずです。

※まれに入試形式を変更する学校もありますが，条件はほかの受験生も同じです。心を整えてあせらずに問題に取りかかりましょう。

2024 解答例 令和6年度

渋谷教育学園渋谷中学校【第1回】

《国　語》

□一 問一．①高台　②刻　③建物　　問二．ア　　問三．エ　　問四．ア　　問五．父と母がどちらもミカを手元に置きたくてロボットをつくったことが原因なのに、どちらと暮らすかの判断をミカにゆだねて父自身の考えを言わないのは、無責任でずるいから。　　問六．イ　　問七．オ　　問八．ア，オ

□二 問一．①耕　②帳消　③反映　　問二．イ　　問三．エ　　問四．人間がどのように働きかけても自然は自己修復能力で元に戻ると信じていることが、自分たちの失敗が未来にもたらす脅威について心配しなくてもよいと思わせるということ。　　問五．自然は人間よりも優れているという自然観の上に成り立っている、自然を観察して本質を理解し、それを模倣することによってうまく行使できるものが技術であるという考え方。　　問六．オ　問七．ウ　　問八．ウ

《算　数》

1 (1)$\frac{36}{37}$　(2)29　(3)20　(4)$\frac{6280}{3}$　(5)108　※(6)4.5

2 (1)30　(2)54　(3)51

3 (1)16　(2)145　(3)210　(4)12

4 (1)おうぎ形ＯＡＰ…イ　三角形ＯＡＰ…エ　※(2)$\frac{25}{8}$　※(3)$\frac{25}{7}$

※の式・考え方は解説を参照してください。

《理　科》

1 問１．①(い)　②(う)　③(お)　④(あ)　⑤(え)

問２．(1)種Ｂ　(2)右図

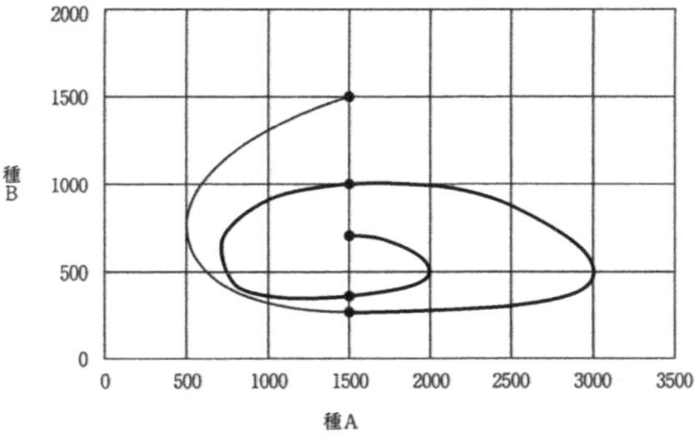

問３．ラッコが減ったことで，ウニの数が増えたから。

問４．植物プランクトンが小型の動物プランクトンにも食べられるようになり，海鳥に移動してくる栄養分が減少するから。　　問５．グアノが減少することで，農作物の収かく量も減少する。

2 問１．表面がなめらかで，印刷にむらができにくい。

問２．ア　　問３．イ　　問４．ウ　　問５．ア　　問６．機械パルプはリグニンを除去せずにつくられるから。

問７．エ　　問８．あ．低　い．対流

《社　会》

1 問１．イ　　問２．①エ　②イ　③ア　　問３．オ　　問４．ア　　問５．(1)エ　(2)阿蘇外輪山に降る豊富な雨水が，透水性の高い火砕流堆積物の地層でろ過され低地で湧き出るから。　(3)(a)ウ　(b)ウ

問６．記号…ウ　語句…不平等

2 問１．(1)イ　(2)漢委奴国王　(3)ア　　問２．(1)梅　(2)防人として３年間九州北部を守る兵役を課されたから。

(3)ウ　(4)イ，ウ　　問３．(1)(Ｘ)オ　(Ｙ)エ　(Ｚ)カ　(2)イ　　問４．(1)米の値段が高騰したが，坑夫の賃金は変わらず生活が苦しくなったため，全国で米騒動が広まっていることに押され，襲撃に至った。　(2)①日中　②金属

3 問１．ｉ．イ　ⅱ．ア　ⅲ．エ　　問２．ｉ．徴兵制〔別解〕兵役　ⅱ．ウ　　問３．ウ　　問４．①冷戦　②核

―《2024　第１回　国語　解説》―

一　著作権上の都合により文章を掲載《けいさい》しておりませんので、解説も掲載しておりません。ご不便をおかけし、誠に申し訳ございません。

二　**問二**　――線(1)の直後で、「地球」という言葉について「人間の外側に広がっている、環境《かんきょう》的な世界を想起させる」と述べ、さらに「現在世代が未来世代と間接的に共有しているものには、外界だけではなく、その内側にあるもの、すなわち身体も含《ふく》まれるだろう」と続けている。ここから、イのような理由が読みとれる。

問三　――線(2)の直後の段落に「現代よりも前の時代～その影響《えいきょう》が未来にまで及《およ》ぶことはなかった～なぜなら～自然によって回復され、なかったことにされてしまうからだ」と理由が書かれている。この「自然によって回復され」ということについて、次の段落で「自然にはそうした自己修復能力が備わっているのである」と述べている。また、――線(3)の４行後に「自然が人間よりも強い力を持ち、自己修復能力が機能している限り、現在世代は未来世代に影響を及ぼすことができない」とある。つまり、人間が自然に与《あた》える影響よりも自然の自己修復能力のほうが大きかった現代以前においては、未来世代へ至る前に、自然が元の姿に戻《もど》っていたということになる。よって、エが適する。

問四　「こうした自然への甘《あま》え」については、――線(3)の２～３段落前に書かれている。「自然には人間を超《こ》えた自己修復能力が備わっているのだから～自分で元の姿に戻るだろう、と期待」して「安心して自然に働きかける」、「そうした無尽蔵《むじんぞう》(いくら取っても尽《つ》きない。無限)の力を信じられるからこそ、人間はいつか～枯渇《こかつ》する(尽きて無くなる)のではないかという不安に苛《さいな》まれることなく、資源を収奪《しゅうだつ》する(奪《うば》いとる)ことができる」というのが「甘え」である。「免除《めんじょ》」は、許して負担や義務を取りのぞくこと。つまり、自然には自己修復能力があるから未来世代への悪影響を心配しなくてもよいという発想になるということを言っている。

問五　近代より前の時代、技術とはどのようなものだと考えられていたのか、――線(4)の直前の４つの段落から読みとる。――線(4)は、２段落前で「こうした技術観は、自然が人間を凌駕《りょうが》する(しのいで上回る)存在であり、人間よりも優《すぐ》れていると考える自然観の上に成り立っている」と述べたのと同じものである。「技術」は「自然の模《も》倣《ほう》」、つまり「自然現象を人工的に模倣したとき」にうまく行使できるものであり、そのためには「自然をしっかりと観察し、その本質を理解しなければならない」ということをおさえる。

問六　「技術ファースト」は、技術を最優先に考える、自然ではなく技術を第一と考えるということ。――線(5)の直前の「この意味において」が指す内容を読みとる。それより前で、ベーコンが「自然の本質は、人間が～積極的に働きかけ、その結果を検証することによって、初めて解明される。そうした働きかけこそ『実験』」だと考えていたこと、「自然には存在しない人工的な環境を技術的に構築することで～自然の本質に迫《せま》ろうとした」という実験を「人間の知識にとって不可欠の契機《けいき》」だとしたこと、「自然をただありのままに観察していても、自然を理解することはできない。それを可能にするのは実験という技術の営みなのだ」と考えていたことが語られている。これらの部分から、オのような意味が読みとれる。

問七　――線(6)の直前の「そのように考えるとき」が指す内容を読みとる。ベーコンは「技術ファースト」で(問六参照)、自然の理解を可能にするのは「実験」だと考えている。このことについて、――線(6)の直前の段落で「実験は、人間の技術によって行われるものである以上、人間によってコントロールされ、管理されている～実験によってしか自然が解明されない。そうである以上、人間が自然を解明できるのは、自然を技術によって再現し、自らコントロールできるからである」と述べている。つまり、ベーコンの発想は、人間は自然を操作し管理することができる、自然を支配することができるという考えにつながるということ。よって、ウが適する。

問八　「明らかな間違《まちが》いを含むもの」を選ぶ問題。ウでは、「誹謗《ひぼう》中傷がインターネット上でなされて」いることを取り上げ、「それによって受けた傷は消えず、未来に引き継《つ》がれていきます」と言っている。しかし、本文における未来への影響は「自然」に関することであり、「現在世代」が与える影響が「未来世代」に及ぶというものである。よって、ウが適さない。

《2024　第1回　算数　解説》

1　(1)　与式$=1-\frac{5}{8}\div(\frac{481}{24}\times\frac{1}{20})\times(\frac{1}{12}-\frac{1}{25})=1-\frac{5}{8}\times\frac{24\times20}{481}\times(\frac{25}{300}-\frac{12}{300})=1-\frac{300}{481}\times\frac{13}{300}=1-\frac{1}{37}=$**$\frac{36}{37}$**

(2)　**【解き方】偶数のうち３または７で割り切れる数の個数は，（２と３の公倍数の個数）＋（２と７の公倍数の個数）－（２と３と７の公倍数の個数）で求められる。**

１から100までの整数のうち偶数は100÷２＝50(個)ある。

２と３の最小公倍数は６だから，２と３の公倍数の個数は，100÷６＝16余り４より，16個ある。

２と７の最小公倍数は14だから，２と７の公倍数の個数は，100÷14＝７余り２より，７個ある。

２と３と７の最小公倍数は42だから，２と３と７の公倍数の個数は，100÷42＝２余り16より，２個ある。

よって，偶数のうち３または７で割り切れる数は，16＋７－２＝21(個)あるから，偶数のうち３でも７でも割り切れない数の個数は，50－21＝**29**(個)

(3)　**【解き方】【Ｍ】＝３となるＭの値は，２×２×２＝８以上であり，８×２＝16未満である。**

２を５回かけ合わせると16×２＝32になるから，２を10回かけ合わせると，32×32＝1024となる。また，２を11回かけ合わせると，1024×２＝2048になる。したがって，1024以上2048未満の数Ｎは【Ｎ】＝10となるから，【2024】＝10である。同様に考えていくと，

与式＝【10＋７】×【33】＝【17】×【33】＝４×５＝**20**

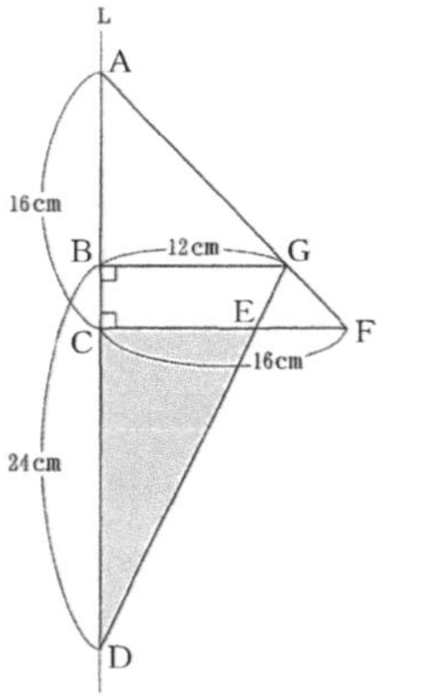

(4)　右図のように記号をおく。三角形ＡＣＦが直角二等辺三角形だから，三角形ＡＢＧも直角二等辺三角形なので，ＡＢ＝ＧＢ＝12㎝

ＢＣ＝16－12＝４(㎝)だから，ＤＣ＝24－４＝20(㎝)

三角形ＤＢＧと三角形ＤＣＥは同じ形で対応する辺の比が

ＤＢ：ＤＣ＝24：20＝６：５だから，ＣＥ＝ＢＧ$\times\frac{5}{6}$＝12$\times\frac{5}{6}$＝10(㎝)

よって，求める体積は，底面の半径がＣＥ＝10㎝で高さがＤＣ＝20㎝の円すいの体積だから，10×10×3.14×20÷３＝**$\frac{6280}{3}$**(㎤)

(5)　**【解き方】右のように作図する。三角形ＯＡＣは正三角形だから，三角形ＣＯＢはＣＯ＝ＣＢの二等辺三角形である。**

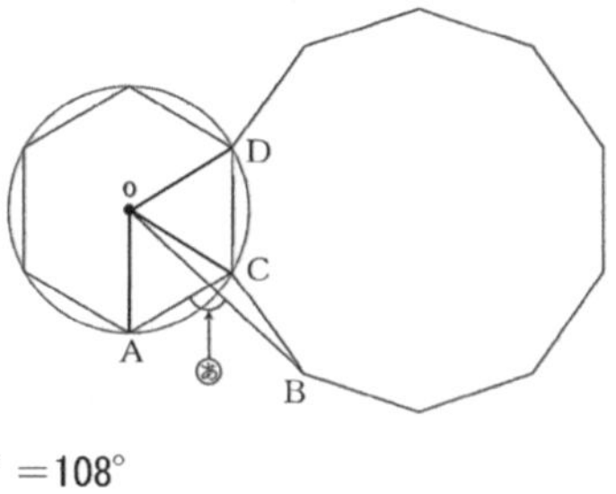

正十角形の１つの外角は，360°÷10＝36°だから，

正十角形の１つの内角は，180°－36°＝144°

三角形ＯＣＤも正三角形だから，角ＯＣＢ＝360°－60°－144°＝156°

角ＣＢＯ＝(180°－156°)÷２＝12°

角ＡＣＢ＝156°－60°＝96°だから，三角形の外角の性質より，㋐＝96°＋12°＝**108°**

(6)　**【解き方】Ａ，Ｂ，Ｃから取り出した食塩の量の比は，（１×３）：（２×５）：（２×４）＝３：10：８である。**

Aに最初に入っていた食塩は，$600\times\frac{3}{100}=18$(g)である。Aから取り出した食塩とAに戻した食塩の量の比は，$3:\frac{3+10+8}{3}=3:7$である。この比の数の$7-3=4$が$22-18=4$(g)にあたるから，Aから取り出した食塩の量は3gである。したがって，Aから取り出した食塩水は，$3\div\frac{3}{100}=100$(g)であり，Bから取り出した食塩水は，$100\times2=200$(g)である。Bに戻した食塩水は，$\frac{100+200+200}{3}=\frac{500}{3}$(g)だから，Bの食塩水の量は，$300-200+\frac{500}{3}=\frac{800}{3}$(g)になった。Bから取り出した食塩は$3\times\frac{10}{3}=10$(g)，Bに戻した食塩は，$3\times\frac{7}{3}=7$(g)だから，Bの食塩は$10-7=3$(g)減って，$300\times\frac{5}{100}-3=12$(g)になった。

よって，求めるBの食塩水の濃さは，$12\div\frac{800}{3}\times100=$**4.5**(%)

2 (1) 切り口は右図の太線のようになり，右の面の色をつけた立方体とその左側に並ぶ立方体がすべて2個に切り分けられる。したがって，$4\times3=12$(個)の立方体が$12\times2=24$(個)の立体になり，$18-12=6$(個)の立方体は切られない。

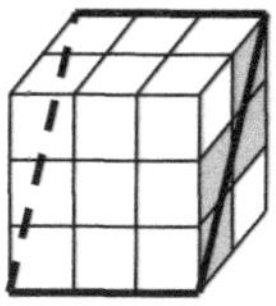

よって，求める個数は，$24+6=$**30**(個)

(2) 切り口は右図の太線のようになり，右の面の色をつけた立方体とその左側に並ぶ立方体がすべて2個に切り分けられる。したがって，$6\times3=18$(個)の立方体が$18\times2=36$(個)の立体になり，$36-18=18$(個)の立方体は切られない。

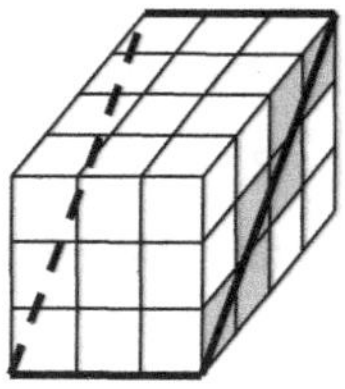

よって，求める個数は，$36+18=$**54**(個)

(3) **【解き方】直方体全体を，上の段から順に1段目，2段目，3段目と3段に分け，各段の上の面にできる切り口の線と，下の面にできる切り口の線をかく。**

直方体の，左の面，上の面，前の面にできる切り口の線は，図Iの太線のようになる。これを参考に，1段目，2段目，3段目にできる切り口の線をかくと，図IIのようになる。切られる立方体は色をつけた立方体であり，全部で，$8+5+2=15$(個)ある。したがって，15個の立方体が$15\times2=30$(個)の立体になり，$36-15=21$(個)の立方体は切られない。

よって，求める個数は，$30+21=$**51**(個)

図I

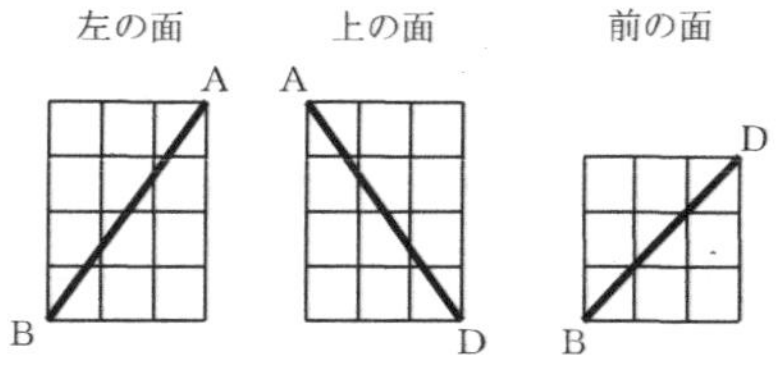

図II

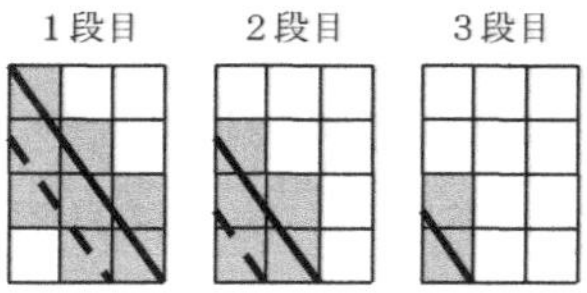

3 (1) **【解き方】表1を見てご石の個数の増え方に注目する。**

ご石が増えた個数は，$5-1=4$(個)，$12-5=7$(個)，$22-12=10$(個)，……と3個ずつ増えている。

よって，5番目は4番目より$10+3=13$(個)多く，6番目は5番目より$13+3=$**16**(個)多い。

(2) (1)より，7番目は6番目より$16+3=19$(個)多く，8番目は7番目より$19+3=22$(個)多く，9番目は8番目より$22+3=25$(個)多く，10番目は9番目より$25+3=28$(個)多い。

よって，10番目のご石の個数は，$22+13+16+19+22+25+28=$**145**(個)

(3) **【解き方】表2のご石の個数の規則性を考える。**

表2のご石は①番目が1個，②番目が$3=1+2$(個)，③番目が$6=1+2+3$(個)，④番目が$10=1+2+3+4$(個)となっている。したがって，ⓝ番目の個数は1からnまでの連続する整数の和に等しいから，$\frac{(1+n)\times n}{2}$で求められる。よって，⑳番目の個数は，$\frac{(1+20)\times20}{2}=$**210**(個)

(4) (2)の続きを計算すると，表1において，11番目のご石は，$145+(28+3)=176$(個)，12番目のご石は，$176+(31+3)=210$(個)である。よって，求める整数は**12**である。

4 (1) おうぎ形ＯＡＰの面積は中心角の大きさに比例するから，おうぎ形ＯＡＰの面積のグラフは図２のグラフと同じような形になるので，**イ**が正しい。

三角形ＯＡＰの面積については，底辺をＯＡとみて高さの変化を考える。高さは，㋐＝90°のとき最大になり，㋐＝180°のとき０になり，次に㋐＝90°のとき再び最大になり，最後に㋐＝０°のとき再び０になる。したがって，グラフはエ，オ，カのいずれかである。㋐＝０°から㋐＝90°になるときの高さは，最初は大きく変化するが，次第に余り変化しなくなっていく。したがって，**エ**のグラフが正しい。

(2) 【解き方】ＰとＱにおいて，１周するのにかかる時間の比が，５：8$\frac{20}{60}$＝３：５だから，速さの比はこの逆比の５：３である。

Ｐが１周目してＡにもどる前に，短い方の曲線ＡＱの長さと，短い方の曲線ＡＰの長さが等しくなるとき，つまり，右図のような位置関係になるとき，ＡＱ＝ＡＰとなり，三角形ＡＰＱがはじめて二等辺三角形になる。

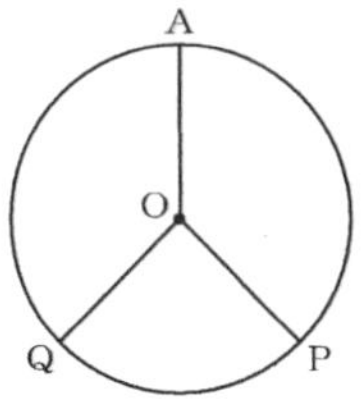

このとき，Ｐが進んだ道のりを⑤，Ｑが進んだ道のりを③とすると，

(短い方の曲線ＡＰの長さ)＝(短い方の曲線ＡＱの長さ)＝③だから，

Ｐが進んだ長さは１周の$\frac{⑤}{⑤+③}=\frac{5}{8}$にあたる。よって，求める時間は，$5\times\frac{5}{8}=\mathbf{\frac{25}{8}}$(分後)

(3) 【解き方】(2)と同様に考える。

(2)の少し後に，短い方の曲線ＱＰの長さと，短い方の曲線ＡＰの長さが等しくなるとき，つまり，右図のような位置関係になるとき，ＱＰ＝ＡＰとなり，三角形ＡＰＱが２回目に二等辺三角形になる。

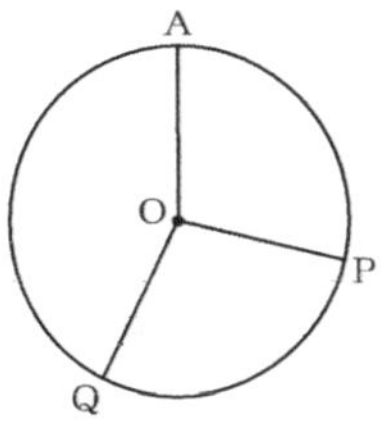

このとき，Ｐが進んだ道のりを$\boxed{5}$，Ｑが進んだ道のりを$\boxed{3}$とすると，

(短い方の曲線ＡＰの長さ)＝(短い方の曲線ＱＰの長さ)＝$\boxed{5}-\boxed{3}=\boxed{2}$だから，

Ｐが進んだ長さは１周の$\frac{\boxed{5}}{\boxed{5}+\boxed{2}}=\frac{5}{7}$にあたる。よって，求める時間は，$5\times\frac{5}{7}=\mathbf{\frac{25}{7}}$(分後)

《2024　第１回　理科　解説》

1 **問２(1)** ふつう，食べる側は食べられる側よりも個体数が少なく，食べられる側の個体数が変化すると，少しおくれて食べる側の個体数も変化する。　**(2)** 例えば，②～③の期間でＡの個体数が約3000になったときのＢの個体数は約500だから，この点を図にとる。このような点をいくつかとり，それらをなめらかな曲線で結べばよい。点を多くとるほど，より正確な図になる。

問３ 食物連鎖《れんさ》の関係に着目すると，ラッコが減るとラッコのエサであるウニが増え，ウニが増えるとウニのエサであるケルプが減少する。ある生物の増減が生態系全体に影響《えいきょう》を及《およ》ぼすことがある。

問４ 表より，通常期の植物プランクトンは小型の動物プランクトンよりもサイズが大きいので小型の動物プランクトンに食べられることはないが，エルニーニョ期の植物プランクトンは小型の動物プランクトンよりもサイズが小さいので小型の動物プランクトンに食べられる。図２より，食物連鎖にかかわる生物の数が多くなると，その他や呼吸で消費される量が多くなると考えられるので，植物プランクトンが小型の動物プランクトンに食べられるようになると，最終的に海鳥に移動してくる栄養分が少なくなる。

問５ グアノには肥料としてのはたらきがあるから，海鳥の個体数が減少し，その排《はい》せつ物が堆積《たいせき》してできるグアノが減少すれば，農作物の収穫《しゅうかく》量も減少する。

2 **問１** 短い繊維《せんい》が集まることで，きめが細かく表面がなめらかな紙になる。このため，インクが均一にのり，印刷にむらができにくくなる。なお，新聞紙は，不透明《とうめい》度を高くすることで，薄《うす》くても裏面の文字が透《す》けて見えないようになっている。

問２　イ×…「ねり」は糊《のり》や接着剤《せっちゃくざい》の役目で使うのではない。　ウ×…水を捨てる向きによって繊維《せんい》の向きが決まる。　エ×…卒業証書のような厚い和紙は裏面に墨《すみ》が染み出しにくいが，このような和紙では「ねり」が使われていない。

問３　アでは接着面の左端《はし》におもりの重さがかかるのに対し，イでは接着面全体におもりの重さがかかるので，イの方がはがれにくい。

問４　エでは，切れ目に対して垂直方向に力がはたらくことで，切れ目が水平方向に広がり紙が破れやすくなる。

問５　灰汁《あく》はアルカリ性だから，水溶液《すいようえき》がアルカリ性を示すアが適する。なお，イの水溶液は酸性，ウとエの水溶液は中性を示す。

問７，８　晴れた日の昼は，地表付近で空気があたためられると，あたためられた空気は軽くなって上昇《じょうしょう》し，上空にある冷たい(重い)空気が下降することで，空気の対流が起こる。空気の対流が起こると，公害物質は拡散して薄《うす》まる。これに対し，冬のよく晴れて風の弱い早朝は，放射冷却が起こることで地表付近に冷たい空気があるため，空気の対流が起こらず，公害物質が拡散しにくくなっていると考えられる。

《2024　第１回　社会　解説》

1　**問１**　Ａ．正しい。チームなしの県は，福井県・三重県・和歌山県・高知県であり，いずれも 2023 年９月末時点で営業運転中の新幹線は通っていない。なお，福井県については北陸新幹線の金沢－敦賀間が 2024 年３月に開業した。Ｂ．誤り。全国にある政令指定都市は，札幌市・仙台市・さいたま市・千葉市・川崎市・横浜市・相模原市・新潟市・静岡市・浜松市・名古屋市・京都市・大阪市・堺市・神戸市・岡山市・広島市・福岡市・北九州市・熊本市の 20 市である。岡山市がある岡山県は，１チームしかない。

問２　①「徳島ヴォルティス」の由来。「渦潮」より，渦潮が見られる鳴門海峡の西に位置する徳島県の都市と判断する。②「水戸ホーリーホック」の由来。「藩の家紋『三つ葉葵』」より，「三つ葉葵」を家紋とする徳川氏が治めた江戸，水戸，尾張，紀伊のいずれかであり，選択肢にある茨城県水戸市と判断する。③「ベガルタ仙台」の由来。「織姫」「彦星」「大規模な祭り」より，仙台七夕まつりが開催される宮城県仙台市と判断する。七夕伝説の織姫(ベガ)と彦星(アルタイル)から，２つの星の合体名として「ベガルタ」と名付けられた。

問３　瀬戸内の気候の大阪市は，１年を通して降水量が少ないから，Ｂである。福岡市と所沢市は夏に雨が多い太平洋側の気候に属するが，低緯度に位置する福岡市の方が１年を通して気温は高く，夏の降水量は多くなるから，残ったＡ・Ｃのうち，Ａが福岡市であり，Ｃは所沢市である。

問４　化学工業製造品出荷額が最も高いウは，化学工業が盛んな京葉工業地域に位置する市原市，輸送機械器具製造品出荷額が高いイは，自動車メーカーのマツダの本拠が置かれる広島市，漁獲量が最も多いエは，用宗漁港，清水港，由比漁港を有する静岡市であるから，残ったアが川崎市である。

問５(1)　①誤り。Ａ地点からＢ地点の間には，どちらの地点の標高よりも高い戸島山があるため，Ａ地点からＢ地点を直接見ることはできない。②誤り。ＪＡ熊本果実連工場の南側には畑(∨)が広がるが，形や大きさがふぞろいであり，畑道も真っ直ぐではないことから，区画整理されているとはいえない。

(2)　図より，阿蘇外輪山に降った雨が，粒の大きい火砕流堆積物の地層に浸透し，標高が低い方へ流れて低地で湧き出る様子が読み取れる。阿蘇山の火砕流噴火によって降り積もった地層は，水が浸透しやすい特徴があり，雨水が地下水になりやすい。また，年間の平均降水量は，日本全体の約 1700 ㎜に比べ，熊本地域では約 2000㎜，阿蘇山では約 3000㎜ と，降水量も多い地域である。降った雨水は地層の間をゆっくり流れる間にろ過され，ミネラルなどがバランスよく溶けていき，水質に優れた地下水が蓄えられていく。

⑶(b) 台湾の半導体企業（ＴＳＭＣ）の工場が進出し，大量の地下水を使用する菊陽町では，地下水を保全するため，米の栽培時期でない冬に水田に水を張って浸透させる「かん養」が行われている。

問6 アは「貧困をなくそう」，イは「すべての人に健康と福祉を」，ウは「人や国の不平等をなくそう」，エは「住み続けられるまちづくりを」である。Ｂはア，Ｃはイ，Ｄはエ。

2 **問1**⑴ 青銅は鉄に比べてもろいため，農具や武器には鉄が使われた。銅鐸などの青銅器は祭りの道具として使われた。

⑵ １世紀に九州北部の支配者の一人(奴国の王)が漢に使いを送り，皇帝から金印を与えられたことが，『後漢書』東夷伝に記録されている。その与えられた金印が志賀島で発見されたものであると考えられている。

⑶ １世紀頃の弥生時代前期についてのアを選ぶ。イ・ウは古墳時代，エは弥生時代後期。

問2⑴ 「令和」は，万葉集第５巻に収録している「梅花の歌」から引用された。

⑵ ３年間北九州の警備をする防人《さきもり》は，滞在中の費用はすべて自前であった。

⑶ 平重衡は平清盛の子である。平氏は，1183 年に倶利伽羅峠の戦いで源義仲に敗れると，安徳天皇を奉じて西国に都落ちした。

⑷ Ｃの歌がよまれたのは，平安時代末である。アは法隆寺(飛鳥時代)，イは慈照寺銀閣(室町時代)，ウは日光東照宮陽明門(江戸時代)，エは平等院鳳凰堂(平安時代中頃)。

問3⑴ Ｘ.「白石先生(＝新井白石)は金銀銅の流出について深くなげいて～制限する計画(＝海舶互市新例)」より，長崎で貿易を行ったオランダと判断する。オランダ商館長が提出する報告書はオランダ風説書と呼ばれた。

Ｙ.「直行の文字」より，漢字を用いていた琉球と判断する。薩摩藩の島津氏が琉球王国を服属させた。将軍の代替わりには慶賀使，琉球国王の代替わりには謝恩使を派遣した。Ｚ.「蒙古東北」「カムチャツカ」より，ロシアと判断する。日露通好条約で日本とロシアの国境線は択捉島と得撫島の間に引かれることになり，樺太は日本人とロシア人が共同で住む雑居地として扱われた。

⑵ 松平定信は出版統制令を出し，『三国通覧図説』や『海国兵談』で海岸防備を説いた林子平を幕政を批判したとして弾圧した。高野長英と渡辺崋山はモリソン号事件で幕府を批判し，蛮社の獄で厳しく処罰された。攘夷論者であった吉田松陰は，安政の大獄で死刑となった。

問4⑴ 米騒動は 1918 年(大正７年)に起きた。シベリア出兵を見越した商人による米の買い占めで，米価が急に高くなり，人々の生活は大きな打撃を受けた。富山県の漁村で，女性たちが米の安売りなどを要求する運動を起こしたことが新聞で報道されると，この動きは全国に広がり，各地で民衆が米屋や精米会社を襲った。

⑵ 日中戦争に続いて太平洋戦争が起こる中，鉄などの金属が不足したため，金属類回収令が出され，鍋・釜だけでなく，マンホールや金属製のてすり，寺院の梵鐘などまでが集められた。

3 **問1**【ⅰ】 国政調査権は国会が行使できる権利であり，内閣の仕事ぶりを調査したり，国の重要な問題について証人を呼んで証人喚問を行ったりすることができる。

【ⅱ】 違憲審査権はすべての裁判所がもつ権利であり，国会の制定する法律や内閣の制定する命令・規則・処分が日本国憲法に違反していないかを審査することができる。公共の福祉は，社会全体の利益を意味する。

【ⅲ】 承久の乱は鎌倉時代の 1221 年に起こった。

問2【ⅱ】　税金を納める人と税金を負担する人が一致する税を直接税，一致しない税を間接税という。税金の分類には直接税・間接税のほかに，国税・地方税もあるので，合わせて覚えておこう。分類については右表。社会保障の４つの柱は，社会福祉・社会保険・公衆衛生・公的扶助である。働けなくなった時にも安心して暮らせるように，失業保険や生活保護などがある。

		直接税	間接税
国税		所得税 法人税 相続税など	消費税 酒税 関税など
地方税	道府県税	道府県民税 自動車税など	地方消費税など
	市町村税	固定資産税など	入湯税など

問３　記事中に「民主主義国家の数は05年の89カ国をピークに減少傾向になり，21年には83カ国になった」「中国とロシアを専制主義国家と位置付けている」とある。

問４　第二次世界大戦後，アメリカを中心とした資本主義陣営は北大西洋条約機構，ソ連を中心とした社会主義陣営はワルシャワ条約機構という軍事同盟をそれぞれつくって対立し，冷戦と呼ばれる緊張状態になった。米ソの緊張状態が高まり，1962年のキューバ危機では，核ミサイルの発射ボタンに手がかかっていると言われるほど危険な状態となった。

2023 解答例 令和5年度 渋谷教育学園渋谷中学校【第1回】

《国　語》

一　問一．①心底　②まいちもんじ　③灯台　④裏切　問二．長距離走を続けられなくなった穴を埋めるために競歩をやっていることと、レースの後半に焦ってフォームが安定しなくなること。　問三．エ　問四．イ　問五．オ　問六．イ　問七．ア　問八．イ，カ

二　問一．①提唱　②官庁　③立派　④展開　問二．イ　問三．ア　問四．言葉は考えを伝える働きをするだけのものではなく、特定のものの見方を含み、考え自体を生み出す働きをするものだということ。

問五．(1)オ　(2)語彙が減少し、選択できる言葉の範囲が狭くなるにつれて熟考ができなくなり、表現力や思考力がおとろえる　問六．カ　問七．ウ

《算　数》

1　(1)17000　(2)120　(3)$49\frac{1}{11}$　(4)1296

(5)500 円，600 円　※(6)6.28

2　(1)右図　(2)132　(3)36

3　(1)47.56　(2)97.12　(3)8／右図

4　(1)35，49　※(2)326　※(3)7

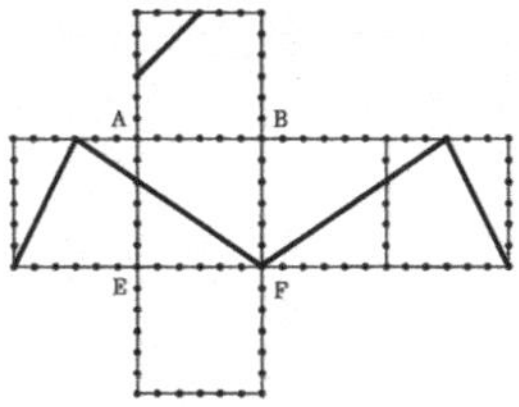

2(1)の図

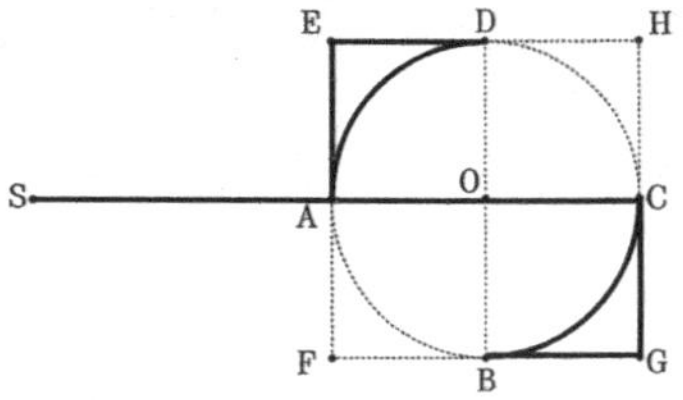

3(3)の図

※の式・考え方は解説を参照してください。

《理　科》

1　問1．種子をつくり終えたあとの花　問2．ア　問3．ウ　問4．(1)エ　(2)イ

問5．(1)ア　(2)花をからせて落としてしまう。　問6．(1)ア　(2)色を見分けることができる

2　問1．クレーター　問2．衛星　問3．ウ　問4．ウ　問5．画像がぼやける

問6．宇宙の一点をずっと観察し続けることができる　問7．エ

《社　会》

1　問1．(1)浅間山　(2)火山灰が大量にたい積し，川底が上がったから。　(3)ア　問2．(1)イ　(2)がけ

問3．(1)イ　(2)ア　問4．(1)標高が高く，夏でも気温が上がらないため。　(2)日光　問5．②

2　問1．(1)X．エ　Y．カ　(2)黒曜石　問2．(1)持統天皇　(2)エ　問3．(1)壁のない小屋で，すべての商品を並べて売る　(2)オ　問4．(1)オランダ　(2)エ　(3)ア　問5．(1)専売　(2)日露戦争　(3)軍事　問6．関東大震災で被災し，根拠のないうわさが広まって混乱する状況で，日用品を安売りしたり，新聞をすすめて真実を広めたりすることで，復興と混乱の収拾を先導する役割。

3　問1．X．地価　Y．東日本　問2．①地方〔別解〕田舎　②通勤　問3．A．時間　B．成果〔別解〕結果　問4．ア　問5．非正規雇用　問6．ウ

《2023　第１回　国語　解説》

一 **問二**　「本質」は、そもそも選手としてどのような姿勢であるかということ。「弱点」は、八千代《やちよ》の弱み、欠点。本文 21〜26 行目の蔵前《くらまえ》の言葉に着目する。「本当はさ、走りたいんじゃない？　走りたいけど仕方なく競歩やってない？　走れない鬱憤《うっぷん》とか苛立《いらだ》ちをエネルギーに競歩をやるなら〜」から「本質」を、「さっきも必死に俺《おれ》についてきたけど〜『冷静になれ』って何回言った？〜焦《あせ》って不安になって〜ラストで勝負すらできずにまた負けるよ」から、「弱点」を読みとる。本文 126〜132 行目で八千代自身が語っているとおり、長距離《ちょうきょり》で負け、陸上以外で何をすればいいかわからず、「競歩は俺に価値をくれるんじゃないか」と思ってやっているのである。蔵前はそれを見抜《みぬ》いたと言える。下線部については、本文３〜４行目の「長い距離〜特に後半に入るとフォームが安定しない〜警告出されるの、レースの後半が多いだろ？」を参照。

問三　ア.「いつもの前向きで実直な雰囲気《ふんいき》」「才能を強く信じているかのように」は適さない。　イ.「八千代の考え方に疑問を感じ」「気位の高さが感じられた」は適さない。　ウ.「いつもの冷静で落ち着いた雰囲気」「諦《あきら》めと悲しみがにじむような複雑な笑顔」は適さない。　エ．本文 16〜35 行目から読みとれる内容である。
オ.「有無《うむ》を言わせぬ態度で八千代を叱《しか》った」「いつもの穏《おだ》やかで優しい雰囲気」「規範《きはん》を示そうとする」「励《はげ》ましの笑顔」は適さない。

問四　ア.「自分や長崎とは決定的な実力の違《ちが》いがある」は適さない。　イ．本文 51〜69 行目から読みとれる内容である。　ウ.「間違っていると強く批判する」「同情を感じさせるような笑顔」は適さない。　エ.「競歩へ転向してきた多くの選手の末路を知っていて」「不信感を抱《いだ》いた」は適さない。　オ.「自信にあふれた笑顔」「違和感《いわかん》を覚えた」は適さない。

問五　ア.「失敗を次の作品に生かさなければ意味がない」は適さない。　イ.「無気力になっている」は適さない。ウ.「過去の栄光を取《と》り戻《もど》したい」「書くこと自体に嫌気《いやけ》がさしている」は適さない。　エ.「作家としての方向性を見失って混乱している」「自分が作家であることを証明できるかもしれない」は適さない。　オ．本文 104〜123 行目から読みとれる内容である。

問六　ア.「挫折《ざせつ》を繰《く》り返《かえ》した」「ついに〜新しい価値を見極めたが、もうこれ以上挑戦《ちょうせん》を続けることができないかもしれないという思いにさいなまれ」は適さない。　イ．長距離を続けられなくなった八千代と、スランプに陥《おちい》っている忍《しのぶ》の共通点。本文 122〜123 行目、130〜135 行目から読みとれる内容である。　ウ.「立ち直れないほどの挫折〜その経験を生かして今できることをするしかない」「次の挑戦を前向きに捉《とら》え」は適さない。
エ.「立ち直ることができないような」「自分には何の価値もないのではないか」は適さない。　オ.「夢を諦めようとした」「諦めさえしなければまだまだ次の挑戦があるということを信じている」は適さない。

問七　ア．八千代と話して「俺は、俺に負けてきたんだ」ということに気付き、自分はここに小説を執筆《しっぴつ》するための取材で来ているのだ、と自身を奮い立たせるような気持ちになっている。　イ.「自分の才能の限界を認める」は適さない。　ウ.「八千代が〜明るくなったことで〜客観視する余裕《よゆう》が生まれ」「楽しめるようになっている」は適さない。　エ.「売り上げにおいてライバルに敗北したこと」「自分が何者かを知りたいという好奇心《こうきしん》」は適さない。　オ.「他人が決めた肩書《かたが》きを背負い続ける」「周りからの期待に応えられる自分になろう」は適さない。

問八　イ.「桐生《きりゅう》に勝って」が誤り。　カ.「二人の意気消沈《いきしょうちん》した姿」「幻想的《げんそうてき》な空間〜現実世界から切《き》り離《はな》されているように感じられる」は適さない。

二 **問二**　ア．「全ての人が日本語の規範として用いることを目的として」は適さない。　イ．――線(1)の直後の２段落から読みとれる内容である。　ウ．「日本で暮らすあらゆる人々の共通言語になることを目的として」は適さない。　エ．「誰《だれ》もが周囲の人と親しい人間関係を速《すみ》やかに築くことを推進し」は適さない。　オ．「移民を増やすことを推進し」は適さない。

問三　ア．――線(2)のある段落、直前の２段落、直後の段落から読みとれる内容である。　イ．「現象を速やかに分析《ぶんせき》するための」「権威《けんい》や権力と強く結びつき、日本語の非民主化を推し進めるものであることを懸念《けねん》している」は適さない。　ウ．「あらゆる人々が使えるようになることが重要だ」は適さない。　エ．「言葉の蓄積《ちくせき》を日本語教育のなかで教えていくことが必要だ」は適さない。　オ．「日本語を母語としない人々との対話の場面でも使用できる」「円滑《えんかつ》なコミュニケーションを行うために、今後さらに活用されるべきである」は適さない。

問四　――線(3)の直前で「多くの言葉は、物事に対する特定の見方、世界観、価値観といったものを含《ふく》んでいる」と述べていること、３段落前で「言葉は常に伝達のための手段であるわけではなく～言葉のまとまりをかたちづくること――表現を得ること――それ自体が目的となる場合がある～伝えるべき『自分の考え』それ自体を生み出すことも、同じくらい重要な言葉の働きなのである」と述べていることからまとめる。

問五(1)　ア．「不自然な言葉づかいに対する自分の態度を振《ふ》り返り、相手の言葉づかいに対して寛容《かんよう》になろうとするなかで」は適さない。　イ．「その場にふさわしい新しい言葉を創り出す」は適さない。　ウ．「相手の文化を学んでいくなかで」は適さない。　エ．「現在の日本語の単語や文法の形式にこだわる必要はない」は適さない。　オ．――線(4)の直前の「地域に住む人々の多様な背景を尊重し、相手の立場に立ったコミュニケーションを推進することを目的としている」、━━線③のある段落とその直後の段落から読みとれる内容である。　(2)　――線(3)以降で、「『ニュースピーク』～を発明し、その使用を強制することによって、国民の表現力や思考力を弱め、全体主義に適《かな》う物事の見方に嵌《は》め込《こ》む」「ニュースピーク～体制の維持《いじ》や強化にとって不要な語彙《ごい》を削減《さくげん》し続ける」「ニュースピークの語彙は実に少なく、さらに削減するための新たな方法が～考案され続けた～年々語彙が～減少し続けたのである。選択範囲《せんたくはんい》が狭《せば》まれば狭まるほど人を熟考へ誘《さそ》う力も弱まる」「語彙が減少し、選択できる言葉の範囲が狭まれば、その分だけ『人を熟考へ誘う力も弱まる』ことになり、限られた語彙のうちに示される限られた世界観や価値観へと人々は流れやすくなる。ニュースピークとはまさに、その事態を意図した言語なのである」「語彙と文法の制限によって簡素化・平明化を実現したニュースピーク～人々がこの言語によって飼い慣らされ、表現力・思考力が弱まり、画一的なものの見方や考え方に支配される」と述べていることから読みとり、まとめる。

問六　カ．「結婚式《けっこんしき》～不幸を連想させる言葉は使わない」というのは、「思想を狭める」ことにはあたらない。表現力・思考力を弱めて全体主義に適う物事の見方に導く「ニュースピーク」とは目的や方向性が異なる。

問七　ア．「使い分けによって社会は成り立っているため、専門家と市民はお互《たが》いの領域に踏《ふ》み込《こ》むのではなく」は適さない。　イ．「〈精密コードとしての日本語〉は一部の知識人のみが使用する」は適さない。　ウ．筆者は、〈やさしい日本語〉の重要性を認めたうえで、「ただし、〈やさしい日本語〉が日本語それ自体の規範になってはならない」ということを言っている。その例として〈精密コードとしての日本語〉の必要性を説き、本文の最後で「〈精密コード〉としての側面を失った日本語は、それを使用する者の表現力や思考力を著《いちじる》しく弱めてしまうことだろう」と述べている。この内容から、いずれか一方に統一しようといった考え方ではなく、場面に応じて適切に使い分けることが必要だと考えていることがうかがえる。　エ．「必ず社会から取り残されてしまう人が出てくるので～双方《そうほう》の持つ特徴《とくちょう》を融合《ゆうごう》させた民主的な表現形式を模索《もさく》していくべきである」は適さない。　オ．「思想の偏《かたよ》りが起きないように配慮《はいりょ》されている点で共通している」は適さない。

《2023　第１回　算数　解説》

1 (1)　与式$=170+99\times(\frac{1}{7}\times2023-\frac{1}{17}\times2023)=170+99\times(289-119)=170+99\times170=170\times(1+99)=170\times100=$**17000**

(2)　**【解き方】どちらも 6.8％の食塩水ができたのだから，ＡとＢの食塩水をすべて混ぜると 6.8％の食塩水ができる。つまり，ＡとＢの食塩水を 200：300＝２：３の比で混ぜると 6.8％の食塩水ができる。**

Ａからxｇの食塩水を取り出してyｇ残ったとすると，yｇのＡとxｇのＢを混ぜて 6.8％の食塩水ができたのだから，$y:x=2:3$である。よって，取り出した食塩水の量は，$200\times\frac{3}{3+2}=$**120**(ｇ)

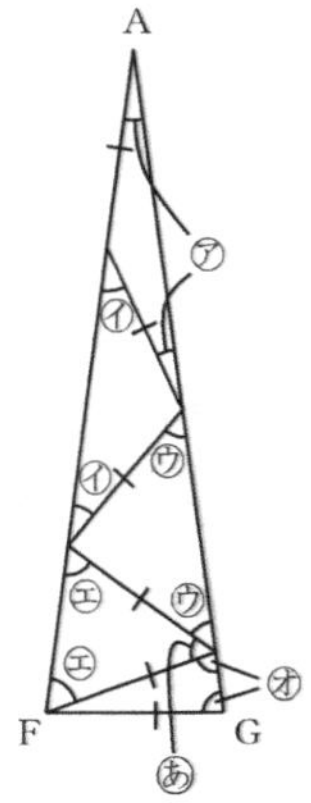

(3)　**【解き方】二等辺三角形の等しい角に右図のように記号をおき，㋐の大きさを①とする。**

三角形の１つの外角は，これととなり合わない２つの内角の和に等しいから，

㋑＝㋐＋㋐＝①×２＝②，㋒＝㋐＋㋑＝①＋②＝③，㋓＝㋐＋㋒＝①＋③＝④，

㋔＝㋐＋㋓＝①＋④＝⑤

三角形ＡＦＧの内角の和より，①＋⑤×２＝⑪が 180°にあたる。

(あ)＋㋓×２＝⑪だから，(あ)＋④×２＝⑪　　(あ)＝⑪－⑧＝③

よって，(あ)＝180°×$\frac{③}{⑪}=\frac{540}{11}=$**$49\frac{1}{11}$**°

(4)　**【解き方】36 の約数を，積が 36 になる２数の組で考える。36 の約数は，１と 36，２と 18，３と 12，４と９の４組と，６がある。これら９個の数の積を考えれば，縦，横，斜めの３つの数の積がわかる。**

９個の約数の積は，36×36×36×36×６＝６×６×６×６×６×６×６×６×６＝216×216×216 と表せるから，縦，横，斜めの３つの数の積は 216 である。したがって，真ん中のマスに６を入れ，６をはさむように積が 36 になる２数の組を入れると，真ん中のマスをふくむ場合の縦，横，斜めの３つの数の積は 216 になる。

次に，最も小さい数と最も大きい数の組み合わせである１と 36 の配置を考える。

図Ⅰ

1		
	6	
		36

１と 36 を図Ⅰのように黒いマスに配置した場合，36 と同じ並びに入る２つの数は積が６でなければいけないが，そのような２数は２と３だけである。そのため，36 の左に２と３を並べるか，36 の上に２と３を並べなければならない。しかし，どちらの場合も１と２，または１と３が同じ並びに並んでしまい，３つの数の積が 216 に届かない。

図Ⅱ

12	1	18
9	6	4
2	36	3

したがって，１と 36 は白いマスに配置する。36 のとなりに２と３を配置すると，すべての数の配置が決まる(図Ⅱのようになる)。

よって，白いマスに入れる４つの数の積は，１×４×９×36＝**1296**

(5)　**【解き方】予定の本数を□本とすると，持っているお金は，100×(□＋２)(円)で，100 の倍数になる。**

１本あたりの値段を 180－100＝80(円)高くすると，買える鉛筆は２＋１＝３(本)減る。３本減ったぶんで 100×３＝300(円)ういたので，これを 80 円ずつに分けると，300÷80＝３余り 60 より，３本の鉛筆を 180 円で買うことができる。したがって，□＝３＋１＝４だから，このとき持っているお金は，100×(４＋２)＝600(円)

３本減ったぶんでういた 300 円のお金を 80 円ずつに分け，２本の鉛筆を 180 円で買うのに使った場合も考える。

このとき余るお金は，100＋(100－80)×２＝140(円)だから，180 円の鉛筆は変えないので条件に合う。

この場合，□＝２＋１＝３だから，持っていたお金は，100×(３＋２)＝500(円)

３本減ったぶんでういた 300 円のお金を 80 円ずつに分け，１本の鉛筆を 180 円で買うのに使った場合も考える。

このとき余るお金は，200＋(100－80)＝220(円)だから，さらに１本 180 円の鉛筆を変えるので条件に合わない。

よって，持っているお金は**500円**か**600円**である。

(6)　**【解き方】回転する角度はつねに60°なので，半径に注目して，Aが通ったあととBが通ったあとに共通でふくまれる曲線を考える。**

図①

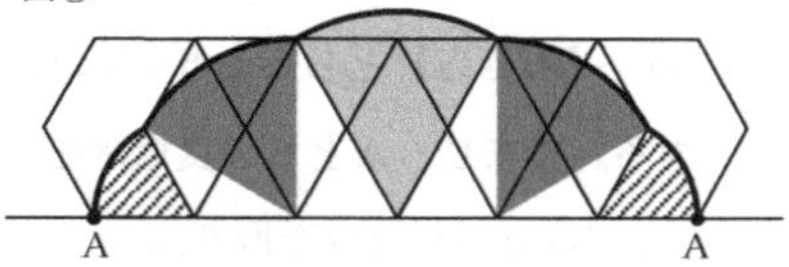

図②

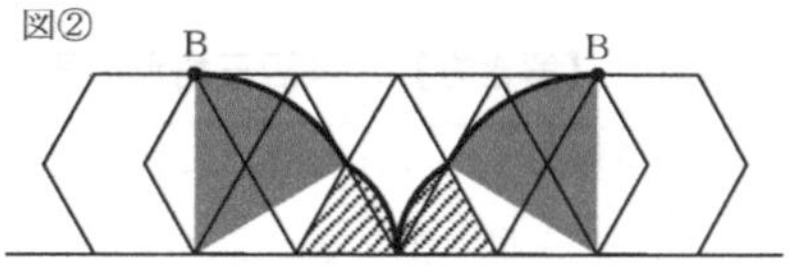

Aが通ったあとは，図①の５つのおうぎ形の曲線部分をつなげた線に，Bが通ったあとは，図②の４つのおうぎ形の曲線部分をつなげた線になる。同じ色や模様をつけたおうぎ形は合同なので，求める長さは，うすい色をつけたおうぎ形の曲線部分の長さである。

このおうぎ形の半径は３×２＝６(cm)だから，求める長さは，

$6 \times 2 \times 3.14 \times \frac{60°}{360°} = \mathbf{6.28}$(cm)

2　(1)　**【解き方】まずは立体に切り口をかく。平面ＰＱＨで切った切り口はＰ，Ｑ，Ｈを結ぶだけである。平面ＰＱＲで切った切り口については，面ＡＢＣＤを拡大して考える。**

図①

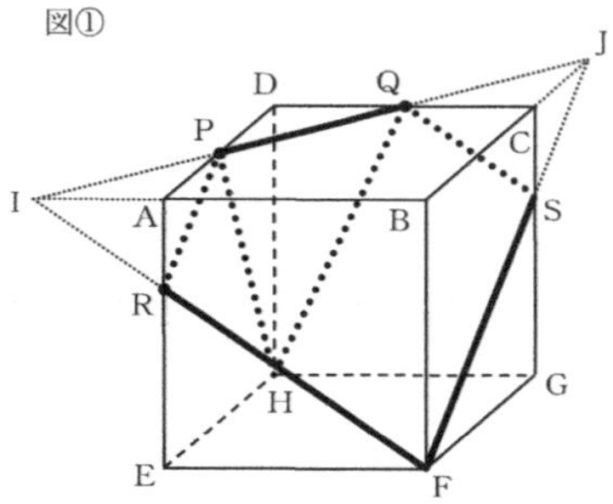

直線ＡＢ，ＢＣを延長して直線ＰＱと交わる点をそれぞれＩ，Ｊとする。三角形ＰＡＩ，ＱＣＪは三角形ＰＤＱと合同な直角二等辺三角形になるので，ＡＩ＝ＣＪ＝３cmである。平面ＢＦＧＣにえがかれる切り口の線はＰＲと平行になり，ＰＡ：ＡＲ＝３：２だから，Ｊから平面ＢＦＧＣに引かれた切り口の線はＦを通る(ＪＢ：ＢＦ＝９：６＝３：２だから)。

したがって，切り口は図①の太線のようになる。

図②

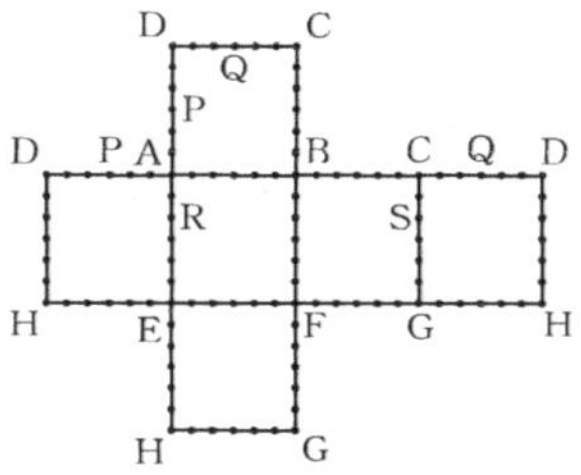

展開図に記号をかきこむと図②のようになるので，解答例のように切り口の線をかくことができる。

(2)　**【解き方】３つの立体のうちＤをふくむ立体，Ｂをふくむ立体，Ｅをふくむ立体をそれぞれＸ，Ｙ，Ｚとする。それぞれの体積を求めるが，Ｚの体積は，立方体の体積からＸとＹの体積を引けばよい。**

Ｘの体積は，３×３÷２×６÷３＝９(cm³)

(1)の図①の三角すいＦ－ＢＪＩの体積は，９×９÷２×６÷３＝81(cm³)　　三角すいＦ－ＢＪＩ，Ｒ－ＡＰＩ，Ｓ－ＣＪＱは同じ形で，対応する辺の比がＢＦ：ＡＲ：ＣＳ＝６：２：２＝３：１：１だから，体積比は，(３×３×３)：(１×１×１)：(１×１×１)＝27：１：１である。したがって，Ｙの体積は，

(三角すいＦ－ＢＪＩの体積)$\times \frac{27-1-1}{27} = 81 \times \frac{25}{27} = 75$(cm³)

Ｚの体積は，６×６×６－９－75＝132(cm³)　　よって，最も体積が大きいのはＺで，その体積は**132** cm³である。

(3)　**【解き方】ここまでの解説をふまえる。Ｘ，Ｙ，Ｚの表面積をそれぞれ求めるが，ＹとＺの切断面である五角形の面積は考えなくてもよい。ＹとＺの表面積を求めるときは，(1)でかいた展開図を利用する。**

図③

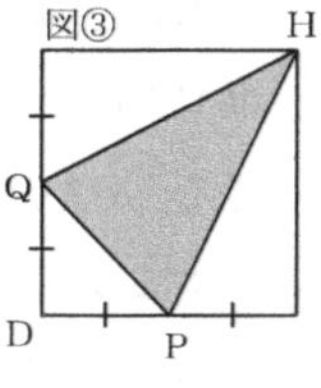

Ｘの展開図は図③のような１辺が６cmの正方形となるので，Ｘの表面積は，６×６＝36(cm²)

Ｘの表面積のうち切断面の面積は，図③の色をつけた部分だから，

36－３×６÷２×２－３×３÷２＝13.5(cm²)

図④

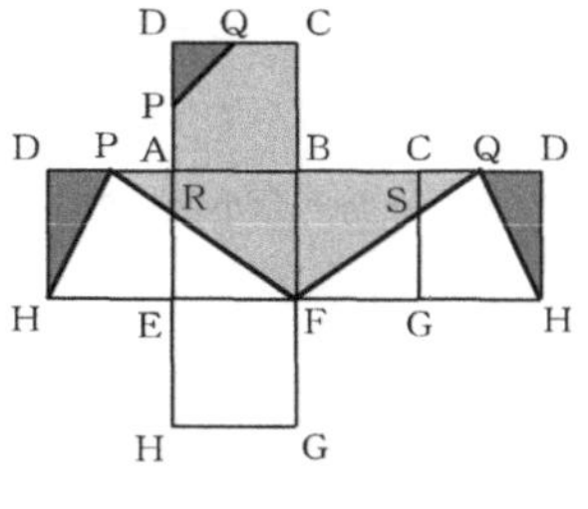

立方体の展開図に切り口の線をかくと図④のようになる。図④の中でＹの表面にあたるのはうすい色をつけた部分であり，その面積は，

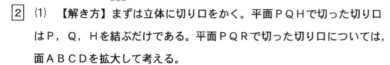

18×６÷２＋36－３×３÷２＝85.５(㎠)

したがって，Ｙの表面積は，85.５㎠＋(切断面の五角形の面積)である。

図④のうちＸの表面にあたるのはこい色をつけた部分であり，その面積は，

36－13.５＝22.５(㎠)　　図④のうちＺの表面にあたるのは白い部分であり，その面積は，36×６－85.５－22.５＝108(㎠)　　したがって，Ｚの表面積は，108㎠＋(図③の色つき部分の面積)＋(切断面の五角形の面積)＝108㎠＋13.５㎠＋(切断面の五角形の面積)＝121.５㎠＋(切断面の五角形の面積)

よって，ＺとＹの表面積の差を求めればよいので，

121.５㎠＋(切断面の五角形の面積)－{85.５㎠＋(切断面の五角形の面積)}＝**36**(㎠)

３　【解き方】ＰはＳからＡまで80÷５＝16(秒)かかり，正方形の１辺の半分を進むのに40÷５＝８(秒)かかり，円周の$\frac{1}{4}$を進むのに，80×3.14×$\frac{1}{4}$÷５＝12.56(秒)かかる。

(1)　Ｐが各点に着く時間を調べると，右表のようになる。よって，Ｃに到達するまでに**47.56**秒かかる。

通る点	着く時間(秒後)	動きはじめる時間(秒後)	動いたとき時計が指している時間(秒)	向かう点
A	16	17	7	D
D	29.56	30.56	0.56	H
H	38.56	39.56	9.56	C
C	47.56			

(2)　**【解き方】(1)の移動のしかたは１回目にＣに到達する一番早い方法なので，(1)の続きを考える。**

(1)の表の続きを作ると，右表のようになる。

２回目にＡに着いたあとはＤに進んでもＢに進んでもＣまでの最短の道のりを進むことに変わりはないので，どちらに進んでもよい。求める時間は，**97.12**秒である。

通る点	着く時間(秒後)	動きはじめる時間(秒後)	動いたとき時計が指している時間(秒)	向かう点
C	47.56	48.56	8.56	O
O	56.56	57.56	7.56	A
A	65.56	66.56	6.56	DかB
DかB	79.12	80.12	0.12	HかG
HかG	88.12	89.12	9.12	C
C	97.12			

(3)　**【解き方】Ｃに２回目に到達する時間が一番早いとき，１回目にＡに着いたあとＤに進むかＢに進むかが１回目の分かれ道で，２回目にＡに着いたあとＤに進むかＢに進むかが２回目の分かれ道であるように思われる。しかし，問題文から「４点Ｂ，Ｄ，Ｅ，Ｇをすべて通る」道順があることがわかる。このような道順は，１回目にＣに到達する時間が一番早い時間ではないが，２回目にＣに到達する時間が一番早い道順の中にある。**

Ｓを出発したＰが最初に出会う分かれ道は，１回目にＡに着いたあとである。１回目にＣに着く時間を一番早くすることを考えなければ，２回目の分かれ道は，１回目にＤまたはＢに着いたあとである。

Ｅを通るために，Ｓ→Ａ→Ｄ→Ｅと進んだ場合の道順は，Ｓ→Ａ→Ｄ→Ｅ→Ａ→Ｏ→Ｃ→「ＤかＢ」→「ＨかＧ」→Ｃとなる。このときＰが進んだ道のりは(2)の場合と同じだから，これもＣに２回目に到達する時間が一番早い道順である。

以上より，１回目にＤかＢに着いたあとＨかＧに進んだ場合のＰの分かれ道は，「１回目にＡに着いたあと」「２回目にＡに着いたあと」でそれぞれ２通りあるから，この場合の道順は，２×２＝４(通り)

１回目にＤかＢに着いたあとＥかＦに進んだ場合のＰの分かれ道は，「１回目にＡに着いたあと」「１回目にＣに着いたあと」でそれぞれ２通りあるから，この場合の道順は，２×２＝４(通り)

よって，求める道順の数は，４＋４＝**８**(通り)

４　(1)　**【解き方】㋐が偶数でＡを奇数にしたいので，[㋑×㋒，㋓×㋔×㋕]は[偶数，奇数]か[奇数，偶数]である。**

①[㋑×㋒，㋓×㋔×㋕]が[偶数，奇数]の場合

㋓×㋔×㋕で３つ奇数を使わなければならないが１がすでに㋑で使われているので，このような式は作れない。

②[㋑×㋒，㋓×㋔×㋕]が[奇数，偶数]の場合

㋑×㋒は1×3か1×5である。㋑×㋒が1×3ならば，A＝6＋1×3＋2×4×5＝**49**

㋑×㋒が1×5ならば，A＝6＋1×5＋2×3×4＝**35**

(2)　【解き方】㋐が偶数でAを奇数にしたいので，[㋑×㋒，㋓×㋔×㋕]は[偶数，奇数]か[奇数，偶数]である。Aを最大にするためには㋓×㋔×㋕を最大にする，Aを最小にするためには㋓×㋔×㋕を最小にするという方針で考えるが，必ずしも最大または最小が一致《いっち》するわけではない。

①[㋑×㋒，㋓×㋔×㋕]が[偶数，奇数]の場合

Aを最大にするために㋓×㋔×㋕の3つの奇数を最大にして，A＝4＋6×8＋3×5×7＝157が作れる。

Aを最小にするために㋓×㋔×㋕の3つの奇数を最小にして，A＝6＋2×4＋1×3×5＝29が作れる。

②[㋑×㋒，㋓×㋔×㋕]が[奇数，偶数]の場合

Aを最大にするために㋓×㋔×㋕を偶数をふくむ3つの最大の数にして，A＝4＋3×5＋6×7×8＝355が作れる。

Aを最小にするために㋓×㋔×㋕を偶数をふくむ3つの最小の数にして，A＝4＋5×7＋1×2×3＝45が作れる。ただし，1×2×3は2×3と同じ，つまり2数の積なので，5×7と数を入れかえることで，Aをもっと小さくできるかもしれない。そのような式を探すと，A＝6＋3×5＋1×2×4＝29が見つかる。

以上より，Aは最大で355，最小で29になり，その差は，355－29＝**326**

(3)　【解き方】㋓×㋔×㋕が偶数でAを偶数にしたいので，[㋐，㋑×㋒]は[奇数，奇数]か[偶数，偶数]である。

①[㋐，㋑×㋒]が[奇数，奇数]の場合

㋓×㋔×㋕が2×4×6に決まる。奇数の配置のしかたで3通りの式を作ることができ，それぞれ計算すると，表Ⅰのようになる。

したがって，この場合Aは56，64の2通りできる。

表Ⅰ

1＋3×5＋2×4×6＝64
3＋1×5＋2×4×6＝56
5＋1×3＋2×4×6＝56

②[㋐，㋑×㋒]が[偶数，偶数]の場合

㋐，㋑×㋒，㋓×㋔×㋕それぞれに偶数を1つ以上配置しなければならない。

㋓×㋔×㋕には4を配置するので，㋐，㋑×㋒に2，6をふり分ける。

さらに3つの奇数の配置のしかたで3通りずつの式を作ることができ，それぞれ計算すると，表Ⅱのようになる。

したがって，この場合Aは28，32，40，44，68の5通りできる。

表Ⅱ

2＋6×1＋4×3×5＝68
2＋6×3＋4×1×5＝40
2＋6×5＋4×1×3＝44
6＋2×1＋4×3×5＝68
6＋2×3＋4×1×5＝32
6＋2×5＋4×1×3＝28

以上より，Aは2＋5＝**7**(通り)ある。

《2023　第1回　理科　解説》

1　**問1**　めしべの先たん(柱頭)に花粉がつくと，やがてめしべの根元のふくらんだ部分(子房《しぼう》)が果実になり，子房の中の胚珠《はいしゅ》が種子になる。また，ミツをつくるのは昆虫《こんちゅう》などをおびきよせて花粉を運ばせるためである。よって，下線部①のような花は，種子をつくるという，花として大きな役割を終えたあとの花だと考えられる。

問2　ここでは花粉の入手方法について着目している。植物は動物と異なり自由に移動することができないため，他の株がつくった花粉を手に入れるにはポリネーター(花粉を運んでくる生物)の存在が大切だと考えられる。

問3　花粉が軽い方が風で遠くまで運ばれやすい。また，花びらはポリネーターをおびきよせるためのものだから，ポリネーターを利用しない花にとって，大きな花びらをつけてそれを維持《いじ》することにメリットがない。

問4(1)　表1より，花の大きさと一株当たりの花の数には反比例の関係があることがわかる。(花の大きさ)×(一株当たりの花の数)を花の量と考えれば，植物A～Eのすべてでその値が12になり，つける花の量が一定になる。

(2)　現実には，大きな花をつける植物ばかりでなく，小さな花をつける植物もいる(花の大きさはさまざまである)。ポリネーターがより小さな花を好むのであれば，小さな花をつける植物ばかりになるはずである。

問5　植物の花や葉がかれ落ちるのは，それを維持するために栄養を使うことがデメリットになるためである。栄養のムダ遣《づか》いになるにもかかわらず花を残しておくということから，花を残すことでポリネーターが集まりやすくなるという，デメリット以上のメリットがあるのではないかという仮説が立てられた。

問6　マルハナバチは白い花にミツがあり，赤紫《むらさき》色の花にはミツがないことをあらかじめ知っているので，はじめは白い花がたくさん並んだ「あ」を選ぶ。ところが，「あ」の白い花の中にはミツのない花があり，白い花の数は少ないが白い花に確実にミツがある「い」の方が効率よくミツを集められることを学習していくことで，「い」を選ぶハチが多くなっていくと考えられる。

2　**問3**　天体は非常に遠くにあるため，地表と高い山の上との高低差は地表から天体までの距離《きょり》と比べると非常に小さく，この距離のちがいによる観察のしやすさにはほとんど影響《えいきょう》がない。

問4　図6の月は，裸眼《らがん》で見たときに比べ上下左右が逆さまだから，実際には左側が少し欠けた状態である。月は，太陽，月，地球の順に一直線に並んだ新月のときから右側が少しずつ光っていき，イの位置にある月が右側半分が光る半月(上弦《じょうげん》の月)だから，図6の月は上弦の月から満月になる間のウの位置にあるときの月である。

問5　ケプラー式望遠鏡の説明の最後に，「光の分散は完全には防ぎきれなかった」とある。光の分散による欠点として，画像がぼやけることが挙げられている。

問6　地上と宇宙とのちがいについて，大気の有無の他に，昼夜の影響についてふれられている。昼夜が関係なくなったことによる利点が，ニュートン式反射望遠鏡の説明の最後に述べられている。

問7　可視光線で観測する望遠鏡では雲で天体からの光がさえぎられると観測することができないが，電波は水蒸気に吸収されにくいため，電波望遠鏡では曇《くも》りの日でも観測できると考えられる。ア～ウは可視光線で観測する望遠鏡でできることであり，電波望遠鏡では光の影響を考えずに観測できたり，星間ガスに包まれている星を観測できたりするのが有利な点である。

《2023　第1回　社会　解説》

1　**問1**(1)　浅間山　　浅間山の噴煙は，成層圏にまで及んだと言われている。この噴火で，現在の鬼押出しと呼ばれる溶岩地形が形成された。　(2)　吾妻川が浅間山の東側に流れていることに着目する。吾妻川は利根川の支流である。日本上空は偏西風が吹いているため，噴煙や火山灰は，火口の東側に運ばれる。

(3)　ア　　Aの地域にある嬬恋村では，夏の冷涼な気候を利用してキャベツ栽培がさかんに行われている。イはレタス，ウはピーマン，エはトマト。

問2(1)　イ　　Xの富岡製糸場では，蚕がつくるまゆから生糸を生産していた。　(2)　鏑川の両岸に土崖の地図記号が読み取れる(右図参照)。

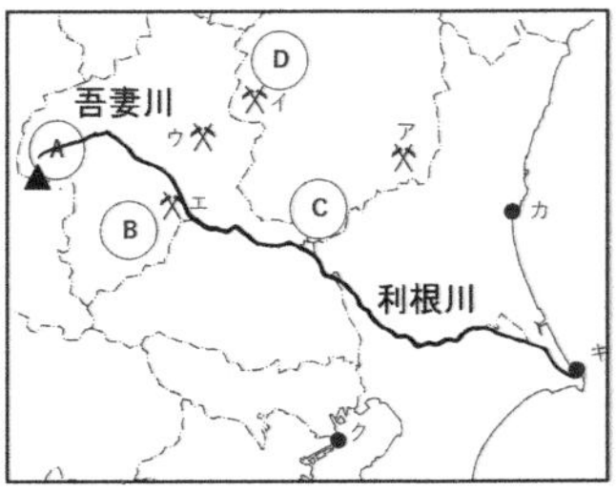

土崖の地図記号

問3(1)　イ　　足尾銅山は，栃木県の西側に位置する。地図3中の渡良瀬川が西から東に流れていることと，地図3が地図1中のCの地域であることから，足尾銅山が栃木県にあることさえわかっていれば場所を推定することができる。　(2)　ア　　1円玉の材料はアルミニウムである。5円玉は黄銅，10

円玉は青銅，50 円玉・100 円玉は白銅，500 円玉はニッケル黄銅などでできている。

問４(1)　中禅寺湖の湖畔の標高が 1270m程度であることを読み取る。　(2)　日光　　日光東照宮は，江戸幕府の第２代将軍徳川秀忠によって造営され，第３代将軍徳川家光によって現在の形に改修された。

問５　②　　利根川は，日本最大の流域面積をもつ河川であり，もともとは現在の東京湾に注ぐ河川であった。江戸時代，江戸の町を水害から守るために改修工事が度々行われ，現在のような形に変わっていった。

2　**問１**(1)　X＝エ　Y＝カ　　X．３世紀は弥生時代後半だからエを選ぶ。纏向遺跡は邪馬台国の候補地の１つに挙げられる。アとイは縄文時代，ウは古墳時代の遺跡である。Y．邪馬台国の女王卑弥呼の説明としてカが適当である。オは縄文時代，キは古墳時代，クは弥生時代前期。　(2)　黒曜石　　旧石器時代から縄文時代にかけての黒曜石の産地として北海道の白滝や長野県の和田峠が挙げられる。黒曜石以外にも新潟県で採れたひすいが，500 km以上離れた遺跡から発掘されている。

問２(1)　持統天皇　　持統天皇は天智天皇の娘で，天武天皇の皇后であった。持統天皇は，天武天皇の事業を引き継ぎ，中央・地方にわたる統治機構を整え，飛鳥浄御原令を施行するなどして律令体制の整備につとめた。

(2)　エ　　Ⅱ(伝 607 年)→Ⅲ(618 年)→Ⅰ(645 年)

問３(1)　仮小屋のため，店の中を見渡すことができる。常設の小屋が建てられ，中が見渡せないようになると，看板がつくられ，店内には見世だなが設けられるようになっていく。　(2)　オ　　ア．平治の乱の説明と資料として正しい。イ．南蛮貿易の説明と資料として正しい。ウ．祇園祭の説明と資料として正しい。エ．雪舟の説明と資料として正しい。

問４(1)　オランダ　　鎖国体制が確立してからも，江戸幕府はオランダと長崎の出島で貿易を行った。西洋学問をオランダ語で学ぶ蘭学が，江戸時代に広まった。　(2)　エ　　直後に「火事の影響で江戸のまちに大きな被害が出た」＝明暦の大火とあることから判断する。安政は 1855 年～1860 年，享保は 1716 年～1736 年，宝永は 1704 年～1711 年。

(3)　ア　　1682 年は第５代将軍徳川綱吉の治世だから，一般に生類憐みの令と呼ばれる政策が適当である。イは新井白石の正徳の治(1709 年～1716 年)，ウは島原・天草一揆(1637 年)，エは第８代将軍徳川吉宗による上米(1722 年頃)。

問５　(1)＝専売　(2)＝日露戦争　(3)＝軍事　　明治 37 年は 1904 年であることから，日露戦争の軍事費を調達するための専売であることを読み取る。

問６　明治時代後半から大正時代にかけて，百貨店は高層の鉄筋コンクリート造りに建て替えられ，高級感の漂うものとなっていた。また，新聞広告は，百貨店が発信する重要な手段の一つであった。1923 年に関東大震災が発生すると，被災した百貨店は，ただちに再建し，その後の救護活動や復興の中心として活動し，新聞広告を使って，正しい情報を人々に発信していった。

3　**問１**　X＝地価　Y＝東日本　　1990 年頃はバブル景気の最中であり，地価は異常な値上がりをしていた。資料１が 2011 年から始まっていることから，東日本大震災と判断する。2011 年３月 11 日に東北地方の太平洋沖でマグニチュード 9.0 の地震が発生し，巨大な津波が東北地方を襲い，多くの被害が出た。

問４　ア　　資料３を見ると，テレワーク実施率の低い業種は，「宿泊業，飲食サービス業」「生活関連サービス業，娯楽業」「教育，学習支援業」など，実施率の高い業種は「学術研究，専門・技術サービス業」「情報通信業」である。次に資料２を見ると，朝通勤時間帯の利用者の減少率が低く抑えられているのは池袋駅であり，減少率が高くなっているのは新橋駅であることから，アを選ぶ。

問５　非正規雇用　　パート・アルバイト・派遣社員・契約社員などを非正規雇用といい，非正規雇用は，正社員と同じ仕事をしていても正社員より賃金が安かったり，待遇が悪かったりする場合が多い。

問６　ウ　　X．誤り。急激な円安によって，輸入価格が上昇した。Y．正しい。

2022 解答例 令和4年度

★渋谷教育学園渋谷中学校【第1回】

《国　語》

一　問一．①編　②届　③演劇　④折　問二．おねしょをしてはいけないと思うのではなく、逆に放尿宣言をすることで、緊張を感じずによく眠り、おねしょを防ごうという計画。　問三．ア　問四．エ
問五．２．カ　３．ク　４．イ　問六．ウ　問七．オ　問八．エ

二　問一．①動員　②反映　③希少　問二．都市と農村のあいだで進んだ分業が、地力を保つのに必要な土壌養分の循環に亀裂を生み、農業の持続可能性をはばんでいること。　問三．イ　問四．オ　問五．イ
問六．新技術が普及するまでの間に環境危機が深刻化し、悪化の速度に新技術がおいつかなければ、人類になす術はなく、経済も立ち行かなくなるという考え。　問七．エ　問八．イ

《算　数》

1　(1)$\frac{1}{84}$　(2)57.4　(3)80　(4)1250　(5)B．7　P．3　※(6)10032.3

2　(1)625　(2)65　(3)157

3　(1)6.25　(2)12.25　(3)40.5

4　(1)45　(2)1800　※(3)48　※(4)42，$34\frac{26}{31}$

※の式・考え方は解説を参照してください。

《理　科》

1　問１．エ　問２．34　問３．葉が重なりにくくなり，多くの葉に日光が当たる。
問４．右図　開度…144　問５．エ

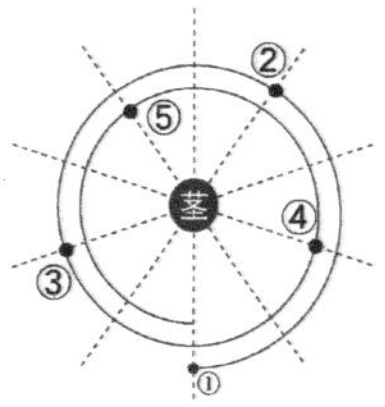

2　問１．針の中のインクに熱が伝わり，インクがあたためられたことで体積が大きくなったから。　問２．ウ　問３．顔料が紙に定着しやすくなるから。
問４．イ　問５．ウ　問６．133334

《社　会》

1　問１．エ　問２．カ　問３．エ　問４．(1)イ　(2)能登半島　問５．九州新幹線が 2011 年に開業し，熊本県と京阪神地区の移動時間が大幅に短縮されたことで，ＪＲを利用する人数とその割合が増えた。
問６．(1)オ　(2)ア　(3)カ　問７．ウ　問８．(例文)地球温暖化の進行をおさえ，安全なエネルギーをずっと利用できることが重要であり，鉄道は，自動車より温室効果ガスである二酸化炭素の排出量が少ない点。

2　問１．多賀城　問２．北上川　問３．(1)南部鉄器　(2)①エ　②イ　問４．エ　問５．イ
問６．(1)銀　(2)(Ｘ)キ　(Ｙ)ク　問７．(1)オ　(2)養蚕

3　問１．(1)(あ)289　(い)176　(2)ア　問２．(1)イ　(2)④１　⑤４　⑥１　⑦30　⑧150　問３．ワクチン接種

《2022 第1回 国語 解説》

一 著作権に関係する弊社《へいしゃ》の都合により本文を非掲載《ひけいさい》としておりますので、解説を省略させていただきます。ご不便をおかけし申し訳ございませんが、ご了承《りょうしょう》ください。

二 **問二** 「農業による土壌疲弊《どじょうひへい》の問題」における、資本主義的な「矛盾《むじゅん》」とは何か。――線(1)の「転嫁《てんか》」の説明として、三種類の転嫁(技術的・空間的・時間的)のうち「技術的転嫁」と「空間的転嫁」で、「農業による土壌疲弊の問題」が考察されている。そして、それぞれの最後で「矛盾は深まっていくばかりなのである」「矛盾を深めていく」と述べている。つまり、そのような「転嫁」で先送りされ、解決されずにむしろ悪化していく根本的な問題が、ここで問われている「矛盾」である。では、土壌疲弊はなぜ起きたのか。それは、「持続可能な農業のためには、土壌養分がしっかりと循環《じゅんかん》しなくてはならない～ところが、資本主義が発展して、都市と農村のあいだで分業が進む～都市で消費される穀物に吸収された土壌養分は、もはや元の土壌に戻《もど》ってくることがない～水洗トイレで河川《かせん》に流されてしまうから～こうして土壌の養分循環に『亀裂《きれつ》』が生じ～疲弊していく」と説明されている。

問三 技術的に「廉価《れんか》な化学肥料の大量生産が可能になった」ため、「リービッヒが警告したような～危機は生じなかった」が、「ただし～循環の『亀裂』が修復されたわけではない。『転嫁』されたにすぎないというのがポイントだ」と述べていることに着目する。ここでの「技術的転嫁」とは、化学肥料を使用することによって土壌疲弊の問題を先送りすることであり、その解決されない問題については問二で読みとったとおりである。よって、イが適する。エに「犠牲《ぎせい》の大きさは変わっていない」とあるが、本文中では「犠牲の大きさ」を比べてはいないので、適さない。アの「化学肥料によって～土壌養分の消費を抑《おさ》えた」、ウの「化学肥料によって都市から農村へと養分が還元《かんげん》されるようになった」、オの「農地から消費者の健康へと問題の所在が移り変わった」なども適さない。

問四 「グアノ」という具体的な事例を通して「空間的転嫁」の問題をまとめている段落に着目する。「この事例からもわかるように、矛盾を中核《ちゅうかく》部にとってのみ有利な形で解消する転嫁の試み～周辺部からの掠奪《りゃくだつ》に依存《いそん》し、同時に矛盾を周辺部へと移転する～原住民の暮らしや、生態系に大きな打撃《だげき》を与えつつ、矛盾を深めていく」と述べていることに、オが適する。アの「時間を稼《かせ》ごうとするもの」、イの「共有する～平均化しようとするもの」、ウの「不適正な価格～不誠実であること」、エの「軍事力を背景に～搾取《さくしゅ》し続けようとするもの～問題視していないこと」などは適さない。

問五 直前の「こうした資本家の態度」は、資本主義の「現在の～意見を反映させるが、今はまだ存在しない将来の世代の声を無視することで、負担を未来へと転嫁し、外部性を作り出す。将来を犠牲にすることで、現在の世代は繁栄《はんえい》できる」というあり方なので、イの「我が亡《な》き後に来たれ！」が適する。

問六 筆者自身の考えとは異なる考えを「～と考える人もいるかもしれない～と考える学者もいる」と示しておいて、それに反論する形で「ところが」と導き、自身の主張を展開している。よって、「ところが」以降で「新技術が開発されたとしても～普及《ふきゅう》するのには、長い時間がかかる～その間に～環境《かんきょう》危機はさらに深刻化するかもしれない～環境悪化の速度に新技術がおいつかなければ、もはや人類になす術《すべ》はなく、未来の世代はお手上げだ。当然、経済活動にも負の影響《えいきょう》が出る」と述べていることからまとめる。

問七 「民営化されている」ということは、営利を目的としているということである。つまり、利潤《りじゅん》の追求が最優先される。その場合、水不足で水が希少になれば、水道料金は高くなる。アボカドの輸出で高い利益を得られる人たちは、高い料金を払《はら》ってでも水を買い、事業を続ける。かれらが水を独占《どくせん》すると、貧しい人々には水が行きわたらない。このような問題について「希少となった水は、コロナ対策として手洗いに使われるのではなく、輸出用のアボカド栽培《さいばい》に使われている」と述べているのである。よって、エが適する。この文脈に、アの「自国に暮らす人々の生活の安全性よりも、先進国の豊かな生活の維持《いじ》」、イの「利用者の要望にそぐわない」、ウの「過疎《かそ》地域に暮らす人々への」、オの「日常生活に利用できないほどの水質低下」などは適さない。

問八　直後に「というわけだ」とあるので、――線(6)の一文は、その直前の内容をまとめて言いかえている(「つまり」でつながるような関係にある)とわかる。「中核(先進国)も自然条件悪化の影響を完全に免《まぬか》れることはできない。だが、転嫁のおかげで、資本主義が崩壊《ほうかい》するほどの致命傷《ちめいしょう》を今すぐに負うことはない。裏を返せば、先進国の人々が大きな問題に直面するころには、この惑星《わくせい》の少なからぬ部分が生態学的には手遅《ており》れの状態になっているだろう」と述べていることから、イのようなことが読みとれる。アの「未来の技術でも対応しきれないほどに」、ウの「経済活動が行えないほどに～資源が失われている」というレベルをこえた、「地球がダメ」になるという話である。エとオの「先進国に経済的な危機が迫《せま》るときには」は誤り。

《2022　第１回　算数　解説》

1 (1)　与式$=\frac{1}{12}-\frac{2}{7}\div(\frac{1}{3}\times\frac{3}{5}\div\frac{1}{20})=\frac{1}{12}-\frac{2}{7}\div(\frac{1}{3}\times\frac{3}{5}\times20)=\frac{1}{12}-\frac{2}{7}\div4=\frac{1}{12}-\frac{1}{14}=\frac{7}{84}-\frac{6}{84}=\frac{1}{84}$

(2)　中学１年生全体の合計点が，59.1×(29＋31＋30)＝5319(点)で，Ａ組の合計点は，62×29＝1798(点)，Ｂ組の合計点は，58×31＝1798(点)だから，Ｃ組の合計点は，5319－1798－1798＝1723(点)

よって，1723÷30＝57.43…より，Ｃ組の平均点は 57.4 点である。

(3)　**【解き方】食塩水の問題は，うでの長さを濃度《のうど》，おもりを食塩水の重さとしたてんびん図で考えて，うでの長さの比とおもりの重さの比がたがいに逆比になることを利用する。**

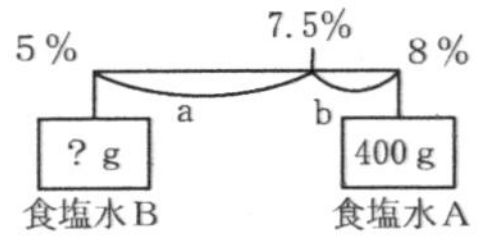

右図で，ａ：ｂ＝(7.5－５)：(８－7.5)＝５：１だから，

食塩水Ｂと食塩水Ａの重さの比は，１：５になる。

よって，食塩水Ｂは，$400\times\frac{1}{5}=80$(ｇ)

(4)　**【解き方】定価を⑩とすると，定価の１割引きは⑨，定価の２割引きは⑧になる。**

１個を定価の１割引きで売ったときと，定価の２割引きで売ったときの利益の比は，個数の逆比に等しく，675：300＝９：４になる。(⑨－900)：(⑧－900)＝９：４が成り立つから，(72)－8100(円)と㊱－3600(円)が等しくなる。(72)－㊱＝㊱が，8100－3600＝4500(円)にあたるから，定価は，⑩＝$4500\times\frac{\text{⑩}}{\text{㊱}}$＝1250(円)

(5)　**【解き方】０から９までの整数の和は 45 だから，Ａから I までの和は 45 より小さくなる。**

６＋Ｆ＋Ｉは 12 または 22 のどちらかである。　　Ｆ＋Ｉ＝６または，Ｆ＋Ｉ＝16

Ｆ＋Ｉ＝６のとき，Ｂ＋Ｅ＋１＝12　　Ｂ＋Ｅ＝11　　Ａ＋Ｄ＋Ｇ＋１＝20　　Ａ＋Ｄ＋Ｇ＝19

ＡからＩまでの和は，12＋11＋19＝42 となり，条件に合う。

Ｆ＋Ｉ＝16 のとき，Ｂ＋Ｅ＋２＝12　　Ｂ＋Ｅ＝10　　Ａ＋Ｄ＋Ｇ＋１＝20　　Ａ＋Ｄ＋Ｇ＝19

ＡからＩまでの和は，22＋10＋19＝51 となり，条件に合わない。

したがって，Ｆ＋Ｉ＝６，Ｂ＋Ｅ＝11，Ａ＋Ｄ＋Ｇ＝19 となる数の組を考える。Ｐ＝45－42＝３

ＦとＩの組が(１，５)のとき，Ｂ＋Ｅ＝11 となるＢとＥの組は，(２，９)(４，７)がある。

ＦとＩの組が(２，４)のとき，Ｂ＋Ｅ＝11 となるＢとＥの組はない。

よって，ＢとＥの組が，(２，９)のとき，ＡとＤとＧの組は，(４，７，８)

ＢとＥの組が，(４，７)のとき，ＡとＤとＧの組は，(２，８，９)になる。

ＡＢＣを一番大きくするには，Ａ＝９，Ｂ＝７にすればよいから，Ｂ＝７，Ｐ＝３である。

⑹　**【解き方】右のような立体ができる。右図の中に見られる三角形はどれも直角二等辺三角形になる。**

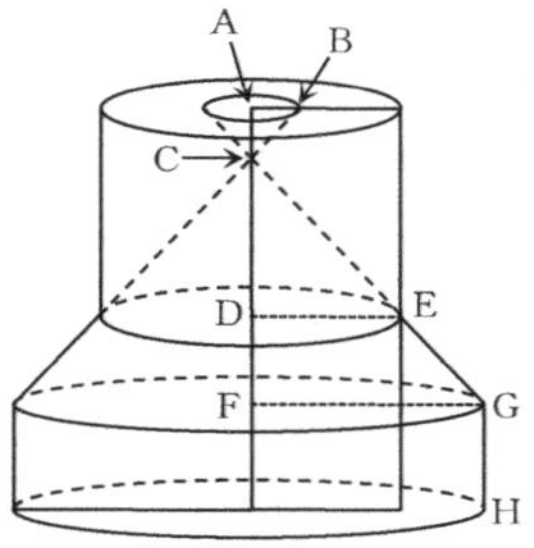

底面の半径がＦＧで高さがＧＨの円柱…①，底面の半径がＦＧで高さがＣＦの円すい…②，底面の半径がＤＥで高さがＣＤの円すい…③，底面の半径がＤＥで高さがＡＤの円柱…④，底面の半径がＡＢで高さがＡＣの円すい…⑤，の体積をそれぞれ求めていく。

ＡＢ＝ＡＣ＝24－15－６＝３(㎝)，ＣＦ＝ＦＧ＝15㎝

ＣＤ＝ＤＥ＝24－15＝９(㎝)，ＡＤ＝３＋９＝12(㎝)

①の体積は，15×15×3.14×６＝1350×3.14(㎤)　②の体積は，15×15×3.14×15÷３＝1125×3.14(㎤)

③の体積は，９×９×3.14×９÷３＝243×3.14(㎤)　④の体積は，９×９×3.14×12＝972×3.14(㎤)

⑤の体積は，３×３×3.14×３÷３＝９×3.14(㎤)

よって，求める体積は，①＋②＋④－③－⑤＝(1350＋1125＋972－243－９)×3.14＝3195×3.14＝10032.3(㎤)

2　⑴　５×５×５×５＝625(個)

⑵　**【解き方】８の倍数は，下３桁が８で割り切れる。**

１から５までの数字だけを使った３桁の８の倍数は，112，144，152，224，232，312，344，352，424，432，512，544，552 の 13 個があるから，８の倍数は，13×５＝65(個)

⑶　**【解き方】それぞれの数字を素因数分解したとき，素因数２は明らかに素因数５より多くあるから，素因数５の個数が０の個数と等しくなる。1111 から 5555 までの中の５の倍数，25 の倍数，125 の倍数，…を考える。**

５の倍数は一の位が５だから，□□□5 の形が考えられるので，５×５×５＝125(個)ある。

５×５＝25 の倍数は，下２桁が 00，25，50，75 だから，□□25 の形が考えられるので，５×５＝25(個)ある。

５×５×５＝125 の倍数は，下３桁が 000，125，250，375，500，625，750，875 だから，□125 の形が考えられるので，５個ある。

125×５＝625 の倍数は，1250，1875，2500，3125，3750，4375，5000，5625，…だから，3125 の１個ある。

625×５＝3125 の倍数は，3125 の１個ある。

よって，1111 から 5555 までをかけたとき，式の中の素因数５の個数は，125＋25＋５＋１＋１＝157(個)あるから，０は 157 個続いている。

3　⑴　**【解き方】右のように作図すると，三角形ＡＣＤは，ＡＣを１辺とする正三角形の半分の直角三角形になる。**

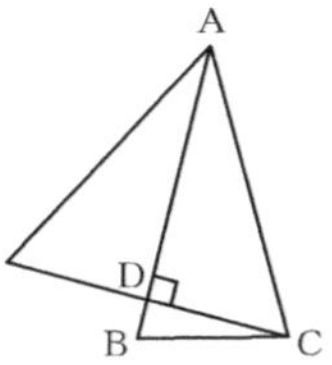

ＣＤ：ＡＣ＝１：２だから，ＣＤ＝５÷２＝2.5(㎝)

よって，三角形ＡＢＣの面積は，５×2.5÷２＝6.25(㎠)

⑵　**【解き方】右のように作図すると，三角形ＡＢＤは正三角形になる。**

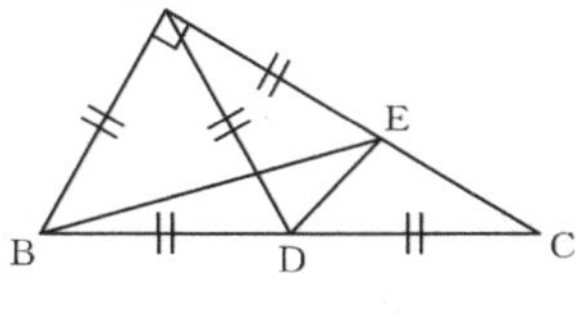

ＢＤ＝ＣＤ＝７㎝とし，正三角形ＡＢＤと三角形ＥＤＣの面積の差を求めればよい。ここで，ＢＤ＝ＣＤだから，三角形ＡＢＤと三角形ＡＤＣの面積は等しいので，正三角形ＡＢＤと三角形ＥＤＣの面積の差は，三角形ＡＤＥの面積に等しい。三角形ＡＤＥは，ＡＤ＝ＡＥ＝７㎝，角ＤＡＥ＝30°の二等辺三角形だから，⑴をふまえると，求める面積は，７×(７÷２)÷２＝12.25(㎠)

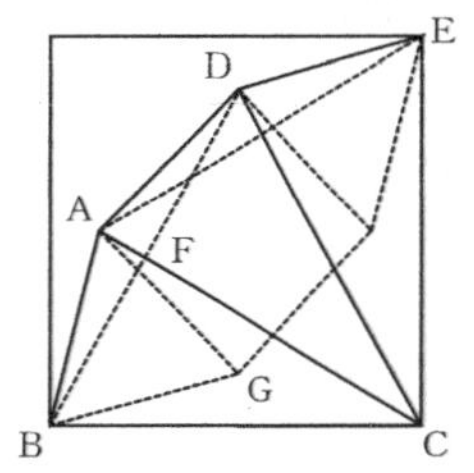

⑶　**【解き方】右のように作図すると，三角形ＡＢＤは二等辺三角形だから，**

角ＡＢＤ＝{180°－(60°＋90°)}÷２＝15°となる。

また，角ＧＢＣ＝(90°－60°)÷２＝15°だから，角ＤＢＣ＝60°＋15°－15°＝60°

Ｄは正方形全体を左右に２等分する対象の軸の上にあるので，三角形ＤＢＣは

正三角形である。

ＡＢ＝ＡＤより，角ＡＣＢ＝ＡＣＤ＝60°÷２＝30°で，角ＤＣＥ＝90°－60°＝30°

したがって，３つの三角形ＣＡＢ，ＣＤＡ，ＣＥＤは頂角が30°の合同な二等辺三角形になる。

ＣＢ＝ＣＡ＝９㎝より，⑴をふまえると，三角形ＣＡＢの面積は，

９×(９÷２)÷２＝20.25(㎠)になるから，３つの三角形の面積の和は，20.25×３＝60.75(㎠)になる。

よって，斜線部分の面積は，60.75×２－９×９＝40.5(㎠)

4　⑴　**【解き方】グラフから，渋男君がスタートするまでに337.5m進んでいることがわかる。**

教子さんは７分30秒＝7.5分で337.5m進んだから，分速(337.5÷7.5)ｍ＝分速45m

⑵　**【解き方】グラフから，教子さんはスタートしてから40分後に頂上に着いたことがわかる。**

45×40＝1800(m)

⑶　**【解き方】教子さんは渋男君に追いつかれるまでに，45×60＝2700(m)走っているから，渋男君も教子さん**

に追いつくまでに2700m走っている。

渋男君の上りと下りの速さの比は，１：1.25＝４：５だから，同じ道のりの上りと下りにかかる時間の比は

５：４になる。渋男君は，上りを1800m，下りを2700－1800＝900(m)走ったから，上りと下りにかかった時間

の比は，(５×２)：(４×１)＝５：２になる。比の数の和の５＋２＝７が，60－7.5＝52.5(分)にあたるから，

公園から頂上までの上りにかかった時間は，52.5×$\frac{5}{7}$＝37.5(分)になる。

よって，渋男君の上りの速さは，分速(1800÷37.5)ｍ＝分速48m

⑷　**【解き方】教子さんが頂上に着いたとき，渋男君と教子さんは，1800－48×(40－7.5)＝240(m)離れている。**

教子さんの下りの速さは分速45m，渋男君の上りの速さは分速48mだから，教子さんが下りはじめてから，最初

にすれ違うまでに，240÷(45＋48)＝$\frac{80}{31}$＝２$\frac{18}{31}$(分)かかる。

$\frac{18}{31}$分は，$\frac{18}{31}$×60＝$\frac{1080}{31}$＝34$\frac{26}{31}$(秒)だから，求める時間は，40分＋２分＋34$\frac{26}{31}$秒＝42分34$\frac{26}{31}$秒後

《2022　第１回　理科　解説》

1　**問１**　ヘチマなどのウリ科，サクラなどのバラ科，タンポポなどのキク科のように，花びらの枚数は５枚のものが多い。これに対し，イネなどのイネ科は０枚，アブラナなどのアブラナ科は４枚である。

問２　枝の数に見られる規則性は，ある成長期後の枝の数は，その１つ前と２つ前の成長期後の枝の数の和と等しくなるというものである。これをもとに成長期と枝の数の関係の一部をまとめると表Ⅰのようになる。

表Ⅰ

成長期	3	4	5	6	7	8
枝の数(本)	1＋2＝3	2＋3＝5	3＋5＝8	5＋8＝13	8＋13＝21	13＋21＝34

問３　植物の葉に日光が当たると，水と二酸化炭素を材料にして，でんぷんと酸素をつくり出す光合成が行われる。より多くの葉に日光が当たることで，効率よく光合成を行うことができる。

問４　解答用紙の図では，360度が点線によって10等分されているから，①から反時計回りに点線を10×$\frac{2}{5}$＝４(本)進むごとに点を打てばよい。また，開度は360×$\frac{2}{5}$＝144(度)である。

問5　分子と分母のそれぞれに問２解説の規則性を当てはめればよい。$\frac{1}{2}\to\frac{1}{3}\to\frac{2}{5}\to$(　)と変化するから，(　)に入る分数の分子は１＋２＝３，分母は３＋５＝８となり，$\frac{3}{8}$があてはまる。

2　**問1**　ものはあたためられると体積が大きくなり，冷やされると体積が小さくなる。

問2　ア，エ×…水分を吸い込《こ》まないのであれば，染料インクの印刷にも適さない。インクジェット写真用には水分が吸い込みやすい加工がされていて，乾《かわ》きやすい。　イ×…水分を吸い込むことで起こることは，染料インクの印刷でも起こる。

問3　父の「接着剤《せっちゃくざい》のような役目をしている」という発言から考える。

問4　父の「くっきり印刷される顔料」や「(染料は)水といっしょに紙にしみこんでいく」などの発言から考える。

問5　年賀はがきの表の宛名《あてな》面にはふつう，相手の住所を書く。文字がかすれたり，にじんだりして住所がわからなくなるのを防ぐため，インクジェット用に加工されていない面に，顔料インクで印刷した方がよい。他にも，水(雨)にぬれたときに顔料インクの方がにじみにくいなど，顔料インクを使った方がよい理由がある。

問6　200グラムのＴシャツの生地を染めるには，20グラム→20000ミリグラムの重さの染料が必要である。１匹《びき》の貝から得られる染料は0.15ミリグラムだから，20000÷0.15＝133333.3…より，最低133334匹《ひき》の貝が必要である。

《2022　第１回　社会　解説》

1　**問1**　エ．中山道は碓氷峠などの標高 1000m近い三大難所があるのでＢ，東海道は標高 800m超えの箱根峠があるのでＡ，奥州街道は標高 500m以下の峠のみなのでＣと判断する。

問2　カ．土木技術の水準が上がるにつれて，トンネルが長くなっていった。よって，ループ線のあるＣを最古，トンネルの長いＡを最新と判断し，Ｃ→Ｂ→Ａの順となる。長いトンネルが掘削できるようになったため，曲線が多いループ線を使用しなくても緩勾配を選定できるようになった。

問3　東京 23 区は鉄道の割合が高いア，新潟市は自家用車の割合が高いイ，古くからの町なみが残る京都市は徒歩と自転車の割合が高いウと判断できるので，名古屋市はエを選ぶ。

問4(1)　イが誤り。1988 年に青函トンネルが開業したため，青森・札幌間の時間距離は 1985 年から 1995 年の間に短縮した。　**(2)**　能登半島は石川県にあり，2015 年に北陸新幹線の長野駅－金沢駅間が開業して短縮した。

問5　図１より，2011 年から 2012 年の間にＪＲの旅客数が約２倍に増えて，ＪＲ線利用者の占める割合が急上昇したことが分かる。図２より，2011 年に九州新幹線の博多駅－熊本駅間が開業して，移動時間が約１時間短縮したことが分かる。

問6(1)　オ．静岡市は太平洋側の気候なので，南東季節風の影響で夏の降水量が多いＢと判断する。姫路市は瀬戸内の気候なので，１年を通して降水量が少ないＣと判断する。米原市は日本海側の気候なので，北西季節風の影響で冬の降水量が多いＡと判断する。　**(2)**　北九州市は鉄鋼業の出荷額が高いエ，広島市は輸送用機械器具の出荷額が高いウ，富士市はパルプ・紙・紙加工品の出荷額が高いイと判断できるので，小田原市はアを選ぶ。

(3)　カ．野菜の割合が高いＡを近郊農業の盛んな神奈川県，米と畜産の割合が高いＢを岡山県と判断できるので，Ｃは愛知県となる。

問7　ウが正しい。　ア．寒さの厳しい稚内は稲作に向かないので，北海道各地に米を輸送しない。　イ．1987 年以前に北海道で開通した高速道路は一部であった。　エ．1987 年から 2016 年の間に，北見・釧路間の鉄道路線は廃止された。

問8　鉄道輸送の際に排出される二酸化炭素の量はトラック輸送の半分以下なので，温室効果ガスの大量排出によって発生する地球温暖化防止につながる。また，トラック輸送を環境負荷の小さい鉄道輸送にかえることをモーダルシフトと言う。

2 **問１**　８世紀末，桓武天皇から征夷大将軍に任命された坂上田村麻呂が蝦夷を制圧した後，多賀城にあった鎮守府が胆沢城に移された。

問２　北上川によって江戸や大阪へ輸送された貨物を川下《かわくだし》荷《に》と言い，米・漆器・紅花・鉄・銅などがあった。

問３⑴　江戸時代の盛岡は南部藩(盛岡藩)の城下町として栄えていた。　**⑵(①)**　「盛岡藩が成立」から，江戸時代のエを選ぶ。　**(②)**　「後三年の役」から，平安時代後期のイを選ぶ。アは平安時代(10 世紀ごろ)，ウは室町時代。

問４　ロシア使節のレザノフの長崎来航(1804 年)→異国船打払令の発令(1825 年)→大塩平八郎の乱(1837 年)→アヘン戦争(1840～1842 年)→日米和親条約の締結(1854 年)だから，エを選ぶ。

問５　イ．琉球王国は，中国の陶磁器や日本の刀剣などを東南アジアに運んだり，こしょうや染料などの南方の珍しい産物を東アジアに運んだりする中継貿易で栄えた(右図参照)。

問６⑴　石見銀山などから採れた銀は，南蛮貿易によってヨーロッパに大量に輸出されていた。また，16 世紀の日本で産出される銀は世界全体の生産量のおよそ３分の１を占めていた。　**⑵(Ｘ)**　キ．石見銀山のある安芸国は，16 世紀後半から毛利氏の領有となった。　**(Ｙ)**　ク．生野銀山のある但馬国は山名時義が 14 世紀後半に守護に就任した後，山名氏の領有となった。

問７⑴　オが正しい。　①・②鎖国体制下，キリスト教の布教を行わないオランダや，キリスト教と関係のない清(中国)は長崎での貿易を認められ，ヨーロッパやアジアの情勢を報告することを義務づけられた(風説書)。新井白石の正徳の治で，長崎貿易を制限して金・銀の海外流出を防ぐための海舶互市新例が出された。

⑵　生糸は，蚕がくわの葉を食べて成長しさなぎになるときにつくる繭からとれる。

3 **問１⑴**　衆議院議員総選挙は，全国を 289 に分けた小選挙区制(定数 289)と，全国を 11 のブロックに分けた比例代表制(定数 176)が並立してとられている。　**⑵**　アが正しい。田中角栄首相と周恩来が 1972 年に日中共同声明を調印し，日中の国交が正常化した。なお，日中平和友好条約の締結は 1978 年であり，天安門事件(1989 年)よりも前の出来事であった。

問３　ワクチン接種は医療従事者，高齢者，基礎疾患を有する者の順で進められた。また，2022 年５月時点，新型コロナウイルスの３回目・４回目のワクチン接種が進んでいる。

2021 解答例 令和3年度 ★渋谷教育学園渋谷中学校【第１回】

《国　語》

一　問一．①見届　②胸　③保証　④血統　問二．エ　問三．ア　問四．エ，オ　問五．鳩の神様などいるはずがないとみなとを見下していたが、飼い猫の死に際し、父が帰るまで生かしてほしいと猫の神様に祈ったら叶った経験を思い出し、信じる気持ちになった。　問六．オ　問七．エ　問八．イ

二　問一．①乱　②至　③指標　問二．オ　問三．ウ　問四．ア　問五．他の動物は一声のなかですべてを言いつくすが、人間は膨大な数の語彙やさまざまな文体を生み出し、それらを際限なく積み重ねることで、文化と文明を築いてきたということ。　問六．(1)Ａは自分の身体を用いてじかに表現し、Ｂは道具を用いて対象に痕跡を残すかたちで表現するという違い。　(2)エ　問七．ア，カ

《算　数》

1　(1)$5\frac{5}{6}$　(2)360　(3)18　(4)86　(5)100.48　※(6)54

2　(1)12　(2)28　(3)10

3　(1)右図　(2)右図　(3)５－Ｂ／右図

※4　(1)2.4　(2)10　(3)㋐16.5　㋑59　㋒70

3(1)の図

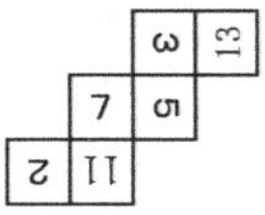

3(2)の図

3(3)の図

※の式・考え方は解説を参照してください。

《理　科》

1　問１．エ　問２．イ　問３．205　問４．(ア)空気　(イ)水蒸気　(ウ)水　(エ)真空

2　問１．(1)18　(2)地ばんの固さによって，揺れ方が変わるから。　問２．(1)55　(2)イ　問３．630
問４．78500　問５．(1)イ，ウ　(2)オと協力して，イとウの家庭の避難を手伝う。

《社　会》

1　問１．イ　問２．(1)あ．物部　い．大宰府　う．平城　え．藤原　(2)聖武天皇　(3)国分寺　(4)ウ　(5)祇園祭
問３．(1)ロックダウン　(2)北里柴三郎　問４．(1)日米和親条約　(2)エ　(3)コレラ　(4)攘夷　問５．(1)スペイン　(2)シベリア出兵に派遣された兵士が他国の兵士から感染し，その後帰国した際にもちこんだ。

2　問１．ａ．ア．㉕　イ．④　ウ．㉖　ｂ．エ．㉙　オ．⑰　カ．㉒　ｃ．キ．⑯　ク．⑲　ケ．⑤　ｄ．コ．⑱　サ．㉜　シ．⑩　Ｙ．ス．⑬　セ．②　ソ．㉛　問２．ａ．③　ｂ．②　ｃ．⑤　ｄ．⑥　Ｙ．⑧
問３．(1)Ａ．かぼちゃ　Ｂ．小松菜　(2)保存がきくＡは，消費地から遠く台風の少ない北海道で大量に生産される。鮮度が求められるＢは，安定した出荷量を保つために，大都市近郊でビニルハウス等を使って生産されるので，台風の影響を受けやすい。　問４．(1)ア．再生　イ．水　(2)農園で働く労働者の生活環境を向上させることや，リゾートホテルで再生可能エネルギーを使うことが必要である。

《2021 国語 解説》

一 **問二** ──線(1)の3～4行前に「遠さを感じて、ライツィハーは引《ひ》き締《し》まった顔をしている～これからどれだけ過《か》酷《こく》なレースに臨《のぞ》まなくちゃいけないのか～理解しているのだとおれは思う」とあり、その後、「頑張《がんば》れよ」と声をかけていることから、エが適する。アの「鳩舎《きゅうしゃ》のある北海道」、イの「無事を願うことしかできず」、ウの「不安を見せない鳩《はと》の健気《けなげ》な様子」、オの「スタート時間どおりに飛ばしてやりたい」などは適さない。

問三 ──線(2)の前にあるユリカの言葉を見ていくと、「すごく心配なの」「ライちゃんは海を越《こ》えるの初めてなんだよ」「レース鳩だから飛ばしてあげたいけど、それって人間の勝手なんじゃないかな」とあり、その後──線(2)の問いを発しているので、アが適する。イの「悟《さとる》なら～納得のいく答えを出してくれるはずだ」、ウの「悟にだけはそんなことをしてほしくない」、エの「経験の浅い鳩を」、オの「父と同様に反対～それは鳩本来の姿ではない」などは適さない。

問四 アは──線(2)の9～11 行前に「飛ばしてあげたいなって思う～たくさん訓練～その結果を本番で出させてあげたい」とある。イは──線(2)の次行に「鳩が帰ってこないことはよくある。でも、それも含《ふく》めてレースなんじゃないだろうか」とある。ウは──線(2)の次行に「悲しいけれど、鳩が帰ってこないことはよくある」、──線(3)の2行前に「帰ってこないといった悲しいこと(もなくなる)」とある。エの「無駄《むだ》死にする」、オの「レースの経験が必要」という記述は本文中にないので、これらが正解。

問五 ～～線Aの直後で、悟は「そんなのいるはずねえだろう」と鳩の神様の存在を否定し「鼻で笑って」いた。しかし、みなとの白い猫《ねこ》の話を聞いているうちに、自分の飼っていた猫の「チビ」の最期《さいご》のことを思い出し、～～線Bの直前では「いるよ、鳩の神様」と発言している。これらの内容から、考えの変化をまとめる。

問六 ──線(4)の4行後に「ユリカに突《つ》きつけられた質問が、胸の中にずっと残っていた」、5行後に「ユリカからの質問で考えるようになったことだ」、10 行後に「鳩レースが大好きで夢中な父ちゃんに、レースに批判的な言葉を言う。緊張《きんちょう》して」とあるので、オが適する。アの「悔《くや》しく～うまく言い返せるのではないか」、イの「それ(父の間違《まちが》い)を正さなければならないのではないか～功罪について」、ウ「父がどのように鳩と接しているかを知りたい～関わり方について～相談」、エ「人間と鳩とのきずなに対する父の信念を聞き出そう」などは適さない。

問七 ──線(5)にある「耳にざらざらと残る」は、悟の心にひっかかっているということを表しているので、エが適する。悟が「エゴってなに？」と聞いたときに、父は「実はおれもよくわかってねえ」と答えていることから、アの「父にうまく言いくるめられている」は適さない。また、イの「不安な思いがつのっている」、ウの「背筋が伸《の》びる思いがしている」、オの「少し怖《こわ》くなっている」も適さない。

問八 ──線(6)の4行前に「鳩たちはいっせいに南の方角へと向かい始めた～すごい。本能ってすごい」、直前に「北海道の緑の大地を、横断していく鳩たちの姿を想像した～なんて健気で美しい姿なんだろう」とあるので、イが適する。悟は鳩の本能に感動しているので、アの「ユリカの優美な姿に心を奪《うば》われ」、エの「畏《おそ》れにも似たような感情」は適さない。また、悟は鳩の姿を想像しているので、ウの「自然の偉大《いだい》さをじかに肌《はだ》で感じとり」、オの「大地を横切り大海原を渡《わた》っていく鳩たちの～姿に目を奪われ」も適さない。

二 **問二** 1 の後では「本来なら直接に話したり書いたりする～言葉のやりとり(言葉の交通)に、機械が介在《かいざい》することによって～奇妙《きみょう》なことになっています」と指摘し、「機械は～言葉の交通を『代用』するかぎりでは非常に便利～軍事やビジネスなどの限られた分野では、使われていく～しかしそれ以外の生活の局面～においては、人間と人間の間に機械を介在させる機会はむしろ減らして、『じかに話し、じかに書く』こと～を促《うなが》していくべきである」と述べている。つまり、言葉の交通に機械をどう介在させるかが書かれているので、オが適する。

問三　――線(2)の２～３行前に「コンピュータ、インターネットは、人間と人間が生活上の言葉をやりとりするために開発された道具や手段ではなく、軍事通信技術あるいは諜報《ちょうほう》技術に利用するため開発されたものです」とあるので、ウが適する。エの「開発された当初の目的が明かされないまま」ということではない。

問四　――線(2)をふくむ段落の直前の２段落に「本来なら直接に話したり書いたりすることでなされる人間と人間との言葉のやりとり（言葉の交通）に、機械が介在することによって～まわりくどい操作が加わり、人間が機械の機能に従属する操作者として言葉を発していかなければならないという奇妙なことになっています」「分裂《ぶんれつ》したありようは、言葉を生み出す思考の流れに反し、適切な言葉を生み出す方向へ向かう集中を妨《さまた》げます。これは、言葉が発せられる本来の姿ではありません」とあることに、アが適する。イは「直接顔を合わせて行われるはずの」が適さない。ウ、エ、オのようなことは本文で述べられていない。

問五　「他の動物」については、直前の段落に「自然の動物たちは、一つの声を発するなかにすべてを言いつくしています」「馬もウグイスも一声のなかに言いたいことのすべてを言いつくしています」とある。「人間」については、――線(3)をふくむ段落で「人間の言葉は、一声発してそれですべてを言いつくせるというようなものではない～ゆえに、人間は、膨大《ぼうだい》な数の語彙《ごい》（単語）を生み出し、さまざまな文体～をつくり出し～長い時間をかけて際限なく積み重ね～現在のような文化と文明を築き上げてきました」と述べている。これらの内容をまとめる。

問六(1)　――線(4)の直後の段落に「自分の身体を用いてじかに表出、表現する行為《こうい》はすべて『はなす』ことの範《はん》疇《ちゅう》に含《ふく》まれる」、本文後ろから４段落目に「『はなす』ことと『かく』ことの違いは～『かく』ことが道具を持つという点です～道具を用いて～対象に『かく』～それによって、その場に何らかの痕跡《こんせき》を残すというかたちで表現していく」とあることからまとめる。　**(2)**　本文後ろから２段落目に「『書く』（文字）は、『かく』ことの範疇に含まれる他の表現～と密接な関係を持ちつつ、全体として『かく』という表現世界を形成していました。それが、『文字』ができ、『書き言葉＝文』が成立したとき～それぞれの表現として独立して行った～これは『はなす』についても同様です」とあるので、エが適する。ア、イの「元来同一の表現行為から生まれた」、ウの「『話す』・『書く』という行為が新たに誕生した」、オの「言葉を使った表現行為だけが～高度なものとなった」は適さない。

問七　ア．━━線②をふくむ段落に、機械の「圧倒的《あっとうてき》な浸透《しんとう》ぶりと、当座の便利さ～社会的な使用の強要を見せつけられれば、やはり使わざるを得ません」、そのような状況《じょうきょう》に「馴《な》れっこになって～気づかぬ」とあることに適する。　イ．━━線②の直後の段落で「軍事やビジネスなどの限られた分野では、使われていくでしょう」と述べているので、「あらゆる社会的活動において」は適さない。　ウ．――線(4)の直後の段落に「『話す』ことが身ぶりや手ぶりや表情と～ともにしかありえない」とあるが、それらを「交じえなければ～完全なる意思疎通《そつう》を図ることは難しい」とは述べていない。　エ．動物の言葉が一声のなかにすべてを言いつくしていることを「完全なる言葉」であると表現したのは、それとは対照的に、人間の言葉が「不完全な言葉」であり、だからこそ「膨大な数の語彙～さまざまな文体～言葉の宇宙を築き上げ～文化と文明を築き上げてきました」ということを説明するためである。「これ以上新たな語彙を加える必要がないということの比喩《ひゆ》」ではない。　オ．本文後ろから５段落目に「『はなす』ことと『かく』ことはいずれも、人類が誕生して以来の歴史とともにあった」とあるので、「『言《はなしことば》』は～『文《かきことば》』より先に確立された」は適さない。　カ．――線(4)をふくむ段落の直前の段落に「『人類が文字を獲得《かくとく》し、物事を記録するようになった時代以降が歴史である』と考える人もいます」とあることに、適する。

《2021　算数　解説》

1　(1)　与式$=\frac{14}{5}\times\{\frac{25}{6}-(\frac{5}{4}+\frac{10}{3})\div\frac{11}{5}\}=\frac{14}{5}\times\{\frac{25}{6}-(\frac{15}{12}+\frac{40}{12})\times\frac{5}{11}\}=\frac{14}{5}\times(\frac{25}{6}-\frac{55}{12}\times\frac{5}{11})=\frac{14}{5}\times(\frac{50}{12}-\frac{25}{12})=\frac{14}{5}\times\frac{25}{12}=\frac{35}{6}=5\frac{5}{6}$

⑵　**【解き方】食塩水の問題は，うでの長さを濃度《のうど》，おもりを食塩水の重さとしたてんびん図で考えて，うでの長さの比とおもりの重さの比がたがいに逆比になることを利用する。**

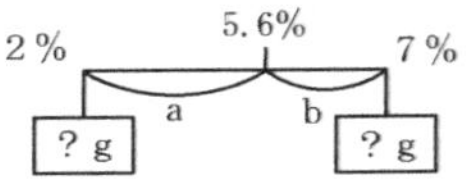

右のようなてんびん図がかける。a ：b＝(5.6－2)：(7－5.6)＝18：7だから，

2％と7％の食塩水の重さの比はこの逆比の7：18である。

よって，7％の食塩水の重さは，$500\times\frac{18}{7+18}=360$(g)

⑶　**【解き方】電車Aの長さをa m《メートル》とし，Aが65秒で進む長さと8秒で進む長さをそれぞれaを使って表す。**

1.3㎞＝1300mのトンネルに完全にかくれていた時間から，Aは1300－a(m)…①を65秒で進むとわかる。

また，Bと8秒ですれちがうとき，2台の電車が進んだ道のりの和は2台の電車の長さの和と等しいことと，

Bが進んだ道のりは22×8＝176(m)であることから，Aが進んだ道のりは，a＋190－176＝a＋14(m)…②

①と②の合計の1300＋14＝1314(m)をAは65＋8＝73(秒)で進むのだから，Aの速さは，秒速$\frac{1314}{73}$m＝秒速18m

⑷　**【解き方】正方形を小さい順に正方形①，正方形②，正方形③，円を小さい順に円①，円②とする。面積比を求めるために円①の半径を1とし，面積について(正方形①)：(円①)：(正方形②)：(円②)：(正方形③)を求める。**

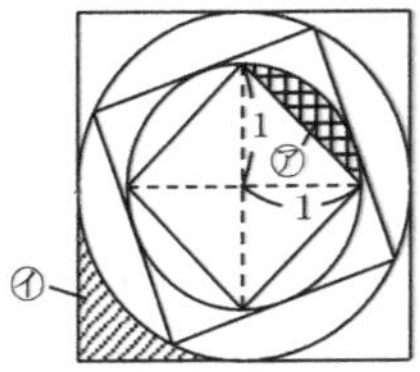

正方形①は対角線の長さが1＋1＝2だから，面積は，2×2÷2＝2

円①の面積は，1×1×3.14＝3.14

正方形②は1辺の長さが2だから，面積は，2×2＝4

正方形②で(対角線)×(対角線)＝4×2＝8になるから，円②の(半径)×(半径)は，

$8\times\frac{1}{2}\times\frac{1}{2}=2$になる。したがって，円②の面積は，2×3.14＝6.28

正方形③は(1辺)×(1辺)が8になるから，正方形③の面積は，8

したがって，面積について，(正方形①)：(円①)：(正方形②)：(円②)：(正方形③)＝2：3.14：4：6.28：8

よって，㋐と㋑の面積比は，$\frac{3.14-2}{4}:\frac{8-6.28}{4}=57:86$だから，㋑の面積は，$57\times\frac{86}{57}=86$(㎠)

⑸　**【解き方】右図のような立体ができる。三角形ACD，三角形ABGなどが直角二等辺三角形になっていることを利用する。**

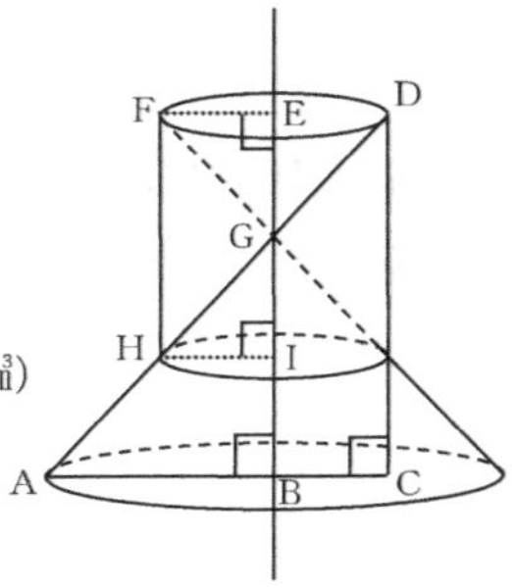

この立体の体積は，大きい円すい(底面の半径AB，高さBG)と円柱(底面の半径HI，高さIE)の体積を足して，合同な2つの小さい円すい(底面の半径HI，高さIGと，底面の半径FE，高さEG)の体積を引けば求められる。

BG＝AB＝4㎝だから，大きい円すいの体積は，$4\times4\times3.14\times4\div3=\frac{64}{3}\times3.14$(㎤)

HI＝BC＝2㎝，IG＝HI＝2㎝，BI＝4－2＝2㎝，IE＝6－2＝4(㎝)

だから，円柱の体積は，2×2×3.14×4＝16×3.14(㎤)

小さい円すい2つ分の体積は，$(2\times2\times3.14\times2\div3)\times2=\frac{16}{3}\times3.14$(㎤)

よって，求める体積は，$\frac{64}{3}\times3.14+16\times3.14-\frac{16}{3}\times3.14=32\times3.14=100.48$(㎤)

⑹　**【解き方】3本の棒の水面下の長さは等しいので，この長さを1とする。**

水面下の長さと全体の長さの比は，Aが$(1-\frac{1}{3}):1=2:3$，Bが$(1-\frac{1}{4}):1=3:4$，Cが$(1-\frac{1}{5}):1=4:5$だから，全体の長さは，Aが$1\times\frac{3}{2}=\frac{3}{2}$，Bが$1\times\frac{4}{3}=\frac{4}{3}$，Cが$1\times\frac{5}{4}=\frac{5}{4}$である。したがって，

$\frac{3}{2}+\frac{4}{3}+\frac{5}{4}=\frac{49}{12}$が147㎝にあたるので，1は$147\div\frac{49}{12}=36$(㎝)にあたる。よって，Aの長さは，$36\times\frac{3}{2}=54$(㎝)

2　⑴　**【解き方】以下の解説では，1分後から2分後までの1分間に伝言を伝えることを，「2分後に伝える」と表**

記する。伝言を伝えた時間は，Ａが２分後と３分後，Ｂが３分後と４分後，Ｃが４分後と５分後，…となることから，人数の増え方の規則性を考える。

１分後に伝わる生徒はＡだけだから１人である。

２分後に伝わる生徒は１分前に伝わったＡが伝えた１人だけである。

３分後に伝わる生徒は，２分前に伝わったＡと，１分前に伝わった１人が伝えた１＋１＝２(人)である。

４分後に伝わる生徒は，２分前に伝わった１人と，１分前に伝わった２人が伝えた１＋２＝３(人)である。

５分後に伝わる生徒は，２分前に伝わった２人と，１分前に伝わった３人が伝えた２＋３＝５(人)である。

よって，５分後までに伝わった人数は，1＋1＋2＋3＋5＝12(人)

なお，下線部の数の列はフィボナッチ数列とよばれる数列であり，最初から３つ目以降の数は，直前の２数の和になっている。

⑵　**【解き方】⑴のように考えれば，４分後以降に伝わる人数は，直前の３分間の人数の和になるとわかる(これをトリボナッチ数列という)。**

１分後に伝わる生徒は１人である。

２分後に伝わる生徒は１分前に伝わった１人が伝えた１人である。

３分後に伝わる生徒は，２分前に伝わった１人と，１分前に伝わった１人が伝えた１＋１＝２(人)である。

４分後に伝わる生徒は１＋１＋２＝４(人)，５分後に伝わる生徒は１＋２＋４＝７(人)，６分後に伝わる生徒は２＋４＋７＝13(人)である。よって，５分後までに伝わった人数は，１＋１＋２＋４＋７＋13＝28(人)

⑶　⑵をもとに表にまとめると右のようになる。

よって，10分後には205人全員に伝わる。

時間(分後)	4	5	6	7	8	9	10	…
新たに伝わった人数(人)	4	7	13	24	44	81	149	…
伝わった人数の合計(人)	8	15	28	52	96	177	326	…

3　⑴　**【解き方】立方体の展開図では，となりの面にくっつくのならば，面を90°だけ回転移動させることができることを利用して，展開図を変形して考える。**

右図の太線の辺は組み立てたとき重なり，７の面は図のように回転移動できる。

よって，「11」の下側と「７」の下側が向かい合い，「11」の右側と「２」の左側が向かい合うので，解答例のようになる。

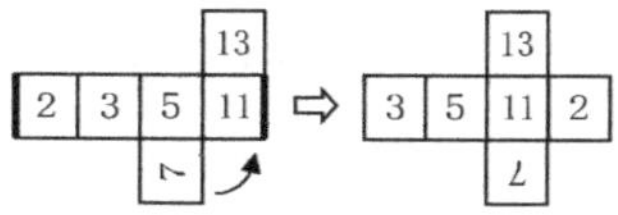

⑵　**【解き方】⑴の考え方を利用して展開図を変形させる。回転移動させるときは，いくつかの面をまとめて回転させてもよい。**

⑴で作った展開図を，右図のように変形させることができる。

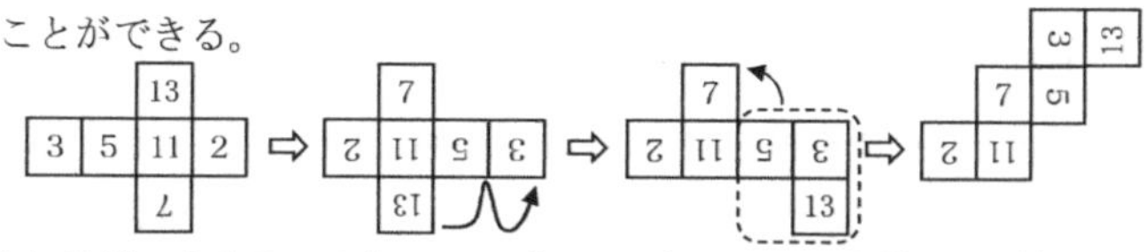

⑶　**【解き方】向かい合う面の目の数字の組み合わせが，２と５，３と11，７と13であることを意識しながら，立方体が転んだ先のマス目を考える。13の面が上の状態になったときに13の向きがわかれば，これまでにかいた図から，ほかの面の数字の向きもわかる。**

以下の解説では，置いた立方体の各面を右図のように表す。立方体を転がす方向についても同様に表記する。

まず，上の数字が２→３→５となるように転がすので，左上に２回転がし，

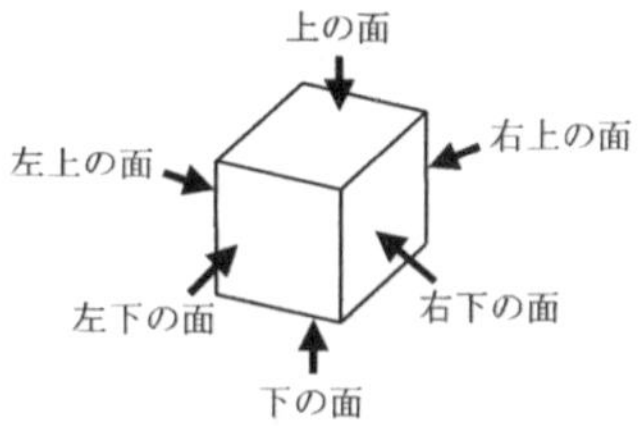

6 - F → 6 - E → 6 - Dと移動する。

次に7を上にすることと，6 - Dでは7が左下の面であることから，右上に転がし，5 - Dに移動する。

次に11を上にすることと，5 - Dでは11の向かいの3が左上の面であることから，左上に転がし，5 - Cに移動する。次に13を上にすることと，5 - Cでは13の向かいの7が左上の面であることから，左上に転がし，5 - Bに移動する。このとき，「11」の面は左上の面であり，「13」の下側は「11」の面を向いているから，「13」の下側は左上向きだとわかる。

(2)の展開図より，「13」の上側と「3」の上側が向かい合い，「3」の左側と「2」の右側が向かい合うので，解答例のような数字の向きになる。

4 (1) **【解き方】右図Ⅰは水そうを正面から見た図であり，水そう内の空間にa，bと記号をおく。図2でグラフが折れているところ(右図Ⅱの①～③)でそれぞれaとbの水の高さを考える。**

図Ⅰ

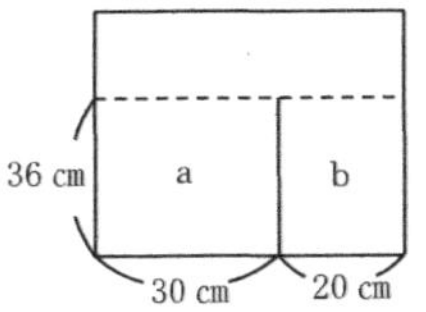

図Ⅱ

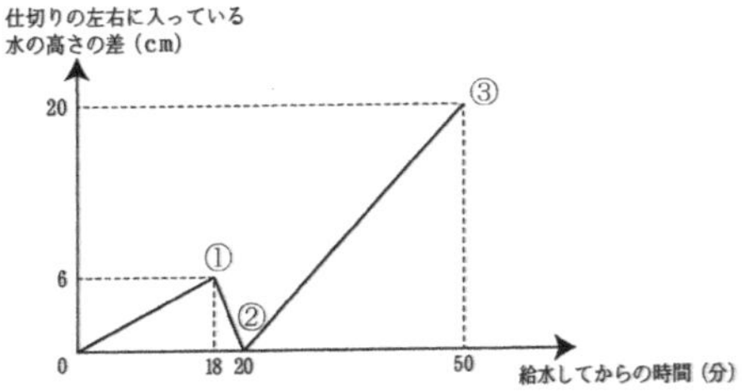

aよりbの方が水の高さが上がる速さが速かったので，①でbが満水になりaに水があふれたとわかる。したがって，Bから給水される水は，1分間あたり$\frac{40\times20\times36}{18}=1600$(cm³)である。

②で水の高さの差が0cmになったのは，aも満水になったからである。20分後にAを閉じてCを開き，aの水の高さが下がり始め，③までに20cm下がった。②から③の間，水そう内の水は1分間あたり$\frac{40\times30\times20}{50-20}=800$(cm³)の割合で減った。この間，給水はBからの1分間あたり1600cm³だけだったから，Cが排水する割合は，1分間あたり1600＋800＝2400(cm³)，つまり，2.4Lである。

(2) **【解き方】(1)をふまえる。仕切りを動かしたあと，aとbで縦の長さと水の高さとが同じになったのだから，横の長さの比は体積比と等しくなった。したがって，50分後の体積比を求める。**

仕切りを動かす前，aとbは縦の長さが同じで，横の長さの比が30：20＝3：2，水の高さの比が(36－20)：36＝4：9だったから，体積比は，(3×4)：(2×9)＝2：3である。よって，仕切りを動かしたあと，aとbの横の長さの比は2：3になったから，aの横の長さは$(30+20)\times\frac{2}{2+3}=20$(cm)になったので，仕切りは左側に30－20＝10(cm)動かした。

(3) **【解き方】ここまでの解説をふまえる。(1)と同様に右図Ⅲ，Ⅳのように記号をおき，cとdの水の高さの差を考える。**

図Ⅲ

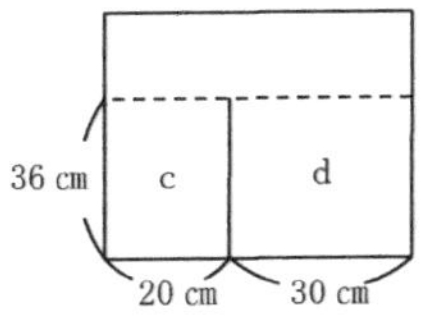

図Ⅳ

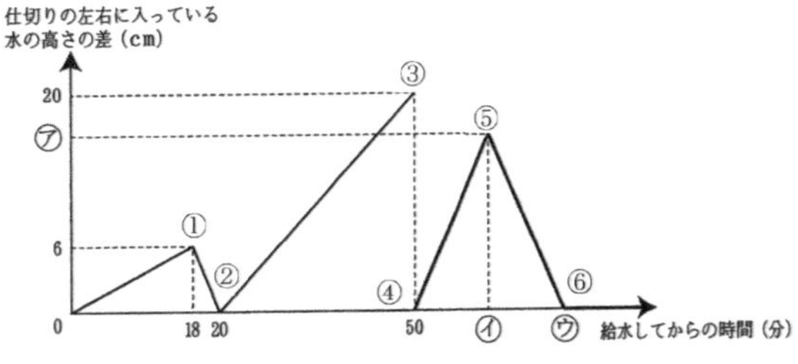

bからdになるとき横の長さが$\frac{30}{20}=\frac{3}{2}$(倍)になったのだから，水の高さは$\frac{2}{3}$倍の$36\times\frac{2}{3}=24$(cm)になった。⑤はdの水の高さが36cmになってcに水があふれたときだから，④から⑤までの時間は，$\frac{40\times30\times(36-24)}{1600}=9$(分)である。

したがって，㋑＝50＋9＝59

①のときaの水の高さは36－6＝30(cm)だから，Aから給水される水は，1分間あたり$\frac{40\times30\times30}{18}=2000$(cm³)

したがって，④から⑤までの間にcの水は1分間あたり2400－2000＝400(cm³)の割合で減ったから，9分間で水の高さは，$\frac{400\times 9}{40\times 20}=4.5$(cm)下がった。これより，㋐＝36－(24－4.5)＝16.5

⑥はcの水の高さが36 cmになったときである。⑤から⑥までの間にcの水は1分間あたり1600－400＝1200(cm³)の割合で増えたから，水が16.5 cm上がるのにかかった時間は，$\frac{40\times 20\times 16.5}{1200}=11$(分)

よって，㋒＝59＋11＝70

《2021　理科　解説》

1　問1　エ○…水があることで微生物が増えてフルーツが腐《くさ》る。糖度を高くすることでフルーツから水をうばうことができるので，フルーツが腐らなくなる。

問2　イ○…標高が高いところほど空気がうすく(気圧が低く)なるので，真空の状態に近づく。気圧が低いと低い温度で水がふっとうする。例えば，富士山の山頂では，およそ87℃でふっとうする。

問3　イチゴははじめ 500×0.1＝50(g)の糖分をふくんでいるので，用意した砂糖と合わせて糖分は 50＋250＝300(g)である。この糖分で糖度 55%のジャムを作るので，全体の重さが 300÷0.55＝545.4…→545 gになればよい。したがって，蒸発させる水の重さは(500＋250)－545＝205(g)である。

問4　ジャムとキャップの間の空間を真空に近い状態にするため，水蒸気が冷えて水に変化するときに体積が非常に小さくなる現象を利用している。

2　問1(1)　地震が発生したとき，はじめに到達する小さな波をP波，あとに到達する大きな波をS波という。震源から 12 kmの地震計にP波は地震発生から 12÷6＝2(秒)で到達するので，緊急地震速報は地震発生から2＋1＝3(秒後)に出される。一方，震源から 63 km離れた地点では，S波が地震発生から 63÷3＝21(秒)で到達するので，21－3＝18(秒後)である。

問2(1)　24分→$\frac{24}{60}$時間より，22÷$\frac{24}{60}$＝(時速)55(km)となる。　(2)　イ○…図1より，火砕流到達範囲は火口からおよそ10 kmである。表1より，火砕流の速度は時速100 kmなので，10÷100＝0.1(時間)→6分となる。

問3　950hPaは1 m²の上に9500 kgの空気がある状態だから，10130－9500＝630(kg)軽くなったことになる。

問4　500 km→50000000 cm(5に0が7個つく)，100 mm→10 cmだから，降雨の総量は5×5×3.14×10＝785より，78.5に0が15個つく値である。ここで水1gの凝結熱は2000 Jであり，マグニチュード7の地震のエネルギーは2に0が15個つく値だから，(2000×78.5)÷2＝78500(回分)である。

問5(1)　イ，ウ○…洪水警報は警戒レベル3なので，高齢者(一般的に 65 歳以上)は避難を開始しなければならない。

《2021　社会　解説》

1　問1　イが正しい。国際連合は，戦争の反省から，世界の平和と安全を守ることを目的に設立された。WTOは世界貿易機関の略称である。

問2(1)(あ)　飛鳥時代，仏教の受け入れに賛成する蘇我氏と反対する物部氏が対立し，蘇我氏が勝ったことで仏教を信じることが国の方針になった。　(い)　大宰府は，現在の福岡県太宰府市に設置された。さまざまな役所をもち，九州の行政，外交使節や渡来人との折衝，海岸の防衛などを担当し，九州の調・庸の税も集められた。

(う)　右表参照。　(え)　藤原不比等の4人の息子たちは，聖武天皇の治世に長屋王(天武天皇の孫)を策略で自殺に追い込んだことで知られる。　(2)　＜資料3＞の「盧舎那仏の金剛像」は東大寺の大仏である。聖武天皇は，仏教の力で世の中を安定させようと

遷都を行った年	遷都後の都
710年	平城京
784年	長岡京
794年	平安京

して国分寺を全国につくり，奈良の都に東大寺と大仏をつくった。　**(4)**　東大寺のウを選ぶ。アの唐招提寺は奈良時代に鑑真が建てた。イの四天王寺とエの法隆寺は飛鳥時代に聖徳太子が建てた。　**(5)**　祇園祭は，室町時代の応仁の乱で一時中断されたが，その後京都の有力な商人である町衆らによって復活された。

問３(1)　「病人の市中への立ち入りを禁止」から導く。ロックダウンは，被害の拡大を防ぐために外出などの行動を制限する措置である。　**(2)**　北里柴三郎は，破傷風菌の純粋培養の成功や，コレラの血清療法の発見でも知られる。

問４(1)　ペリーは日本と日米和親条約を結び，寄港地として下田・函館の２港を開くことを認めさせた。

(2)　エが誤り。日米和親条約では，日本が他国に許可したことは自動的にアメリカにも許可する最恵国待遇が取り決められた。　**(3)**　「コロリ」から導く。「虎列刺《コレラ》退治」という当時の錦絵にはコレラに見立てた怪物が描かれており，上半身は虎，下半身は狼と狸が合体している。　**(4)**　幕末に日本が開国すると，幕府の方針に反対する動きが見られ，尊王攘夷運動が盛んになっていった。1863年，長州藩は攘夷を決行し，下関海峡を通過する外国船を砲撃した。その翌年，報復のためアメリカ・フランス・イギリス・オランダの４か国が下関砲台を攻撃し，占領した(下関砲撃事件／四国艦隊下関砲撃事件)。

問５(2)　本文の「感染した兵士がそれぞれの国に帰還することで，世界中に拡大した」に着目する。＜資料７＞はシベリア出兵，＜資料８＞は，シベリア出兵を見こした大商人らが米を買い占めたことから始まった米騒動である。シベリア出兵は，ロシア革命による社会主義の考えが世界に広がるのをおそれた列強が行った。日本のシベリア出兵は1918年～1922年に行われた。

２　**問１(ア)**　㉕野口英世は黄熱病を研究した細菌学者である。　**(ウ)**　㉖白虎隊は，戊辰戦争で明治政府と戦った会津藩士である。　**(エ)**　㉙日本三景は松島(宮城県)・天橋立(京都府)・宮島(広島県)である。　**(オ)**　⑰樹氷は樹木についた雪と氷であり，蔵王山で見られる。　**(カ)**　㉒伊達政宗は仙台藩初代藩主である。

(キ)　⑯日本三名園は後楽園(岡山県)・兼六園(石川県)・偕楽園(茨城県)である。　**(ク)**　⑲瀬戸大橋は岡山県倉敷市と香川県坂出市を結ぶ。　**(ケ)**　⑤犬養毅首相は，1932年５月15日，ロンドン海軍軍縮条約締結を不満に思った海軍将校らによって暗殺された(五・一五事件)。　**(コ)**　⑱瀬戸内しまなみ海道は広島県尾道市と愛媛県今治市を結ぶ。　**(シ)**　⑩オバマ大統領の広島訪問は，戦争で核兵器を使った唯一の国の現役大統領による被爆地初訪問だった。　**(ス)**　⑬カルデラは火山の中心部にできた円形のくぼ地である。　**(セ)**　②江戸幕府のキリスト教徒への弾圧に対する不満などから，1637年に島原・天草地方の農民が天草四郎を総大将として島原・天草一揆を起こした。

問２　ａは福島県の③，ｂは宮城県の②，ｃは岡山県の⑤，ｄは広島県の⑥，Ｙは熊本県の⑧を選ぶ。①は岩手県，④は兵庫県，⑦は大分県。

問３(1)Ａ　「カンボジア」がなまって名付けられたことや，スープや煮物の材料になることから，かぼちゃと判断できる。　**Ｂ**　「冬菜」と呼ばれていたことや吉宗が名付け親であること，おひたしやいため物の材料になることから，冬野菜の小松菜と判断できる。　**(2)**　写真より，ビニルハウスで生産されていた小松菜が台風の被害を受けたことがわかる。Ｃより，小松菜は４割以上が大都市である東京の近郊で生産されている。Ｄより，かぼちゃは約半分が北海道産である。以上のことから，大消費地周辺では新鮮な野菜，大消費地から距離が離れている北海道では保存がきく野菜を生産していることを導く。

問４(1)(ア)　新聞や雑誌などの古紙を原料にして再生紙をつくっている。　**(イ)**　水資源を保護することで，河川や土壌の汚染を防ぎ，熱帯雨林を維持している。　**(2)**　農園で働く労働者の労働環境を整える他，子どもたちの教育環境を整えることも目指されている。また，太陽光・風力・水力・地熱発電などの再生可能エネルギーは，地球温暖化の原因となる二酸化炭素などの温室効果ガスをほとんど発生させないといった特長をもつ。そのため，再生可能エネルギーの活用は，将来の世代も豊かで便利で快適な生活を目指す「持続可能な社会」につながる取り組みと言える。

2020 解答例 令和2年度

★渋谷教育学園渋谷中学校【第1回】

《国　語》

一　問一．①署名　②誕生日　③勇　④気品　問二．ウ　問三．オ　問四．ア　問五．オ　問六．子どもを、愛情をもって見守る目から、関白となり太閤の跡を継ぐ人物に育て上げるという自分の人生の旗印を見る目に変わった。　問七．エ　問八．(1)お面　(2)燃えあがる城の炎のなか　(3)イ

二　問一．①骨組　②典型　③領域　④由来　問二．オ　問三．イ　問四．ア，ウ　問五．個物の個別性に興味を抱き、個々の属性とは関係なく、かけがえのないその人だから愛するというもの。　問六．自分固有の人生に対する実感に忠実でありながら、普遍性ももつように、精確な言語によるコミュニケーションを求め続ける営み。　問七．エ

《算　数》

1　(1) $1\frac{1}{6}$　(2)55　(3)22.8　(4)8　(5)11，15　※(6)1356，1464

2　(1)48　(2)25　(3)4，20，36，48，52

3　(あ)63　(い)4　(う)4　(え)10　(お)7　(か)15　(き)14　(く)6　(け)44

4　(1)1570　(2)3925　※(3)565.2　※(4)3108.6

※の式・考え方は解説を参照してください。

《理　科》

1　問1．イ　問2．(ア)大きく　(イ)小さく　問3．高いところにあるものほど小さくつくられている。
問4．イ　問5．視野の中にある時間が長い　問6．エ　問7．(ア)同じ　(イ)止まっている
(ウ)つかない　(エ)同じ　(オ)変わらない　(カ)同じ距離

2　問1．庫内温度を十分に下げてから次のパンを焼くようにする。　問2．(ア)水分　(イ)先に　(ウ)閉じこめる
問3．天井で反射した遠赤外線が網の上のパンに集まりやすくなり，効率よく加熱することができる。
問4．ウ　問5．120　問6．4

《社　会》

1　問1．ア　問2．ア　問3．(1)平等権　(2)ウ　問4．定員の半数を3年ごとに改選している
問5．①国会　②国権　③立憲主義　④大日本帝国憲法

2　問1．イ　問2．エ　問3．ウ　問4．杉田玄白　問5．長崎　問6．イ　問7．ウ　問8．イ
問9．五／十五　問10．ウ　問11．ウ，ク　問12．アメリカとイギリスは，日中戦争において中国への物資の供給をしたり，石油をはじめとする資源の日本への輸出を禁止したりしていたため。

3　問1．あ．SNS　い．インターネット　う．バリアフリー　問2．(A)あ．さくらんぼ〔別解〕おうとう
い．急流　う．最上　地図…ウ　雨温図…②　(B)え．りんご　お．千曲　か．信濃　地図…オ　雨温図…③
(C)き．てんさい　く．石狩　け．蛇行　地図…ア　雨温図…①

4　第一次ベビーブームに生まれた団塊の世代が高齢になり，医療の発達とライフスタイルの変化により増加がみこまれる独り暮らしの高齢者や高齢者夫婦のみの世帯をサポートするサービスの需要が高まってきた。

渋谷教育学園渋谷中学校【第１回】

《2020　国語　解説》

一　著作権に関係する弊社《へいしゃ》の都合により本文を非掲載《ひけいさい》としておりますので、解説を省略させていただきます。ご不便をおかけし申し訳ございませんが、ご了承《りょうしょう》ください。

二　**問二**　「まず、科学は『客観性』を――さしあたり実現していなくても――求めます。客観性とは、同じ条件のもとにおいてはすべての（あるいは大部分の）人が対象を同じように把握《はあく》するであろう、という信念から成っております。そこには私固有の意味づけや印象は排除《はいじょ》されます」「この客観性の大きな部分として、方法の客観性があります。つまり、科学的知識においては、単なる思《おも》い込《こ》みや印象ではなく、客観性を獲得《かくとく》する方法が明確に決まっている」「科学的客観性には、必ずしも測定可能という物理学的意味での客観性は要求されませんが、――例えば、日本人のうちに存在する『甘《あま》えの構造』や独特の『恥《はじ》』の意識のように――少なくとも資料と論証を通じた客観性は要求される」などの部分が、オとほぼ一致《いっち》する。

問三　「例えば、医者がたまたまある子の心臓病の特異性に興味をもったとしても、その医者にとってとくにこの子のこの心臓に興味があるわけではない。同じ特異性をもつなら、ほかの子のほかの心臓病にも彼《かれ》は同じように興味をもつのです。同じ特異な心臓病の子供二人に対して、とくにあの子ではなくこの子を助けたいという気持ちが前面に出てきたら、むしろ彼は科学者として失格でしょう。つまり、科学者はときに個物に興味を注いでいるように見えますが、その場合とてその個物のかけがえのない個物性に向き合っているわけではない。いかなる個物を対象としていようとやはりそれを同種のものの一つとして観察しているに過ぎません」「研究者としては～これら対象がいかに興味深いか、ほかのものとの比較において～その理由を正確に言えなければならない。つまり冷静な～観察者の目を個物に注がねばならない」とある。よって、イが適する。

問四　ア・ウは「その個物のかけがえのない個物性に向き合っている」から、「芸の一つもできない犬」を大切に思う、「ＣＤが全然売れなくても、メンバーがころころ入れ替《か》わっても」応援《おうえん》しつづけるというように、対象の個物に変わらぬ愛情や興味をもっていられる。イ・エ・オは、個物性以外にそれにひかれる理由がある。そのため、「さらに興味深くめずらしい他の時代の文様」「もっと有名なコンクールで一番をとったことのある先生」「クラスでもっと流行っている新しいゲーム」が出てきたら、そっちの方に移る可能性が高いので適さない。カは「お婆《ばあ》ちゃんがくれた」という個物性よりも、「同じもの（＝製品）」という属性を重視したから、むしろ逆の例である。よって、ア・ウが適する。

問五　「とにかく計測可能であり序列可能なものはすべて愛の敵対物です」「愛する対象がもし個物なら、厳密にはいかなる理由も言えないはずなのです。個々の属性ではなくその人だから愛するのです。顔も悪く・頭も悪く・気立ても悪い娘《むすめ》を、――普通《ふつう》――世の親は、かけがえのないその子だから愛するのです。だから、相手に財産や美《び》貌《ぼう》や名声などすべての外面的なものがなくなっても、なおそれでも「愛する」ところに愛情物語の神髄《しんずい》はあるわけです」とある。これらに着目してまとめる。

問六　筆者が哲学とは何かを「非常に簡単化して」言った、【中略】の直後の１文を参照しよう。この「（哲学とは）あくまでも自分固有の人生に対する実感に忠実に、しかもあたかもそこに普遍性が成り立ちうるかのように、精確な言語によるコミュニケーションを求め続ける営み」をまとめればよい。

問七　まず科学のあり方について、科学の客観性、科学的客観性という点から述べている。次に「厳密な意味では科学は個物の個物性には興味がないのです」として、「典型的に個物の個物性に興味を抱く『愛』という現象」との対象物への向き合い方の違《ちが》いを述べることで、個物性を説明している。最後に個物性＝「私」という観点から、科学と比較しながら、哲学の意味と役割を説明しようと試みている。よってエが適する。他の選択肢《せんたくし》ではウが正解に近いが、２番目の部分で明らかにしているのは、科学は個物の個物性に正面から向き合わないということだから、ここで浮《う》き彫《ぼ》りにしているのは、むしろ「科学の非個物性」とでも言うべきものである。

《2020　算数　解説》

1　(1)　与式$=7\frac{2}{3}-\frac{5}{3}\times(\frac{47}{10}-\frac{11}{5}\div\frac{11}{4})=7\frac{2}{3}-\frac{5}{3}\times(\frac{47}{10}-\frac{11}{5}\times\frac{4}{11})=7\frac{2}{3}-\frac{5}{3}\times(\frac{47}{10}-\frac{8}{10})=7\frac{2}{3}-\frac{5}{3}\times\frac{39}{10}=$
$7\frac{2}{3}-\frac{13}{2}=7\frac{4}{6}-6\frac{3}{6}=1\frac{1}{6}$

(2)　2020との積の各位の数が０と１のみである２けたの整数をＮとする。

2020＝101×２×10だから，101×２にＮをかけて各位の数が０と１のみになればよい。そのためには，まず101×２に５をかけて，101×10としたいので，Ｎ＝５×ｎとする。このときのｎは，10÷５＝２以上，100÷５＝20未満の整数である。101×２×(５×ｎ)＝101×ｎ×10で，下線部の各位の数を０と１のみにしたいので，ｎの一の位の数は０か１である。２以上20未満の整数のうち一の位が０か１で最も大きい数は11だから，ｎ＝11なので，求める数は，５×11＝55である。

(3)　右のように作図し，記号をおく。大きい円から大きい正方形をのぞいた面積を求める。

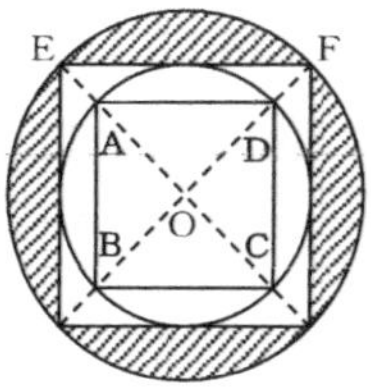

正方形はひし形でもあるから，面積を(対角線)×(対角線)÷２で求められることを利用する。
正方形ＡＢＣＤの面積より，ＡＣ×ＢＤ＝20×２＝40だから，小さい円の(直径)×(直径)は40である。大きい正方形の１辺の長さは小さい円の直径に等しいから，大きい正方形の(１辺)×(１辺)は40となり，大きい正方形の面積は40㎠である。

また，大きい円の(半径)×(半径)は，図のＯＥ×ＯＦに等しい。直角二等辺三角形ＯＥＦの面積は，大きい正方形の面積の$\frac{1}{4}$で$40\times\frac{1}{4}=10$(㎠)だから，ＯＥ×ＯＦ＝10×２＝20とわかる。

よって，求める面積は，20×3.14－40＝22.8(㎠)である。

(4)　Ａ君，Ｂ君，Ｃ君の出た目を，それぞれａ，ｂ，ｃとする。ａ×ｂが４の倍数で，ｂ×ｃが９の倍数となる。

９＝３×３だから，ｂ×ｃが９の倍数となるためには，素数の積で表したときに，ｂとｃの両方に３が入っていなければならず，(ｂ，ｃ)は，(３，３)，(３，６)，(６，３)，(６，６)のどれかである。

４＝２×２だから，ａ×ｂが４の倍数となるためには，素数の積で表したときに，ｂに２が入っていなければａに２が２個入っていなければならず，ｂに２が入っていればａに２が１個入っていればよい。

したがって，ｂが３のとき，ａは４となり，ｂが６のとき，ａは２，４，６のどれかとなる。

よって，求める(ａ，ｂ，ｃ)は，(４，３，３)，(４，３，６)，(２，６，３)，(４，６，３)，(６，６，３)，(２，６，６)，(４，６，６)，(６，６，６)の８通りある。

(5)　同じ時間では，２つの容器に入っている食塩水の量は同じである。したがって，それぞれの容器に入っている食塩の量が同じになれば，濃さも同じになる。最初，容器Ａには300×0.06＝18(ｇ)，容器Ｂには300×0.03＝９(ｇ)の食塩が入っている。容器Ａの食塩は増えず，容器Ｂには１分間に10×0.08＝0.8(ｇ)の食塩が入るから，容器Aと容器Bの食塩の濃さが同じになるのは，$(18-9)\div0.8=11\frac{1}{4}$(分後)，つまり11分15秒後である。

(6) 所持金の平均は一の位を四捨五入して十の位まで求めてあるから，A君，B君，C君，D君，E君の５人の所持金の合計は，1225×５＝6125(円)以上，1235×５＝6175(円)未満であり，F君を含めた６人の所持金の合計は，1255×６＝7530(円)以上，1265×６＝7590(円)未満である。

よって，F君の所持金は，7530－6175＝1355(円)より多く，7590－6125＝1465(円)未満の，1356円以上1464円以下である。

2 (1) 点Pが初めて最初の位置にもどるのは４×４÷１＝16(秒後)で，点Qが初めて最初の位置にもどるのは６×２÷１＝12(秒後)である。点Pと点Qが初めて両方とも最初と同じ位置にもどるのは，16秒と12秒の最小公倍数の時間である。16と12の最小公倍数は右筆算より２×２×４×３＝48だから，求める時間は48秒後である。

2) 16　12
2) 8　6
　　4　3

(2) 正方形の面積を２等分する直線は正方形の２本の対角線が交わる点を通るから，点Pと点Qを通る直線が両方の正方形の面積を２等分するのは，この直線が右図の直線MNと重なるときである。したがって，点Qが点Fにあって，点Pが点Aまたは点Cにあればよい。

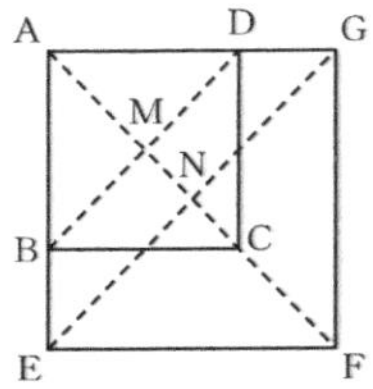

点Pが点Aまたは点Cにあるのは，４秒後から８秒ごとの，４秒，12秒，20秒，…であり，点Qが点Fにあるのは12秒ごとの，12秒，24秒，36秒，…である。初めて条件に合うのは12秒後で，これ以降８秒と12秒の最小公倍数の24秒ごとに条件に合う位置に点Pと点Qがある。

10分間＝600秒間だから，求める回数は，(600－12)÷24＝24余り12より，24＋１＝25(回)である。

(3) 三角形GPQの底辺の長さと高さがともに，正方形AEFGの１辺の長さに等しくなるとき，三角形GPQの面積が正方形AEFGの面積の半分になる。したがって，点Pが点Aにあるときと，点Qが点Fにあるときについて考える。

点Pが点Aにあるとき，点Qは辺EF上のどこにあってもよいから，点Pが点Aにあるときを求めると，４秒後から16秒ごとなので，４秒後，20秒後，36秒後，52秒後の４回ある。

点Qが点Fにあるとき，点Pは辺BA上にあればよい。点Qが点Fにあるのは０秒から12秒ごとであり，点Pが辺BA上にあるのは，０秒から４秒後までに，16秒を足していった時間だから，右表のようになるので，条件に合う時間は36秒後と48秒後の２回ある。

点Qが点Fにある時間(秒後)		12		24	36	48
点Pが辺BA上にある時間(秒後)	0～4		16～20		32～36	48～52

よって，求める時間は４秒後，20秒後，36秒後，48秒後，52秒後である。

3 Ⓐ～Ⓕの６点それぞれに●か○の２通りあるから，●と○の組み合わせは２×２×２×２×２×２＝64(通り)あり，これには６点全部が○の１通りが含まれるので，全部で64－１＝あ63(通り)の表し方がある。

・同じ位置関係のものに注意して探すと，４点だけを使う場合は右図のようになるから，２点が●のときはい４通り，３点が●のときはう４通りある。１点が●の１通りと，４点が●の１通りを合わせると，全部で４＋４＋１＋１＝え10(通り)ある。

２点が●のとき

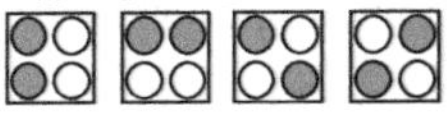

３点が●のとき

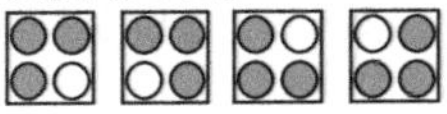

・６点のうち２点が●のとき，上２段(Ⓐ～Ⓓ)または下２段(Ⓒ～Ⓕ)の４点のうち２点を●とすると，４点だけを使う場合の２点が●のときと同じ４通りができる。真ん中の段以外(Ⓐ，Ⓑ，Ⓔ，Ⓕ)の４点のうち２点が●の表し方は，右図の３通りあるから，６点のうち２点が●となるのは４＋３＝お７(通り)ある。

２点が●で真ん中の段を使わない

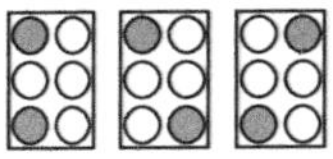

６点のうち３点が●のとき，上２段または下２段の４点のうち３点を●とすると，４通りできる。真ん中の段

以外の４点のうち３点を●とする表し方と，３つの段それぞれに●が１点ずつある表し方を考える。真ん中の段以外の４点のうち３点を●とする表し方は，４点だけを使う場合の３点が●のときの図に真ん中の段を加え，それが両方とも〇となる４通りある。それぞれの段に●が１点ずつある表し方は，右図の７通りあるから，６点のうち３点が●となるのは４＋４＋７＝か 15(通り)ある。

３点が●でそれぞれの段に●が１点ずつある表し方

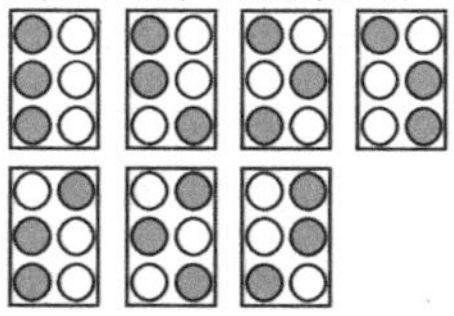

６点のうち４点が●のときについては，〇の並び方で場合分けをすると，以下のようにき 14通り見つかる。

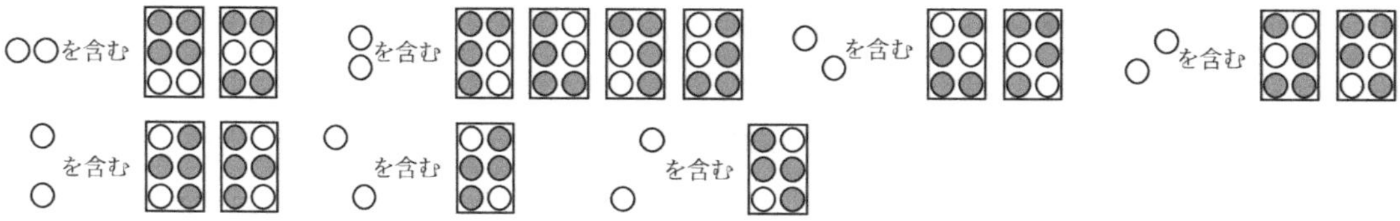

６点のうち５点が●となるのは，１点の〇がⒶ～Ⓕとなるく 6通りある。

よって，６点のうち１点が●の１通りと，６点が●の１通りを合わせると，全部で７＋15＋14＋６＋１＋１＝け 44(通り)ある。

4 (1) できる立体は右図のような，円すい２つを組み合わせた立体である。

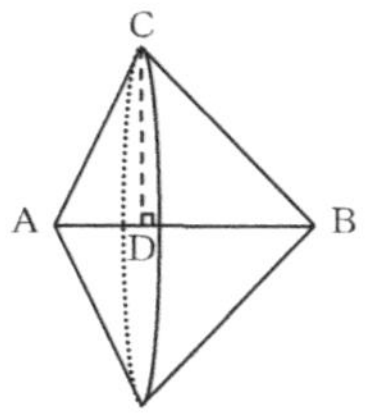

三角形ＡＢＣの底辺をＡＢ＝15㎝とすると，高さはＣＤ＝75×２÷15＝10(㎝)である。

よって，求める体積は，10×10×3.14×ＡＤ÷３＋10×10×3.14×ＢＤ÷３＝100×3.14×(ＡＤ＋ＢＤ)÷３＝314×ＡＢ÷３＝314×15÷３＝314×５＝1570(㎤)である。

(2) できる立体は右図のような，大きな円すいから小さな円すいをのぞいた立体である。ＲＳはＣＤに等しく10㎝，ＳＰ＝ＰＱ×$\frac{1}{3}$＝５(㎝)だから，ＳＱ＝５＋15＝20(㎝)である。

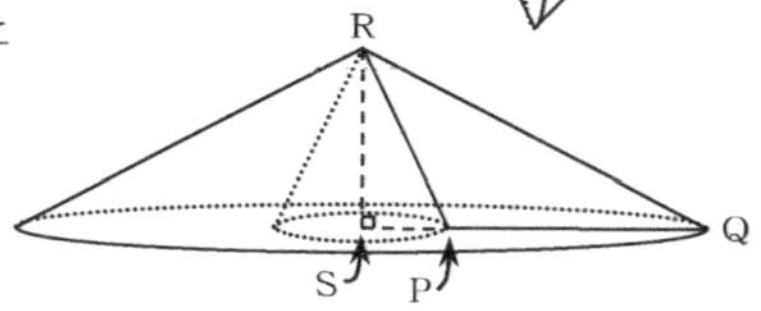

よって，求める体積は，20×20×3.14×10÷３－５×５×3.14×10÷３＝(400－25)×10÷３×3.14＝1250×3.14＝3925(㎤)である。

(3) 三角形ＡＢＣと三角形ＰＱＲを重ねると，右図のようになるから，図形あは色付きの三角形ＥＡＢである。これをＡＢを軸として１回転させてできる立体は，底面がともに半径ＥＦの円である２つの円すいを組み合わせた立体である。

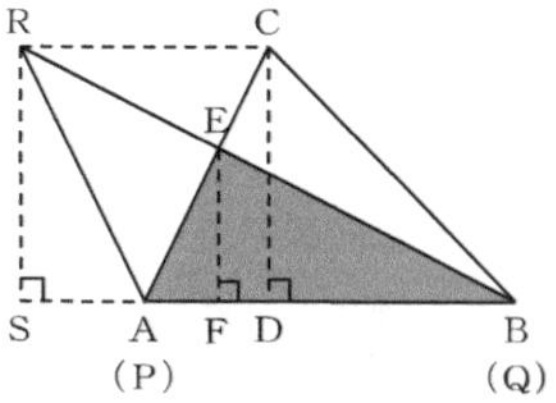

(1)の解説より，底面が合同な２つの円すいを組み合わせたこのような立体の体積は，(底面積)×(高さの和)÷３で求められるとわかるから，ＥＦの長さがわかればよい。

ＲＣとＡＢは平行だから，三角形ＥＣＲと三角形ＥＡＢは同じ形で，ＥＲ：ＥＢ＝ＣＲ：ＡＢである。

ＲＣ＝ＳＤ＝ＳＡ＋ＡＤ＝５＋15×$\frac{1}{1+2}$＝10(㎝)だから，ＥＲ：ＥＢ＝ＣＲ：ＡＢ＝10：15＝２：３である。

ＲＳとＥＦは平行だから，三角形ＲＳＢと三角形ＥＦＢは同じ形で，ＲＳ：ＥＦ＝ＲＢ：ＥＢ＝(２＋３)：３＝５：３である。したがって，ＥＦ＝ＲＳ×$\frac{3}{5}$＝６(㎝)である。

よって，求める体積は，６×６×3.14×15÷３＝180×3.14＝565.2(㎤)である。

(4)　できる立体は右図のような立体である。

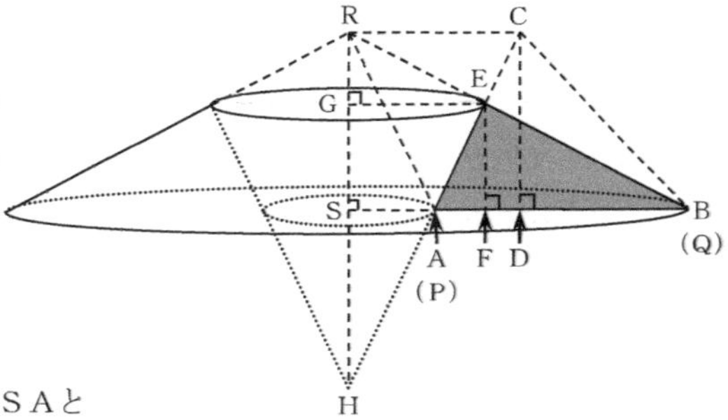

ＳＲを軸として，㋐三角形ＲＳＢを回転させてできる円すいと，㋑三角形ＨＳＡを回転させてできる円すいを合わせた立体から，㋒三角形ＲＨＥを回転させてできる立体をのぞいた体積を求める。

㋐は，底面の半径がＳＢ＝20㎝，高さがＲＳ＝10㎝だから，

体積は，$20\times20\times3.14\times10\div3=\frac{4000}{3}\times3.14$(㎤)である。

㋑は，底面の半径がＳＡ＝5㎝，高さがＨＳである。三角形ＨＳＡと三角形ＨＲＣは同じ形で，対応する辺の比がＳＡ：ＲＣ＝5：10＝1：2だから，ＨＳ：ＨＲ＝1：2より，

ＨＳ＝ＳＲ＝10㎝である。したがって，㋑の体積は，$5\times5\times3.14\times10\div3=\frac{250}{3}\times3.14$(㎤)

㋒の体積は，底面の半径がＧＥ，高さがＨＲ＝10×2＝20(㎝)の円すいと同じである。

三角形ＲＧＥと三角形ＲＳＢは同じ形で，対応する辺の比がＲＥ：ＲＢ＝2：(2＋3)＝2：5だから，

ＧＥ＝ＳＢ$\times\frac{2}{5}=8$(㎝)である。したがって，㋒の体積は，$8\times8\times3.14\times20\div3=\frac{1280}{3}\times3.14$(㎤)

よって，求める体積は，$\frac{4000}{3}\times3.14+\frac{250}{3}\times3.14-\frac{1280}{3}\times3.14=990\times3.14=3108.6$(㎤)である。

《2020　理科　解説》

1　**問1，4**　図3－1と図3－2より，M君が同じ距離《きょり》を移動したとき，遠くにあるものほど視野の中での面積の大きさの変化が小さいことがわかる。このため，実験1では，M君が窓から遠ざかると，遠くにあるマンションBの大きさが小さくなる割合がマンションAより小さく，相対的にマンションBが大きくなったと感じた。

問2，3　平面で，近くにあるものを大きく，遠くにあるものを小さく描《えが》くことで，距離感を与える方法が遠近法であり，これを実際の建物に応用すると，近くにあるものはより近くに，遠くにあるものがより遠くにあるように見える。シンデレラ城では，上にあるものほど小さくつくることで，下から見上げたときに，上にあるものがより遠く(高く)にあるように見える。

問7　月は，非常に遠くにあるため視野の中で同じ場所に止まっているように見え，非常に遠くにあるため月との距離が変わっても見える大きさの変化が非常に小さく，見える大きさは変わらない。このため，月が自分を同じ速さで追いかけてくるように見える。

2　**問1**　図1より，パンの中のやわらかさと風味がよみがえる庫内温度は 60℃である。庫内温度が高いまま次のパンを焼くと，パンの中のやわらかさと風味がよみがえることなく，表面がきつね色に色づき始めたり，焦げ目がつき始めたりして，上手く焼きあがらないことがある。

問2　イ．水は空気よりもあたたまりやすい。

問3　天井が丸い形になっていることで，天井で反射した遠赤外線が中央に集まりやすくなる。

問4　ウ○…伝導によるあたたまり方である。

問5　6個のブドウ糖が同じ距離，同じ角度で結合しているから，1回転したときにできる図形は正六角形に近いと考えられる。正六角形の1つの角の大きさは$\frac{180\times(6-2)}{6}=120$(度)である。

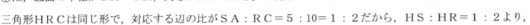

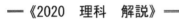

問６　何番の手にカバーがついているか(またはついていないか)に着目して，何種類あるかを考える。図Ⅰで，①は２番～５番の手にカバーがついているもの，②は２番，３番，５番の手にカバーがついているもの，③は２番と３番の手にカバーがついているもの，④は１番，２番，３番，５番の手にカバーがついているものであり，図６のアミロペクチンからできるブドウ糖はすべて①～④のいずれかに分類できる。

図Ⅰ

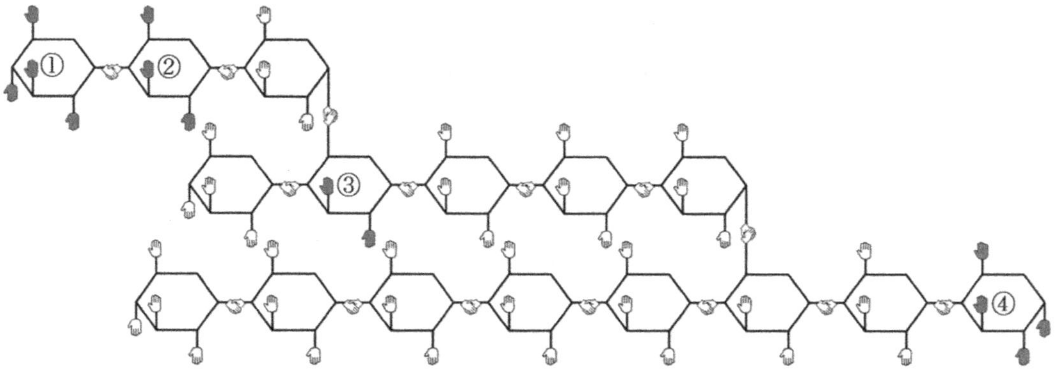

《2020　社会　解説》

1　**問１**　選挙制度の変更は公職選挙法などの改正によって行われるから，国会のアを選ぶ。

問２　前者の選挙区では 1000 票で落選し，後者の選挙区では 500 票で当選したことから，後者の選挙区での一票の価値は，前者の選挙区での二票分以上となり，アを選ぶ。

問３(1)　一票の価値に差ができると，憲法第 14 条の平等権(すべての国民が法の下に平等である権利)に反する。

(2)　憲法第 14 条の平等権では「人種，信条，性別，社会的身分又は門地により，…差別を受けない」と規定しているから，性別による差別にあたるウを選ぶ。アとエは社会権，イは自由権にあたる。

問４　参議院議員の任期は６年で，３年ごとに半数を改選する。また，2019 年の参議院選挙では定数が３増え 124 議席が改選されて議員数は 245 人となり，2022 年の選挙でも定数が３増え 124 議席が改選されて議員数は 248 人となる。

問５①　日本では，立法権を持つ国会・行政権を持つ内閣・司法権を持つ裁判所を分立させ，権力の集中を防いでいる(三権分立)。内閣は，内閣総理大臣は国会，国務大臣は内閣総理大臣によって選ばれる。裁判官は内閣によって選ばれる。よって，国民の直接選挙によって選ばれるのは国会だけとなる。　②　日本の政治の主権者は国民なので，その国民から直接選挙された国会が「国権の最高機関」と呼ばれる。　③　法によって政治権力を制限することを「法の支配」と呼ぶが，ここでは，憲法に基づいて人権を守り保障していくといった考え方から立憲主義が答えとなる。　④「1789 年」「その 100 年後」から 1889 年に制定された大日本帝国憲法を導く。

2　**問１**　「中大兄(皇子)」「(蘇我)入鹿」から飛鳥時代の乙巳の変を導き，イを選ぶ。桓武天皇は平安時代，聖武天皇は奈良時代の天皇。推古天皇は飛鳥時代の天皇だが，乙巳の変以前である。なお，皇極天皇は一度退位し，孝徳天皇の死後に斉明天皇として重祚《ちょうそ》している。

問２　板蓋宮のエを選ぶ。アは平安京，イは難波宮，ウは平城京。

問３　ウが正しい。天智天皇(中大兄皇子)がつくった日本最初の戸籍は「庚午年籍」と呼ばれる。アは聖徳太子が大化の改新以前の飛鳥時代に行った。イは桓武天皇，エは藤原氏が平安時代に行った。

問４　「(前野)良沢」「『ターヘルーアナトミア』」「オランダ語」から『解体新書』を導けば，杉田玄白と答えられる。杉田玄白と前野良沢はオランダ語で書かれた『ターヘル・アナトミア』を翻訳し，1774 年に『解体新書』を出版した。

問５　鎖国体制下，長崎の出島でオランダとの貿易が続けられたため，オランダを通して日本に入ってきた西洋の知識や学問を研究する蘭学が盛んであった。

問６　『解体新書』は医学研究に貢献したからイを選ぶ。アは機関車，ウは小学校の授業風景，エは富岡製糸場。

問７　ペリー率いる黒船は浦賀に来航したから，ウを選ぶ。

問８　上知令(1843 年)→浦賀来航(1853 年)→日露通好条約(1855 年)→安政五カ国条約(1858 年)→大政奉還(1867 年)の順だから，イを選ぶ。

問９　「青年軍人」「犬養首相を狙撃」「絶命せられた」から，1932 年５月 15 日，海軍の青年将校らによって犬養毅首相が暗殺された五・一五事件を導く。

問10　ウ．Ⅱ．昭和恐慌の開始(1930 年)→Ⅰ．日本の国際連盟脱退(1935 年)→Ⅲ．盧溝橋事件(1937 年)

問 11　日本が 1940 年に軍事同盟(日独伊三国同盟)を結んだ２国，ドイツの首都ベルリンのウ，イタリアの首都ローマのクを選ぶ。フランスは，アメリカ・イギリスなどの日本に対する経済封鎖(ＡＢＣＤ包囲網)に加わっていなかったので敵性となっていなかった。

問 12　アメリカが石油の供給をストップしたこと，イギリス・アメリカが中国に物資を供給していたことなどから，日中戦争は長期化し，日本は資源の確保が必要となった。そこで石油をはじめスズ，ニッケル，ゴムなどが豊富な東南アジアへ進攻した。

3　問１(あ)　ＳＮＳはソーシャル・ネットワーキング・サービスの略称である。　(う)　重度障害者の議員が活動しやすいよう，参議院本会議場には電動車いすや医療機器用のコンセントを取り付けられた。

問２(Ａ)　「西洋なしやさくらんぼの生産は第１位」から山形県のウを選ぶ。　(Ｂ)　「果樹栽培が盛ん」「りんごの生産は青森県に次いで第２位」から長野県のオを選ぶ。また，信濃川とその上流の千曲川は，新潟県と長野県にまたがる日本最長の川である。　(Ｃ)　「南東部に広がる(十勝)平野では畑作が盛ん」「てんさいの国内生産は 100％」から北海道のアを選ぶ。　**雨温図**　①は６月の降水量が少なく冬の気温が氷点下に達しているから，梅雨がなく冷涼な北海道札幌市(ア)，②は冬の降水量が多いから冬の北西季節風の影響を受ける山形県山形市(ウ)，③は降水量が少ないから，内陸の長野県長野市(オ)である。イは秋田県，エは群馬県，カは宮崎県。

4　「人口動態調査」より，1995 年以降は核家族世帯や単身世帯数が増加し続けていることがわかる。「日本の年齢別人口構成の推移」より，2018 年の人口ピラミッドは上部の高齢者人口が多くなって高齢化が進んでいることがわかる。以上のことから，独り暮らしの高齢者や夫婦のみで暮らす高齢者が今後も増えていくことを導き，高齢者の安否確認を行うサービスと関連付ける。なお，第一次ベビーブームは 1947 年～1949 年であり，その団塊の世代が親となって子どもを産んだ 1971 年～1974 年は第二次ベビーブームとなった。

■ ご使用にあたってのお願い・ご注意

（1）問題文等の非掲載

著作権上の都合により，問題文や図表などの一部を掲載できない場合があります。

誠に申し訳ございませんが，ご了承くださいますようお願いいたします。

（2）過去問における時事性

過去問題集は，学習指導要領の改訂や社会状況の変化，新たな発見などにより，現在とは異なる表記や解説になっている場合があります。過去問の特性上，出題当時のままで出版していますので，あらかじめご了承ください。

（3）配点

学校等から配点が公表されている場合は，記載しています。公表されていない場合は，記載していません。

独自の予想配点は，出題者の意図と異なる場合があり，お客様が学習するうえで誤った判断をしてしまう恐れがあるため記載していません。

（4）無断複製等の禁止

購入された個人のお客様が，ご家庭でご自身またはご家族の学習のためにコピーをすることは可能ですが，それ以外の目的でコピー，スキャン，転載（ブログ，ＳＮＳなどでの公開を含みます）などをすることは法律により禁止されています。学校や学習塾などで，児童生徒のためにコピーをして使用することも法律により禁止されています。

ご不明な点や，違法な疑いのある行為を確認された場合は，弊社までご連絡ください。

（5）けがに注意

この問題集は針を外して使用します。針を外すときは，けがをしないように注意してください。また，表紙カバーや問題用紙の端で手指を傷つけないように十分注意してください。

（6）正誤

制作には万全を期しておりますが，万が一誤りなどがございましたら，弊社までご連絡ください。

なお，誤りが判明した場合は，弊社ウェブサイトの「ご購入者様のページ」に掲載しておりますので，そちらもご確認ください。

■ お問い合わせ

解答例，解説，印刷，製本など，問題集発行におけるすべての責任は弊社にあります。

ご不明な点がございましたら，弊社ウェブサイトの「お問い合わせ」フォームよりご連絡ください。迅速に対応いたしますが，営業日の都合で回答に数日を要する場合があります。

ご入力いただいたメールアドレス宛に自動返信メールをお送りしています。自動返信メールが届かない場合は，「よくある質問」の「メールの問い合わせに対し返信がありません。」の項目をご確認ください。

また弊社営業日（平日）は，午前９時から午後５時まで，電話でのお問い合わせも受け付けています。

2025 春

株式会社教英出版

〒422-8054　静岡県静岡市駿河区南安倍３丁目 12-28

TEL　054-288-2131　　FAX　054-288-2133

URL　https://kyoei-syuppan.net/

MAIL　siteform@kyoei-syuppan.net

神奈川県

① [県立] 相模原中等教育学校
　　　　 平塚中等教育学校
② [市立] 南高等学校附属中学校
③ [市立] 横浜サイエンスフロンティア高等学校附属中学校
④ [市立] 川崎高等学校附属中学校
✿⑤聖光学院中学校
✿⑥浅野中学校
⑦洗足学園中学校
⑧法政大学第二中学校
⑨逗子開成中学校(1次)
⑩逗子開成中学校(2·3次)
⑪神奈川大学附属中学校(第1回)
⑫神奈川大学附属中学校(第2·3回)
⑬栄光学園中学校
⑭フェリス女学院中学校

新潟県

① [県立] 村上中等教育学校
　　　　 柏崎翔洋中等教育学校
　　　　 燕中等教育学校
　　　　 津南中等教育学校
　　　　 直江津中等教育学校
　　　　 佐渡中等教育学校
② [市立] 高志中等教育学校
③新潟第一中学校
④新潟明訓中学校

石川県

① [県立] 金沢錦丘中学校
②星稜中学校

福井県

① [県立] 高志中学校

山梨県

①山梨英和中学校
②山梨学院中学校
③駿台甲府中学校

長野県

① [県立] 屋代高等学校附属中学校
　　　　 諏訪清陵高等学校附属中学校
② [市立] 長野中学校

岐阜県

①岐阜東中学校
②鶯谷中学校
③岐阜聖徳学園大学附属中学校

静岡県

① [国立] 静岡大学教育学部附属中学校
　　　　 (静岡·島田·浜松)
② [県立] 清水南高等学校中等部
　 [県立] 浜松西高等学校中等部
　 [市立] 沼津高等学校中等部
③不二聖心女子学院中学校
④日本大学三島中学校
⑤加藤学園暁秀中学校
⑥星陵中学校
⑦東海大学付属静岡翔洋高等学校中等部
⑧静岡サレジオ中学校
⑨静岡英和女学院中学校
⑩静岡雙葉中学校
⑪静岡聖光学院中学校
⑫静岡学園中学校
⑬静岡大成中学校
⑭城南静岡中学校
⑮静岡北中学校
⑯常葉大学附属常葉中学校
　常葉大学附属橘中学校
　常葉大学附属菊川中学校
⑰藤枝明誠中学校
⑱浜松開誠館中学校
⑲静岡県西遠女子学園中学校
⑳浜松日体中学校
㉑浜松学芸中学校

愛知県

① [国立] 愛知教育大学附属名古屋中学校
②愛知淑徳中学校
③名古屋経済大学市邨中学校
　名古屋経済大学高蔵中学校
④金城学院中学校
⑤椙山女学園中学校
⑥東海中学校
⑦南山中学校男子部
⑧南山中学校女子部
⑨聖霊中学校
⑩滝中学校
⑪名古屋中学校
⑫大成中学校
⑬愛知中学校
⑭星城中学校
⑮名古屋葵大学中学校
　(名古屋女子大学中学校)
⑯愛知工業大学名電中学校
⑰海陽中等教育学校(特別給費生)
⑱海陽中等教育学校(I·II)
⑲中部大学春日丘中学校
新刊⑳名古屋国際中学校

三重県

① [国立] 三重大学教育学部附属中学校
②暁中学校
③海星中学校
④四日市メリノール学院中学校
⑤高田中学校
⑥セントヨゼフ女子学園中学校
⑦三重中学校
⑧皇學館中学校
⑨鈴鹿中等教育学校
⑩津田学園中学校

滋賀県

① [国立] 滋賀大学教育学部附属中学校
② [県立] 河瀬中学校
　　　　 守山中学校
　　　　 水口東中学校

京都府

① [国立] 京都教育大学附属桃山中学校
② [府立] 洛北高等学校附属中学校
③ [府立] 園部高等学校附属中学校
④ [府立] 福知山高等学校附属中学校
⑤ [府立] 南陽高等学校附属中学校
⑥ [市立] 西京高等学校附属中学校
⑦同志社中学校
⑧洛星中学校
⑨洛南高等学校附属中学校
⑩立命館中学校
⑪同志社国際中学校
⑫同志社女子中学校(前期日程)
⑬同志社女子中学校(後期日程)

大阪府

① [国立] 大阪教育大学附属天王寺中学校
② [国立] 大阪教育大学附属平野中学校
③ [国立] 大阪教育大学附属池田中学校

④[府立]富田林中学校
⑤[府立]咲くやこの花中学校
⑥[府立]水都国際中学校
⑦清風中学校
⑧高槻中学校（A日程）
⑨高槻中学校（B日程）
⑩明星中学校
⑪大阪女学院中学校
⑫大谷中学校
⑬四天王寺中学校
⑭帝塚山学院中学校
⑮大阪国際中学校
⑯大阪桐蔭中学校
⑰開明中学校
⑱関西大学第一中学校
⑲近畿大学附属中学校
⑳金蘭千里中学校
㉑金光八尾中学校
㉒清風南海中学校
㉓帝塚山学院泉ヶ丘中学校
㉔同志社香里中学校
㉕初芝立命館中学校
㉖関西大学中等部
㉗大阪星光学院中学校

兵庫県

①[国立]神戸大学附属中等教育学校
②[県立]兵庫県立大学附属中学校
③雲雀丘学園中学校
④関西学院中学部
⑤神戸女学院中学部
⑥甲陽学院中学校
⑦甲南中学校
⑧甲南女子中学校
⑨灘中学校
⑩親和中学校
⑪神戸海星女子学院中学校
⑫滝川中学校
⑬啓明学院中学校
⑭三田学園中学校
⑮淳心学院中学校
⑯仁川学院中学校
⑰六甲学院中学校
⑱須磨学園中学校(第1回入試)
⑲須磨学園中学校(第2回入試)
⑳須磨学園中学校(第3回入試)
㉑白陵中学校
㉒夙川中学校

奈良県

①[国立]奈良女子大学附属中等教育学校
②[国立]奈良教育大学附属中学校
③[県立] 国際中学校
　　　 青翔中学校
④[市立]一条高等学校附属中学校
⑤帝塚山中学校
⑥東大寺学園中学校
⑦奈良学園中学校
⑧西大和学園中学校

和歌山県

①[県立] 古佐田丘中学校
　　　 向陽中学校
　　　 桐蔭中学校
　　　 日高高等学校附属中学校
　　　 田辺中学校
②智辯学園和歌山中学校
③近畿大学附属和歌山中学校
④開智中学校

岡山県

①[県立]岡山操山中学校
②[県立]倉敷天城中学校
③[県立]岡山大安寺中等教育学校
④[県立]津山中学校
⑤岡山中学校
⑥清心中学校
⑦岡山白陵中学校
⑧金光学園中学校
⑨就実中学校
⑩岡山理科大学附属中学校
⑪山陽学園中学校

広島県

①[国立]広島大学附属中学校
②[国立]広島大学附属福山中学校
③[県立]広島中学校
④[県立]三次中学校
⑤[県立]広島叡智学園中学校
⑥[市立]広島中等教育学校
⑦[市立]福山中学校
⑧広島学院中学校
⑨広島女学院中学校
⑩修道中学校
⑪崇徳中学校
⑫比治山女子中学校
⑬福山暁の星女子中学校
⑭安田女子中学校
⑮広島なぎさ中学校
⑯広島城北中学校
⑰近畿大学附属広島中学校福山校
⑱盈進中学校
⑲如水館中学校
⑳ノートルダム清心中学校
㉑銀河学院中学校
㉒近畿大学附属広島中学校東広島校
㉓AICJ中学校
㉔広島国際学院中学校
㉕広島修道大学ひろしま協創中学校

山口県

①[県立] 下関中等教育学校
　　　 高森みどり中学校
②野田学園中学校

徳島県

①[県立] 富岡東中学校
　　　 川島中学校
　　　 城ノ内中等教育学校
②徳島文理中学校

香川県

①大手前丸亀中学校
②香川誠陵中学校

愛媛県

①[県立] 今治東中等教育学校
　　　 松山西中等教育学校
②愛光中学校
③済美平成中等教育学校
④新田青雲中等教育学校

高知県

①[県立] 安芸中学校
　　　 高知国際中学校
　　　 中村中学校

福岡県

①[国立] 福岡教育大学附属中学校（福岡・小倉・久留米）
②[県立]
- 育徳館中学校
- 門司学園中学校
- 宗像中学校
- 嘉穂高等学校附属中学校
- 輝翔館中等教育学校

③西南学院中学校
④上智福岡中学校
⑤福岡女学院中学校
⑥福岡雙葉中学校
⑦照曜館中学校
⑧筑紫女学園中学校
⑨敬愛中学校
⑩久留米大学附設中学校
⑪飯塚日新館中学校
⑫明治学園中学校
⑬小倉日新館中学校
⑭久留米信愛中学校
⑮中村学園女子中学校
⑯福岡大学附属大濠中学校
⑰筑陽学園中学校
⑱九州国際大学付属中学校
⑲博多女子中学校
⑳東福岡自彊館中学校
㉑八女学院中学校

佐賀県

①[県立]
- 香楠中学校
- 致遠館中学校
- 唐津東中学校
- 武雄青陵中学校

②弘学館中学校
③東明館中学校
④佐賀清和中学校
⑤成穎中学校
⑥早稲田佐賀中学校

長崎県

①[県立]
- 長崎東中学校
- 佐世保北中学校
- 諫早高等学校附属中学校

②青雲中学校
③長崎南山中学校
④長崎日本大学中学校
⑤海星中学校

熊本県

①[県立]
- 玉名高等学校附属中学校
- 宇土中学校
- 八代中学校

②真和中学校
③九州学院中学校
④ルーテル学院中学校
⑤熊本信愛女学院中学校
⑥熊本マリスト学園中学校
⑦熊本学園大学付属中学校

大分県

①[県立]大分豊府中学校
②岩田中学校

宮崎県

①[県立]五ヶ瀬中等教育学校
②[県立]
- 宮崎西高等学校附属中学校
- 都城泉ヶ丘高等学校附属中学校

③宮崎日本大学中学校
④日向学院中学校
⑤宮崎第一中学校

鹿児島県

①[県立]楠隼中学校
②[市立]鹿児島玉龍中学校
③鹿児島修学館中学校
④ラ・サール中学校
⑤志學館中等部

沖縄県

①[県立]
- 与勝緑が丘中学校
- 開邦中学校
- 球陽中学校
- 名護高等学校附属桜中学校

もっと過去問シリーズ

北海道

北嶺中学校
7年分(算数・理科・社会)

静岡県

静岡大学教育学部附属中学校
(静岡・島田・浜松)
10年分(算数)

愛知県

愛知淑徳中学校
7年分(算数・理科・社会)
東海中学校
7年分(算数・理科・社会)
南山中学校男子部
7年分(算数・理科・社会)
南山中学校女子部
7年分(算数・理科・社会)
滝中学校
7年分(算数・理科・社会)
名古屋中学校
7年分(算数・理科・社会)

岡山県

岡山白陵中学校
7年分(算数・理科)

広島県

広島大学附属中学校
7年分(算数・理科・社会)
広島大学附属福山中学校
7年分(算数・理科・社会)
広島学院中学校
7年分(算数・理科・社会)
広島女学院中学校
7年分(算数・理科・社会)
修道中学校
7年分(算数・理科・社会)
ノートルダム清心中学校
7年分(算数・理科・社会)

愛媛県

愛光中学校
7年分(算数・理科・社会)

福岡県

福岡教育大学附属中学校
(福岡・小倉・久留米)
7年分(算数・理科・社会)
西南学院中学校
7年分(算数・理科・社会)
久留米大学附設中学校
7年分(算数・理科・社会)
福岡大学附属大濠中学校
7年分(算数・理科・社会)

佐賀県

早稲田佐賀中学校
7年分(算数・理科・社会)

長崎県

青雲中学校
7年分(算数・理科・社会)

鹿児島県

ラ・サール中学校
7年分(算数・理科・社会)

※もっと過去問シリーズは
国語の収録はありません。

教英出版
〒422-8054
静岡県静岡市駿河区南安倍3丁目12-28
TEL 054-288-2131
FAX 054-288-2133
詳しくは教英出版で検索
教英出版　検索
URL https://kyoei-syuppan.net/

令和六年度（第一回）

渋谷教育学園渋谷中学校　入学試験問題

国語

（50分）

※　解答は、必ず解答用紙の指定されたところに記入しなさい。

※　「〇〇字で」、または「〇〇字以内で」、という指示がある場合は、「。」「、」「かっこ」なども一字と数えます。

一

次の文章を読んで後の問いに答えなさい。

【ミカが生まれてすぐに離婚《りこん》したミカの両親は、ミカそっくりのロボットをつくり、どちらが人間なのかを知らないまま、それぞれを娘《むすめ》のミカとして引き取って生活している。ミカが中学生になったある日、母（早苗《さなえ》）の希望で、母のもとで暮らしていた方のミカと、父のもとで暮らしていた方のミカとが交換《こうかん》された。そして、母のもとから父のもとにやってきたミカは、父からもう一人のミカの存在を聞かされる。】

お詫び

著作権上の都合により、文章は掲載しておりません。
ご不便をおかけし、誠に申し訳ございません。

教英出版

お詫び

著作権上の都合により、文章は掲載しておりません。
ご不便をおかけし、誠に申し訳ございません。

教英出版

お詫び

著作権上の都合により、文章は掲載しておりません。

ご不便をおかけし、誠に申し訳ございません。

教英出版

お詫び

著作権上の都合により、文章は掲載しておりません。
ご不便をおかけし、誠に申し訳ございません。

教英出版

お詫び

著作権上の都合により、文章は掲載しておりません。
ご不便をおかけし、誠に申し訳ございません。

教英出版

お詫び

著作権上の都合により、文章は掲載しておりません。
ご不便をおかけし、誠に申し訳ございません。

教英出版

（木皿泉「かお」『カゲロボ』所収　新潮文庫刊より）

※あのときの母……本文より前に、ミカが人間かどうかわからず両手で顔をおおう母の姿を、ミカがのぞき見る場面がある。

※また父はトイレで吐くかもしれない……本文より前に、ミカのロボットをつくってしまった罪悪感から、父がトイレで嘔吐《おうと》する場面がある。

問一　――線①～③のカタカナを漢字に直しなさい。漢字は一画ずつていねいに書くこと。

問二　――線(1)「父は受け付けなかった」とありますが、それはなぜだと考えられますか。最もふさわしいものを次の中から一つ選び、記号で答えなさい。

ア　引き取ったミカが人間かどうかということばかり気にして神経質になっている早苗の姿は、娘という存在自体に価値を見いだしていないようで父の目には愚《おろ》かしくうつり、不愉快《ふゆかい》に感じられたから。

イ　どうにかしてロボットのミカを手に入れようと言いがかりをつけてくる早苗の姿は、人間のミカには価値がないと主張しているようで父には許しがたく思われ、怒《いか》りを抑《おさ》えきれなかったから。

ウ　二人のミカをすみずみまで見比べて悩《なや》んでいる早苗の姿は、かけがえのない人間のミカを無価値なロボットと同等の存在として扱《あつか》っているようで父には受け入れがたく感じられ、苦々しい気持ちになったから。

エ　なんとかしてロボットのミカを押しつけてこようとする独善的な早苗の姿は、父にとって腹立たしいものであるが、その後の早苗の態度から自分が望んでいた人間のミカを引き取ることができたと確信したから。

オ　意地でも人間のミカを選び取ろうと意固地《いこじ》になっている早苗の姿は、父から見れば呆《あき》れるものであり、さらに疑心暗鬼《ぎしんあんき》になって自分にだまされたと主張してくることがいらだたしく感じられたから。

問三　――線(2)「ミカがいるのかと思った」とありますが、この発言の後の父とミカの説明として最もふさわしいものを次の中から一つ選び、記号で答えなさい。

ア　父はたとえ人間ではなくとも自分の所にいたミカこそが「本物」だと思っていたが、「ミカがいるのかと思った」という自らの発言によって、目の前のミカを「偽物」扱いしていたことを知られてしまったと気づいて後悔し、ミカは自分の方が「本物」であると信じていたが、たとえ自分が人間だったとしても、父にとっての「本物のミカ」に自分はなれないのだと知って絶望している。

イ　父は人間のミカこそが「本物のミカ」だと思っていたが、「ミカがいるのかと思った」という自らの発言によって、自分の所にいた方のミカを知らない間に人間だと信じきっていたことに気づいてうろたえ、ミカは自分の方が「偽物」なのかもしれないと疑っていた上に、両親からロボットだと思われてしまい、父にとっても母にとっても自分は「偽物」なのだと考えて存在意義を見失っている。

ウ　父は人間のミカもロボットのミカもどちらも「本物」だと思っていたつもりだったが、「ミカがいるのかと思った」という自らの発言によって、これまで一緒にいたミカの方を「本物」と決めてかかっていたことに気づいて戸惑《とまど》い、ミカは自分の方が「本物」であってほしいと思っていたが、自分の正体が何であれ、父にとって「偽物」の自分は父の家にいられないと所在なく思っている。

エ　父は二人のミカに「本物」も「偽物」もないと思っていたつもりだったが、「ミカがいるのかと思った」という自らの発言によって、自分が早苗と同じく二人のミカを区別していたと気づいて動揺《どうよう》し、ミカは自分の方が「本物」であると思っていたが、正体が人間なのかロボットなのかということとは関係なく、父にとって「本物のミカ」はもう一人のミカの方なのだと気づいて居心地の悪さを感じている。

オ　父は二人のミカをいずれも「本物」だと思っていたが、「ミカがいるのかと思った」という自らの発言によって、目の前のミカを「偽物」だと思っているとミカに誤解させてしまったことに気づいて混乱し、ミカは自分が人間であることに疑いを抱いておらず、自分は人間だという意味で「本物」のはずだが、父にとって自分は誰でもない「偽物」なのだと思い知らされて孤独感《こどくかん》にさいなまれている。

問四　――線(3)「時間かけて、つくっていくから」とありますが、このときの父の心情の説明として最もふさわしいものを次の中から一つ選び、記号で答えなさい。

ア　幼いころの「もう一人のミカ」の記憶《きおく》と十三歳の「目の前のミカ」とを重ね、かつての「もう一人のミカ」と同じような時間を過ごすことで「目の前のミカ」と新しく親子関係を築こうとしている。

イ　幼いころの「もう一人のミカ」の記憶が「目の前のミカ」を通して揺り起こされ、「もう一人のミカ」と同じように「目の前のミカ」と接するためにはまだ時間が必要だと考えて気分が沈《しず》んでいる。

ウ　幼いころの「もう一人のミカ」との思い出を「目の前のミカ」との思い出で上書きすることで、これからは「目の前のミカ」だけを本物だと思えるように気持ちを改めようとしている。

エ　幼いころの「もう一人のミカ」との思い出の場所に「目の前のミカ」を連れて行くことで、さきほどの自分の発言で動揺させてしまったに違いない「目の前のミカ」を元気づけようとしている。

オ　幼いころの「もう一人のミカ」との思い出をたどることで、長く一緒に暮らしていた「もう一人のミカ」と会ったばかりの「目の前のミカ」との違いを見極めようとしている。

問五 ——線(4)「今さら、『オレのことはいいんだよ』は、ないんじゃないかとミカは思う」とありますが、そのようにミカが思ったのはなぜですか。七十一字以上八十字以内で説明しなさい。

問六 ——線(5)「父は『あぁ』と安心した顔になった」とありますが、この場面での父の説明として最もふさわしいものを次の中から一つ選び、記号で答えなさい。

ア ミカの発言をミカ一人で考えるつもりだと解釈《かいしゃく》したことで、修復の兆《きざ》しが見えない早苗との関係にいらだっていることを他人に知られてしまうのではないか、という不安が解消された。

イ ミカの発言をミカ一人で考えるつもりだと解釈したことで、自分たちの都合で二人のミカを振り回していることを他人に知られてしまうのではないか、という不安が解消された。

ウ ミカの発言をミカ一人で考えるつもりだと解釈したことで、結局自分たちがロボットのミカを押し付けあっていることを他人に知られてしまうのではないか、という不安が解消された。

エ ミカの発言をミカ弐号に相談するつもりだと解釈したことで、自分たちのわがままでミカ同士を交換していることを他人に知られてしまうのではないか、という不安が解消された。

オ ミカの発言をミカ弐号に相談するつもりだと解釈したことで、今では自分たちが二人のミカを持て余していることを他人に知られてしまうのではないか、という不安が解消された。

問七 ——線(6)「ミカは顔を上げた」とありますが、この場面におけるミカの説明として最もふさわしいものを次の中から一つ選び、記号で答えなさい。

ア ずっと一緒に暮らしてきた母をミカ弐号に馬鹿にされ、遠回しに自分も非難されているように思えて腹が立ったが、ミカ弐号から母の異常な言動を聞かされて動転し、生き延びるためにわだかまりを捨てて積極的にミカ弐号に協力しようとしている。

イ 自分たちをとりまいている状況《じょうきょう》を打破するために、ミカ弐号の判断に従おうと考えていたが、ミカ弐号が父と同じく自分に今後の行動を選択させようとしたため、ミカ弐号にずる賢《がしこ》さを感じつつもこれからのことを自分で決めていこうとしている。

ウ　当事者である自分たちの知らないところで、一時の感情から自分たちの運命を決めてしまった母に怒りを感じたが、もう一人の自分であるミカ弐号の存在を心強く思い、二人で母のもとから逃げ出して父のもとで暮らしていこうと決意している。

エ　ミカ弐号から母の思惑《おもわく》を聞かされて、一度は自分の運命をおとなしく受け入れる覚悟《かくご》をしたが、自分とは違って行動的な性格のミカ弐号と話を重ねるうちに、自分も主体的に自分の未来を切り開いていけるのではないかと前向きになっている。

オ　ミカ弐号から母が契約を破棄することを知らされても、自分で解決のために行動しようとは思い至らないでいたが、続くミカ弐号の問いかけで自分にもできることがあると気づき、自らの意志で行動しようと思えるようになっている。

問八　次のア～カは、この作品を読んだ生徒たちの感想です。作品の解釈として明らかな間違いを含《ふく》むものを二つ選び、記号で答えなさい。

ア　「人間ではないミカ」について、本文には「アンドロイド」と「ロボット」という二つの呼称《こしょう》が使われていることに注目しました。ミカが父に質問する場面や、母の発言内容から考えるに、本文中の「ロボット」という呼び方には親しみが込められているといえそうです。

イ　ミカと母の関係性が服から読み取れるね。ミカ弐号の服が男の子っぽいのをミカは「父の趣味」と推測しているけれど、これは母のいいなりになっていた自分の姿をミカ弐号に重ねているんだと思う。ミカは主体的に行動することを苦手にしているような描写《びょうしゃ》が見られるけれど、これはなんでも決めてしまう母との生活が原因かもしれないね。

ウ　母は娘に何を求めているのかな。父とは対照的に、自分のところにいる娘が人間であることには強いこだわりがあるけれど、「人間らしい」行為《こうい》として自分をひっぱたいたミカ弐号をロボットだと決めつけてしまっている。ミカの服選びでも自分の意見を通そうとしているし、母にとっての理想の娘は、自分の思い通りになるロボットのような人間のミカということなのかな。

エ　ミカが父と海水浴に行った場面で、「海の水はぬる」いと表現していたのが印象的でした。自分が何者なのかわからなくなり、「宙を歩いているような、たよりない気持ち」になったミカですが、父とともに過ごす時間が穏《おだ》やかなものになっていることが表現されているように思います。ミカは父にとっての本物になっていくことを前向きにとらえているのではないでしょうか。

オ　「母さんのところへ戻るか?」という父のセリフが心に残りました。このセリフを聞いたミカは、両親が再度ミカを交換しようとしていると誤解するけれど、実際はミカ弐号が回収されることになっているから、父は自分が二人のミカと会えなくなる覚悟でミカの意志を確認したんだね。ミカ弐号から事情を聞いて、ミカの誤解も解けたんじゃないかな。

カ　結局ミカとミカ弐号のどちらがロボットなんだろう。読んでいると語り手と視点が近いミカの方が人間のように思えるけれど、他人の指示を受けないとなかなか物事を決められないミカの性格はロボットのような印象を受けるなあ。それに、「回収される」ことを「殺される」と表現したミカ弐号の発言は人間らしいものといえそうだよね。

二

次の文章を読んで後の問いに答えなさい。

現在世代は、まだこの世界に存在していない未来世代に対して、影響《えいきょう》を与《あた》えることができる。しかし、なぜ、まだ存在していないものに影響を与えることができるのだろうか。確かに、現在世代と未来世代が直接関係することはない。しかし両者は、同じ地球に生きるという点で、関係性を有している。つまり現在世代は、これから未来世代が生まれてくることになる地球に生きているのであり、その地球に対して影響を与えることによって、未来世代に対して影響を与えるのである。

もっとも、(1)地球という表現はミスリーディングである。この言葉は、人間の外側に広がっている、環境《かんきょう》的な世界を想起させる。しかし、現在世代が未来世代と間接的に共有しているものには、外界だけではなく、その内側にあるもの、すなわち身体も含《ふく》まれるだろう。例えばゲノム編集は、まだ生まれていない未来世代の遺伝子を変更《へんこう》する技術であり、この意味において、現在世代は自らの遺伝子を未来世代と共有しているのである。

このように、現在世代と未来世代が共有し、それを介《かい》することによって現在世代が未来世代に影響を与えることが可能になるところのものを、「自然」と呼ぶことにしよう。自然には外的なものと内的なものが区別される。外的な自然としては人間が住む地球環境が挙げられ、内的な自然としては人間自身の身体が挙げられる。両方とも、人間が自分で作り出したものではなく、ただ与えられているもの、享受《きょうじゅ》しているものである。しかし、そうした自然に対して人間が影響を与えることで、その自然を共有する未来世代にも影響が及《およ》ぶのである。

したがって、現在世代による未来世代への脅威《きょうい》が、現代に特有の問題なのだとしたら、それが意味しているのは、現在世代による自然への影響が、未来世代にとっての自然にまで及ぶようになったことが、現代に特有の現象である、ということである。言い換《か》えるなら現代よりも前の時代には、(2)人類による自然への影響が未来にまで及ぶことはなかった、ということだ。

これは、現代よりも前の時代には、人類が自然に影響を与えることができなかった、ということではない。そんなことは明らかにあり得ない。例えば農業をするために森林を伐採《ばっさい》し、畑を①タガヤすことは、明らかに自然に対して働きかけることである。しかし、その影響が未来にまで及ぶことはなかったのである。なぜなら、そうした影響は、自然によって回復され、なかったことにされてしまうからだ。

例えば畑は、人間が手入れをし続けなければ、簡単に雑草まみれになってしまう。一〇〇年も経《た》てば、そこに畑があったことなんて誰《だれ》も思い出せないほどに、草木に呑《の》み込《こ》まれてしまう。自然にはそうした自己修復能力が備わっているのである。

　こうした自然の力は、しばしば、人間に対して牙《きば》を剝《む》く。例えば巨大な自然災害が起こると、人間が苦労をして作り上げたもの――橋や、家屋や、あるいは街そのもの――を、いとも簡単に破壊《はかい》してしまう。そうした自然の力は、人間の力をはるかに凌駕《りょうが》しているのであり、人間は一度自然が猛威《もうい》を振《ふ》るえば、それに対して服従するしかない。

　しかし、だからこそ、人間は安心して自然に働きかけることができる。すなわち、自然には人間を超《こ》えた自己修復能力が備わっているのだから、人間ごときが自然をどのように作り替《か》えようとも、自然は自分で元の姿に戻《もど》るだろう、と期待できるからである。

　このような自然観が、人類の歴史の非常に長い期間を支配していたのではないだろうか。森には広大な緑がある。人間がそこから資源を奪《うば》い取っても、森には再び緑が生《お》い茂《しげ》り、新しい資源を生み出してくれる。そうした無尽蔵《むじんぞう》の力を信じられるからこそ、人間はいつか自然から資源が枯渇《こかつ》するのではないかという不安に苛《さいな》まれることなく、資源を収奪《しゅうだつ》することができるのである。そのようにして人間は自然に依存《いそん》し、自然に「甘《あま》える」ことができる。

　このような自然観は、一方において、自然に対して人間を超えた力を認めている。しかしそれは、決して、人間と自然の調和を目指すものだけではない。まして、そこから自然を大切にしようという倫理《りんり》的な配慮《はいりょ》が必ず導き出されるわけではない。このような自然観において人は自然を崇拝《すうはい》するかもしれない。しかし崇拝しているからこそ、自然に甘えることが可能になり、また自然を搾取《さくしゅ》すること、自然に対して暴力を行使することもまた可能になるのである。

　⑶こうした自然への甘えは、人間に対して、未来世代への自らの影響について配慮することも免除《めんじょ》する。たとえ現在世代が何らかの失敗を犯したとしても、自然はその失敗を②チョウケしにし、なかったことにしてくれるからだ。例えばこのような自然観のもとでは、人間が森から木を伐《き》りすぎても、自然がすぐに再び木を生やしてくれるので、未来世代も自分と同じように森から木を伐ることができるはずだ、と考えることができるのである。

　自然が人間よりも強い力を持ち、自己修復能力が機能している限り、現在世代は未来世代に影響を及ぼすことができない。したがって未来倫理を必要とする課題もそこでは生じない。そうである以上、現在世代が未来世代に影響を与えることが可能になるとしたら、それは人類の力が自然の自己修復能力を超えたときである。そして、そうした力を人類に与えたものこそ、「技術」に他ならない。

技術とは何だろうか。それは伝統的な哲学《てつがく》におけるとても大きな問いである。

古代ギリシャの哲学者アリストテレスは、技術を、ある目的を達成するための手段を製作する営みとして定義した。人間がそうした活動をもっともうまく果たすことができるのは、自然現象を人工的に模倣《もほう》したときである。したがってアリストテレスは技術を「自然の模倣」として説明している。

例えば伝統的な農業では、春に種を播《ま》いて、秋に作物を収穫《しゅうかく》する。これは自然界における植物のあり方を模倣した技術である。夏に種を播いたり、冬に収穫しようとしたりしても、農業はうまくいかない。なぜならそれは自然を模倣できていないからである。したがって技術をうまく行使するために、私たちはまず自然をしっかりと観察し、その本質を理解しなければならない。農作物が自然においてどのように育つのかを知らなければ、農業をうまく行うこともできないのである。

こうした技術観は、自然が人間を凌駕する存在であり、人間よりも優《すぐ》れていると考える自然観の上に成り立っている。人間が自分で考えついて行うことよりも、自然の摂理《せつり》に従ったほうがずっと確実であり、はるかに信頼《しんらい》できると考えられているのだ。そして、こうした技術観もまた人類の歴史の非常に長い期間を支配していた。

例えば、一五世紀の発明家であるレオナルド・ダ・ヴィンチは、人間に空を飛ぶことを可能にする機械を構想した。その際、彼はまず鳥の羽の構造を観察し、鳥がどのようにして浮力《ふりょく》を作り出しているのかを、その羽の形状と運動から分析《ぶんせき》した。そして、同じ原理によって人間が空を飛ぶために必要な技術的機構を考案したのである。実際に、ダ・ヴィンチの考えた空飛ぶ機械は実現しなかったが、ここには「自然の模倣」という技術観の③ハンエイが見られる。すなわち彼《かれ》は、空を飛ぶ技術を実現するために、まずは自然において空を飛んでいるものを観察し、それを模倣しようとしたのである。

しかし(4)こうした技術観は近代の始まりとともに覆《くつがえ》されていく。その変革を起こした代表的な思想家が、一六世紀の哲学者フランシス・ベーコンだ。

技術を「自然の模倣」として捉《とら》えるとき、私たちは自然を観察し、そのあとにそれを技術へと落とし込んでいく。まずは自然の観察、次に技術への実装という順番だ。この順番は変わらない。第一に優先されるのは自然を観察することなのである。それは「自然ファースト」な発想である、と表現できるかもしれない。このとき自然の観察はあくまでも技術に先行するものとして位置づけられている。つまり、自然の観察そのものは、あとでそれを技術に使うかどうかとは無関係に行うことができる。自然の観察にとって、その成果を技術に使うか否《いな》か、ということは、あくまでも「おまけ」に過ぎない。

ベーコンはこのような発想を根本的に変更した。彼によれば、自然の本質は、人間が自然に対して積極的に働きかけ、その結果を検証することによって、初めて解明される。そうした働きかけこそ「実験」に他ならない。

例えば、近代科学の父と言われるガリレオ・ガリレイは、重たいものほど早く落下するというアリストテレスの自然哲学を反駁《はんばく》するために、レールを使って異なる重さのボールを落とす実験を行った。このとき彼は単に自然を観察することによって知識を得たわけではない。わざわざ重さの違《ちが》うボールを用意し、わざわざレールを作り、それを自分で動かすことによって、自然法則を解明しようとしたのである。レールも、ボールも、明らかに自然なものではない。誰も踏《ふ》み入れない森の奥地《おくち》で人知れずレールの上を重さの異なるボールが転がってなどいない。ガリレオは、そのように自然には存在しない人工的な環境を技術的に構築することで、むしろ自然の本質に迫《せま》ろうとしたのである。

ベーコンは、このような実験こそが、人間の知識にとって不可欠の契機《けいき》であると考えた。実験は、自然を理解するために、自然に対して技術によって働きかけることである。自然をただありのままに観察していても、自然を理解することはできない。それを可能にするのは実験という技術の営みなのだ。この意味において、(5)ベーコンはもはや自然ファーストではなく、「技術ファースト」な考え方をしている、と言えるだろう。

ところで実験は、人間の技術によって行われるものである以上、人間によってコントロールされ、管理されている。そして、そうした実験によってしか自然が解明されない。そうである以上、人間が自然を解明できるのは、自然を技術によって再現し、自らコントロールできるからである、ということになる。

そのように考えるとき、(6)ベーコンの発想はもはやアリストテレス的な「自然の模倣」ではなく、「自然の支配」を可能と見なすものとして捉えられる。自然を人間よりも優れたものとして模倣する態度は、自然を自らの関心に従って操作し、管理しようとする態度へと、転換《てんかん》する。自然は人間を圧倒《あっとう》的に凌駕する存在ではなくなり、人間によって支配され得る対象へと変わってしまうのである。

（戸谷洋志『未来倫理』より）

問一　——線①〜③のカタカナを漢字に直しなさい。漢字は一画ずつていねいに書くこと。

問二　――線(1)「地球という表現はミスリーディングである」とありますが、そのように言えるのはなぜですか。最もふさわしいものを次の中から一つ選び、記号で答えなさい。

ア　地球という表現には人間が生を営む場という意味合いがあり、その表現を用いることで、人間の生活環境とかけ離《はな》れたものは検討すべき対象ではないという誤解を招いてしまうから。

イ　地球という表現には人間の外部にある世界だけを示しているようなイメージがあり、その表現を用いることで、人間の内部にあるものは含まれないという誤った認識を与えてしまうから。

ウ　地球という表現には自然や人間を含めた生態系全体を指しているような印象があり、その表現を用いることで、人間の内部と外部の区別は存在しないという間違った理解を与えてしまうから。

エ　地球という表現には現在世代が直接的に関与《かんよ》する環境というニュアンスがあり、その表現を用いることで、あたかも未来世代と地球を共有するという間接的な関わりがないかのような印象を与えてしまうから。

オ　地球という表現には実世界に根ざした空間だけを表わしているような語感があり、その表現を用いることで、概念《がいねん》やイメージで語られる空間は除外されるという勘違《かんちが》いを招いてしまうから。

問三　――線(2)「人類による自然への影響が未来にまで及ぶことはなかった」とありますが、それはなぜですか。最もふさわしいものを次の中から一つ選び、記号で答えなさい。

ア　現代と違って昔は自然の自己修復能力に対する意識があり、資源の搾取は回復力に留意しながら慎重《しんちょう》に行われていたから。

イ　以前は充分《じゅうぶん》にあった自然の回復力が衰《おとろ》えてきたのは現代になってからで、昔は世代が変わる前に元通りになっていたから。

ウ　前の時代は自然から与えられたものをただ受け取るだけで生活が成り立っていて、人間が主体的に行動することはなかったから。

エ　現代以前は人類が自然に与える影響よりも自然が持つ力のほうが大きく、未来世代へ至る前に元の自然へと回復していたから。

オ　昔は限られた範囲《はんい》の自然にしか働きかけておらず、影響が及ぶのは自然界全体から考えればわずかなものでしかなかったから。

問四　――線(3)「こうした自然への甘えは、人間に対して、未来世代への自らの影響について配慮することも免除する」とありますが、「こうした自然への甘え」が「未来世代への自らの影響について配慮すること」を「免除する」とはどういうことですか。七十一字以上八十字以内で説明しなさい。

問五　――線(4)「こうした技術観」とありますが、それはどのような考え方ですか。七十一字以上八十字以内で説明しなさい。

問六　――線(5)「ベーコンはもはや自然ファーストではなく、『技術ファースト』な考え方をしている」とありますが、「ベーコン」が「『技術ファースト』な考え方をしている」とはどういうことですか。最もふさわしいものを次の中から一つ選び、記号で答えなさい。

ア　ベーコンは、人間が技術を駆使《くし》して現実にはありえない環境を構築し、かつての自然を取り戻すためにそこで実験をすることが必要だとした点で、技術を優先的に考えているということ。

イ　ベーコンは、実験のための装置を技術的に作り出し、その装置を通してありのままの自然を観察することで新たな知見が得られるとした点で、技術の応用から出発すべきであると考えているということ。

ウ　ベーコンは、自然の本質に迫るためには、技術を用いることで明らかになった地球の問題に向き合っていくしかないとした点で、技術を何よりも重要なものとして考えているということ。

エ　ベーコンは、人間が作り出した環境において実験を行い、その結果を検証することで容易に問題を解決することができると考えた点で、技術には即効性《そっこうせい》があると考えているということ。

オ　ベーコンは、技術によって自然界には存在しない人工的な環境を作り出し、そこでの実験を通して自然を理解することができると考えた点で、自然ではなく技術を第一に考えているということ。

問七　――線(6)「ベーコンの発想はもはやアリストテレス的な『自然の模倣』ではなく、『自然の支配』を可能と見なすものとして捉えられる」とありますが、「ベーコンの発想」が「『自然の支配』を可能と見なすものとして捉えられる」と言えるのはなぜですか。最もふさわしいものを次の中から一つ選び、記号で答えなさい。

ア　人間を凌駕するほどの力を持つ自然に対しては畏敬《いけい》の念を抱《いだ》くべきだという考え方があったが、時代の流れとともに自然の力は弱まり、人間が自分たちの生活のためならば自然を操作し、管理してもよいとするような自然軽視の考え方へと変わってきたから。

イ　ありのままの自然を観察して人工的に模倣することで知識を得ることができるという考え方には、人間が自然に対して主体的に働きかけていくことが不可欠であり、そうした行為は自然を支配できるという発想がなければ成立しないから。

ウ　人間が主体的に働きかけ、実験と結果の検証によってのみ自然の本質が解明できるという発想に従えば、実験が人間の管理下にある以上、自然の解明には人間の影響が及ぶことになり、人間は自然を操作することができると考えるようになるから。

エ　自然が人間に示す現象の一部分に注目し、その現象を技術で再現して検証していくという発想は、実験を通じた自然法則の解明を可能にしたが、内実が明らかになった自然はもはや崇拝の対象ではなくなってきたから。

オ　観察と実験を繰り返すことで自然そのものを理解するという考え方によれば、分析対象の自然よりも技術によって作り出された人工的な環境のほうが大切であり、そのとき実験者の中には自然を尊重する意識が存在しなくなっているから。

問八　次のア～オは、本文にそって考えたことについて生徒が話しているものです。本文の内容にそった考えとして明らかな間違いを含むものを一つ選び、記号で答えなさい。

ア　本文を読んで、今の私たちが置かれている環境について考えました。人類のテクノロジーが急速に発達したことで私たちの生活は便利になりましたが、その一方で大量の資源が消費され、分解することができない物質も多く生み出されています。そういった今日の状況を考えれば、近代になって示された自然と技術との関係性は、今もなお変わっていないといえると思います。

イ　人類がもたらす問題として、放射性廃棄物《はいきぶつ》は一つの例として考えられますね。原子力エネルギーの利用によって発電され、その電力が私たちに供給されていますが、自然に戻すことができない放射性廃棄物をどうするのかという問題があります。放射能の影響が弱まるには途方《とほう》もない年月がかかり、現状では最終処分場の地中深くに埋《う》めるという方法をとっています。

ウ　問題は世界や国家だけでなく、私たちの身にも引き起こされていると思います。情報機器が発達したことで様々な形でのコミュニケーションが可能になったのは事実です。一方で、絶対に許されない誹謗《ひぼう》中傷がインターネット上でなされています。対面でもインターネット上でも言葉の暴力という点では変わらず、それによって受けた傷は消えず、未来に引き継《つ》がれていきます。

エ　確かに様々な問題は起きているけれど、このままではいけないという意識も高まってきているように感じます。例えば、化石燃料の消費により温室効果ガスが排出され、それが気候変動を引き起こす要因のひとつになっていますが、気候変動による影響や利益、負担を公平に共有しようという気候正義の観点から議論されるようにもなってきています。

オ　意識の高まりは大切ですね。現在世代の行為が未来世代に影響を与えるという意味では、今の問題を未来の人たちに押し付けているとも言えます。こういった問題は、今の自分さえ良ければいいという視点だけでは解決せず、今の私たちがなぜ未来のために行動しなければならないのかという問いについても考えていく必要があります。

（問題は以上です）

算数　令和６年度　渋谷教育学園渋谷中学校入学試験問題　(50分)

注
・解答はすべて解答用紙に記入しなさい。
・定規，コンパスは使用できません。
・仮分数は帯分数になおす必要はありません。
・円周率は特に指示のない限り3.14とします。
・すい体の体積は「(底面積)×(高さ)÷３」で求められます。

1　次の問いに答えなさい。ただし，(6) は答えを求めるのに必要な式，考え方なども順序よくかきなさい。

(1) $1-0.625\div\left(20\frac{1}{24}\div 20\right)\times\left(\frac{1}{12}-0.04\right)$ を計算しなさい。

(2) 1から100までの100個の整数のうち，3でも7でも割り切れない偶数は何個ありますか。

(3) 【A】は，整数Aを2で割り，その商を2で割っていき，商が1になるまで続けたときの，2で割った回数を表します。

例えば，

13÷2＝6　余り1

6÷2＝3

3÷2＝1　余り1

となるので，【13】＝3です。

このとき，【【2024】＋7】×【33】を求めなさい。

(4) 下の図は2つの直角三角形からできています。影のついた部分を直線Lを軸として1回転させてできる立体の体積は何cm^3ですか。

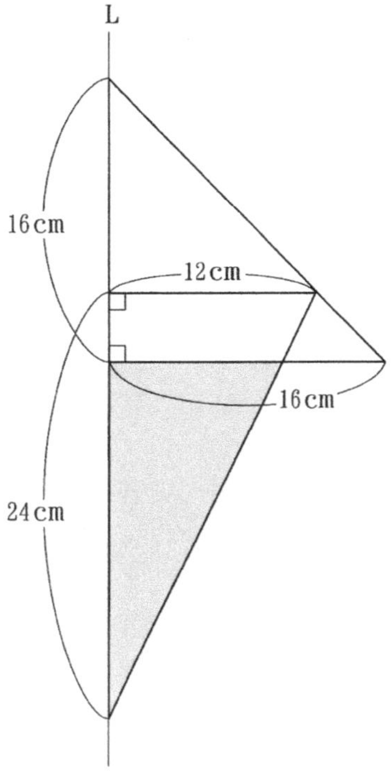

(5) 下の図は,円と正六角形と正十角形からできています。点Oは,円の中心です。このとき,あの角の大きさは何度ですか。

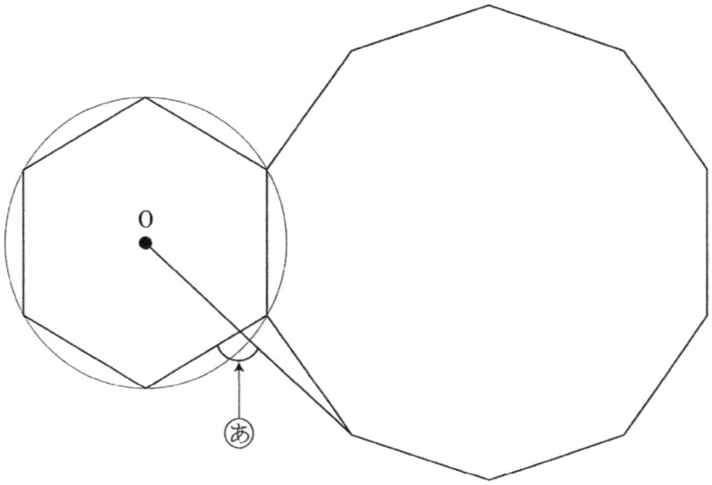

(6) 容器 A には 3% の食塩水が 600g，容器 B には 5% の食塩水が 300g，容器 C には 4% の食塩水が入っています。A，B，C から重さの比が 1:2:2 となるように食塩水を取り出し，空の容器 D に入れてよく混ぜ合わせました。D の食塩水を 3 等分して A，B，C にそれぞれ戻すと，A の食塩水に溶けている食塩が 22g になりました。このとき，B の食塩水の濃さは何 % になりましたか。

2

図 1 は 18 個の立方体を積み上げて作った直方体です。図 1 の直方体を平面で切り，その後，すべてバラバラにしたときの立体の個数を考えます。

例えば図 1 の直方体を 3 点ア，イ，ウを通る平面で切り，その後，すべてバラバラにすると，9 個の立方体と 18 個の切られた立体に分かれ，立体は合計で 27 個となります。

次の問いに答えなさい。

図 1

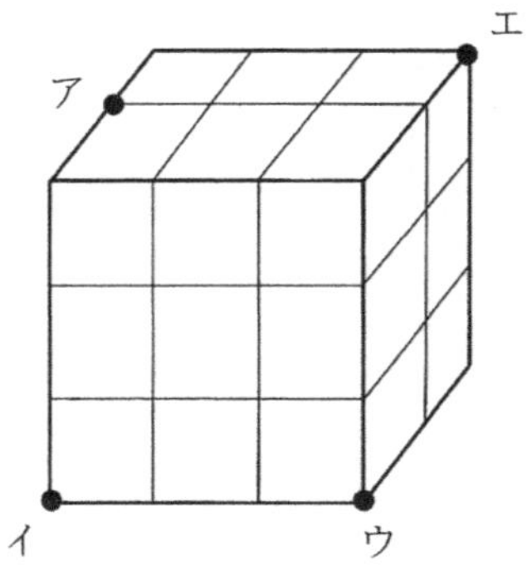

(1) 図 1 の直方体を 3 点イ，ウ，エを通る平面で切り，その後，すべてバラバラにすると，立体は合計で何個になりますか。

図 2 は 36 個の立方体を積み上げて，直方体を作ったものです。

図 2

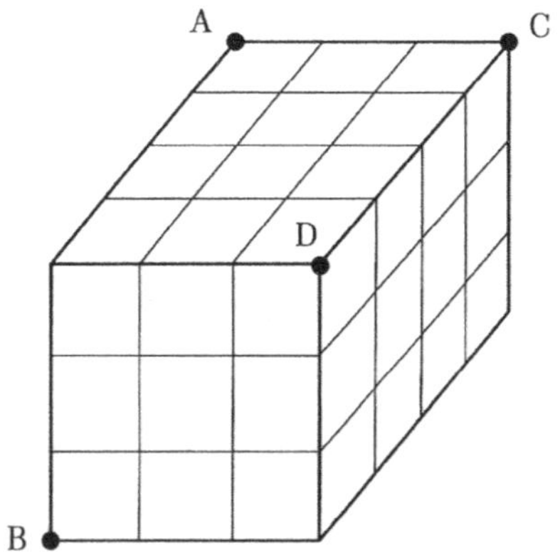

(2) 図 2 の直方体を 3 点 A， B， C を通る平面で切り， その後， すべてバラバラにすると，立体は合計で何個になりますか。

(3) 図 2 の直方体を 3 点 A， B， D を通る平面で切り， その後， すべてバラバラにすると，立体は合計で何個になりますか。

（計算用紙）

3

図のように，ご石を並べて図形を作っていきます。表１は，図形のご石の個数を１番目からかいたものです。

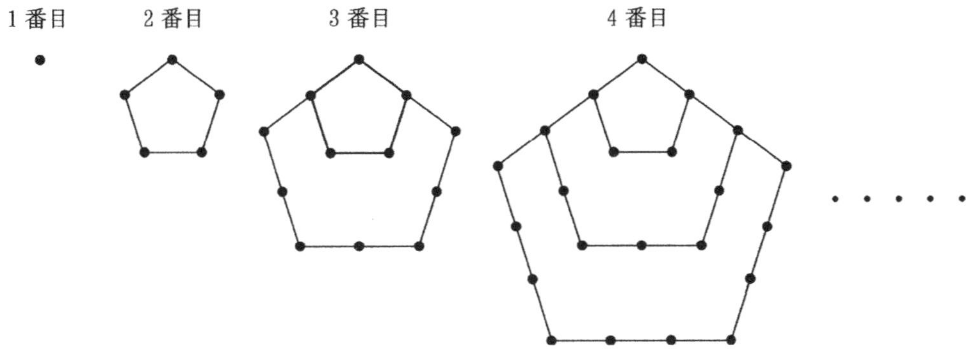

表1

1番目	2番目	3番目	4番目	……
1個	5個	12個	22個	……

次の問いに答えなさい。

(1) 6番目の図形のご石の個数は，5番目の図形のご石の個数より何個多いですか。

(2) 10番目の図形のご石の個数は何個ですか。

次に，表１のご石の個数の平均を下のように求め，表２を作成します。

①番目は，表１の１番目 (1個)の平均である１個とします。
②番目は，表１の１番目 (1個)と２番目(5個)の平均である３個とします。
③番目は，表１の１番目 (1個)と２番目(5個)と３番目(12個)の平均である６個とします。
⋮

表2

①番目	②番目	③番目	④番目	……
1個	3個	6個	10個	……

（3） 表 2 の ⑳ 番目は何個ですか。

（4） 次の □ に当てはまる整数を答えなさい。

表 1 の □ 番目の個数は，表 2 の ⑳ 番目の個数と同じです。

4

点Pは，図1の円周上を点Aから反時計まわりに一定の速さで動き続けます。点Oは円の中心で，OAとOPで作られる角のうち180度以下の角を(あ)とします。また，OAとOPと円によって囲まれた図形のうち，(あ)の角を含む方をおうぎ形OAPとします。図2のグラフは，(あ)の角の大きさと時間の関係を，Pが出発してから5分間だけ表したものです。

次の問いに答えなさい。ただし，(2)，(3)は答えを求めるのに必要な式，考え方なども順序よくかきなさい。

図1

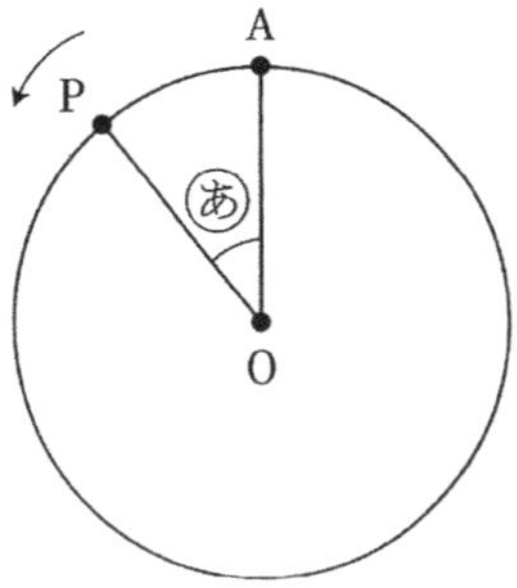

図2

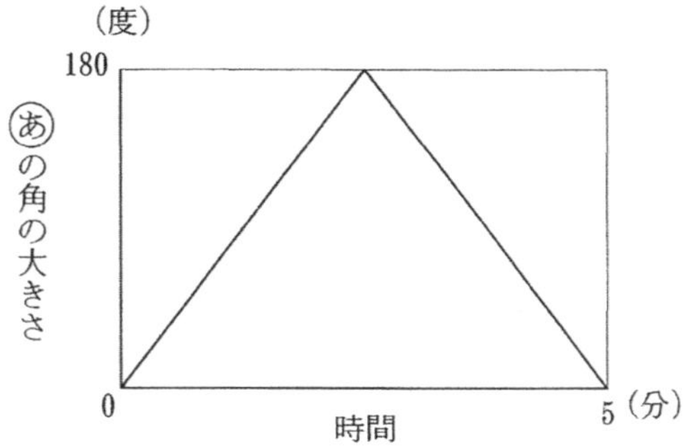

(1) おうぎ形OAPの面積と時間の関係を表したグラフと，三角形OAPの面積と時間の関係を表したグラフの形に最も近いものを，次のア～カの中から1つずつ選び記号で答えなさい。ただし，おうぎ形や三角形を作ることができないとき，その面積は0とします。

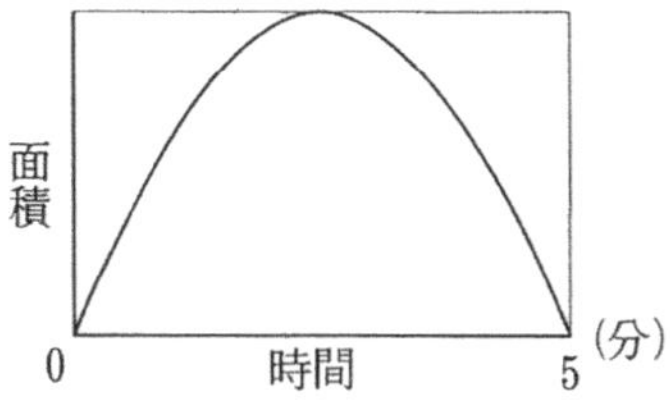

ア

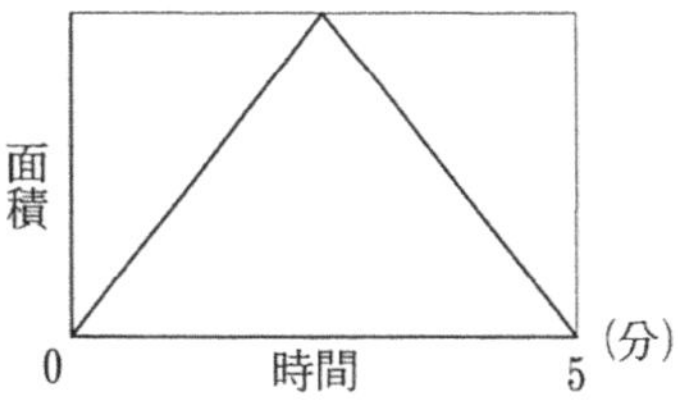

イ

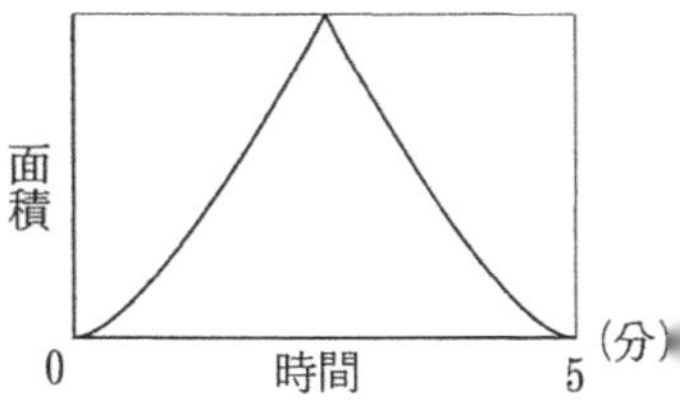

ウ

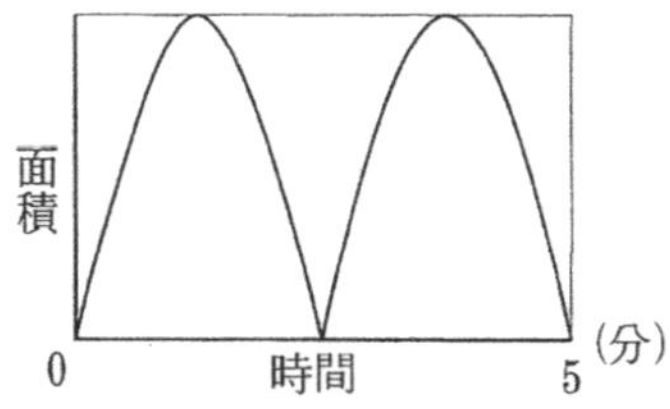

エ

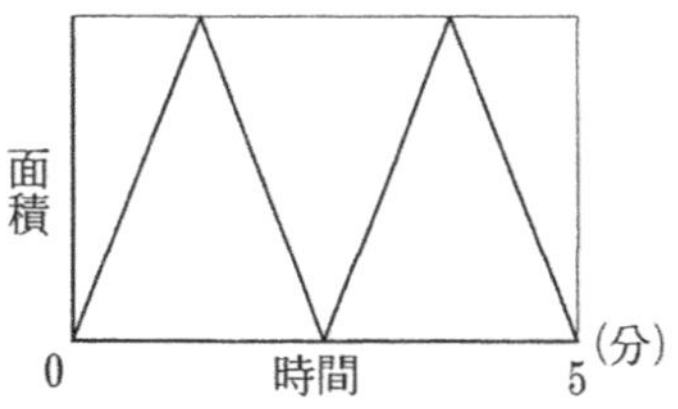

オ

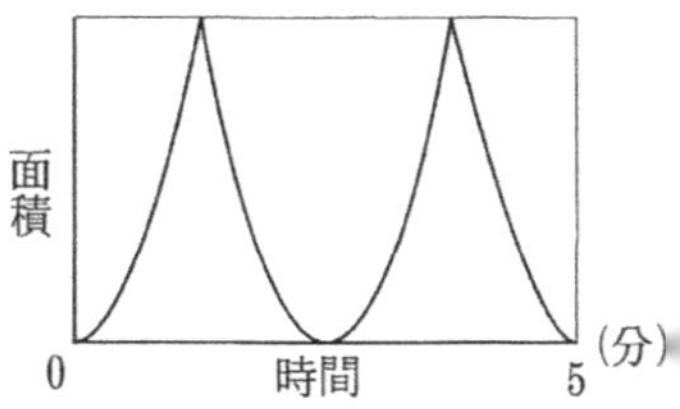

カ

点Qは P と同時に A から出発し，円周上を P と同じ向きに一定の速さで動き続けます。Qは 8 分 20 秒で円周を 1 周します。

(2) 2 点が同時に出発してから，3 点 A,P,Q を結んでできる三角形がはじめて二等辺三角形になるのは，出発してから何分後ですか。

(3) 2 点が同時に出発してから，3 点 A,P,Q を結んでできる三角形が 2 回目に二等辺三角形になるのは，出発してから何分後ですか。

〔問題は以上です。〕

（計算用紙）

（計算用紙）

理科　令和６年度　渋谷教育学園渋谷中学校入学試験問題　(30分)

注　答えはすべて解答用紙に記入しなさい。

1　次の文を読み、問いに答えなさい。

自然界では、同じ生物種の個体どうしや、異なる生物種どうしがお互《たが》いに関わり合いをもって生活を送っています。その中でも、「食べる，食べられる」の関係について、考えていきましょう。

植物は自身が光合成によって栄養分を作り出し、それを呼吸という過程で分解することでエネルギーを取り出して生活を送る一方、動物は植物や自分以外の動物を食べて栄養分を取りこみ、それを呼吸で分解してエネルギーを取り出しています。

下の図1は、陸上における「食べる，食べられる」の関係を示したものです。図1の中では、植物をバッタが食べ、バッタをモズが食べ、さらにはオオタカがモズを食べるという関係が見られます。このように、「食べる，食べられる」という鎖《くさり》のようにつながった、生物どうしの一連の関係を食物連鎖《さ》といいます。また、図1が示すように、陸上では、複数の食物連鎖の関係が見られ、生物どうしの関係は網《あみ》の目のようにからみ合っており、これを食物網《もう》といいます。

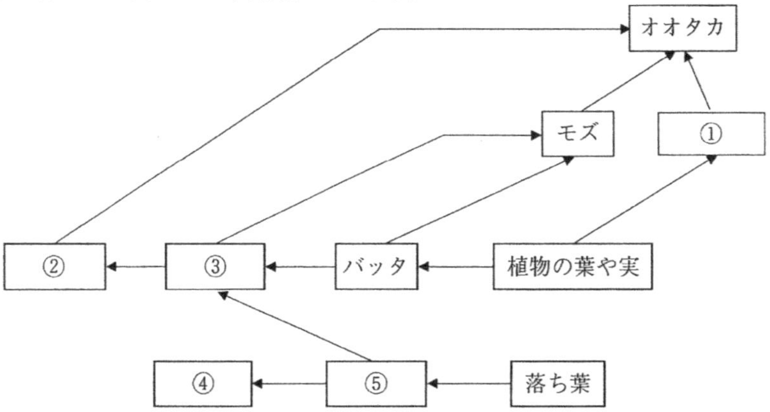

図1　陸上の生物の食物網の例

ある地域に生息・生育するすべての生物と、それらをとりまく環《かん》境をひとつのまとまりでとらえたものを生態系といいます。生物は、水や気温など、環境からの影響《えいきょう》を受ける一方、光合成や呼吸などによって大気組成に影響を与えたり、動物の排《はい》せつ物や落ち葉が分解されて土の成分（肥料）が変わったり、環境に対して影響を与えています。そして、土の肥料を植物が吸い上げることで、植物のからだの働きを調節したり、成長させたりしているのです。

ペルーでは、「グアノ」とよばれる、海鳥の排せつ物が堆《たい》積したものが、農作物の生育に大きく影響を与えています。しかし、ペルー沖で海水の表層の水温が上昇するエルニーニョ現象が発生すると、ペルー沖の生物の食物連鎖に影響を与え、それがグアノを作り出す海鳥の個体数を減少させることがわかっています。

問1　図1の①～⑤に入る生物の名称《しょう》を下の（あ）～（お）から、それぞれ1つずつ選びなさい。

（あ）モグラ　　（い）ウサギ　　（う）ヘビ　　（え）ミミズ　　（お）カエル

問２　いま、ある生態系において「食べる，食べられる」の関係にある種Ａと種Ｂの時間の経過にともなうそれぞれの個体数の変化について調べると、以下の図２のようになりました。図２より、「種Ａと種Ｂがともに増加する期間」、「種Ａが増加するが種Ｂが減少する期間」、「種Ａと種Ｂがともに減少する期間」、そして「種Ａが減少するが種Ｂが増加する期間」があることがわかりました。

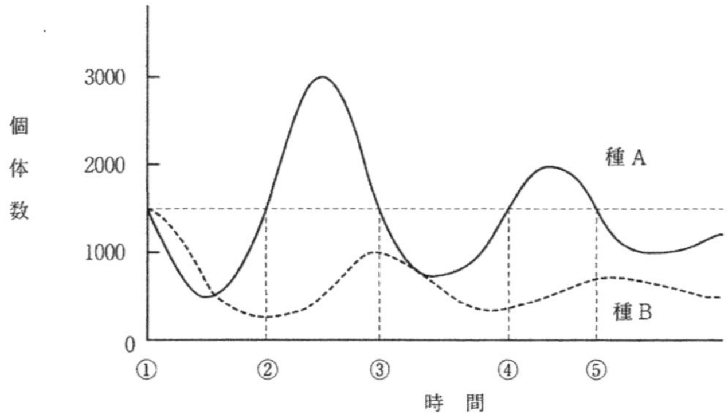

図２　時間の経過と種Ａと種Ｂの個体数の変化

また、図２の時間①～⑤における種Ａと種Ｂの個体数を読み取り、図３に表しました。

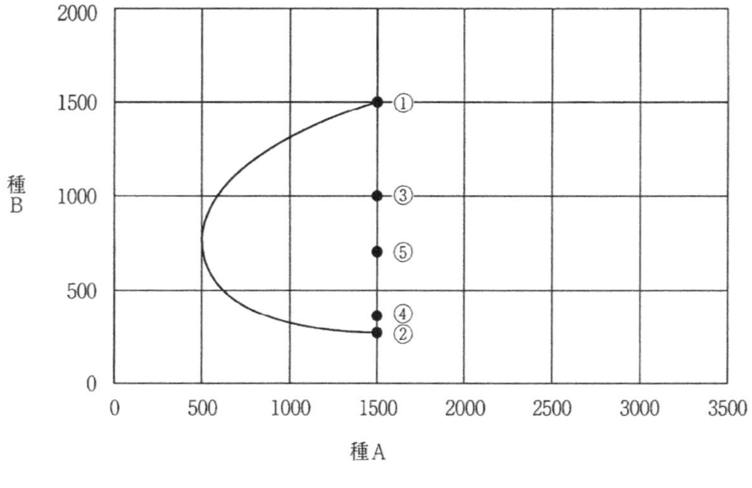

図３　種Ａと種Ｂの個体数

(1)　一般に、種Ａと種Ｂのどちらが食べる側になりますか。解答らんに書きなさい。

(2)　図３の②～⑤を線で結び、それぞれの種の個体数がどのように変化をしていくか、示しなさい。（解答らんでは、①～⑤の番号は外してあります。）

問3　かつて、アラスカから南カリフォルニアまでにかけて、その沿岸にはケルプという海藻《そう》が広がり、ラッコが生息していました。しかし、18世紀に入るとヨーロッパの人々や入植者によって、ラッコの乱獲《かく》が始まり、絶滅《めつ》の危機を迎《むか》えるだけでなく、ケルプが広がっていた海底では、ケルプも激減してしまうことになりました。その原因にはラッコのエサであり、かつケルプを食べる「ウニ」の存在があげられます。ケルプが激減してしまった理由を1行で説明しなさい。

以下の図4は食物連鎖《さ》を通じて、植物が作り出した栄養分が草食動物に、また草食動物から肉食動物へと栄養分が移動していく様子を表したものです。

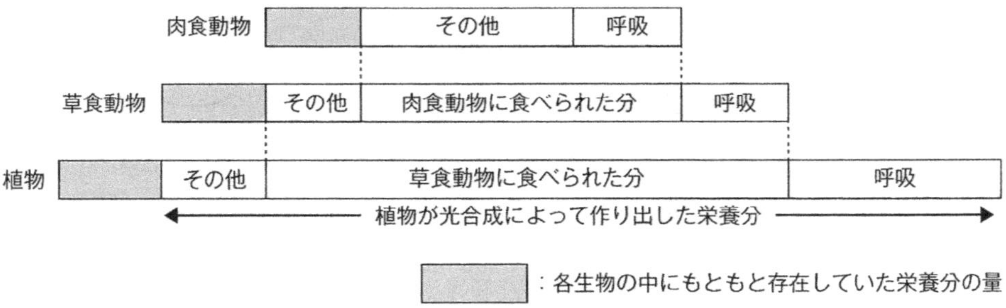

図4　食物連鎖を通じて栄養分が移動していく様子

問４　文中の下線部について、エルニーニョが発生すると、通常の時期よりも植物プランクトンのサイズが小さくなることがわかっています。以下の表に、ペルー沖に生息している生物のサイズ（平均値）を示しました。**条件１**と**条件２**および図４をふまえて、海鳥の個体数が減少する理由を２行以内で説明しなさい。

表　ペルー沖に生息する生物とそのサイズの平均値

生物	サイズの平均値
エルニーニョ期の植物プランクトン	0.005 mm
小型の動物プランクトン	0.02 mm
通常期の植物プランクトン	0.2 mm
大型の動物プランクトン	1 mm
小型の魚類	1 cm
大型の魚類	1 m
海鳥	1.5 m

条件１　食べる側は食べられる側よりもサイズが大きい。よって、自分よりサイズの大きい種を食べないものとする。

条件２　エルニーニョ期の植物プランクトン全体と通常期の植物プランクトン全体が、光合成によって作り出す栄養分の量はほぼ同じであるものとする。

問５　問４で、海鳥の個体数が減少することが、どのような形で農作物の収穫《かく》量に影響《えいきょう》を与えていると考えられますか。１行で説明しなさい。

2 次の会話文を読み、問いに答えなさい。

A君：このはさみ、よく切れるなあ。さすが、裁縫《さいほう》用だけのことはあるよね。

B君：やっちまったな！！布用の裁《た》ちばさみで紙を切るなんて、君はなんて常識がないんだ！！！

A君：だって、紙だって布だって、似たようなもんじゃん。

B君：やわらかい布が切れるように、裁ちばさみは刃《は》の先端《せんたん》がナイフのように薄《うす》く鋭《するど》くなっているんだ。

A君：じゃあ、普通は紙の方が布より薄いから、紙を切っても大丈夫《だいじょうぶ》じゃないの？

B君：一般的な紙は、文字などが裏面から透《す》けて見えないように、白土《はくど》などの鉱物を混ぜ込《こ》んでいるんだよ。填料《てんりょう》というんだ。これが硬《かた》いので、裁ちばさみの薄い刃では刃こぼれしてしまうんだ。1回でも紙を切った裁ちばさみは切れ味が落ちるからすぐにわかるよ。

A君：そういえば、昔の和紙の本って、紙を袋《ふくろ》折りにして両面にしているよね。あれは、墨《すみ》のにじみやすさだけでなく、和紙のせいでもあるんだね。

B君：そう。昔の和紙はふつう填料なんて加えていないからね。新聞の紙にも填料が使われているよ。新聞が片面印刷だったら、無駄《むだ》が多くて大変でしょ。

A君：そういえば新聞の紙って茶色いよね。白い紙の新聞の方が読みやすいのに。

B君：紙の原料をパルプと言うんだけれど、これは木の繊維《せんい》をばらばらにしたもので、紙はこの繊維を互《たが》いに絡《から》ませながらシート状にして作るのだ。

新聞紙を作る紙の原料は主に、木を砥石《といし》などで細かく粉砕《ふんさい》して作る機械パルプと、古新聞などを再利用した古紙パルプだね。(1)機械パルプは、繊維が短く切断されているので、丈夫《じょうぶ》ではないけれど、印刷に適した紙を作ることができる。

問1　下線部(1)で、短い繊維のパルプで作った紙が印刷に適している点は何だと考えられますか。1つ答えなさい。

A君：そういえば、昔の和紙は長い繊維を使っていると聞いたことがあるよ。

B君：そうだね。木の長い繊維が一定方向にそろって絡み合うので、薄くて丈夫な紙を作ることができる。和紙の原料の木はコウゾやミツマタなどだ。表皮の下にある繊維が長い部分を使う。和紙の場合、機械パルプのように木を粉砕したりはしない。木はそのままだと繊維どうしがリグニンという物質で互いにくっついているので、木をアルカリ性の灰汁《あく》で煮込《にこ》んでリグニンを溶《と》かし、繊維を化学的にばらばらにするんだ。このようにしてつくったパルプを、化学パルプというんだ。

A君：コウゾやミツマタは、リグニンがもともと少ないんだってね。

B君：そう。しかも長い繊維が多くて、流し漉《ず》きには適しているのさ。

A君：流し漉きって？

B君：順番に説明しよう。和紙は、細い竹を並べた「簀《す》の子《こ》」の上に、水に溶いたパルプを乗せてゆすり、パルプの繊維を互いに絡ませてつくるんだ。テレビなどで見たことがあるでしょ。これが紙漉《かみす》きね。

A君：ああ。水にトロロアオイの根からつくった「ねり」という糊《のり》を混ぜておいて、絡んだ繊維どうしをくっつけるんでしょ。聞いたことがあるよ。

B君：いや、「ねり」を入れると水に粘《ねば》り気《け》は出るけど、「ねり」は糊や接着剤《せっちゃくざい》の役目で使うのではないんだ。事実、水に溶いたパルプを簀の子の上に溜《た》めてゆするだけでも和紙は作れるし（溜め漉《ず》き）、その場合は「ねり」は要らない。

A君：え？「ねり」なしだと、パルプの繊維はくっつかないんじゃないの？

B君：水素結合って、聞いたことがあるかい？たとえば水ね。図1を見てごらん。水の分子（粒《つぶ》）は1個の酸素と2個の水素でできているんだけど、酸素とくっついた水素は、近くにある他の分子の酸素ともゆるやかに引き合っているんだ。これが水素結合ね。主に水素と酸素の間で起きる、特有の結合だ。

次に図2を見てみよう。これはパルプの繊維の成分であるセルロースの分子構造だ。

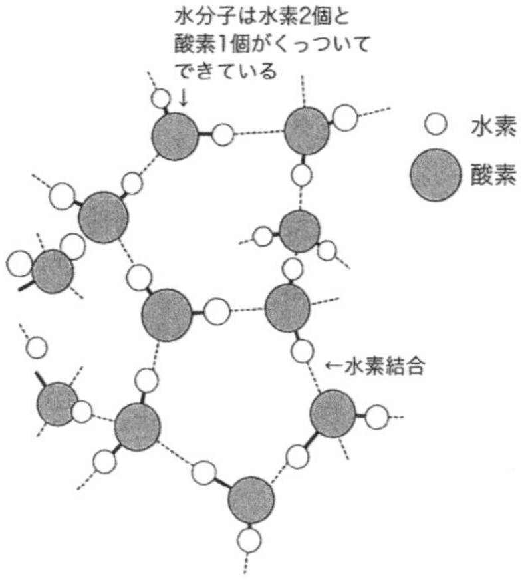

図1　水分子と水素結合

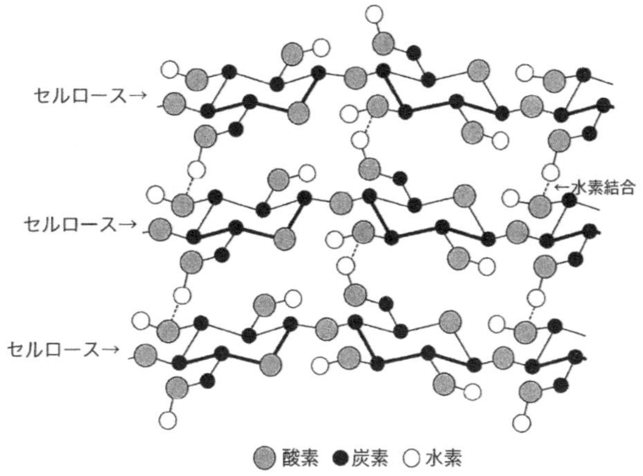

図2　セルロースと水素結合（一部省略）

B君：この図2ではセルロースの3個の分子の一部分だけを描《か》いた。本物のセルロース分子は図の左右方向にもっともっと長く続いている。

A君：セルロースの分子（粒）は細長いかたちをしているんだね。あ、ところどころに水と似たような部分があるよ。ここが水素結合するのか。

B君：そう。セルロース分子どうしは、じゅうぶん近づくと、この水素結合で互いに引き合う。つまりパルプの繊維は、じゅうぶん近づいただけで互いにくっついてしまうんだ。

(2)流し漉《ず》きでは「ねり」の粘《ねば》り気《け》の効果で、溜め漉きに比べて長い（重い）繊維《せんい》を原料に使うことができる。簀《す》の子《こ》の上で繊維を絡《から》ませてくっつけた後、余分な水を流して捨てるから、流し漉きね。水を捨てる向きに繊維がそろって互《たが》いにしっかりくっつくので、薄《うす》くても丈夫《じょうぶ》な紙ができあがる。

Ａ君：紙は薄くて丈夫な方がいいもんね。トロロアオイの使い方を発見した人は、すごいねえ。

Ｂ君：一方、溜め漉きは厚い和紙が作れるので、これはこれで使われているよ。和紙でつくった卒業証書はこれだね。「ねり」を使わないので、繊維が水中ですぐに沈《しず》まないように、繊維を砕《くだ》いて短くしてから漉《す》くのがコツだ。

問２　下線部(2)で、流し漉きにおける「ねり」の役目は何ですか。次のア～エから適切なものを１つ選び、記号で答えなさい。

ア　水中の繊維を沈みにくくして均等に分散させ、繊維どうしが均一にくっつき合うようにする。

イ　繊維が重さで沈む前に、繊維どうしを「ねり」の粘り気で均一にくっつけ、紙の上と下で密度に差ができないようにする。

ウ　繊維の向きを簀の子の竹の方向にそろえる。

エ　紙の裏面に墨《すみ》が染み出すのを防ぐ。

問３　次のア、イは、両面テープの接着の強さを測定している図です。丈夫な紙２枚を両面テープで貼《は》り合わせ、紙の端《はし》をア、イのように天井とおもりに糸でつなぎ、おもりをぶら下げます。おもりを増やしていき、紙２枚がはがれたときのおもりの重さが、両面テープの接着の強さです。

接着の強さが大きいのは、アとイのどちらですか。

ア

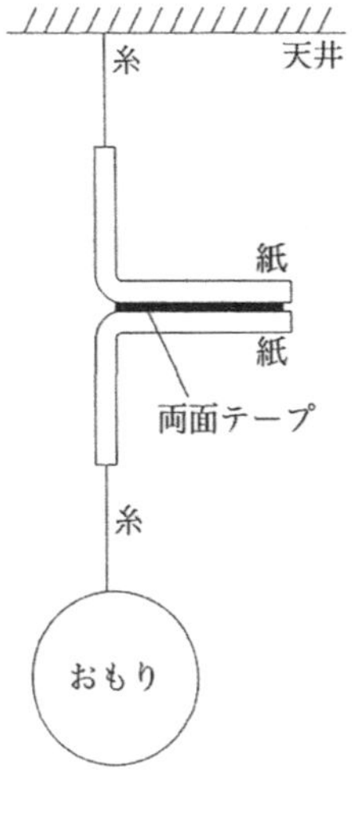

イ

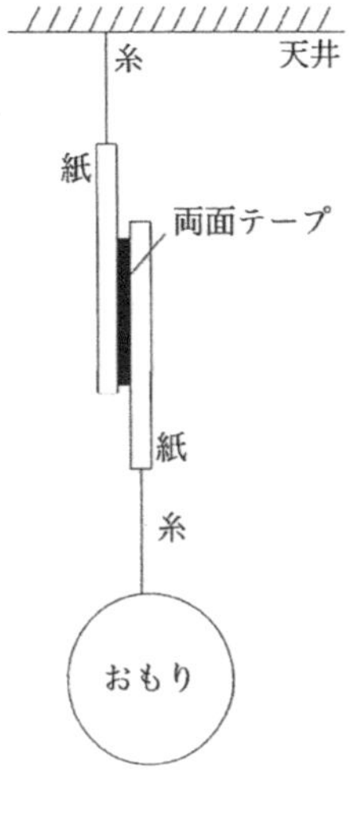

問4　紙の強度も問3と同じような方法で測定します。紙の上下をクリップでつかみ、引っ張ります。おもりを増やしていき、紙が破れたときのおもりの重さが、紙の強度です。次のウ、エは同じ材質の紙ですが、紙をクリップにとりつける向きが異なります。ウは紙の繊維が縦方向に、エは横方向に並んでいます。紙の強度が大きいのは、ウ、エのどちらですか。

ウ　　　　エ

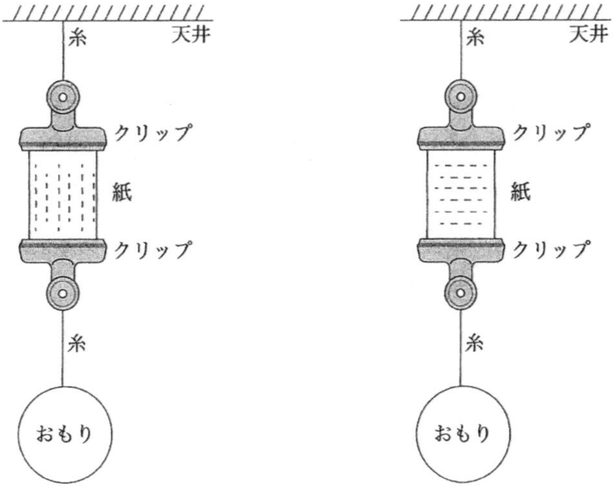

A君：和紙は繊維が長いから、千年持つ丈夫な紙が作れるんだね。

B君：紙の寿命《じゅみょう》については、繊維の丈夫さだけでなく、紙の添加物《てんかぶつ》に酸性の薬品を使わないなど、いくつかのポイントがあるんだけど、リグニンをしっかり除去するのも重要だね。リグニンはもともと茶色なうえに、紫外線《しがいせん》に当たると茶色が濃《こ》くなっていくからね。

A君：そういえば、化学パルプはリグニンを溶かして除去しているね。

問5　化学パルプは現在でも、ノートのようなきれいな白紙の原料として使われています。現在の化学パルプの製法では、灰汁《あく》の代わりに、別の薬品が使われています。それは何ですか。ア～エから1つ選び、記号で答えなさい。

ア　水酸化ナトリウム　　イ　塩酸　　ウ　塩化ナトリウム　　エ　水素

問6　新聞紙が茶色いのはなぜですか。新聞紙の原料の製法から考えて答えなさい。

Ｂ君：ただ、リグニンを除去するときに、繊維《せんい》の多くも一緒《いっしょ》に除去されて減ってしまうんだ。これを防ぐために、問５の薬品の他に、硫化《りゅうか》ナトリウムという物質も加えて煮込《にこ》むことで、失う繊維が50％程度で済むようになった。ただ、この方法だと、メチルメルカプタンや硫化水素などが発生してしまう。

Ａ君：悪臭《あくしゅう》の原因としてよく聞く名前だね。公害が起きてしまったのか。

問７　多くの製紙工場では、煙突《えんとつ》をなるべく高くして、悪臭などの公害をひきおこす物質を上空の高い位置に逃《に》がしています。ふつう大気は地上からの高さが高いほど気温が低いので、煙突から出た空気は公害物質とともに上昇《じょうしょう》し、公害物質は上昇しながら拡散して薄《うす》まっていきます。

　ところが、ある気象条件のときは、煙突から出た物質が煙突の高さよりも上昇できず、地上にひろがって悪臭などの公害をひきおこすことがあります。「ある気象条件」とは何ですか。次のア～エから最も適切なものを１つ選び、記号で答えなさい。

ア　春の雨上がりの明け方

イ　夏の湿気《しっけ》の多い熱帯夜

ウ　秋晴れの日の夕方

エ　冬のよく晴れて風の弱い早朝

問８　問７の公害はなぜ生じるのでしょうか。以下の文の（　あ　）には適切な漢字１文字を、（　い　）には適切な漢字２文字を入れなさい。

　問７の気象条件のときは、地上に近い方が上空よりも気温が（　あ　）くなり、空気の（　い　）がおきにくくなるから。

Ｂ君：もし紙がなかったら、今のような入試も行われなかっただろうね。

Ａ君：そうだね。口頭試験のテストだったりしてね。だいいち勉強が大変だ。タブレットが普及《ふきゅう》するまでは、石の上に文字を書いてたかもしれないね。本も作れないから、勉強は石が並んだ博物館へ行かなきゃならなかったり。あ、そうだ。オニバスで本を作れるかも。

Ｂ君：沼という沼はすべてオニバス生産でフル稼働《かどう》だね。そんなだと、タブレットが作れるレベルまで科学が進歩するのに、あと何千年かかることやら。

Ａ君：ペーパーレスがもてはやされる今の時代だけど、今の文明があるのは紙のおかげだよね。

社会　令和６年度　渋谷教育学園渋谷中学校入学試験問題　**(30分)**

注　・答えはすべて解答らんにおさまるように記入して下さい。
・字数の指定がある問題については、次の①と②に注意して下さい。
①句点（「。」）や読点（「、」）は、それぞれ１字として数えます。
②算用数字を用いる場合は、数字のみ１マスに２字書くことができます。

例１）「２０２４年」と書く場合　| 20 | 24 | 年 |

例２）「３６５日」と書く場合　| 36 | 5 | 日 | または | 3 | 65 | 日 |

1 昨年（2023年）、日本プロサッカーリーグ（Ｊリーグ）が始まって30周年を迎えました。Ｊリーグが始まるまで、日本国内のプロスポーツリーグはプロ野球のみでしたが、現在では様々なプロスポーツリーグが存在しています。次の表は、2023年９月末時点における全国規模のプロスポーツリーグとその概要を、リーグの開始年順に示したものです。

競技	リーグ名	開始年	チーム数
野球	［プロ野球］ セントラル・リーグ パシフィック・リーグ	1950年 （前身のプロリーグは 1936年に開始）	12チーム （各リーグ ６チーム）
サッカー	日本プロサッカーリーグ （Ｊリーグ）	1993年	60チーム （Ｊ１：18チーム Ｊ２：22チーム Ｊ３：20チーム）
バスケットボール	ジャパン・プロフェッショナル・バスケットボールリーグ （Ｂリーグ）	2016年	38チーム （Ｂ１：24チーム Ｂ２：14チーム）
サッカー （女子のみ）	日本女子プロサッカーリーグ （ＷＥリーグ）	2021年	11チーム

※プロとアマチュアが併存したリーグや、特定の地域におけるプロスポーツリーグは、上記に含まない。
※プロ野球２軍は、セントラル・リーグやパシフィック・リーグのチームと重複するため、上記に含まない。

（各リーグのウェブサイトをもとに作成）

問１　次の地図は、表に示されたプロスポーツリーグについて、2023年９月末時点の都道府県別のプロチーム数を地図に示したものです。図から読み取れる情報について説明した下の文Ａ・Ｂの内容の正誤の組み合わせとして適当なものを、あとのア～エから１つ選び、記号で答えなさい。

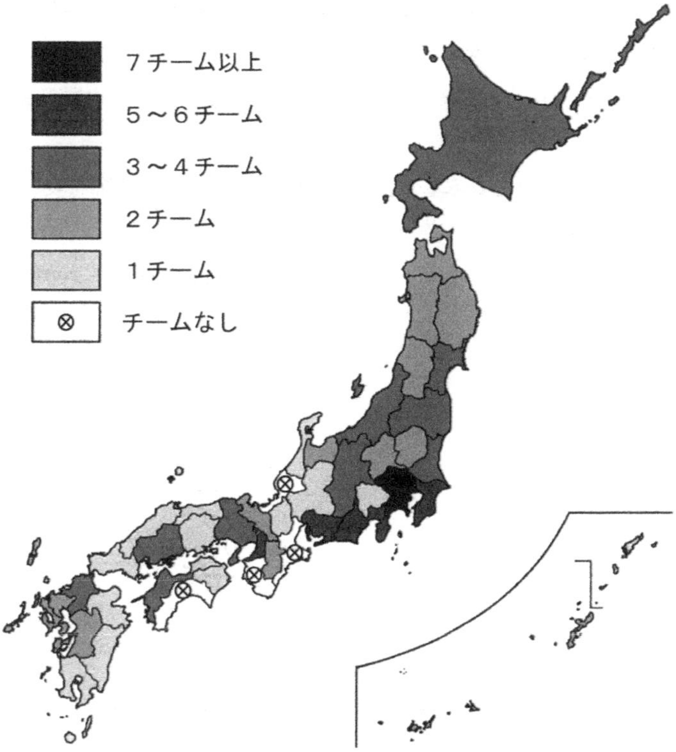

（各リーグのウェブサイトをもとに作成）

Ａ　チームなしの県は、すべて2023年９月末時点で営業運転中の新幹線が通らない県である。

Ｂ　政令指定都市がある都道府県は、すべてチーム数が２つ以上ある。

ア．Ａ：正　Ｂ：正　　イ．Ａ：正　Ｂ：誤

ウ．Ａ：誤　Ｂ：正　　エ．Ａ：誤　Ｂ：誤

問２　Ｊリーグのチームの多くは、所在する都市の歴史・文化・自然環境などを由来としてチーム名が付けられています。次の①～③の由来のチームが所在する都市を、あとの地図中のア～カからそれぞれ１つずつ選び、記号で答えなさい。

①　イタリア語で「渦」を意味する言葉から命名。豪快な渦潮のようにパワー・スピード・結束力を兼ね備え、観客を興奮の渦に巻き込むチームを目指す。

②　英語で「葵」を意味する言葉から命名。かつてこの都市を治めた藩の家紋「三つ葉葵」から引用した。

③　「織姫」と「彦星」とされる星の名前を合わせて命名。この都市で夏に開催される大規模な祭りにちなんでいる。

（説明文は各チームのウェブサイトをもとに作成）

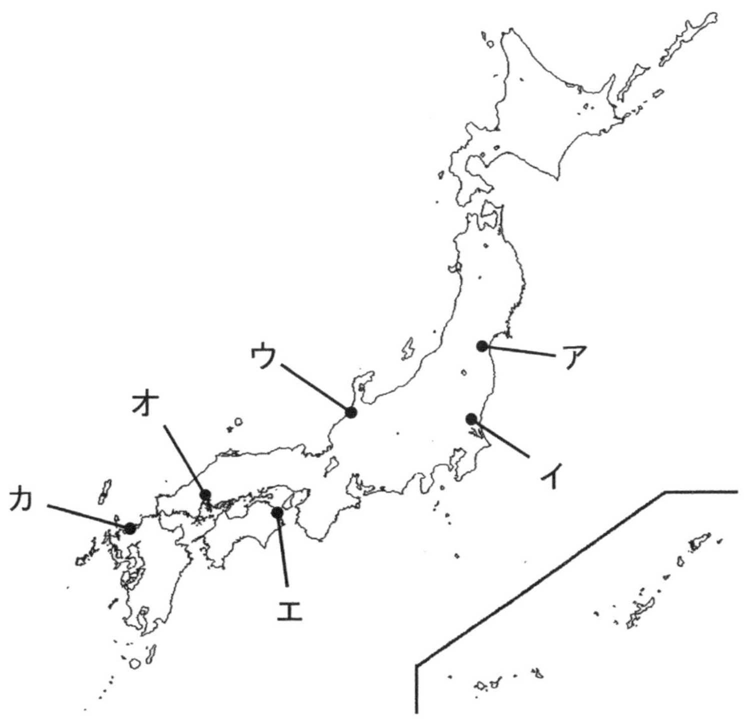

問３　次の雨温図Ａ～Ｃは、プロ野球チームがある大阪府大阪市、埼玉県所沢市、福岡県福岡市のいずれかのものです。雨温図と都市の組み合わせとして適当なものを、あとのア～カから１つ選び、記号で答えなさい。

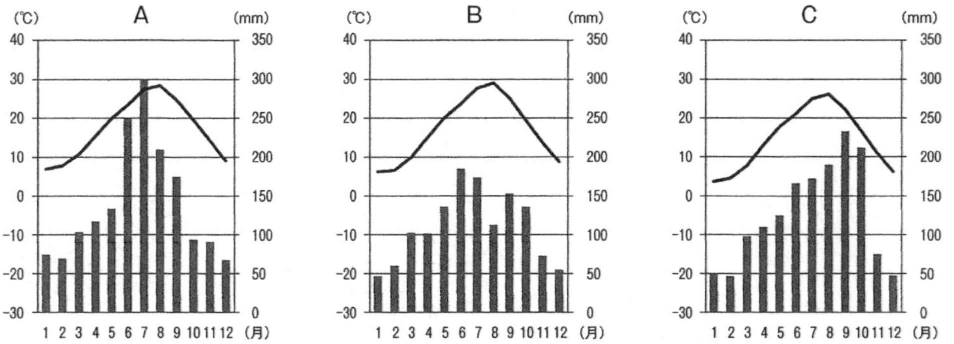

（気象庁資料より作成）

ア．Ａ：大阪市　　Ｂ：所沢市　　Ｃ：福岡市
イ．Ａ：大阪市　　Ｂ：福岡市　　Ｃ：所沢市
ウ．Ａ：所沢市　　Ｂ：大阪市　　Ｃ：福岡市
エ．Ａ：所沢市　　Ｂ：福岡市　　Ｃ：大阪市
オ．Ａ：福岡市　　Ｂ：大阪市　　Ｃ：所沢市
カ．Ａ：福岡市　　Ｂ：所沢市　　Ｃ：大阪市

問４　次の表は、Ｊリーグ創設当時に加盟チームがあった千葉県市原市、神奈川県川崎市、静岡県静岡市、広島県広島市のいずれかにおける、化学工業製造品出荷額、輸送用機械器具製造品出荷額、漁獲量、小売業年間商品販売額を示したものです。川崎市にあてはまるものを、表中のア～エから１つ選び、記号で答えなさい。

	化学工業製造品出荷額（億円）2019年	輸送用機械器具製造品出荷額（億円）2019年	漁獲量（トン）2018年	小売業年間商品販売額（億円）2015年
ア	9,198	5,437	―	12,287
イ	411	18,915	153	14,633
ウ	13,609	584	―	2,663
エ	1,100	558	2,839	7,968

※「―」はデータ無しを意味する

（「2020年工業統計調査」、「海面漁業生産統計調査」、「平成28年経済センサス」より作成）

問５　次の地形図は、熊本県のＪリーグチームが本拠地とするスタジアム周辺のものです。この地域に関するあとの設問に答えなさい。

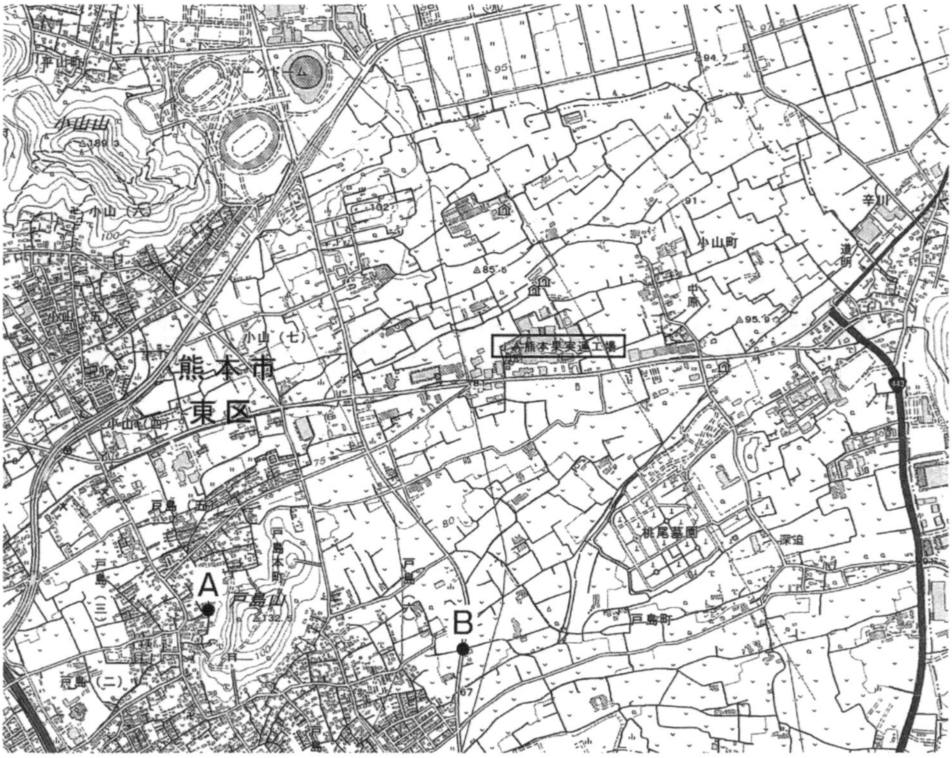

（電子地形図25000より 一部改変）

(1)　地形図から読み取れる情報について説明した次の文①・②の内容の正誤の組み合わせとして適当なものを、あとのア～エから１つ選び、記号で答えなさい。

①　地図中のＡ地点からは、Ｂ地点を直接見ることができる。

②　「ＪＡ熊本果実連工場」の南側には、区画整理された畑が広がる。

ア．①：正　②：正　　　イ．①：正　②：誤

ウ．①：誤　②：正　　　エ．①：誤　②：誤

(2)　熊本市の市街地は、台地から低地にかわる場所に位置していることから、各所で地下水が湧き出ています。そしてその地下水の水質に優れるため、約74万人の市民の水道水のすべてを地下水でまかなっています。なぜ熊本市の地下水は豊富で水質に優れているのか、次の図をもとに、45字以内で説明しなさい。

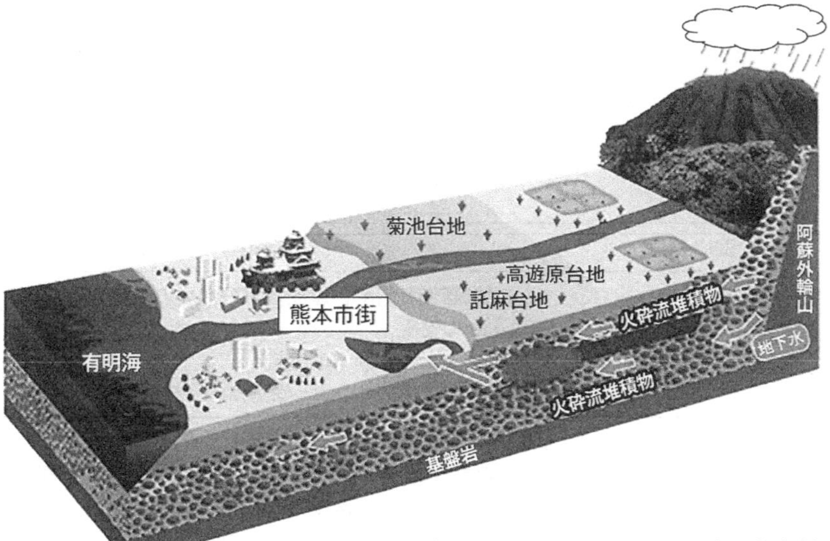

（「熊本市の環境」ウェブサイトより 一部改変）

(3)　(2)のような地下水をいかして、この地域ではある製品の生産が1980年代に最盛期をむかえました。

（a）生産がさかんになった製品として最も適当なものを、次のア～エから１つ選び、記号で答えなさい。

ア．腕時計　　　イ．液晶パネル　　　ウ．集積回路　　　エ．ソーラーパネル

（b）その製品の生産において、日本は1980年代には世界一を誇りましたが、1990年代以降は海外との競争が激しくなったため日本企業のシェアが低下し、現在では海外企業のシェアが日本企業を大きく上回っています。現在、その製品の受託生産（他のメーカーから注文を受けて生産）で世界シェア１位の企業が、2025年の稼働をめざしてこの地域に新工場を建設しており、地元への経済効果が期待されています。その企業の本社がある国・地域として適当なものを、次のア～エから１つ選び、記号で答えなさい。

ア．韓国　　イ．シンガポール　　ウ．台湾　　エ．香港

問6　近年、プロチームと地域のファンとの関係を重視して設計されたスタジアムが各地で建設されており、その１つに愛媛県今治市にＪリーグチームの本拠地として建設された「里山スタジアム」があります。今治市では、チームが地域と協力して様々な取り組みをしており、その中に「今治SDGsマテリアリティ」とよばれる事業があります。マテリアリティとは重要課題のことを指します。

次の表は、「今治SDGsマテリアリティ」の事業案の一部をまとめたものです。また下のア～エは、SDGsのゴールのうち４つを示しています。表中のＡ～Ｄには、ア～エのいずれかがあてはまります。Ａにあてはまるものを、ア～エから１つ選んで記号で答え、そのゴールの空らんに入る語句を答えなさい。

SDGsのゴール	関連する事業案
A	・一人親家庭無料制度、遠征費等のための給付型基金などの充実 ・バス送迎の充実 ・ウォーキングサッカーの実施 ・特別支援学校でのサッカー教室の機会を増やす
B	・衣食住のセーフティーネット作り （古着の再分配、フードバンク、子ども食堂、空き家の再活用支援） ・ＦＣ今治アカデミー基金の設立 ・波止浜[※1]に募金箱を設置
C	・高齢者の健康寿命を延ばす活動の実施（健康診断や運動教室） ・インクルーシブなメンバーでの事業実施 ・朝活アースランド[※2]の実施 ・Ｊリーグウォーキングとの連携 ・大人のサッカー教室実施 ・ＦＣ今治体育授業を発信
D	・365日人が行きかう里山スタジアムの実現 ・アースランド[※2]の整備など公園管理業務、アースランドにおける各種事業の充実 ・アカデミー生やレディース選手などへの空き家の紹介 ・グリーンインフラ（自然環境が有する機能を社会における様々な課題解決に活用しようとする考え方）の推進

※１　波止浜：今治市内の地区名
※２　アースランド：今治市郊外の丘陵地にある公園（正式名は「しまなみアースランド」）

（今治夢スポーツ ウェブサイトより作成）

ア．

イ．

ウ．

エ．

2　九州の歴史に関して、それぞれの問いに答えなさい。

問１　九州北部は朝鮮半島や中国の大陸にも近く、古代から外交の窓口や、先進的な文化が伝わる場所として重要な役割を担っていました。そのため、現地では古代の遺跡や重要な文化財が多く発掘されています。これに関連した設問にそれぞれ答えなさい。

(1)　現在の福岡市にある板付遺跡は、今からおよそ2300年前頃、日本に稲作が伝わったことを示す最古の遺跡の１つとされており、その後、弥生時代にかけて稲作は本土全体に広まります。弥生時代の人々はどのような道具を用いて稲作を行っていたのか、説明した文として誤っているものを、次のア～エから１つ選び、記号で答えなさい。

ア．鉄でつくられた鋤（すき）で土を耕した。
イ．青銅でつくられた鎌（かま）で稲を収穫した。
ウ．磨製石器の技術でつくられた石包丁で稲の穂を刈りとった。
エ．木でつくられた臼（うす）と杵（きね）で稲の穂から粒を取り分けた。

(2)　現在の福岡市の志賀島で、古代の外交を知るための大きな手がかりとなる次の金印が発掘されています。この金印に刻まれている文字を、漢字５字で書きなさい。

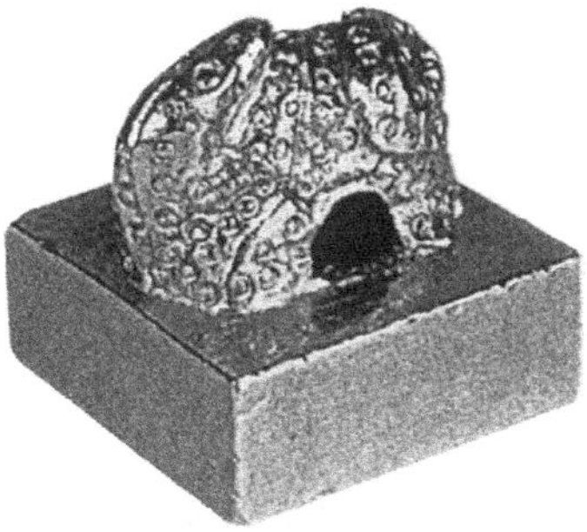

(3)　(2)の金印がおくられた時代の日本について説明した文としてふさわしいものを、次のア～エから１つ選び、記号で答えなさい。

ア．全国的に小さな国々に分かれていて、それぞれの国に権力者がいたとされる。
イ．畿内に、巨大な前方後円墳がつくられるほど強い権力を持った権力者がいたとされる。
ウ．関東地方から九州地方まで、広い範囲を勢力におさめる権力者がいたとされる。
エ．十年ほど続いた戦乱をおさめ、うらないで人々を率いた女性の権力者がいたとされる。

問2　北九州に置かれた役所である大宰府は、古代から都に次いで政治・外交的に重要な場所であったため、大宰府に関連する歌は多くよまれてきました。大宰府に関連する以下のA～Cの歌について、設問にそれぞれ答えなさい。

A　初春の令月にしてきよく風和らぎ [X] は鏡前の粉を披き　蘭は珮後（はいご）の香を薫らす

（730年頃、大宰府の長官であった大伴旅人がよんだとされる）

＜現代語訳＞

新春のよき月（現在の2月初旬頃）、空気は美しく風はやわらかく、[X] は美女が鏡の前に装う粉のように白く咲き、蘭は身を飾るような香りをただよわせている。

B　父母が　頭かきなで　幸（さ）くあれて　言ひし言葉ぜ　忘れかねつる

（755年頃、大宰府へ向かった丈部稲麻呂がよんだとされる）

＜現代語訳＞

父母が私の頭をなでて、無事であれと言ったその言葉が忘れられない。

C　住み馴（な）れし　ふるき都の恋しさは　神も昔に　思ひ知るらむ

（1183年頃、大宰府で平重衡がよんだとされる）

＜現代語訳＞

住み慣れた古い都を恋しく思う気持ちは、きっと神もご存知だったことでしょう。

(1)　Aの歌は、現在の元号「令和」の由来となったとされている歌です。Aの歌の空らん [X] には、現在も「太宰府天満宮」を彩る花の名が入ります。空らん [X] に入る花の名を、漢字で答えなさい。

(2)　Bの歌は、駿河国（現在の静岡県）に住んでいた一般の成人男性である丈部稲麻呂という人物が、故郷から大宰府へ向かう途中によんだとされている歌です。この人物がなぜ大宰府へ向かったのか、25字以内で説明しなさい。

(3)　Cの歌は、平氏の一門である平重衡がよんだとされていますが、どのような背景からよんだものだと考えられますか。最もふさわしいものを、次のア～エから１つ選び、記号で答えなさい。

ア. 一門で神のような絶対的権力を手に入れた平氏が、繁栄する都を思ってよんだ歌だと考えられる。

イ. 日宋貿易の拠点の近くに新たな都をつくった平氏が、その都の繁栄を願ってよんだ歌だと考えられる。

ウ. 源氏との戦いに敗れて都を追われた平氏が、かつていた都をしのんでよんだ歌だと考えられる。

エ. 戦いに敗れ一族の滅亡が決定的となった平氏が、最期に神と都を思ってよんだ歌だと考えられる。

(4)　次のア～エのうち、Cの歌がよまれた後つくられたものとしてふさわしいものをすべて選び、記号で答えなさい。

ア.

イ.

ウ.

エ.

問３　江戸時代の福岡藩は、長崎の防衛を担当していたことから海外の事情に対する関心が高く、19世紀に入ると世界の地理や歴史を研究する蘭学者が多数あらわれました。次に示すのは、青木興勝という蘭学者が1804年頃に記したとされる、自身の海防・貿易に関する考え方をまとめた「答問十策」の一部です。これを読み、それぞれの設問に答えなさい。

「答問十策」

第一策　（　X　）との貿易について

（　X　）との貿易は、相手国に莫大な利益があり、我が国には全く利益がないから停止すべきである。また、金銀銅の輸出は禁止すべきである。白石先生は金銀銅の流出について深くなげいており、金銀銅の積み出しを計算して制限する計画を立てていたのである。

第三策　享和３(1803)年に長崎に来航したアメリカ船への対応について

長崎奉行が、神祖からのご法度を守り、交易を求めて来航したアメリカ船を追い返したのはふさわしいことであったといえる。

第四策　中国との貿易について

中国からやって来る布や磁器などは無益だが、薬材（薬の原料）はなくてはならないものであるから、これを第一として注文をし、中国との交易を続けるべきである。

第五策　キリスト教の禁制について

世界各国の地誌によれば、日本・中国・朝鮮・（　Y　）は直行（※）の文字を用いている。

キリスト教の禁制と並行して、横文字を用いる国はことごとく「禁制」だと考えるべきだ。

中でも（　Z　）は格別で、その昔は微力の国であったのに、この頃勢力を拡大して諸国を従わせ、ついに蒙古東北の地勢をきわめ、満州の東カムチャツカの地に至るアジアの方まで押領しようとしている。

［　①　］がかつてこの国のことを嘆き綴り、その身を禁錮させられたきっかけとなった書などを吟味すれば、制限を緩めて（　Z　）の商船を受け入れると後々悔やむことになると言えるだろう。

※「直行」…ここでは「たて書き」の意味。

（国立国会図書館デジタルコレクションより一部改変）

令和六年度

国語解答用紙

渋谷教育学園渋谷中学校

※らんには記入しないこと

240110

↓ここにシールを貼ってください↓

受験番号

番

氏名

合計得点

※

※100点満点
（配点非公表）

一

問一

①

②

み

③

問二

問三

問四

問五

70

71

80

※

※

※

※100点満点
（配点非公表）

番	氏名		

↓ここにシールを貼ってください↓

240120

(1)	おうぎ形 OAP	三角形 OAP
(2)	式・考え方 答え　　　　　分後	
(3)	式・考え方 答え　　　　　分後	

問4	
問5	

2

問1								
問2		問3		問4		問5		
問6								
問7		問8	あ		い			

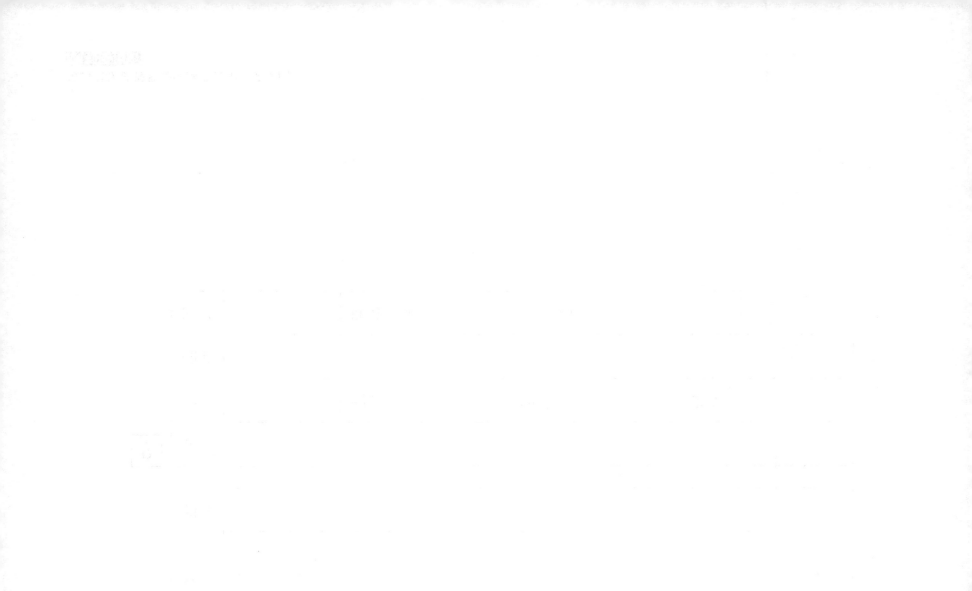

	(3)		(4)						
問 3	(1)	(X)		(Y)		(Z)		(2)	
問 4	(1)								
	(2)	①		②					

3

問 1	i		ii		iii		
問 2	i		ii		問 3		
問 4	①		②				

※50点満点
（配点非公表）

↓ここにシールを貼ってください↓

240130

令和６年度　社会解答用紙　渋谷教育学園渋谷中学校

受験番号						番	氏名	

1

問１		問２	①		②		③	
問３		問４					
問５	(1)						
	(2)						
	(3)	(a)		(b)			
問６	記号		語句				

2

問１	(1)		(2)		(3)	

【解答

240140

↓ここにシールを貼ってください↓

※50点満点
（配点非公表）

令和６年度　理科解答用紙　渋谷教育学園渋谷中学校

受験番号						番	氏名	

1

問１	①		②		③		④		⑤	

問２

(1)

(2)

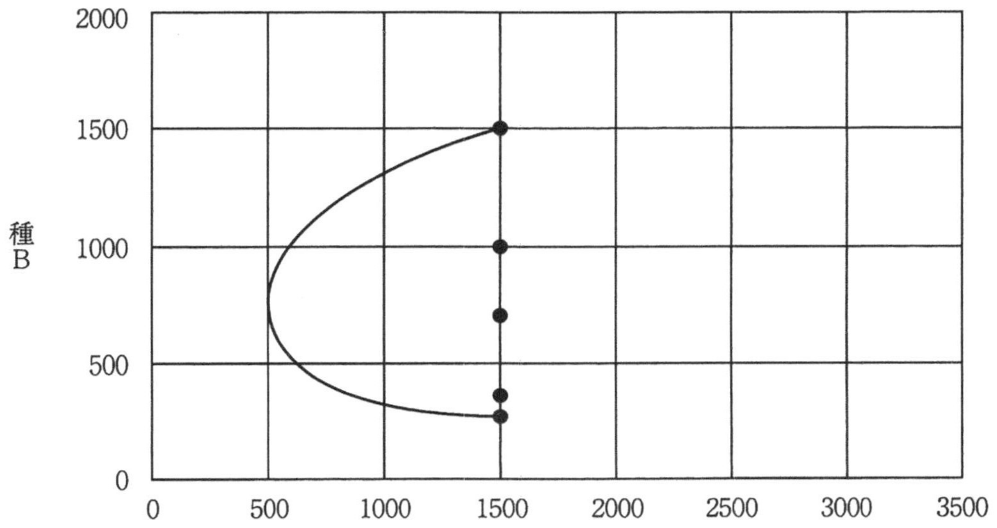

令和６年度　**算数解答用紙**　渋谷教育学園渋谷中学校

1

(1)		(2)	個	(3)	
(4)	cm^3	(5)	度		

(6) 式・考え方

答え　　　　%

2

(1)	個	(2)	個	(3)	個

3

(1)	個	(2)	個	(3)	個	(4)	

二

問一

①

す

②

し

③

問二

問三

問四

70
71
80

問五

70
71
80

問六

問七

問八

※

※

※

※

※

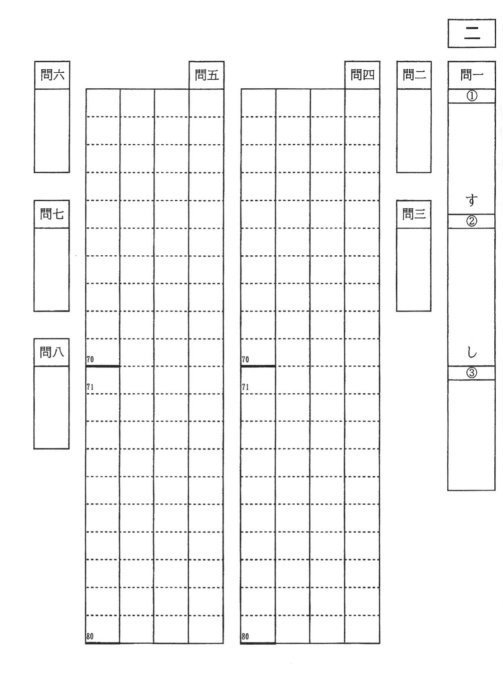

(1)　この資料が書かれた当時の日本の国際関係をふまえて考えたとき、資料中の空らん（　X　）～（　Z　）に入る国の説明としてふさわしいものを、次のア～カからそれぞれ1つずつ選び、記号で答えなさい。

ア．この国出身の人物が種子島に漂着したことで、日本に鉄砲のつくり方や技術が伝わった。

イ．中国がこの国とのアヘン（薬物）をめぐる戦争に敗れ、江戸幕府は外国船への対応を検討し直した。

ウ．江戸に通信使と呼ばれる使節をおくっていたこの国には、倭館と呼ばれる日本人の滞在場所が置かれた。

エ．この国からは薩摩藩に特産物がおさめられたり、江戸幕府の将軍が代わるごとに使節がおくられたりした。

オ．この国の人々から得た海外情報の報告書は風説書と呼ばれ、ヨーロッパの情勢を知る貴重な手段だった。

カ．幕末に日本がこの国と結んだ和親条約には、国境に関する取り決めが含まれていた。

(2)　資料中の空らん［　①　］に入る人物としてふさわしいものを、次のア～エから1つ選び、記号で答えなさい。

ア．高野長英　　イ．林子平　　ウ．吉田松陰　　エ．渡辺崋山問４　福岡県には多くの鉱山があり、明治時代から昭和時代にかけて、そこには多くの炭坑（鉱）労働者たちがいました。これについて、それぞれの設問に答えなさい。

(1)　次の（A）・（B）は、大正時代、福岡県の田川郡にあった峰地（みねぢ）炭坑で起きたできごとについて、後の時代に描かれたものです。（B）に描かれているできごとが起きた経緯を、（A）をふまえて60字以内で説明しなさい。なお、説明書きは、絵に書かれている文章を簡略化したものです。

（A）

説明書き
大正五年、分配所で白米一升金十五銭。六年には二十銭位になる。七年七月初より毎日一銭二銭とあがり続け、末頃には五十六銭まで高騰。ヤマのベテラン坑夫でも一日働いて米二升といったはめにおちいった。二年前の十五銭が五十銭台にはねあがり、稼働賃金は据えおき。悲鳴をあげるのは坑夫の妻。いいや、すべての勤労者の叫び。当時石炭価格は相当にあがっていたらしい。炭坑主のみが満足の時代だ。（主婦たちが踊っているのではなく、飢餓寸前の死の叫びであった。）

（B）

説明書き
大正七年八月十七日、田川郡峰地炭坑で人々が炭坑直営の売店を襲撃。しかし、翌日八月十八日、ついに軍隊が出動した。さすがの荒くれ者たちもこれには退散するしかない。軍隊は北方への出兵にむけて待機中の兵士たちであった。

（田川市石炭・歴史博物館、田川市美術館『炭坑の語り部　山本作兵衛の世界』より説明書き部分を一部改変）

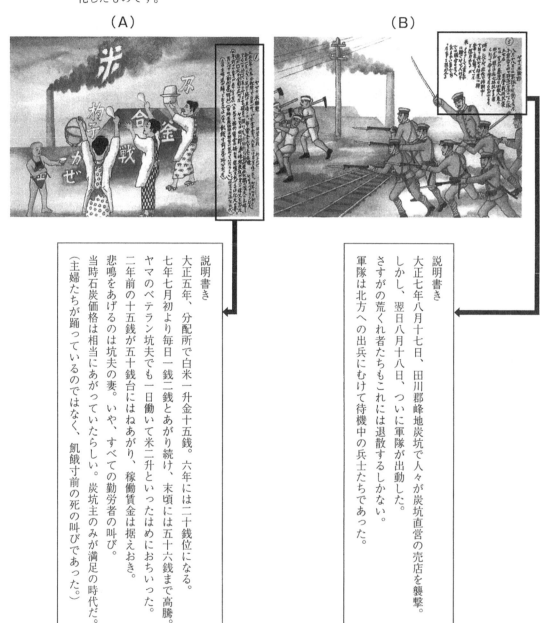

(2)　戦時下に入ると、政府の政策によって福岡県の産業や人々の生活も大きな影響を受けることになりました。これに関連した資料と、当時の状況を説明した下の文を読み、説明文中の空らん［　①　］・［　②　］に入る適切な語句を、それぞれ**漢字２字**で答えなさい。

〈政府による産業統制に関する年表〉

1937年	輸出入品等に関する臨時措置に関する法律（臨時措置法）・臨時資金調整法制定	軍需物資の輸入優先・輸入原料による生産が制限される
1938年	国家総動員法制定	国家総力戦遂行のため、国家のすべての人的・物的資源を政府が統制・運用できるようになる
1944年	炭鉱労働における「急速転換」実施	樺太および釧路における炭鉱労働者が筑豊に集中させられ、戦時炭鉱増産がはかられる

〈1940年頃に福岡県で出されたポスターなどの印刷物〉

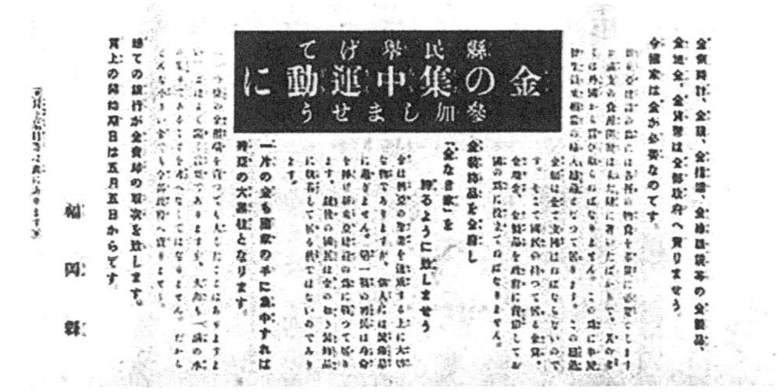

〈陶器のポンプ（左）・陶器の手りゅう弾（中）・竹製のヘルメット（右）〉

〈説明文〉

［　①　］戦争の開始とともに産業に関する政府の統制が強まり、［　②　］や石炭など軍需産業に関連したものの生産が強化された。一方、それらはすべて戦時体制を支えるものとして使用されたため、［　②　］は不足し、別の材料によって多くの代用品がつくられた。

3　ある大学の研究機関が、小学校６年生の希望者を対象に、主権者として政治を体験的に学ぶ講座（ワークショップ）を開いています。児童ＡとＢが参加し、案内役の大学生と意見交換をしながら講座に取り組もうとしています。次の会話文を読んで、それぞれの問いに答えなさい。

大学生：皆さんに、Ⅰ：民主主義、Ⅱ：専制主義、Ⅲ：寄合の３枚のカードを用意しました。それぞれの仕組みについて意見交換をしていきましょう。

Ⅰ：民主主義

国会議事堂

Ⅱ：専制主義

強力なリーダー

Ⅲ：寄合

車　座

児童Ａ：Ⅰの民主主義の良い点は、憲法で国民の主権が認められていて、公正な選挙で政府がつくられることです。そうすれば、政府の国民に対する（　１　）を防げる仕組みです。新聞などのマスメディアは定期的に（　２　）を行っていて、その評価や支持が低いと次の選挙で（　３　）可能性が高くなるので、政府は国民のことを考えた政策を行う必要があります。

児童Ｂ：Ⅱの専制主義は強力なリーダーが中心にいるから、良い点はリーダーに権力が集まっているので、長期的な国家戦略に取り組むことができること。課題は権力間で監視しお互いを抑止しあう（　４　）の機能が働かなくなると、政府による（　５　）が起きやすくなることだと思う。政府を批判する（　６　）や、対立政党や候補の排除をすれば、政権を維持し続けられるね。

大学生：Ⅲの寄合は、室町時代の（　７　）が続く時期に、自治的な共同体の惣村で行われました。良い点は、年齢が高い指導者の乙名（おとな）のもとで、農民たちが直接話し合うので、（　８　）意識が高いことだと言えます。課題は、寄合で決定した（　９　）などには今の時代と比べると近代的な法律上の根拠がないので、その場の雰囲気や話し合いの流れ、人間関係で決まるのが弱点です。では次に、国民の義務について、意見交換をしていきましょう。

児童Ｂ：義務は全員同じ負担にするほうが良いのか、それとも各個人が負担できる役割を義務としたほうが良いのかな。どうやったらみんなが納得するのだろう。Ⅰの民主主義だと、考えにばらつきも出るだろうな。

大学生：納税の義務では、すべての人が同じ税率を負担する（　10　）と、収入によって税率がことなる（　11　）があります。(10)、(11)を含めて納めた税金は、働けなくなった時にも安心して暮らせる（　12　）につながっています。

児童Ａ：安心であることは、社会全体の幸福につながると思います。病気やケガは予期できないし、年を取った時のことまでを考えれば、納税の義務にも納得できます。

問１　３枚のカードに関する【ⅰ】～【ⅲ】の問いにそれぞれ答えなさい。

【ⅰ】 Ⅰの民主主義に関して、文中の（　1　）～（　3　）にあてはまる語句の組み合わせとして正しいものを、次のア～エから１つ選び、記号で答えなさい。

ア．(1)情報の管理　(2)国政調査　(3)野党が連立する
イ．(1)権利の侵害　(2)世論調査　(3)議席を減らす
ウ．(1)情報の管理　(2)世論調査　(3)議席を増やす
エ．(1)権利の侵害　(2)国政調査　(3)政権交代する

【ⅱ】 Ⅱの専制主義に関して、文中の（　4　）～（　6　）にあてはまる語句の組み合わせとして正しいものを、次のア～エから１つ選び、記号で答えなさい。

ア．(4)三権分立　(5)権力の濫用　(6)言論の弾圧
イ．(4)違憲審査　(5)条約の破棄　(6)報道の自由
ウ．(4)違憲審査　(5)情報の操作　(6)言論の弾圧
エ．(4)三権分立　(5)公共の福祉　(6)報道の自由

【ⅲ】 Ⅲの寄合に関して、文中の（　7　）～（　9　）にあてはまる語句の組み合わせとして正しいものを、次のア～エから１つ選び、記号で答えなさい。

ア．(7)南北朝の動乱　(8)強制参加　(9)律・令
イ．(7)承久の乱　(8)当事者　(9)掟
ウ．(7)承久の乱　(8)強制参加　(9)律・令
エ．(7)南北朝の動乱　(8)当事者　(9)掟

問２　国民の義務に関する問題【ｉ】【ⅱ】に答えなさい。

【ｉ】 日本国憲法における国民の義務は、納税、勤労、教育を受けさせることです。過去に日本でも国民に課していた義務で、現在の韓国やイスラエルなどでも行われている制度は何か答えなさい。

【ⅱ】 納税の義務に関する文中の（　10　）～（　12　）にあてはまる語句の組み合わせとして正しいものを、次のア～エから１つ選び、記号で答えなさい。

ア．(10)住民税　(11)消費税　(12)安全保障
イ．(10)消費税　(11)所得税　(12)安全保障
ウ．(10)消費税　(11)所得税　(12)社会保障
エ．(10)住民税　(11)消費税　(12)社会保障

問３　次の記事を読んで、現在の世界の政治に関する説明として最もふさわしいものを、次のア～エから１つ選び、記号で答えなさい。

【民主主義国家は減少　拡大する専制主義国家　ロシアや中国...影響力、無視できず】
＜民主主義のあした＞

世界各国の民主主義の度合いを評価する米国の人権監視団体「フリーダムハウス」がまとめた2022年の年次報告書によると、民主主義国家の数は05年の89カ国をピークに減少傾向になり、21年には83カ国になった。

一方、参政権や報道の自由などに制限を加えている専制主義国家は、05年には45カ国だったが、21年には56カ国にまで拡大した。

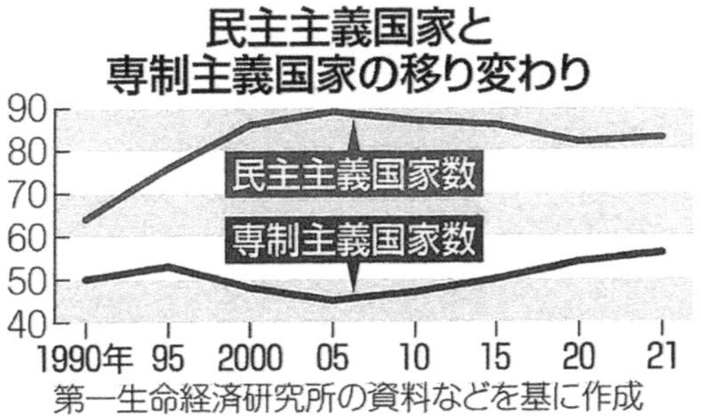

第一生命経済研究所の資料などを基に作成

フリーダムハウスの報告書を分析した第一生命経済研究所の石附賢実（いしづき ますみ）・マクロ環境調査グループ長によると、専制主義国家の国内総生産（GDP）は1990年には世界の6.2％にとどまっていたが、2021年には26.4％となった。「影響力は無視し得ない規模にまで広がっている」と指摘する。

バイデン米大統領は昨年12月に開いた「民主主義サミット」で、中国やロシアへの警戒を表明。日本を含む参加国に「民主主義の再生、強化には不断の努力が必要だ」と結束を呼び掛けた。フリーダムハウスは中国とロシアを専制主義国家と位置付けている。

（東京新聞web 2022年６月15日より抜粋）

ア．2000年代に入り、東南アジアの専制主義国家は欧米など民主主義国家による経済活動の制限に対抗するために連携を深め、巨大経済圏の東南アジア諸国連合（ASEAN）をつくった。

イ．1992年に国連環境開発会議（地球サミット）が開かれ、グローバルな温暖化対策の連携により民主的な政治体制が広がり、パリ協定の締結につながった。

ウ．21世紀にアジア・アフリカ・南アメリカの新興国や途上国の中には、政治的に専制主義国家の体制をとる国が多くなっている。

エ．バイデン米大統領の「民主主義の再生、強化には不断の努力が必要だ」という発言には、急速に広まるＡＩ技術が専制主義国家によって生み出されていることへの、強い危機感が表れている。

問４　民主主義国家と専制主義国家によって世界が２つに分かれ、対話をする機会が減り対立する危険があります。それはどのような危険性が高まることにつながるのか、次の文中の［　①　］・［　②　］に適する言葉を入れて完成させなさい。

なお、［　①　］は**漢字２字**、［　②　］は**漢字１字**で答えなさい。

> 世界が分断すると、第二次世界大戦後の［　①　］期のように、［　②　］の力を利用して対立の解決をはかろうとする危険性が高まる。

問題は以上です。

令和五年度

渋谷教育学園渋谷中学校　入学試験問題

（第一回）

国語

（50分）

※　解答は、必ず解答用紙の指定されたところに記入しなさい。

※　「○○字で」、または「○○字以内で」、という指示がある場合は、「。」「、」「かっこ」なども一字と数えます。

一

次の文章を読んで後の問いに答えなさい。本文の上にある数字は行数を表します。

【男子大学生の榛名《はるな》忍《しのぶ》は以前は「天才高校生作家」としてもてはやされていたが、現在はスランプに陥《おちい》っている。忍は東京オリンピックに向けて競歩をテーマとした小説を執筆《しっぴつ》するために、大学の後輩《こうはい》で競歩の男子選手である八千代《やちよ》篤彦《あつひこ》に取材を行う。以下は、二人が他大学との合同合宿に参加している場面である。】

「よく最後までついてきたじゃん。ラスト5キロ、結構上げたのに」

※蔵前《くらまえ》に比べたら若干《じゃっかん》息の乱れている八千代が、短く「はい」と頷《うなず》く。

「昨日と今日、八千代を見てて思ったのは、長い距離《きょり》を歩くとき――特に後半に入るとフォームが安定しない。スパートをかけたときにスピードを出そうと《走り》の動きが出て来ちゃうんだな。※警告出されるの、レースの後半が多いだろ？」

ハッと顔を上げて、蔵前を見た。八千代も全く同じことをした。

※能美《のみ》も、関東インカレも、日本インカレも、八千代はレースの後半に決まって警告を出された。ここからスパート合戦が始まるというとき、狙《ねら》ったように出鼻を挫《くじ》かれるのだ。

「かーなーり、直し甲斐《がい》のあるフォームだから、五日間みっちり鍛《きた》えてやるよ。綺麗《きれい》になるぞぉ」

げらげらと笑って、駐車場《ちゅうしゃじょう》でストレッチをする選手達《たち》のもとに向かう蔵前の背中を、忍は脹《ふく》ら脛《はぎ》を摩《さす》りながら見送った。

【中略】

どうしようか迷って、迷って、迷って、二人に駆《か》け寄《よ》った。足を前に繰《く》り出《だ》すたびに悲鳴を上げる太腿《ふともも》に活を入れ、不穏《ふおん》な空気に近づいて行った。

「歩くの嫌《きら》いか？」

普段の人懐《ひとなつ》っこさとか、気さくな先輩《せんぱい》という印象からはほど遠い、低く冷たい蔵前の声がする。怒《おこ》っている。確かに彼《かれ》は怒っている。険しい顔の蔵前と、八千代の背中。二人を見つめたまま、忍は動けなくなった。

「過酷《かこく》な競技だよ。苦しいことばかりだ。俺《おれ》だってそうだ。でも、歩いてるときの君は、刑罰《けいばつ》でも受けてるような顔をしてる。早くこの刑期を終えて自由になりたいって顔だ」

八千代が何か言いたそうに息を吸うのがわかった。でも、蔵前が八千代の言葉を奪《うば》ってしまう。

「違《ちが》うの？　本当はさ、走りたいんじゃない？　走りたいけど仕方なく競歩やってない？　走れない鬱憤《うっぷん》とか苛立《いらだ》ちをエネルギーに競歩をやるなら、それを走ることに向けた方がいいんじゃないの？」

蔵前の言っていることは、多分、正しい。八千代だって、長距離走を続けられるならきっと続けたに違《ちが》いない。

でも、世の中には本人の「続けたい」という熱意だけじゃどうしようもないことがたくさんある。どうしようもないことの方が、きっと多い。

「さっきも必死に俺についてきたけど、あれがレースだったら失格だ。『冷静になれ』って何回言った？　なのに、勝手に焦《あせ》って不安になって食らいついてくる。今のままじゃ、日本選手権だろうと全日本競歩だろうと、ラストで勝負すらできずにまた負けるよ」

正しい、本当に、彼が言っていることは正しい。流石《さすが》は日本代表だ。的確に、(1)八千代の本質と弱点を見抜《みぬ》いている。その蔵前の顔が、①シンソコ恐《おそ》ろしかった。

「八千代は、競歩でどこに行きたいの？」

首を傾《かし》げて、蔵前が八千代を見上げる。八千代の方が背が高いのに、蔵前の方がずっと大きく感じられた。彼から漂《ただよ》う凄《すご》みのようなものが、じりじりと肌《はだ》を焼いてくる。

東京オリンピック、なんて――口が裂《さ》けても言えない。

黙《だま》り込《こ》んだ八千代を、蔵前は凝視《ぎょうし》していた。しばらくして彼は両手をゆっくり腰《こし》に持っていき、八千代を覗《のぞ》き込《こ》むようにしてニイッと白い歯を覗かせた。青天の下、水の撒《ま》かれた土のグラウンドのような、そんな顔で。

「というわけで、明日も頑張《がんば》りましょう」

(2)にこやかに言って、蔵前は何事もなかったみたいに合宿所に入っていった。

随分《ずいぶん》時間がたってから、八千代がこちらを見た。切れ長の目を瞠《みは》って、彼は唇《くちびる》を②真一文字に結んだ。

何を言えばいいかわからなかった。言葉は、人よりたくさん持っているはずなのに、自分の中のどの本棚《ほんだな》を探せば今の八千代に相応《ふさわ》しい言葉があるのか、見当もつかない。

「蔵前さんの言う通りですよ」

温度の感じられない表情で頷いて、彼は小さく肩《かた》を落とした。からん、と、彼の奥《おく》で何かが落ちる音がした。

「言う通りだ」

ふらつくような足取りで、八千代は忍の側を通り過ぎていく。

「八千代」

「頭を冷やしに行くだけですよ」

素っ気なく呟《つぶや》いて、八千代は正門から外へと出て行った。さっきまで淡《あわ》い夕焼けが綺麗だったのに、藪《やぶ》の向こうがすっかり紺《こん》色に染まっている。

「福本さん、それ貸して」

玄関脇《げんかんわき》にいた福本に駆け寄り、その手から自転車の鍵《かぎ》を奪った。前カゴに八千代のウインドブレーカーが入っている。ちょうどいい。

顔を上げると、下駄箱《げたばこ》の前から蔵前がこちらを見ていた。外しかけたスタンドを戻《もど》し、彼に駆け寄った。

「あの、蔵前さん」

「酷《ひど》いと思う?」

あっけらかんとした様子で言われて、言葉を失った。

「彼、ぱっと見は冷静そうな顔をしてるけど、結構カッとなりやすいよね」

「わかってて、なんであんな言い方するんですか。本人が続けたくても、否応《いやおう》なく諦《あきら》めざるを得ないことがあるって、蔵前さんだって知ってるでしょう」

「当たり前じゃん」

下駄箱に寄りかかった蔵前は、肩を揺《ゆ》らして笑った。当然のことを聞くなという顔で。

「もう限界だって競技を辞《や》めた奴《やつ》。怪我《けが》で辞めざるを得なかった奴。実業団から戦力外通告されて泣く泣く田舎《いなか》に帰った奴。競歩に限らず、大量に見てきたよ」

「じゃあ……」

「ここにいるはずじゃなかった、って顔して後ろついてこられて、イライラしちゃってね」

(3)本当にそうなのだろうか。ならどうして蔵前は、昨日八千代に「綺麗になるぞぉ」と言ったときと同じ顔をしているのだろう。

「取材のときに榛名センセに言いましたよね？　競歩は転向ありきのスポーツだって。俺だって大学から競歩を始めたから、高校のときは大学駅伝を走りたいと思ってた。もっと言えば、箱根が走りたかった」

穏《おだ》やかな溜《た》め息《いき》をついた蔵前が、遠い目をする。遠く遠く、大学生もしくは高校生だった頃《ころ》の自分を思い出しているみたいだった。

「でも、競歩は箱根を走れなかったコンプレックスを埋《う》める代替《だいたい》じゃない。競歩を箱根の代わりにしてるようじゃ、競歩が好きで《歩き》を極《きわ》めようとしてる奴には勝てないよ」

俺とか、※長崎《ながさき》龍《りゅう》之介《のすけ》にはね。

歌うように長崎の名前を出されて、忍はすっと息を止めた。蔵前は、八千代の心根をわかって言ったのだろうか。※ロング歩の最中に、八千代に彼のことを話してわざと煽《あお》ったりしたのだろうか。

さっき話していた※楓門《ふうもん》大の選手が、もし、好きな作家として※桐生恭詩《きりゅうやすし》の名前を出していたら、俺は笑って「そうなんですか」と言えただろうか。

「そうかも、しれませんけど」

きっと、ヘラヘラと「そうなんですね。面白《おもしろ》いですよね、桐生さんの本」と言うのだ。意外と違和感《いわかん》なく笑えるのだ。そして、今日の夜ベッドに入ってから、今更《いまさら》のように悔《くや》しいと思う。今更悔しいと思う自分にさらに悔しくなる。

「八千代は確かに、箱根駅伝がなくなっちゃった穴を競歩で埋めようとしてるのかもしれないけど、それは絶対に、悪いことではないと俺は思います」

庇《かば》っているのは、俺なのに。俺が庇っているのは八千代なのに。どうして、自分を必死に守っているような気分になるのだろう。

「そんなことも許されないなんて、一度挫折《ざせつ》した人間は何もできないじゃないですか」

心血を注いだ何かをすっぱり諦められるなんて、そんな潔《いさぎよ》い人間ばかりじゃないだろう。引《ひ》き摺《ず》って引き摺って、それでも次を目指そうとする人間だって、いるだろう。

――いるだろう。

「ああ、そうだろうね」

あっけらかんと、蔵前は頷いた。

「でも、八千代君に俺の言葉が必要だって言ったの、榛名センセでしょ?」

そうだ。確かに、そうだ。

「……八千代を、迎《むか》えに行って来ます」

蔵前に一礼し、玄関を出た。「いってらっしゃ〜い」と手を振《ふ》る蔵前の姿が、ガラス戸に映り込んでいた。

【中略】

「やっぱりこういうとき、人間って海に行くんだよな。俺が読んできた小説の登場人物って、みんなそうだった」

「……わかりやすくてすみません」

沈《しず》んだ声は、波の音に掻《か》き消《け》されそうだった。

「わかりやすくて助かったよ」

自転車の前カゴに入っていたウインドブレーカーを渡《わた》してやる。強い風が海から吹《ふ》いてきて、八千代は諦めた様子でそれを着込んだ。

「別に、拗《す》ねてふて腐《くさ》れてるだけなんで、夕飯の時間までには帰りますよ」

「じゃあ、夕飯の頃まで付き合うよ」

遮《さえぎ》るものが何もなくてすこぶる寒いが、忍は砂浜《すなはま》に腰を下ろした。立っているよりはマシだろう。両足を、さらさらの砂の上に投げ出す。だいぶたってから、八千代が隣《となり》に座《すわ》った。

誰《だれ》もいない砂浜で、黙《だま》って海を見ていた。特に面白いものもない。冬だし暗いし、夜景や③トウダイの明かりが見えるわけでもない。

だから、かもしれない。

「俺のデビュー作、二十万部売れた。新しい世代の書き手が現れたって。リアルな青春を描《えが》く新星だって」

口から、言葉がぽろぽろとこぼれていく。「凄いじゃないですか」と、八千代が答えた。

「二作目は、プレッシャーもあったけど、結構楽しく書いたんだ。『読者の期待を軽々と越《こ》えた傑作《けっさく》だ』って、文芸誌に書評が載《の》った」

「それも凄いですね」

「三作目は、デビューした玉松書房《しょぼう》じゃないところから出した。『アンダードッグ』ってタイトル。俺は気に入ってる話だったのに、売り上げがイマイチ奮わなくて、ネットでもいい感想を見かけなかった。それで俺も、書きたいものを楽しんで書くだけじゃなくて、ちゃんと数字とか需要《じゅよう》とか、そういうことを考えないといけないんだなって思った」

八千代は何も言わなかった。満ち潮ってわけでもないのに、波の音が近くなった。

「四作目の『遥《はる》かなる通学路』は、正直、いろいろ考えすぎて書くのがきつかった。担当からたくさん修正指示が入って、何がいいのかわからなくなって、無理矢理完成させた。一昨年の一月に出した『嘘《うそ》の星団』も同じような感じだったな。去年出した『アリア』は、久々にそういう息苦しさを抜《ぬ》け出《だ》せたような気がしたんだけど、結局未《いま》だにスランプのままだ。世間はもう、天才高校生作家のことなんて忘れてる」

波の音が、また近くなる。

「『遥かなる通学路』の頃からかなあ。思ったように書けなかったって気持ちとか、期待に応えられなかったって気持ちを、次の作品に投影《とうえい》するようになったの。『遥かなる通学路』の分まで『嘘の星団』に、『嘘の星団』の分まで『アリア』にって……失敗から逃《に》げ回《まわ》るみたいに、自分の中にできちゃった穴を次の作品で必死に埋めるようになったの」

穴は、増えていく。忍の心はぼこぼこの穴だらけになっていく。「天才高校生作家」でなくなった自分が身につけるべき新しい《価値》を探して、(4)ゾンビみたいに彷徨《さまよ》う。

「失敗して、次の挑戦《ちょうせん》でその穴を埋めようとするんだよ。蔵前さんはああ言うけど、俺はそういうものだと思う」

最初から何もかも上手《うま》く行くなら、それに越したことなんてない。次こそは、次こそは……何度《次》を積み重ねたって辿《たど》り着けないのかもしれない、もう《次》なんてないかもしれないと怯《おび》えながら、それでも《次》を信じて生きている。(5)俺も、彼も、一緒《いっしょ》だ。

「俺は負けたんですよ」

ぽつりと、八千代が言った。

「長距離で負けた。それは事実なんです。競技そのものを諦めて、普通に大学生やって普通に就活して普通に就職する選択肢《せんたくし》だってありましたけど、駄目《だめ》だったんですよ」

波の音と音の間で、八千代はその言葉を繰《く》り返《かえ》した。

「俺ね、小学生の頃から走るのが好きで、中学、高校と陸上ばっかりだったんですよ。はい、今日から別の目標を見つけて、頑張って生きて行ってください。なんて言われても、何をすればいいかわからないんです。何ができるかもわからないんですよ。だから、競歩は俺に価値をくれるんじゃないかと思ったんです」

そうだ。俺には価値が必要なんだ。作家であり続けるためには、価値がないといけない。書くことをやめたら、俺は何者にもなれない。

書き続けること以外に、自分を確かめる方法がわからない。

「俺も負けたんだよな」

寒さに、指先の感覚が遠のいていく。鼻の頭が痛くなって、鼻水を啜《すす》った。

「そうだな。そうだよな、俺は負けたんだ。負けたってわかってるくせにぐちゃぐちゃ言い訳して、スランプだとか、『どうせ俺なんか』なんて言ってふて腐れて拗ねてたんだ。認めるよ、負けたんだ。俺は、負けたんだ」

「先輩は、誰に負けたんですか?」

他の作家に、本に、世間からの期待に、ニーズに、売り上げに——そこまで考えて、どれも合っているけれど、どれも違うと気づいた。

「榛名忍に、だ」

天才高校生作家という肩書《かたが》きを、期待を、重いと思った。でも、いざ「誰からも期待されなくなった自分」を想像すると、期待されたいと思う。期待される自分でいたい。期待に応えられる自分でいたい。もっと上手に夢を見るはずだったのに。胸の奥にいる怖《こわ》いほど純粋《じゅんすい》な自分が、そうやって嘆《なげ》いている。

東京オリンピックが決まったあの日から、俺は一歩も前に進んでいない。

「俺は、俺に負けてきたんだ。本を読むのが好きで、小説を書くのが好きな俺に、ずっと負けてきた。俺の期待を④ウラギってきた」

ふふっと、八千代が笑うのが波の音に紛《まぎ》れて聞こえた。無意識に足下《あしもと》にやっていた視線を彼へ移すと、確かに微笑《ほほえ》んでいた。

「元天才高校生作家も、大変ですね」

「ああ、大変だよ。凄く大変だよ」

今、とても辛《つら》い話をしているはずなのに。どうしてこいつは笑って、釣《つ》られて俺も笑ってしまうんだろう。

「帰ろう。帰って飯食って風呂《ふろ》だ。明日はまた20キロ自転車漕《こ》ぐんだから」

立ち上がると、内股《うちまた》にびきんと痛みが走った。呻《うめ》きながらズボンについた砂を払《はら》うと、八千代が「え、明日もやるんですか?」と聞いてきた。

「⑹やるよ。遊びに来てるんじゃないんだから」

浜は真っ暗になっていた。手探りで自転車を探し、砂の上を引き摺って歩いた。

（額賀澪『競歩王』光文社より）

※蔵前……競歩のコーチ。

※警告……競歩では歩く際のフォームに厳格な制約があり、「常にどちらかの足を接地させる」、「前足のひざを伸ばす」などのルールがある。違反《いはん》が認められると注意や警告が出され、失格になる場合もある。

※能美……「全日本競歩能美大会」のこと。直後の「関東インカレ」、「日本インカレ」は大学生の大会。

※長崎龍之介……八千代と同年齢《ねんれい》のライバル選手。競歩一筋で、リオデジャネイロオリンピックに出場した。

※ロング歩……競歩の練習メニューの名前。

※楓門大……今回の合同合宿に参加している大学のひとつ。

※桐生恭詩……忍と同時期にデビューした同世代の作家。かつては忍の方が人気があったが、今は桐生の方が売れている。

問一　――線①～④のカタカナを漢字に、漢字をひらがなに直しなさい。漢字は一画ずつていねいに書くこと。

問二　――線⑴「八千代の本質と弱点を見抜いている」とありますが、蔵前が見抜いた八千代の選手としての「本質と弱点」はどのようなものですか。五十一字以上六十字以内で説明しなさい。

問三　――線⑵「にこやかに言って、蔵前は何事もなかったみたいに合宿所に入っていった」とありますが、ここまでの場面で描かれている蔵前の説明として最もふさわしいものを次の中から一つ選び、記号で答えなさい。

ア　競歩に取り組む八千代の姿勢に物足りなさを覚え、あえて八千代を試すような発言をした彼からは、いつもの前向きで実直な雰囲気《ふんいき》は消えうせ、日本の競歩界の第一人者としての凄《すご》みが感じられた。しかし最後には、八千代の才能を強く信じているかのように明るい笑顔を向けている。

イ　競歩に取り組む八千代の考え方に疑問を感じ、その真意を執拗《しつよう》に追求した彼からは、いつもの気さくでさっぱりした雰囲気は消えうせ、競歩のエキスパートとしての気位の高さが感じられた。しかし最後には、何事もなかったかのように八千代に対して再びさわやかな笑顔を向けている。

ウ　競歩に取り組む八千代の姿勢に対して不満を感じ、突《つ》き放《はな》すような言葉を発した彼からは、いつもの冷静で落ち着いた雰囲気は消えうせ、競歩という競技を愛するがゆえの怒《いか》りが感じられた。しかし最後には、沈黙《ちんもく》することしかできない八千代に対して諦《あきら》めと悲しみがにじむような複雑な笑顔を向けている。

エ　競歩に取り組む八千代の姿勢に対してあえて怒りをあらわにしてみせ、厳しい言葉を投げかけた彼からは、いつもの親しみやすく明るい雰囲気は消えうせ、日本競歩界を背負う者としての威厳《いげん》が感じられた。しかし最後には、沈黙する八千代に対してあっけらかんとした様子で晴れやかな笑顔を向けている。

オ　競歩に対する八千代の考え方を正さねばならないと考え、有無《うむ》を言わせぬ態度で八千代を叱《しか》った彼からは、いつもの穏やかで優しい雰囲気は消えうせ、若い選手に規範《きはん》を示そうとする厳しさが感じられた。しかし最後には、返す言葉もないほど落ち込む八千代の気持ちを察して励《はげ》ましの笑顔を向けている。

問四　――線⑶「本当にそうなのだろうか」とありますが、蔵前に対して忍がこのように考えるのはなぜですか。最もふさわしいものを次の中から一つ選び、記号で答えなさい。

ア　蔵前は八千代が自分と同じく長距離走から競歩へ転向したことを知ったうえで、自分や長崎とは決定的な実力の違いがあると彼を見下すようなことを言っているが、八千代の才能は認めるかのような笑顔を浮《う》かべており、忍は蔵前の様子が不思議で仕方なかったから。

イ　蔵前は八千代が長距離走を諦めて競歩に転向したことを知りつつ、彼の選手としての在り方を否定するような残酷《ざんこく》なことを言っているが、それでも八千代の成長を期待するかのような笑顔を浮かべており、忍は蔵前の真意が他にあるのではないかと感じたから。

ウ　蔵前は八千代が長距離走へのコンプレックスを競歩にぶつけていることを知り、その姿勢は間違っていると強く批判するようなことを言いながらも、八千代に対する同情を感じさせるような笑顔を浮かべており、忍は蔵前の真意が理解できなかったから。

エ　蔵前は八千代のように他競技から競歩へ転向してきた多くの選手の末路を知っていて、彼の選手としての将来を危ぶむような発言をしているにもかかわらず、八千代を鍛えるのが楽しみだというような笑顔を浮かべており、忍は蔵前に不信感を抱《いだ》いたから。

オ　蔵前は八千代が前向きな気持ちで競歩に取り組んでいるわけではないということを知り、それを腹に据《す》えかねて厳しい言葉を述べながらも、八千代のフォームを美しくする自信にあふれた笑顔を浮かべており、忍は蔵前の言動に違和感を覚えたから。

問五　――線(4)「ゾンビみたいに彷徨う」とありますが、これは忍のどのような様子を表したものですか。最もふさわしいものを次の中から一つ選び、記号で答えなさい。

ア　「天才高校生作家」と称賛《しょうさん》された頃と違って、最近は納得のいく作品が書けなくなり、身も心も疲《つか》れ果《は》ててしまっているが、失敗を次の作品に生かさなければ意味がないという思いにとらわれて、自分の才能に対する不安を抱《かか》えつつ、苦悩《くのう》しながら試行錯誤《しこうさくご》を繰り返している様子。

イ　最近はデビュー作を超《こ》える手ごたえのある作品が一向に書けないまま、心に穴が空いてしまったように無気力になっているが、次の作品ではひょっとしたら挽回《ばんかい》できるのではないかという淡い期待を捨てきれず、もがき苦しみながら、いつ終わるとも分からない挑戦を続けている様子。

ウ　人気作家としての過去の栄光を取《と》り戻《もど》したいという思いが空回りし、思うような結果に結びつかず小説を書くこと自体に嫌気《いやけ》がさしているが、次の作品でこれまでの失敗を埋め合わせなければならないという考えに固執《こしつ》してしまい、結果に怯えて苦悩しながらも、書くことを諦められずにいる様子。

エ　これまでいくつか作品を書いてきたものの、どれもデビュー作を超える評価を得られず、作家としての方向性を見失って混乱しているが、次の作品を書くことで自分が作家であることを証明できるかもしれないという思いに引きずられ、辿り着けるかもわからない目標に向かって、苦悩しながら努力を継続《けいぞく》している様子。

オ　華々《はなばな》しい作家デビューの後、次第に自分の思いや周囲の期待にかなう作品が書けなくなり、心に大きな傷を負っているが、次の作品をうまく書くことでしか過去の失敗から逃《のが》れることができないという思いに取りつかれ、先の見通しもなく、もがき苦しみながら小説を書き続けている様子。

問六　――線(5)「俺も、彼も、一緒だ」とありますが、忍と八千代はどのような点で一緒なのですか。最もふさわしいものを次の中から一つ選び、記号で答えなさい。

ア　挫折《ざせつ》を繰り返した結果、ついに自分が身につけるべき新しい価値を見極めたが、もうこれ以上挑戦を続けることができないかもしれないという思いにさいなまれ、次の挑戦を最後だと思ってやりとげようと考えている点。

イ　挫折を味わった後、上手くいく保証のない中で怯えながらも、自分が何者であるかを証明したい、自分の新しい価値を求めたいという気持ちを抑《おさ》えきれず、次の挑戦を諦めることができずにいる点。

ウ　立ち直れないほどの挫折をしたが、自分が新しい価値を身につけるためには、その経験を生かして今できることをするしかないと、次の挑戦を前向きに捉《とら》えうまくいくことを信じようとしている点。

エ　立ち直ることができないような大きな挫折を経験したことで、自分には何の価値もないのではないかという不安にとらわれ、最後になるかもしれない次の挑戦に怯えている点。

オ　挫折を経験し一度は夢を諦めようとしたが、何をしていいか分からず過ごすうちに、自分に新たな価値を与えてくれるものが見つかり、諦めさえしなければまだまだ次の挑戦があるということを信じている点。

問七　――線(6)「やるよ。遊びに来てるんじゃないんだから」とありますが、ここでの忍の説明として最もふさわしいものを次の中から一つ選び、記号で答えなさい。

ア　大好きで取り組んできた分野での自分の負けを認めるのはとても辛いことだが、似た境遇《きょうぐう》にある八千代と本音を語り合ったことで、自分を見つめ直すことができ、厳しい状況《じょうきょう》は変わらないものの前向きな気持ちが生まれている。

イ　大好きな文学において自分の才能の限界を認めるのはとても辛いことだが、長距離を諦めて競歩に転向した八千代と胸の内を共有したことで、苦しんでいるのは自分だけではないと思えるようになり、一歩ずつでも前に進もうという意欲が芽生えている。

ウ　作家としての敗北を受け入れるのはとても辛いことだが、拗ねてふて腐れていた八千代が自分の話を聞いて明るくなったことで、自分の置かれた状況を客観視する余裕《よゆう》が生まれ、困難な状況にあってもそれを不思議と楽しめるようになっている。

エ　出版した小説の売り上げにおいてライバルに敗北したことを認めるのはとても辛いことだが、長距離走で挫折を味わった八千代が新たな価値を求めて競歩に挑《いど》んでいるのを知ったことで、自分が何者かを知りたいという好奇心《こうきしん》が湧《わ》いてきている。

オ　他人が決めた肩書きを背負い続けるのはとても辛いことだが、同じような悩みを抱える八千代に自分の話を聞いてもらえたことで、自分の気持ちに整理がつき、周りからの期待に応えられる自分になろうと決意を新たにしている。

問八　次のア～キは、この作品を読んだ生徒たちの感想です。作品の解釈《かいしゃく》として明らかな間違《まちが》いを含《ふく》むものを二つ選び、記号で答えなさい。

ア　八千代は走ることが大好きだったのにそれを諦めるのは辛いことだろう。彼は「走る」代わりに「歩く」ことをしているわけだけれど、でも蔵前の言葉から考えると、競歩を好きでやっている選手には勝てない。焦ると走りたい気持ちが出てしまうのかもしれない。彼が競歩選手として成長するには「歩く」こと自体を好きになる必要がありそうだ。

イ　忍は天才高校生作家として華《はな》やかにデビューしたけれど、書くことがだんだん辛くなってしまい、昔の自分にも、ライバルである桐生恭詩にも勝てずにいる。桐生に勝って、書くことをもう一度好きになることができれば、また思うような作品が書けるようになるだろう。

ウ　蔵前や長崎は好きで競歩を極めようとしている人物で、八千代とは対比的な位置づけがされている。蔵前は八千代に厳しい言葉を投げかけるけれど、それによって八千代は自分の考え方を見つめなおし、変化・成長のきっかけを与える存在として重要な役割を果たしている。さらには忍の変化にも影響を与えることになる重要な人物だ。

エ　蔵前から責められた八千代に対して、最初忍は「何を言えばいいかわからなかった」（38行目）けれど、海辺での場面では「口から、言葉がぽろぽろとこぼれていく」（105行目）ようになっている。きっと、自分の物語と八千代の物語が重なって捉えられたから、自分を振り返る言葉が八千代への言葉として自然とあふれてきたのだろう。

オ　本文は忍の視点から描写《びょうしゃ》されることが多く、八千代の本心ははっきりとは描かれていないけれど、最後の場面では二人の気持ちが通じ合っていることが読み取れる。作品の構造としては、競歩選手を描こうとする小説家を描くという二重構造になっていておもしろい。

カ　冬の海辺の情景描写が効果的だ。「沈んだ声は、波の音に掻き消されそうだった」（95行目）など、今にも消え入りそうな声で話す二人の意気消沈《いきしょうちん》した姿が波の音によって印象付けられている。また、「波の音と音の間で、八千代はその言葉を繰り返した」（129行目）などから、波音が二人を包《つつ》むことで幻想的《げんそうてき》な空間が演出され、その中でお互《たが》いの心の内をぶつけあう二人が現実世界から切《き》り離《はな》されているように感じられる。冬の冷たい空気が、残りの合宿が二人にとって更《さら》に辛いものになることを暗示している。

キ　忍は思うような作品を書けないことの原因について、売上げやニーズなどを気にした影響もあると考えていたようだ。しかし八千代と話をしていくうちに、書くことが自分に価値をもたらすということに気づき、自分自身の内側に本質的な原因があるということに思い至る。八千代との対話を通して自分自身への理解が深まったということが言える。

（問題は次のページに続きます）

次の文章を読んで後の問いに答えなさい。

二

日本語学・日本語教育学者の庵功雄《いおりいさお》さんが著《あらわ》した『やさしい日本語』は、簡略化された〈やさしい日本語〉の概要《がいよう》を示しつつ、(1)社会におけるその重要性を指摘《してき》しており、目下《もっか》の論点にとって非常に参考になる著書だ。

そこで①テイショウされている〈やさしい日本語〉とは、簡単にまとめるならば、（1）語彙《ごい》を絞《しぼ》る、（2）文型を集約するなどして文法を制限する、（3）難しい表現を噛《か》み砕《くだ》く、といった方法により、特定の障害のある人や在日外国人などにとっても習得や理解がしやすいように調整された日本語のことだ。

この〈やさしい日本語〉は、災害時における行政やメディアによる広範《こうはん》な情報発信という用途《ようと》のほか、平時においても、多様な人々が暮らす日本の地域社会の共通言語として用いることによって、※社会的包摂《ほうせつ》や多文化共生につながることが目指されている。具体的には、たとえば、

「地震《じしん》直後に必要になる水や保存食はもちろんのこと、給水車から給水を受けるためのポリタンク等も事前に購入《こうにゅう》しておきたい」

という※日本語ネイティブ向けの防災の呼びかけは、

「地震のすぐあとのための水や食べ物はとても大事です。水をもらうときのためのポリタンク（水を入れるもの）も買ってください」

といった文章に言《い》い換《か》えることが推奨《すいしょう》される（『やさしい日本語』一八七―一八八頁《ページ》）。

同書中で紹介《しょうかい》されているエピソードのなかで特に印象深いのは、聴覚《ちょうかく》に障害のある一人の男性のエピソードだ。彼はろう学校で必死に日本語を学んだが、彼の母語である日本手話が日本語と大きく文法体系が異なることなどもあり、敬語の使い分けや助詞の使い方などはうまく習得できなかった。就職後、彼が「てにをは」の不自然な文――たとえば、〈仕事が終わらせる〉など――を書いたりすると、周囲の同僚《どうりょう》にからかわれたり、蔑《さげす》まれたりするようになり、相当の辛苦《しんく》を味わったという（同書一三八―一三九頁）。同様のつらい思いは、日本で働く在日外国人なども少なからず経験していることだろう。

日本語を母語とする者が高度に使いこなしているものを皆が従うべき「規範」として立て、そこから逸脱《いつだつ》した使用を嘲《あざけ》ったり厳しく注意したりするのでは、社会的包摂や多文化共生からは遠ざかるばかりだろう。むしろ、「日本で安心して生活するために最低限必要な日本語」（同書八六頁）を基準に皆が日本語の学習やコミュニケーションのあり方を考えていくことは、特定の障害のある人や在日外国人などが「日本の中に自らの「居場所」を作る」（同書七三頁）ことにつながりうる。

以上の指摘は非常に重要だ。〈やさしい日本語〉を知恵《ちえ》を絞って構築し、日本語教育の現場などに普及《ふきゅう》させて日本語習得のハードルを下げることは、たとえば移民など、この国の地域社会で生きていく必要のある人々にとっても、また、彼らと共生していく日本語ネイティブの住民にとっても有益であることは間違《まちが》いない。

さらに、同書では、〈やさしい日本語〉はそのほかの点でも日本語ネイティブ自身にとって大いに恩恵《おんけい》があると指摘されている。私も含《ふく》め、日本語ネイティブはしばしば、「「適当に言っても通じる」というある種の「甘え」」（同書一八四頁）のなかにいる。たとえば、企業でも②カンチョウでも大学等々でも、自分でもよく分かっていない曖昧《あいまい》な業界用語を※符丁《ふちょう》のように用いて、仲間内でうなずき合って過ごす、というのはよく見られる光景だ。また、無駄《むだ》に難しい言葉をこねくり回して③リッパな話をしているように見せかける、というケースもしばしばあるだろう。

そうした甘えや幻惑《げんわく》から脱《だっ》して、自分とは異なる背景を有する相手の立場に立ち、物事を分かりやすく表現して伝えようとすることは、多くの場面でコミュニケーションの成功の機会を増やしてくれるほか、物事のより明確な理解や、より多角的な理解を促進《そくしん》してくれるだろう。

ただし、〈やさしい日本語〉が日本語それ自体の規範になってはならない。私はこの一点に関してのみ、〈やさしい日本語〉の推進に対して一抹《いちまつ》の懸念《けねん》を抱いている。

たとえば同書では、日本語ネイティブにとっては拙《つたな》く思えるような日本語も一種の「方言」ないし日本語のバリエーションであって、たとえば在日外国人がそうした日本語で「大学のレポートや会社のビジネス文書を書いても受容すべきだ」（同書二〇七頁）と言われている。もしもこの主張が、あらゆるレポートやビジネス文書についての規範的主張として④テンカイされているのだとしたら、それには明確に反対したい。

【中略】

また、たとえば専門家の繰《く》り出《だ》す表現がときに難しいものになるのは、難しい言葉を無駄にこねくり回しているから――本当は分かりやすく言えるのに、敢《あ》えて好きこのんで難しい言葉を用いているから――というケースも確かにあるが、そればかりではない。

医学であれ、工学であれ、法学等々であれ、専門家が扱う問題は、まさにその道の専門家が必要であるほどに、そもそも難しい。複雑な問題をあるがままに正確に捉《とら》え、解決の方途を正確に言い表そうとするならば、その表現はおのずと複雑で、繊細《せんさい》なものになっていく。

もっとも、専門家は常に難しい言葉の使用に終始していればよいというわけではない。専門家と市民との十分なコミュニケーションは本当に重要であり、そこでは難しい言葉はしっかりと嚙み砕かれるべきだ。（この点については、後の第四章第3節で主題的に扱う。）ただし、その前にまずもって、専門の領域において突《つ》き詰《つ》めた思考と表現が必要なのだ。

また、種々の社会問題の込《こ》み入《い》った中身に分け入ったり、人間の心理の微妙《びみょう》な襞《ひだ》を分析《ぶんせき》したり、古来受《う》け継《つ》がれてきた世界観や価値観の内実を浮《う》き彫《ぼ》りにしたり、といった場合にも、慎重《しんちょう》に繊細に言葉を練り上げることが必要となる。そうやって腐心《ふしん》することではじめて表現できることがあり、その表現によってはじめて見えてくるものがあるのだ。そして、そのような実践《じっせん》が可能であるためには、言語という巨大な文化遺産の奥《おく》深くにアクセスし、その厖大《ぼうだい》な蓄積を利用しつつ、変更を加えたり新たなものを付け加えたりしていく道が、私たちに確保されていなければならない。つまり、〈やさしい日本語〉ではなく、前掲書《ぜんけいしょ》で言うところの「[2]精密コードとしての日本語」（同書二〇九頁）を用いることが、そこでは可能でなければならない。

しかもそれは、各分野の専門家や、あるいは作家といった職業の人に可能であればよい、というものではない。〈精密コードとしての日本語〉の使用が私たちのうちのごく一部に限られてしまえば、そこに大きな知的格差や、あるいは権威《けんい》・権力の偏《かたよ》りが生まれ、日本語は非民主化されてしまうことになる。また、そもそも、過去の言葉の蓄積を理解できる人が少なくなれば、その分だけ遺産自体が先細り、朽《く》ちていってしまうことになる。

要するに、言葉は常に伝達のための手段であるわけではなく、しばしば、言葉のまとまりをかたちづくること——表現を得ること——それ自体が目的となる場合がある、ということだ。その点で、「日本語母語話者にとって最も重要な日本語能力は、「自分の考えを相手に伝えて、相手を説得する」ということである」（同書一八一頁）という、同書で繰り返されている主張は、言葉の働きの一方を強調し過ぎているように思われる。もちろん、その種のコミュニケーションスキルもきわめて重要だ。しかし、これがほかの何よりも重要であるというわけではない。すなわち、その伝えるべき「自分の考え」それ自体を生み出すことも、同じくらい重要な言葉の働きなのである。

それから、言語の簡素化と平明化を推進することが、必ずしも言語の民主化につながるとは限らない、という点も強調しておくべきだろう。多様な人々の間で用いられる共通言語を意図してつくろうとする際には、一般《いっぱん》的に、語彙と文法を制限して学習や運用のコストを減らすという方法がとられる。しかし、人工的な共通言語のこうした特徴《とくちょう》は、たとえばジョージ・オーウェル(一九〇三―一九五〇)の小説『1984』に登場する、※全体主義国家の公用語「ニュースピーク」の特徴と似通っている。

本書第一章でいくつか具体的な事例を通して確認したように、多くの言葉は、物事に対する特定の見方、世界観、価値観といったものを含んでいる。(たとえば、「土足で踏《ふ》み込《こ》む」、「かわいい」、「しあわせ」など。)(3)言葉は思考を運ぶ単なる乗り物なのではなく、ある種、「思考が言語に依存《いぞん》している」(『1984』四六〇頁)とも言えるのである。そして、件《くだん》の全体主義国家は、言語のこの特徴を最大限に利用している。すなわち、旧来の英語を改良した「ニュースピーク」なる新しい言語を発明し、その使用を強制することによって、国民の表現力や思考力を弱め、全体主義に適《かな》う物事の見方に嵌《は》め込むのである。

ニュースピークの具体的な設計思想は、文法を極力シンプルで規則的なものにすること、そして、体制の維持《いじ》や強化にとって不要な語彙を削減《さくげん》し続けることである。小説の登場人物の口からは、「年々ボキャブラリーが減少し続けている言語は世界でニュースピークだけだ」(同書八二頁)とも語られている。たとえば、「good(良い)」という言葉の程度を強めるのに「excellent(素晴らしい)」とか「splendid(見事)」といった言葉があるのは無駄であって、「plusgood(+良い)」とか「doubleplusgood(++良い)」という言葉で十分とされる(同書八一頁)。作者のオーウェルは、小説の付録として「ニュースピークの諸原理」を詳細《しょうさい》に著しているが、そこで彼は次のようにも綴《つづ》っている。

我々の言語と比較《ひかく》してニュースピークの語彙は実に少なく、さらに削減するための新たな方法がひっきりなしに考案され続けた。ニュースピークは他の言語と異なり、年々語彙が増えるのではなく、減少し続けたのである。選択範囲が狭《せば》まれば狭まるほど人を熟考へ誘う力も弱まるのだから、語彙の減少はすなわち利益であった。(同書四七三―四七四頁 ※原文を基に一部改訳)

しっくりくる言葉を探し、類似した言葉の間で迷いつつ選び取ることは、それ自体が、思考というものの重要な要素を成している。逆に言えば、語彙が減少し、選択できる言葉の範囲が狭まれば、その分だけ「人を熟考へ誘《さそ》う力も弱まる」ことになり、限られた語彙のうちに示される限られた世界観や価値観へと人々は流れやすくなる。ニュースピークとはまさに、その事態を意図した言語なのである。

語彙と文法の制限によって簡素化・平明化を実現したニュースピークは、淀《よど》みのない滑《なめ》らかなコミュニケーションを人々に可能にさせるが、しかしその事態は、人々がこの言語によって飼い慣らされ、表現力・思考力が弱まり、画一的なものの見方や考え方に支配されることを意味していた。

もちろん、これは小説のなかの話であり、ある種の思考実験に過ぎない。（とはいえオーウェルは、二〇世紀前半に猛威《もうい》を振《ふ》るった現実の全体主義国家の言語政策やプロパガンダなどを手掛かりに、ニュースピークを周到《しゅうとう》に構想したわけだが。）

また、〈やさしい日本語〉はニュースピークのようなものだ、と言いたいわけでもない。ニュースピークは、全体主義に適わない世界観や価値観を表現する言葉を積極的に廃止《はいし》し、「ありとあらゆる他の思考様式を完全に排除すること」（同書四六〇頁）を明確に意図して設計されている。その一方で〈やさしい日本語〉は、先に確認したように、地域に住む人々の多様な背景を尊重し、相手の立場に立ったコミュニケーションを推進することを目的としている。それゆえ、(4)人々は〈やさしい日本語〉の使用によって、画一的なものの見方どころか、多角的なものの見方を獲得《かくとく》できる可能性が大いにあるだろう。

しかし、仮に〈やさしい日本語〉が全面化するとすれば——つまり、いかなる場面でも〈やさしい日本語〉の使用が推奨されたり要求されたりするとすれば——その際にはこの言語はニュースピーク的なものに近づくことになる。誰か（言語学者？ 国の機関？）が意図して減らした語彙と表現形式に従ったかたちであらゆる報道がなされたり、あらゆるレポートや論文が書かれたりするようになれば、どのような語彙や表現形式が制限されるかに応じて、思想的な偏りが生まれたり強まったりするだろう。また、たとえば価値中立的な言葉や政治的に中立的な言葉だけを用いる、といった方針を採ったとしても、言うまでもなくその方針自体が、一種の思想的な偏りを示すものとなる。

そして、それ以前に、〈精密コード〉としての側面を失った日本語は、それを使用する者の表現力や思考力を著《いちじる》しく弱めてしまうことだろう。

（古田徹也『いつもの言葉を哲学する』朝日新聞出版より）

※社会的包摂……一人ひとりが取り残されることなく社会へ参画することができるようにすること。
※日本語ネイティブ……日本語を母語とする人。
※符丁……仲間だけに通じることば。あいことば。
※全体主義……個人の権利や利益を国家の統制下に置こうとする思想。

問一　――線①～④のカタカナを漢字に直しなさい。漢字は一画ずつていねいに書くこと。

問二　――線(1)「社会におけるその重要性」とありますが、〈やさしい日本語〉はどのような点で重要ですか。最もふさわしいものを次の中から一つ選び、記号で答えなさい。

ア　〈やさしい日本語〉は全ての人が日本語の規範として用いることを目的として作られており、日本語を母語としない人々が日本人と対等にコミュニケーションをとることを推進し、多文化社会の中でも差別をなくすことを可能にするという点。

イ　〈やさしい日本語〉は文化的背景や能力にかかわらず誰もが容易に使えることを目的として作られており、社会に所属する全ての人が排除されずに共に暮らしていくことを推進し、緊急《きんきゅう》時においても多くの人々が適切な情報をすばやく得ることを可能にするという点。

ウ　〈やさしい日本語〉は日本で暮らすあらゆる人々の共通言語になることを目的として作られており、日本語を母語とする人と在日外国人の言葉の壁《かべ》による教育格差をなくすことを推進し、将来的には格差のない平等な社会を形成することを可能にするという点。

エ　〈やさしい日本語〉は人々が持つ様々な個性や違いに配慮《はいりょ》することを目的として作られており、日々の生活のなかで誰もが周囲の人と親しい人間関係を速《すみ》やかに築くことを推進し、災害などの非日常的な場面でも必要な情報を周囲の人と共有することを可能にするという点。

オ　〈やさしい日本語〉は国内で暮らす多様な人々の円滑《えんかつ》な意思疎通《そつう》を実現することを目的として作られており、日本語習得の際のハードルを下げて移民を増やすことを推進し、日本以外の文化圏《けん》の人々であっても自分の考えを他者に的確に伝えることを可能にするという点。

問三　――線(2)「精密コードとしての日本語」とありますが、それについて筆者はどのような考えを持っていますか。最もふさわしいものを次の中から一つ選び、記号で答えなさい。

ア　複雑な事象を的確に表現するために欠くことのできない繊細な日本語であり、使うためにはこれまでの言語文化の積み重ねを理解して更新していく姿勢が必要で、その使用が一部の人々に限定されてしまうことには危機感を抱いている。

イ　専門的な分野において現象を速やかに分析《ぶんせき》するための高度な日本語であり、市民がその意味を即座に理解できるようなわかりやすいものではないため、その性質上権威や権力と強く結びつき、日本語の非民主化を推し進めるものであることを懸念している。

ウ　社会に存在する様々な課題を解決するために必要となる練り上げられた日本語であり、専門家や知識人だけが用いることで格差が生じないように、日本で生活するあらゆる人々が使えるようになることが重要だと考えている。

エ　込み入った状況を詳細《しょうさい》に表すことができる緻密《ちみつ》な日本語であり、適切に用いるためには意味や使う状況を間違ってはならないので、過去から現在にいたるまでの言葉の蓄積を日本語教育のなかで教えていくことが必要だと感じている。

オ　専門性が求められる場面でも日本語を母語としない人々との対話の場面でも使用できる柔軟《じゅうなん》な日本語であり、専門家と市民が円滑なコミュニケーションを行うために、今後さらに活用されるべきであるという確信を持っている。

問四　――線(3)「言葉は思考を運ぶ単なる乗り物なのではなく、ある種、『思考が言語に依存している』」とありますが、それはどういうことですか。五十一字以上六十字以内で説明しなさい。

問五　本文を読んだAさんは〈やさしい日本語〉と「ニュースピーク」とについて考えを整理するため、――線(4)「人々は〈やさしい日本語〉の使用によって、画一的なものの見方どころか、多角的なものの見方を獲得できる」に注目して、次のようなメモを作成しました。これについて、あとの（1）、（2）に答えなさい。

メモ

人々は〈やさしい日本語〉の使用により、[X]ようになり、多角的なものの見方を持つようになる。

人々は「ニュースピーク」の使用により、[Y]ようになり、画一的なものの見方を持つようになる。

（1）[X]に入る表現として最もふさわしいものを次の中から一つ選び、記号で答えなさい。

ア　日本語を母語としない人の不自然な言葉づかいに対する自分の態度を振り返り、相手の言葉づかいに対して寛容《かんよう》になろうとするなかで、相手の目線に立って対話することを意識する

イ　自分が今まではわかりにくい表現を使っていたことに気が付き、相手の気持ちや状況に寄《よ》り添《そ》った丁寧《ていねい》な表現を心《こころ》掛《が》けるなかで、その場にふさわしい新しい言葉を創り出す

ウ　無意識のうちに日本の文化を相手に押し付けていたことを反省し、相手の文化を学んでいくなかで、日本以外の文化の持つ独自性や素晴らしさを理解する

エ　日本語の敬語や助詞が他文化の人にとっては難しいのだとわかり、相手が少しでも理解できるように会話を工夫するなかで、現在の日本語の単語や文法の形式にこだわる必要はないと思う

オ　自らの言語が持つ不明瞭《ふめいりょう》さや難解さを自覚し、より相手に伝わりやすい表現を用いてコミュニケーションをしようと努めるなかで、自分とは違う文化的背景を持つ他者の気持ちを考慮する

（2）[Y]に入る表現を四十一字以上五十字以内で本文に即して答えなさい。

問六　次のア～カは、本文に登場する〈やさしい日本語〉・〈精密コードとしての日本語〉・「ニュースピーク」について生徒が話しているものです。それぞれの言葉に関する具体的な例として明らかな間違《まちが》いを含《ふく》むものを一つ選び、記号で答えなさい。

ア　私のクラスには海外からの留学生がいて、国語の授業で読んだ説明的な文章には難しい言葉や表現がたくさんあると言って困っていたよ。それに気が付いた先生は簡単な表現に言い換えながら説明してくれたんだ。これが相手の立場になって〈やさしい日本語〉を使うということなんだね。

イ　今日見た映画の主人公は、夢を追い続けて貧しい生活をするか、夢を諦《あきら》めてしっかり働くか、決められずに苦しんでいたよ。一緒《いっしょ》に見ていた兄が「彼の心の葛藤《かっとう》がよく伝わってきたね」と言っていて、あの悩んで揺《ゆ》れ動く気持ちは「葛藤」と言うんだとわかったよ。〈精密コードとしての日本語〉を使うと微妙な心理が表現しやすくなるね。

ウ　近所に住んでいるおじいさんが言っていたけれど、戦時中は敵国だったアメリカやイギリスから入ってきた言葉を使うことが禁止されていた時期があったんだって。国家が言葉を統制することによって人々を偏った価値観に導くという点では「ニュースピーク」とよく似ているね。

エ　私が住んでいる地域の避難《ひなん》所の看板には今までは「避難場所」としか書かれていなかったけれど、最近「逃《に》げるところ」という表現が書き足されて、意味がわかりやすくなったよ。聴覚《ちょうかく》情報だけではなくて視覚情報でも〈やさしい日本語〉は活用することができるんだと思ったよ。

オ　以前風邪《かぜ》を引いたときに薬を飲んだらすぐに身体が楽になったよ。でも、あとになって、薬だと思って飲んだのが実はラムネだったとわかったんだ。なぜ治ったんだろうと思って調べたら、薬自体に効能がなくても信じて飲むことで効果がでる「偽薬《ぎやく》効果」・「プラシーボ効果」という医学用語があることを知ったよ。こういう用語も〈精密コードとしての日本語〉だね。

カ　いとこの結婚《けっこん》式があったとき、「終わる」や「切れる」みたいに不幸を連想させる言葉は使わないようにってお母さんに注意されたよ。こういう言葉は「忌《い》み言葉」と言って縁起《えんぎ》が悪いから場面によっては使うことが避《さ》けられるらしいけれど、言葉を制限して思想を狭めるところは「ニュースピーク」みたいだよね。

問七　筆者は本文に続く箇所《かしょ》において、〈やさしい日本語〉と〈精密コードとしての日本語〉の間には「緊張関係」があり、この緊張は解くべきではないと述べています。筆者は二つの言葉の関係性に対してどのような意見を持っていると考えられますか。本文の内容をふまえて最もふさわしいものを次の中から一つ選び、記号で答えなさい。

ア　専門家が複雑な問題を研究するときは〈精密コードとしての日本語〉を用いて、市民が生活するために必要な情報を取り入れるときは〈やさしい日本語〉を用いるという使い分けによって社会は成り立っているため、専門家と市民はお互いの領域に踏み込むのではなく、各々の立場にふさわしい言葉を使うべきである。

イ　〈やさしい日本語〉が万人に対して開かれた平明な言葉である一方で、〈精密コードとしての日本語〉は一部の知識人のみが使用する高等な言葉であり、二つの言葉は相反する性質を持っているため、統合して新たな言葉を創造することを目指すのではなく、従来通りそれぞれを独立したものとして厳密に区分して使用していくべきである。

ウ　人々がお互いへの理解を示しながら安心して生活しつつ高い思考力を維持できるようにしていくために、日々の暮らしの中で使用する言葉を〈やさしい日本語〉と〈精密コードとしての日本語〉のいずれか一方に統一するのではなく、両者の均衡《きんこう》を保ちながらそれぞれの場面で使い分けていくべきである。

エ　〈やさしい日本語〉と〈精密コードとしての日本語〉はどちらが全面的に使用されることになっても必ず社会から取り残されてしまう人が出てくるので、対立し合う二つの言葉として区別するのではなく、バランスを取りながら双方《そうほう》の持つ特徴を融合《ゆうごう》させた民主的な表現形式を模索《もさく》していくべきである。

オ　〈やさしい日本語〉と〈精密コードとしての日本語〉は使用する人々の間で思想の偏りが起きないように配慮されている点で共通しているが、言葉が民主化されている状態を保持するために両者を同一視するのではなく、それぞれの場面に適した語彙や表現形式を選び取っていくべきである。

（問題は以上です）

算数　令和５年度　渋谷教育学園渋谷中学校入学試験問題　(50分)

注　解答はすべて解答用紙に記入すること。
定規，コンパスは使用しないこと。

1

次の問いに答えなさい。ただし，(6) は答えを求めるのに必要な式，考え方なども順序よくかきなさい。

(1) $170 + 99 \times \left(\frac{1}{7} - \frac{1}{17}\right) \times 2023$　を計算しなさい。

(2) 容器Ａには８％の食塩水が200g，容器Ｂには300g の食塩水が入っています。A，B から，それぞれ同じ量の食塩水を取り出し，互いに入れかえてよく混ぜあわせると，どちらも6.8％の食塩水になりました。それぞれから取り出した食塩水は何ｇずつですか。

(3) 右の図は，AF と AG の長さが等しい二等辺三角形 AFG です。
同じ印をつけた AB，BC，CD，DE，EF，FG の長さは同じです。
このとき，㋐ の角の大きさは何度ですか。

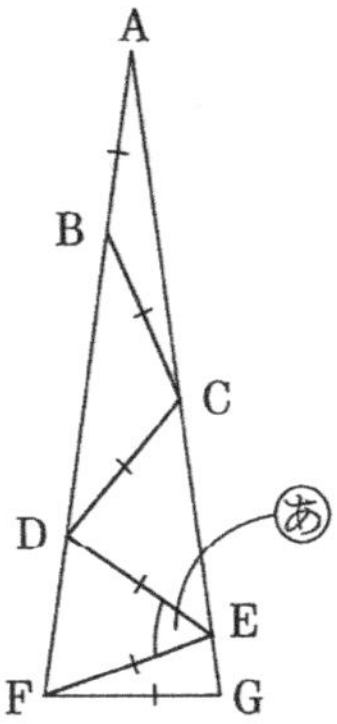

(4) 下の９マスに，次の２つの条件にあてはまるように数を入れていきます。

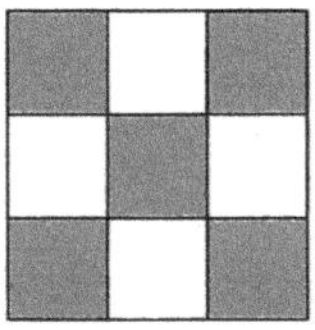

条件①　36 の約数をすべて使う。
条件②　縦，横，斜めのどの３つの数をかけても同じ数になる。

このとき，白いマスに入れる４つの数の積はいくつですか。

(5) 渋男さんは，鉛筆を何本か買うために文房具屋に行きました。１本 180 円の鉛筆にすると最初に予定していた本数は買えませんが，１本減らすと買うことができます。１本 100 円の鉛筆にすると最初に予定していた本数よりも２本多く買うことができ，持っているお金は余りません。このとき，渋男さんが持っているお金はいくらですか。考えられる金額をすべて答えなさい。

1 は２ページに続きます。

(6) 下の図のように，1辺の長さが3cmの正六角形を，頂点Aが直線上に戻ってくるまで滑《すべ》らずに転がします。このとき，頂点Aが通ったあとの長さは，頂点Bが通ったあとの長さより何cm長くなりますか。ただし，円周率は3.14とします。

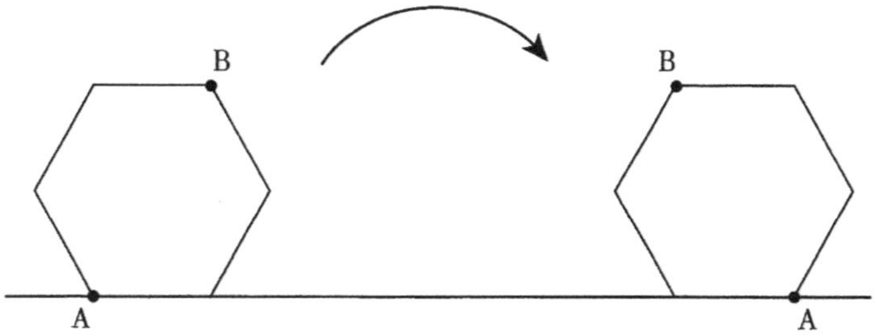

2 1辺の長さが6cmの立方体ABCD－EFGHがあります。

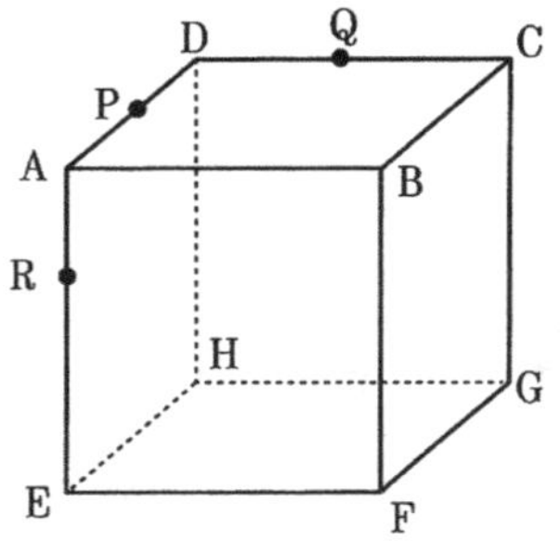

上の図のように，辺ADの真ん中の点をP，辺CDの真ん中の点をQ，辺AEを3等分した点のうちAに近い方をRとします。この立方体を3点P,Q,Hを通る平面と，3点P,Q,Rを通る平面で切って，3つの立体に分けます。

次の問いに答えなさい。ただし，すい体の体積は「(底面積)×(高さ)÷3」で求められます。

(1) 下の図は立方体の展開図です。切り口の線を解答欄《らん》の図に実線でかきなさい。

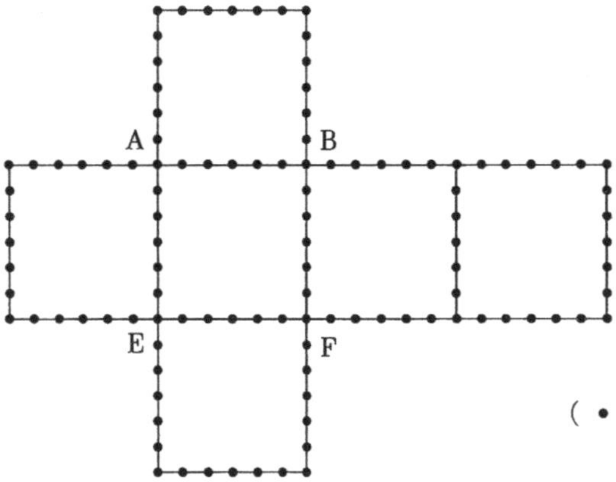

(•の間隔《かく》は1cmです。)

(2) 3つの立体のうち最も体積の大きい立体の体積は何cm^3ですか。

(3) 3つの立体のうち，最も表面積の大きい立体と2番目に表面積の大きい立体の表面積の差は何cm^2ですか。

（計算用紙）

3 図1において，直線 SA の長さは 80m，正方形 EFGH の 1 辺の長さは 80m です。点 O を中心とする円は半径が 40m で，AC，DB は直径です。

図1

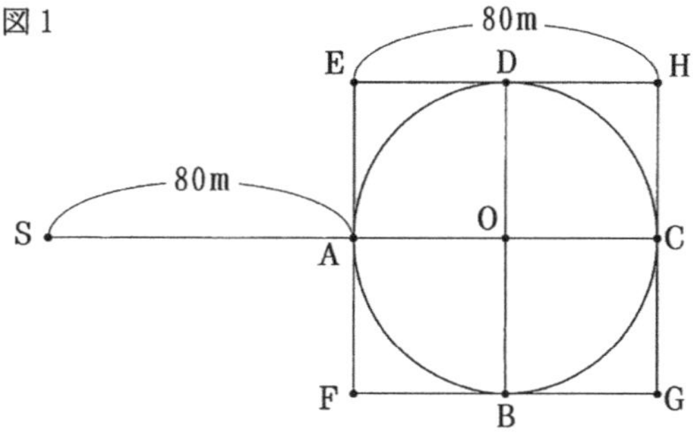

図 2 は，10 秒ごとに 1 周する秒針計です。秒針は，右回りに 1 秒間で 1 目盛りをなめらかに進み続けます。

図2

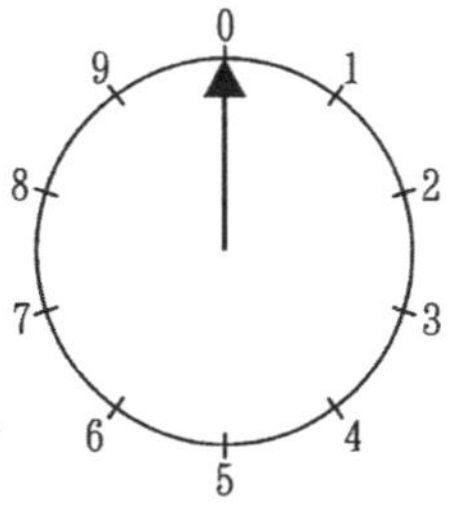

動点 P は，点 S を秒速 5 m で出発し，図 1 の線の上を進みます。動点 P が S を出発するとき，秒針は 0 秒を指しています。動点 P が 9 個の点 A，B，C，D，E，F，G，H，O に到達したとき，1 秒間止まってから再び秒速 5 m で，次の条件に従って進みます。

条件Ⅰ 『点 A，B，C，D に到達し 1 秒間止まったあと，秒針の指す位置によって次の①～③のように進む。』

① 秒針が 0 秒ちょうどから 4 秒になる前を指しているとき，動点 P は正方形 EFGH の辺の上を進む。ただし，どちらに進んでもかまわない。

② 秒針が 4 秒ちょうどから 8 秒になる前を指しているとき，動点 P は円周の上を進む。ただし，どちらに進んでもかまわない。

③ 秒針が 8 秒ちょうどから 0 秒になる前を指しているとき，動点 P は直径の上を O の方に向かって進む。

条件Ⅱ 『点 O に到達し 1 秒間止まったあと，秒針の指す位置に関係なく，進んできた直径の上を後戻りせずそのまままっすぐに進む。』

例えば，A から O に進んだときは，O で 1 秒間止まったあと C に進む。

3 は 6 ページに続きます。

条件Ⅲ『点E，F，G，Hに到達し1秒間止まったあと，秒針の指す位置に関係なく，後戻りせずに直角にまがって進む。』

例えば，AからEに進んだときは，Eで1秒間止まったあとDに進む。

次の問いに答えなさい。ただし，円周率は3.14とします。

(1) 動点PがSを出発して，S→A→D→H→Cと進みました。動点PがSを出発してからCに到達するまで何秒かかりましたか。

(2) 動点PがSを出発して，点Cに2回到達しました。動点PがSを出発してからCに2回目に到達するのに，一番早くて何秒かかりましたか。

(3) (2)のように動点PがSを出発して，Cに2回目に到達するのにかかる時間が一番早いときの道順は何通りありますか。また，そのうち4点B，D，E，Gをすべて通る道すじを，解答欄の図に実線でかきなさい。

4

式 ㋐＋㋑×㋒＋㋓×㋔×㋕ の，㋐から㋕に異なる数を1個ずつ入れて計算した答えをAとします。
次の問いに答えなさい。ただし，(2)(3)は答えを求めるのに必要な式，考え方なども順序よくかきなさい。

(1) 1，2，3，4，5，6の6個の数を㋐から㋕に入れます。㋐に6，㋑に1をそれぞれ入れたとき，Aが奇数となるAをすべて答えなさい。

(2) 1，2，3，4，5，6，7，8の8個の数から6個を選んで，Aが奇数となるように㋐から㋕に数を入れます。㋐が偶数であるとき，最も大きなAと最も小さなAの差を答えなさい。

(3) 1，2，3，4，5，6の6個の数を ㋓×㋔×㋕ が4の倍数になるように㋐から㋕に数を入れます。このとき，Aが偶数となるAは何通りありますか。

〔問題は以上です。〕

理科　令和５年度　渋谷教育学園渋谷中学校入学試験問題　（30分）

注 答えはすべて解答用紙に記入しなさい。

1　次の文を読み、問いに答えなさい。

暦《こよみ》の上ではもうすぐ立春をむかえます。まだしばらくは寒い日が続きますが、もう少しして暖かい日が増えてくると、そこかしこで花が咲《さ》きほこります。ふつう、花はしばらくすると枯《か》れて色あせてしまいます。しかし、植物の中には、まだ元気な花であっても色を変えることがあります。これは「花色変化」という現象で、まだ咲いている状態の花の全体や一部の色がゆっくりと大きく変化します。花色変化が起きた株では、変化が起きる前の花と起きた後の花が混ざって咲いている様子が見られます（図１）。この興味深い現象は、500種ほどの植物で確認されています。

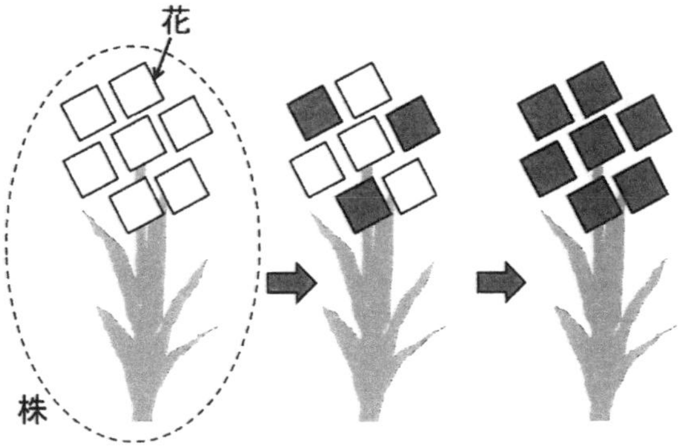

図１　花色変化の様子。１つの株についた７つの花の色が、時間が経つにつれ、次第に変化していく。

ところで、花色変化が起きた花を調べると、ある特徴《とくちょう》があることが分かりました。それは、花が古くなっていて、①もう花粉をつくらなくなっていたり、めしべが受粉できなくなっていたりしていること、そして、ミツをつくらなくなっていること、です。

ここで、植物にとって大切な存在であるポリネーターについて説明をしましょう。②植物は動物と異なるので、他の株がつくった花粉を簡単には手に入れられません。そこで植物の中には、③他の生物に花粉を運んでもらうことでこの問題を解決しているものがいます。この花粉を運んでくれる生物をポリネーターといい、チョウやハチのような昆虫《こんちゅう》だけでなく鳥やコウモリもポリネーターになることがあります。

ポリネーターに花粉を運んでもらえる植物は、そうでない植物よりも子孫を残しやすいという利点があります。そのため、植物は長い時間をかけて進化を重ね、「ポリネーターに花粉を運んでもらいやすい花」をつくりあげてきました。例えば、ポリネーターに見つけてもらいやすいように目立つ色の花をつけたり、④大きな花をつけるようにしたり、ポリネーターのエサになるようなミツを用意したり、といったことです。ですので、ミツをつくらなくなった花が花色変化をすることを考えると、花色変化は、植物がポリネーターに対して、『この花はミツをつくっていないので、他の花に行った方がいいよ』というメッセージを伝えるために起こっていると考えられています。

しかし、この仮説では、花色変化という現象がポリネーターにとってメリットがあることは分かりますが、植物にとってどういうメリットがあるのかが分かりません。⑤花色変化をさせてまで古い花を維持《いじ》することは、植物にとって、本来デメリットしかないはずです。そこで考えられた仮説が、古い花を維持することで、株全体に花がたくさんあるように見せることができるというものです。その結果、ポリネーターが集まりやすくなるので、植物にとってメリットが生まれます。

ですが、これも完璧《かんぺき》な仮説ではありません。なぜなら、花がたくさんあるように見せたいのであれば、わざわざ花の色を変える必要などないからです。植物が、わざわざ花の色を変えてまで、正直にポリネーターに古い花の位置を教えるのはなぜなのでしょうか。

問1　下線部①について、このような特徴を持つ花は、どういう花ですか。「種子」という言葉を使って、簡潔に答えなさい。

問2　下線部②について、ここでいう植物と動物とが異なる点とはどのようなことですか。適切なものを次のア～エから1つ選び、記号で答えなさい。

ア　植物は動物と異なり、自由に移動することができない。

イ　植物は動物と異なり、光合成をすることができる。

ウ　植物は動物と異なり、寿命《じゅみょう》が長いものが多い。

エ　植物は動物と異なり、冬には枯れてしまう。

問3　下線部③について、花粉を遠くに運んでもらう方法は、他の生物を利用すること以外にもあり、そのひとつに風を利用する方法があります。風で花粉を運んでもらう植物がつける花の特徴として適切なものを、次のア～エから1つ選び、記号で答えなさい。

ア　花びらが大きく、軽い花粉をつくる花。

イ　花びらが大きく、重い花粉をつくる花。

ウ　花びらが小さく、軽い花粉をつくる花。

エ　花びらが小さく、重い花粉をつくる花。

問4　下線部④について、この考え方に従うと、地球上の植物はどれも大きな花をつけるものばかりになると考えられます。しかし、現実には、小さな花をつける植物もいます。ある野原において、そこに生息する植物のうち花をつけているもの（植物Ａ～植物Ｅ）について、花の大きさと一株当たりの花の数を調べました（表１）。

表１　花の大きさと一株当たりの花の数

	植物Ａ	植物Ｂ	植物Ｃ	植物Ｄ	植物Ｅ
花の大きさ（cm）	1	2	1.2	1.5	0.8
一株当たりの花の数（個）	12	6	10	8	15

(1)　この結果から分かることを次のア～エから１つ選び、記号で答えなさい。

ア　小さな花をたくさんつける植物は、子孫を残す上で有利である。

イ　大きな花は、花びらがよく目立つので見つけやすい。

ウ　小さな花は目立たないので、においでポリネーターを引き寄せる。

エ　植物がつける花の量は、ほぼ一定である。

(2)　この調査結果をもとに考えてみると、地球上の植物が大きな花をつけるものばかりにならない理由が分かりそうです。その理由として**誤っているもの**を次のア～エから１つ選び、記号で答えなさい。

ア　花の大きさと数の両方を増やすことはできないから。

イ　ポリネーターの多くは小さな昆虫《こんちゅう》なので、より小さな花を好むから。

ウ　小さな花であっても、数を増やすことで大きな花と同じくらいに目立たせることができるから。

エ　大きな花を少しつけるものも、小さな花をたくさんつけるものも、ともに子孫を残す上で有利な点があるから。

問５　(1)　下線部⑤について、ここでいうデメリットとは、どのようなことですか。適切なものを次のア～エから１つ選び、記号で答えなさい。

ア　子孫を残せない花を維持《いじ》することは栄養のムダ遣《づか》いになるということ。

イ　ミツのない花が多いと株全体でつくったミツがムダになってしまうということ。

ウ　花粉をつくれない花が多いとポリネーターがムダ足を踏《ふ》むことが増えるということ。

エ　古い花がムダに多いと、ポリネーターが集まりにくくなるということ。

(2)　(1)で答えたデメリットを避《さ》けるために、普通の植物は古い花をどのようにしてしまうでしょうか、説明しなさい。

問６　古い花の色を変える植物と変えない植物とで、子孫を残す上でどちらが有利なのかを調べるために、室内で実験を行いました（図２）。

【実験】

実験のモデルにした植物は、花の色が白から赤紫《あかむらさき》色へと花色変化する植物で、そのポリネーターはマルハナバチというハチである。この植物の花そっくりに作った人工の花を使って、以下の２つのパターンの植物を作った。

パターンあ　人工の花を７つ並べたもの。色は全て白だが、７つのうち３つはミツがない。

パターンい　人工の花を７つ並べたもの。そのうち４つは白でミツがあり、３つは赤紫色でミツがない。

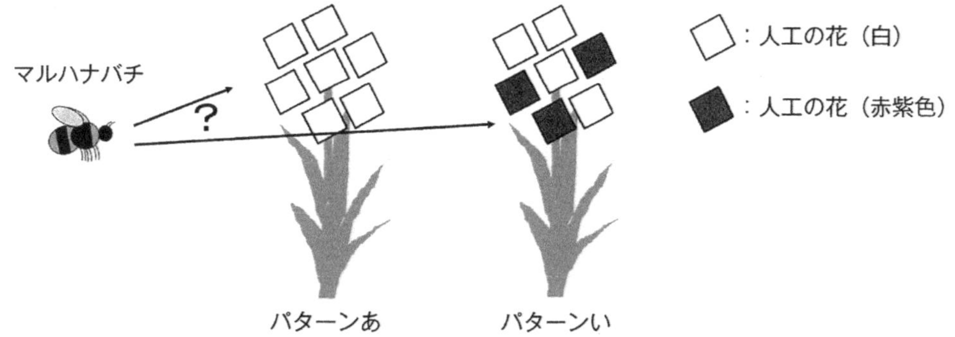

図２　室内実験

室内に**パターンあ**と**い**をひとつずつおいておき、一匹《ぴき》のマルハナバチを放してどちらのパターンの花を訪れるかを記録した（1回目）。そして、一方のパターンの花からミツを集めたマルハナバチが、もう一方のパターンに移動しようとしたところで、マルハナバチを一度回収した。次に、マルハナバチが訪れた方のパターンの花にミツを補充《ほじゅう》してから、同じハチをもう一度放して、先にどちらのパターンの花を訪れるかを記録するということを繰《く》り返した（2～5回目）。

この作業を10匹のマルハナバチについて行い、実験結果を表2にまとめた。

表2　実験結果

	1回目	2回目	3回目	4回目	5回目
パターンあを選んだハチ（匹）	8	5	3	2	1
パターンいを選んだハチ（匹）	2	5	7	8	9

この実験の結果、花色変化をする植物の方が、古い花の色を変えずに維持《いじ》する植物よりも、子孫を残す上で有利だと考えられた。

(1)　次の文は、このような実験結果になった理由について述べたものです。理由を完成させるために空欄《くうらん》にいれる文として適切なものを、次のア～エから1つ選び、記号で答えなさい。

【理由】
マルハナバチは、はじめは白い花が多い**パターンあ**を選ぶが、（　　　　　　　　　　）、このような結果になった。

ア　ミツのない花とある花の区別がつかないパターンを嫌《きら》うため
イ　**パターンい**の方が、ミツの量が多いことに気づくため
ウ　白い花と赤紫色の花を交互《こうご》に訪れる習性があるため
エ　複数の色が混ざっているパターンを好むため

(2)　今回の実験から「花色変化をする植物の方がマルハナバチに選ばれやすく、子孫を残すうえで有利である」という結論が得られます。また、この実験からは、次のことも分かります。次の文を完成させるために空欄にいれる文を答えなさい。

【この実験から分かること】
花色変化をする植物が生き残りやすかったのは、マルハナバチのように（　　　　　　）ポリネーターがいたからである。

参考文献

Makino & Ohashi (2017) doi: 10.1111/1365-2435.12802

鈴木ら (2011) doi: 10.18960/seitai.61.3_259

2　次の文章を読み、問いに答えなさい。

夜空の天体を観察する時は、天体望遠鏡を用いると裸《ら》眼で見るより拡大して見ることができ、詳《くわ》しく観察できる。現在、天体望遠鏡は、宇宙に打ち上げられるものや、人の目には見えない光をとらえることができるものなど、さまざまなものが開発されている。では、天体望遠鏡はどのようにして開発され進化してきたのか、それをみていこう。

天体望遠鏡の最初の開発者が誰《だれ》なのかは諸説あるが、天体に向けて観察を最初に始めたのは、ガリレオ・ガリレイであるといわれている。ガリレイは1609年に自分で望遠鏡を作成し、天体観察を始めた。彼が開発した望遠鏡は図１のような仕組みである。対物レンズに凸《とつ》レンズを、接眼レンズに凹《おう》レンズを用いることで、観察する像が正立像（裸眼で見たときと同じ向き）となる。彼は、ガラスを自ら磨《みが》き削《けず》ることでレンズを作成した。現在、この方式の望遠鏡は天体望遠鏡では使用されず、観劇用のオペラグラスで使用されている。なぜなら、このタイプの望遠鏡は視野が狭《せま》く、倍率も高くないためである。しかし、ガリレイは、この望遠鏡を使い、宇宙に関するさまざまな発見を行った。

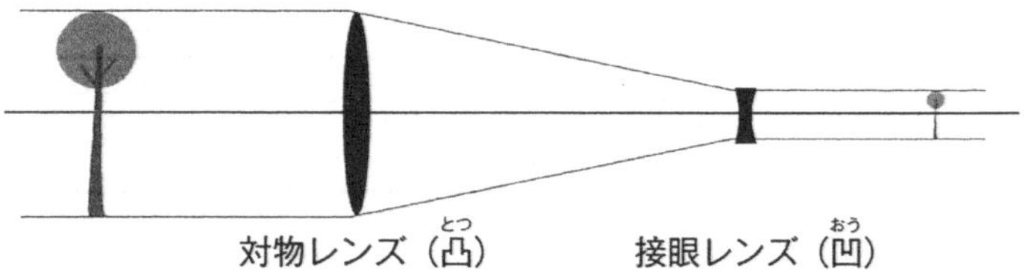

図１　ガリレイ式望遠鏡の仕組み

ガリレイの望遠鏡の欠点を補うために開発されたのが、ケプラー式望遠鏡である。その望遠鏡は図２のような仕組みである。対物レンズだけでなく、接眼レンズにも凸レンズを使用することで、見える像は倒立像《とうりつぞう》（裸眼で見たときに比べ上下左右逆さま）になるが、倍率を高くすることができ、視野も広いというメリットがあった。現在販売《はんばい》されている、屈折《くっせつ》望遠鏡は、全てこのタイプである。

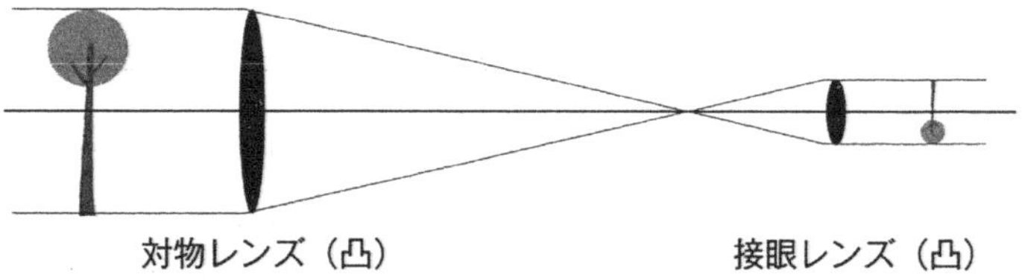

図２　ケプラー式望遠鏡の仕組み

望遠鏡は進化の第一段階として、長さが非常に長くなっていった。1650年代には長さ５～６ｍの望遠鏡が作られ、1660年代に入ると、倍率はガリレイが作成した望遠鏡の50～100倍まで上がったが、代わりに長さが46ｍまでのびた。望遠鏡が長くなっていったのは、湾曲《わんきょく》が大きいレンズは光が分散してしまう（虹《にじ》のように色が分かれてしまう）ので光が１点に集まらなくなり、画像がぼやけるという欠点があったためである。そこで、レンズを薄《うす》くしてレンズの湾曲を小さくする必要が生じた。その結果として、レンズを通した光が集まる焦点《しょうてん》までの距離《きょり》が長くなり望遠鏡の長さが長くなっていった。これにより、倍率を上げることができたが、光の分散は完全には防ぎきれなかった。

そこで、望遠鏡は進化の第二段階として、レンズの代わりに鏡（凹《おう》面鏡）を使用するという反射望遠鏡が作られるようになった。これは、1668年にアイザック・ニュートンが作成したものが最初である。この望遠鏡は、図３のような仕組みで、凹面鏡で光を集め観察することができる。そのため、使用するレンズは、接眼レンズ１枚ですむようになった。鏡はレンズと違《ちが》い、光を反射させるのみで、屈折させないため色が分かれることがなく、光の分散がなくなった。また、望遠鏡の長さを短くすることもできた。ニュートンの作成した直径３cmの凹面鏡を使用した全長15cmの反射望遠鏡は、長さ1.2mの屈折望遠鏡と同じ性能を持っていた。現在、地上の天文台などで観測用に使用されている天体望遠鏡は反射望遠鏡がほとんどである。この望遠鏡は、凹面鏡を大きくすればするほど光を集めることができるようになり、倍率はどんどん上がっていった。そのため、1781年にはハーシェルが天王星を発見することができた。天王星はそれまで太陽系の端《はし》と考えられていた土星までの距離《きょり》の２倍に位置し、ハーシェルの発見により太陽系の大きさは、一気に２倍まで大きくなった。

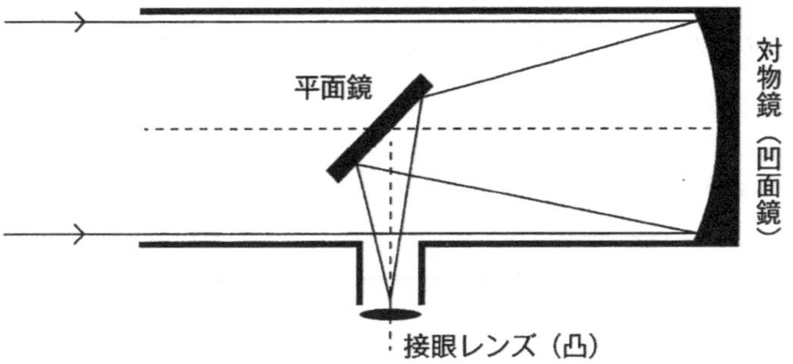

図３　ニュートン式の反射望遠鏡の仕組み

反射望遠鏡で精密な観測を続けている中、不都合なことが起こった。それは、地球の大気により星の光が吸収されたり、揺《ゆ》らいでしまったりということだった。文学的には「星がまたたく」と表現されるが、星からの光が地球の大気によって屈折してしまうことが原因であった。そのため、大気が無い宇宙空間に天体望遠鏡を打ち上げれば、より精密な天体観測ができるのではないかと考えられるようになった。それが可能になったのは、1990年に打ち上げられたハッブル宇宙望遠鏡からである。宇宙に打ち上げたことで、地球の大気による影響《えいきょう》を防ぐことができた。また、昼夜が関係なくなったことで、宇宙の一点をずっと観察し続けることができるようになり、地上からでは、何も見ることができなかった漆黒《しっこく》の空間に銀河が大量に存在することが分かり、宇宙の果てに近い所まで観察できるようになった。

天体望遠鏡の次の進化として、私たちの目には見えない光をとらえることができる天体望遠鏡が作られるようになった。私たちは対象を目で見ているが、私たちの目で見ることができるのは、ある範囲の波長の光のみである。図4は、光を波長ごとに分けた図である。

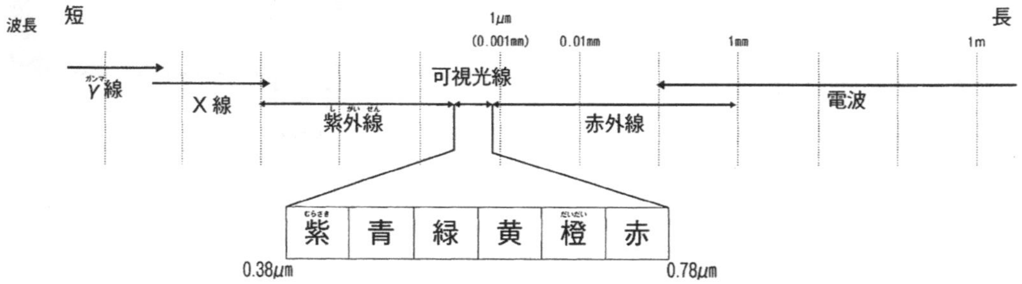

図4　光の分類

図5　電波望遠鏡

（スクエア最新図説地学　第一学習社より引用）

私たちが見ることができる光は、図4の中で、可視光線とよばれる部分のみである。それ以外のγ《ガンマ》線、紫外線《しがいせん》、赤外線、電波なども光ではあるが、私たちの目では見ることができない。しかし、それらの光をとらえることができる望遠鏡が1930年代以降に開発された。それを電波望遠鏡といい、図5のようなパラボラアンテナを使用したものである。この電波望遠鏡によって星間ガスに包《つつ》まれて可視光線で見ることができない、誕生した直後の星を観測することができるようになった。これは、電波が星間ガスなどの気体に吸収されない性質をもつためである。この電波望遠鏡の開発で、星がどのように誕生し、進化していくかが分かるようになった。電波望遠鏡で観測している電波は、日中も届いており、また、水蒸気にも吸収されにくいため、昼間も観測することができる。現在、電波望遠鏡も宇宙に続々と打ち上げられ、昼夜関係なく天体を観測し続けており、宇宙の研究は日々進んでいる。

問1　ガリレイは、自作の天体望遠鏡を月に向け、人類史上初めて月にある地形を観察した。月の表面にある、ふちが円形で盛り上がって、中心がくぼんだ地形を何というか答えなさい。

問2　ガリレイが生きていた時代の宇宙の考え方は、天動説が主流であり、すべての天体が地球の周りをまわっていると考えられていた。しかし、ガリレイは自作の望遠鏡を木星へ向け、地球ではなく、木星の周りを公転している天体を4つ発見した。このような惑《わく》星の周りを公転する天体の名称を漢字で答えなさい。

問3　地上に存在する天文台の望遠鏡は、高度の高い山の上などに立地していることが多い。その理由について述べた文として**誤っているもの**を、次のア～エの中から１つ選び、記号で答えなさい。

ア　空気が薄《うす》いので、空気の影響《えいきょう》を受けにくい。
イ　水蒸気の量が少なく、天候が良い日が多い。
ウ　地表に比べ、星に近いため観察しやすい。
エ　人工の光による影響を受けにくい。

問4　ある晩、渋谷からケプラー式望遠鏡で見た月は図６のように見えた。この月の実際の位置は、図７の**ア～カ**のどの位置になるか、記号で答えなさい。ただし、図７は地球の北極側（北極点の真上）から見た、太陽の光、地球、月の位置関係を模式的に表している。

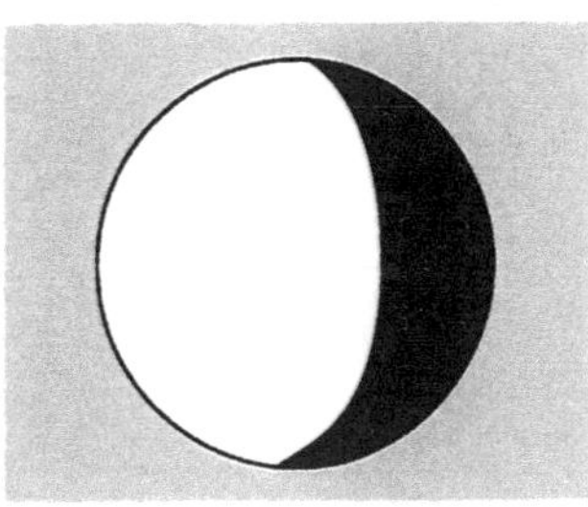

図６　ある日の屈折望遠鏡で見た月のスケッチ

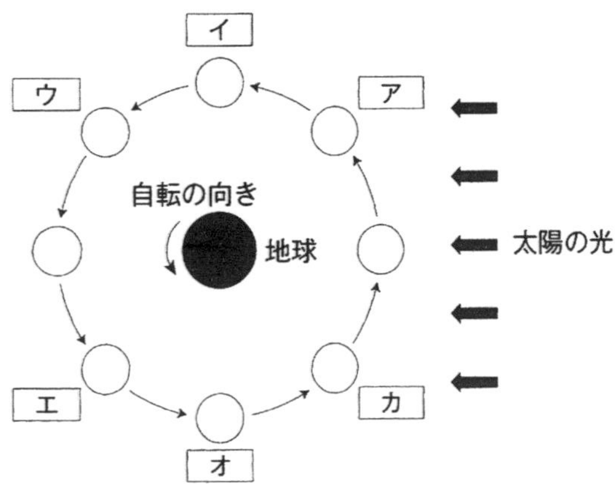

図７

問5　反射望遠鏡と比べたときの屈折望遠鏡の欠点を「望遠鏡の長さが長くなる」以外で答えなさい。

問6　宇宙に天体望遠鏡を打ち上げると、２つの点で観察に有利になる。１つは、空気が無いため星の揺《ゆ》らぎがなくなったことである。もう１つを本文中から抜《ぬ》き出しなさい。

問7　地上から観測する時、電波望遠鏡が可視光線で観測する望遠鏡と比べて有利な点として、最も適切なものを次のア～エから１つ選び、記号で答えなさい。

ア　人工の光がある都市から離れた場所で観測できる。
イ　太陽の光の影響がない夜に観測できる。
ウ　星間ガスに包まれていない星を観測できる。
エ　曇《くも》りの日に観測できる。

問題は以上です。

社会　令和５年度　渋谷教育学園渋谷中学校入学試験問題　(30分)

注
・答えはすべて解答らんにおさまるように記入して下さい。
・字数の指定がある問題については、次の①と②に注意して下さい。
①句点（「。」）や読点（「、」）は、それぞれ１字として数えます。
②算用数字を用いる場合は、数字のみ１マスに２字書くことができます。

例１）「２０２３年」と書く場合

20	23	年

例２）「３６５日」と書く場合

36	5	日

または

3	65	日

1　地図１中のＡ～Ｄの地域に関するそれぞれの問に答えなさい。

地図１

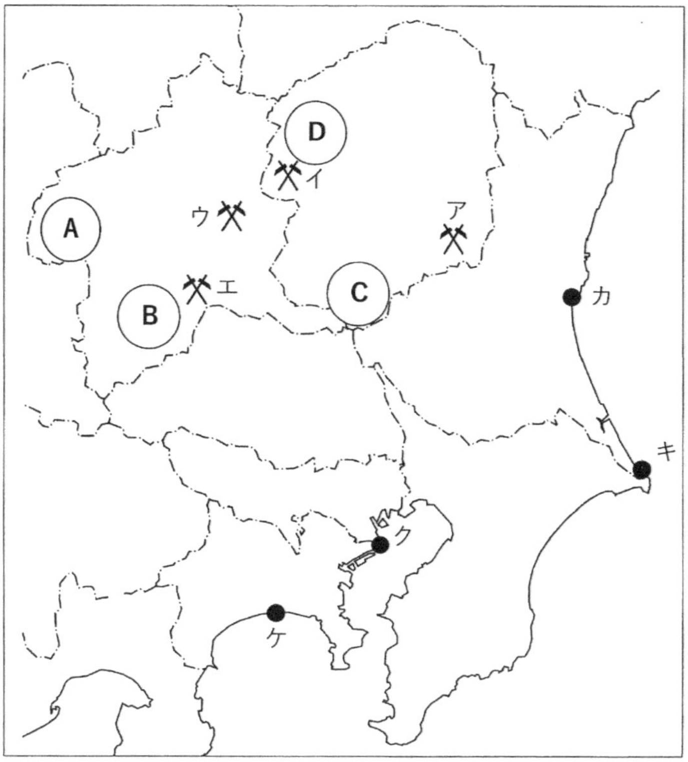

問１　地図１中のＡの地域に関する設問に答えなさい。

(1)　1783年の大噴火で、天明の大ききんを引き起こした、Ａの地域の南側の県境に位置する山の名称を答えなさい。

(2)　(1)の山の1783年の噴火によって、その後Ａの地域を流れる吾妻川およびその下流地域では水害が起きやすくなった。その理由を説明しなさい。

(3)　Aの地域にある村で、夏から秋にかけて出荷量が全国1位になる農作物を、次のア～エのうちから一つ選び、記号で答えなさい。

ア.

イ.

ウ.

エ.

問２　地図１中のBの地域に関する次の地図２をみて、設問に答えなさい。

地図２

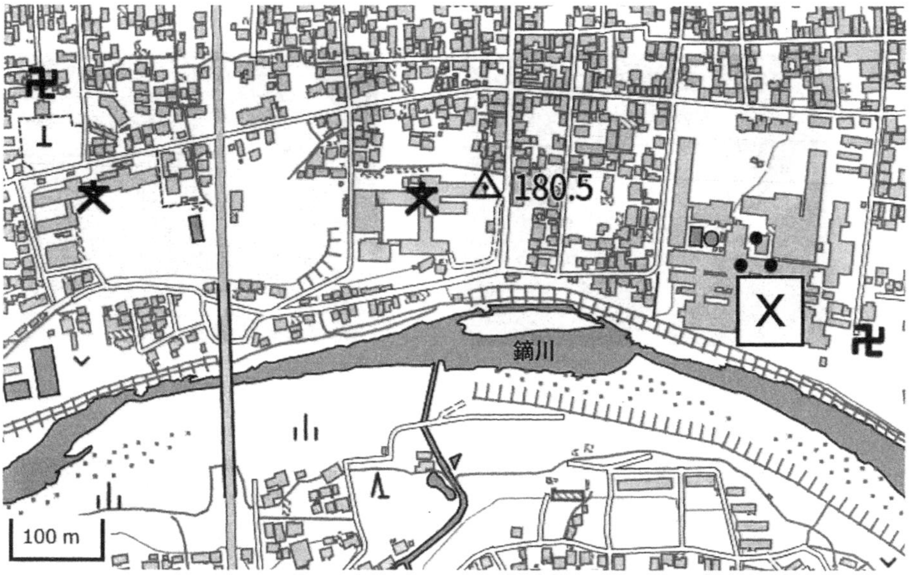

地理院タイル（標高タイル）を加工して作成

(1)　地図２中の X は世界遺産に登録されている施設であり、かつては糸が生産されていた。X で生産されていた糸の原料の分類にあてはまるものを、次のア～ウのうちから一つ選び、記号で答えなさい。

ア．植物性繊維　　イ．動物性繊維　　ウ．化学繊維

(2)　X では、大量の水が必要だった。X のすぐ南側には鏑川が流れているが、X の建設計画段階では、鏑川からの取水は考えられていなかった。その理由を述べた次の文章中の空らんにあてはまる適切な語句を答えなさい。

X と鏑川との間には（　　　）があったため。

問3　地図1中のCの地域に関する次の地図3をみて、設問に答えなさい。

地図3

国土地理院　電子地形図25000より一部改変

(1)　地図3中の「渡良瀬遊水地」が造成された背景には、かつて渡良瀬川の上流の鉱山から流れ出た鉱毒が関係している。この鉱毒をもたらした鉱山の位置を地図1中のア～エのうちから一つ選び、記号で答えなさい。

(2)　(1)の鉱山から主に産出される鉱産資源が含まれていないものを、次のア～オのうちから一つ選び、記号で答えなさい。

ア．1円玉　　イ．5円玉　　ウ．10円玉　　エ．100円玉　　オ．500円玉問４　地図１中のＤの地域に関する次の地図４をみて、設問に答えなさい。

地図４

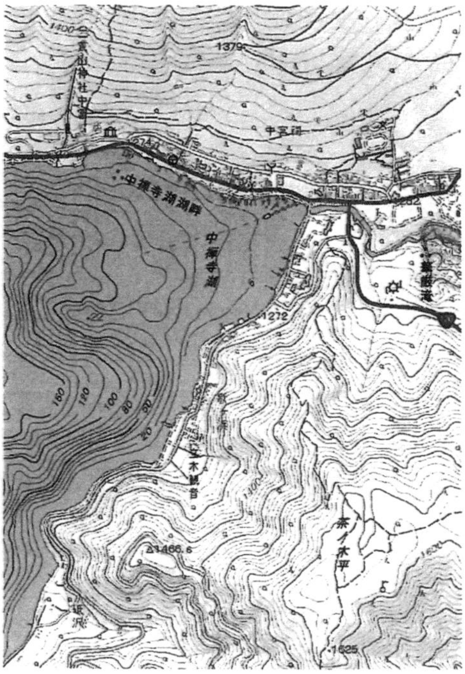

国土地理院　電子地形図25000より

(1)　イギリスの外交官アーネスト・サトウは、1884年に発刊された旅行案内書の中で中禅寺を避暑地として紹介している。その理由を地図４より読み取り、答えなさい。

(2)　中禅寺湖から流れ出る大谷川周辺には、世界遺産に登録されている地区がある。この世界遺産の登録名称を、次の空らんに当てはまるように漢字二字で答えなさい。

(　　　　)の社寺

問５　地図１中のＡ～Ｄの地域に流れる吾妻川、鏑川、渡良瀬川、大谷川は、１つの河川に合流する。４河川が合流した河川の名称と、河川が合流して海へ流れ出る地点の組み合わせとして正しいものを、次の①～④のうちから１つ選び、記号で答えなさい。ただし、河口の位置（地点）は地図１中のカ～ケのいずれかである。

①名称―利根川　地点―カ　　②名称―利根川　地点―キ

③名称―多摩川　地点―ク　　④名称―多摩川　地点―ケ

問題は次のページに続きます。

2　広告や宣伝は、看板・引札（チラシ）・新聞広告・ポスター・交通広告・映像などといったように、時代によって大きくその形を変えてきた。日本における広告・宣伝の発展に関する次のそれぞれの問に答えなさい。

問１　広告・宣伝は商業と密接に結びついているが、中国の歴史書「魏志倭人伝」には、３世紀の日本列島に関する記述の中に市（いち）が存在していると書かれている。このことについて、次の設問に答えなさい。

(1)　この時期の日本について説明した次の文章を正しく完成させるように、空らんＸには当時の日本を示す遺跡や古墳を、空らんＹには当時のようすの説明をそれぞれ一つずつ選び、記号で答えなさい。

[　Ｘ　] などに関する調査によって、 この頃の日本では [　Ｙ　] ことが分かっている。

＜空らんＸに当てはまる遺跡＞

ア．東京都大森貝塚

イ．青森県三内丸山遺跡

ウ．大阪府大仙陵古墳

エ．奈良県纏向遺跡

＜空らんＹに当てはまる説明＞

オ．人びとが竪穴住居の巨大集落に住み、狩猟・採取・栽培による生活をおくっていた

カ．指導者によってうらないを用いた政治が行われ、現在の日本列島の一部の地域がおさめられていた

キ．指導者の権力が全国的に広がりを見せ、特徴のある大きな墓が各地につくられるようになった

ク．西日本に稲作が伝わりはじめ、人びとが木製のくわや石包丁などを使って農耕をはじめた

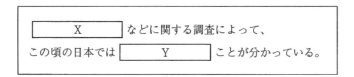

(2) 当時、中国の歴史書に書かれた日本の市がどのようなものだったのかは明らかになっていないが、おそらくものの売買といった形ではなく、物々交換という形のものであったと考えられる。

物々交換は旧石器時代から行われていたが、原産地から遠く離れた場所からも発掘されており、交易を示す証拠とされている以下の石器の原料を、漢字で答えなさい。

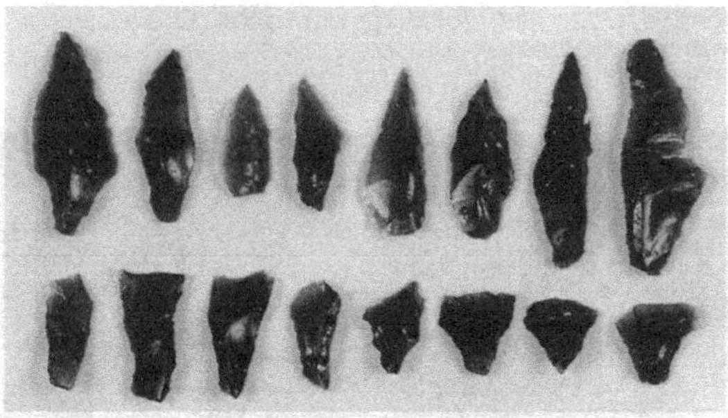

「野尻湖ナウマンゾウ博物館」ホームページより

問2 宣伝の最初の形ともいえる「看板」の出現は、律令制のもとで政府が運営した市にまでさかのぼる。はじめて政府によって市が運営されたのは、日本で最初の本格的な都城とされる藤原京の時代だと言われている。このことについて、次の設問に答えなさい。

(1) 藤原京に遷都したときの天皇を答えなさい。

(2) 次のⅠ～Ⅲは、藤原京が完成するに至るまでに起きたできごとである。これらのできごとを古いものから時代順に正しく並べたものを、次のア～カのうちから一つ選び、記号で答えなさい。

Ⅰ 中大兄皇子らが蘇我氏をたおし、天皇を中心とした国づくりの改革をはじめた。
Ⅱ 仏教の影響が大きくなり、現存する世界最古の木造建築物とされる法隆寺がつくられた。
Ⅲ 中国では唐が建国され、長安を都とする本格的な律令国家体制が形成された。

ア．Ⅰ→Ⅱ→Ⅲ　　イ．Ⅰ→Ⅲ→Ⅱ　　ウ．Ⅱ→Ⅰ→Ⅲ
エ．Ⅱ→Ⅲ→Ⅰ　　オ．Ⅲ→Ⅰ→Ⅱ　　カ．Ⅲ→Ⅱ→Ⅰ

問３　律令などの法律では、奈良時代から市で看板を立てることが義務付けられていたにも関わらず、鎌倉時代頃まで日本ではその経済発展に比べて看板は多用されなかったことがわかっている。この時期について、次の設問に答えなさい。

(1)　看板が多用されなかった理由としては、中世において一般的であった商売の形式が関連していると考えられている。鎌倉時代の次の資料を見てわかることをもとに、当時看板が多用されなかった理由を説明した、下の文章の空らんを埋めなさい。

国会図書館デジタルコレクションより　※出題の都合上書籍名は省略

当時の店は商品を売る際に［　　　　　　］という方法をとっていたため、何を売っているのかを宣伝する必要がなかったから。

(2)　鎌倉時代についての説明とその資料の組み合わせとしてふさわしいものを、次のア～エのうちから一つ選び、記号で答えなさい。ふさわしいものがない場合は、オと答えなさい。

ア．
上皇の近臣であった武士たちの戦乱となり、勝者は武家の棟梁を独占して地位を高めた。

イ．
キリスト教の布教活動のため多くのヨーロッパ人が渡来し、貿易が盛んにおこなわれた。

ウ．
戦乱によって中止されていた京都の伝統的な祭が、町人たちの協力により復興された。

エ．
中国に渡り、技術を学んだ画家が帰国後、日本的な水墨画様式をつくりあげた。

問４　江戸時代には看板も多くつくられるようになり、特に薬種商（薬を売る商人たち）が華々しく競い合った。次に示す看板と江戸時代の看板の歴史について説明した下の文章を読み、それぞれの設問に答えなさい。

A　　　　　B

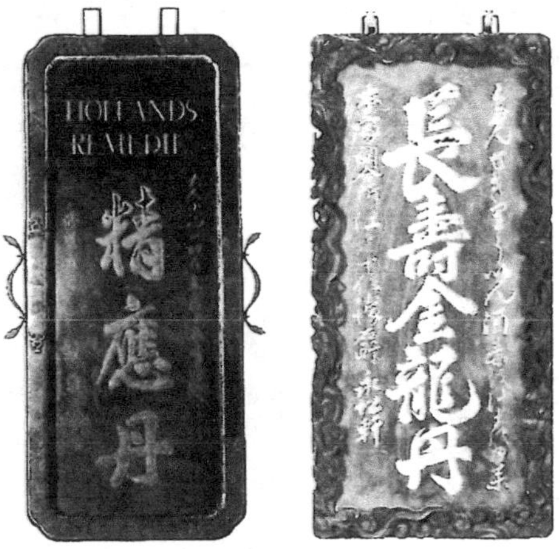

財団法人吉田秀雄記念事業財団『広告は語る　アド・ミュージアム東京　収蔵作品集』（2005年）より

江戸時代には、薬売りたちが多くのもうけを得るための競争を繰り広げていた。薬は、それまで主に琉球・朝鮮・中国などから輸入していたが、Aの看板を見てみると、アルファベットが書かれていて、西洋の薬も入ってきていたことがわかる。江戸時代、薬は特に、日本が医学などの分野で大いに参考にしていた［　　　］から輸入され、重宝されていたようだ。

Bの看板には金箔文字が使われており、豪華な作りとなっている。①1657年に起きた火事の影響で江戸のまちに大きな被害が出たあと、看板はより大きく、豪華に、目立つものが競ってつくられるようになった。しかし、財政不安におちいっていた幕府は豪華な看板を規制することになり、ついに②1682年には禁令が出され、商家の看板に金箔や銀箔、蒔絵、めっきの金物などを使用してはならないということになった。

(1)　文章中の空らんに適切な国名を答えなさい。

(2)　文章中の下線部①について、この時期の元号としてふさわしいものを、次のア～エのうちから一つ選び、記号で答えなさい。

ア．安政　　イ．享保　　ウ．宝永　　エ．明暦

令和五年度

国語解答用紙

渋谷教育学園渋谷中学校

※らんには記入しないこと

230110

↓ここにシールを貼ってください↓

受験番号　　番

氏名

合計得点　※

※100点満点
（配点非公表）

一

問一
①
②
③
④
って

※

問二

50
51
60

※

問三

問四

問五

※

問六

問七

問八

※

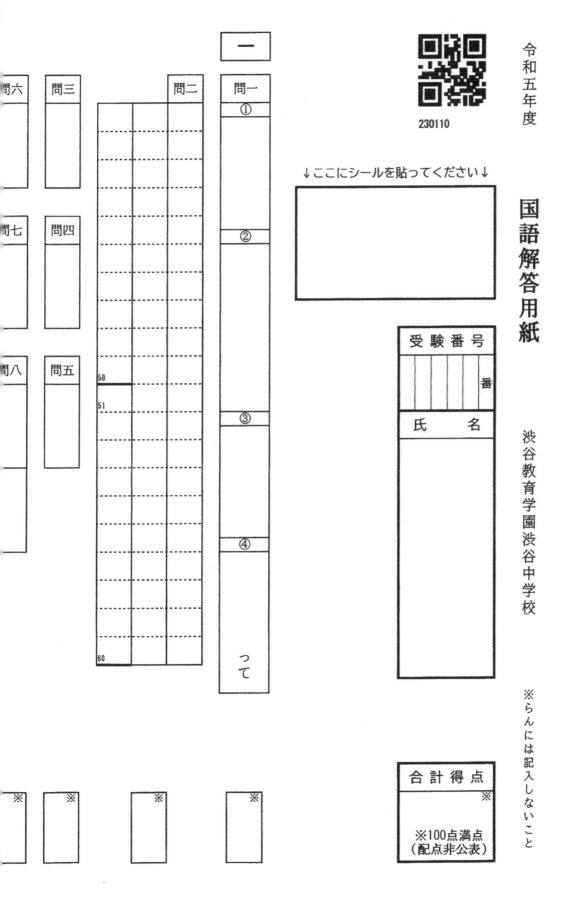

※100点満点
（配点非公表）

↓ここにシールを貼ってください↓

230120

	番	氏名	

(1)	
(2)	式・考え方 答え
(3)	式・考え方 答え　　　　　　通り

2

問１	
問２	
問３	
問４	
問５	
問６	
問７	

	(2)	
問4	(1)	(2)	(3)
問5	(1)	(2)	(3)
問6		

3

問1	X	Y
問2	①	②	問3	A	B	問4
問5	
問6	

↓ここにシールを貼ってください↓

230130

※50点満点
（配点非公表）

令和５年度　社会解答用紙　渋谷教育学園渋谷中学校

受験番号						番	氏名	

1

問１	(1)			
	(2)			
	(3)			
問２	(1)		(2)	
問３	(1)		(2)	
問４	(1)			
	(2)			
問５				

2

問１	(1)	X		Y		(2)	

【解答

※50点満点
（配点非公表）

230140

↓ここにシールを貼ってください↓

令和５年度 **理科解答用紙** 渋谷教育学園渋谷中学校

受験番号						番	氏名	

1

問１				
問２				
問３				
問４	(1)		(2)	
問５	(1)			
	(2)			
問６	(1)			
	(2)			

【解答

令和５年度　**算数解答用紙**　渋谷教育学園渋谷中学校

1

(1)		(2)	g	(3)	度
(4)		(5)			

(6) 式・考え方

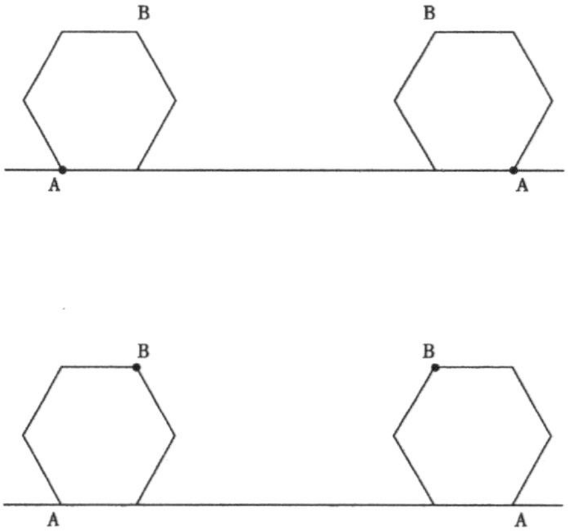

答え　　　cm

2

(1)

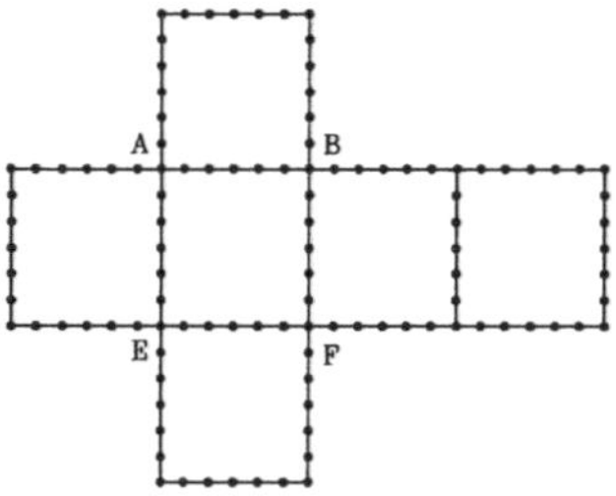

(2)	cm^3
(3)	cm^2

3

(1)	秒
(2)	秒
(3)	通り

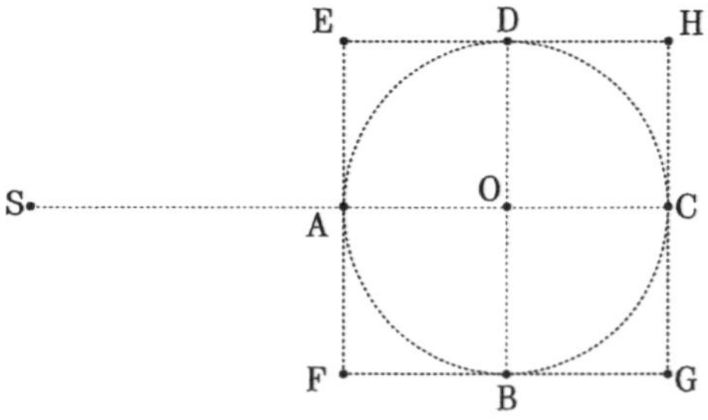

二

問

①

②

③

④

問二

問三

問四

50

51

60

問五 (1)

問五 (2)

41

50

40

問六

問七

※

※

※

※

※

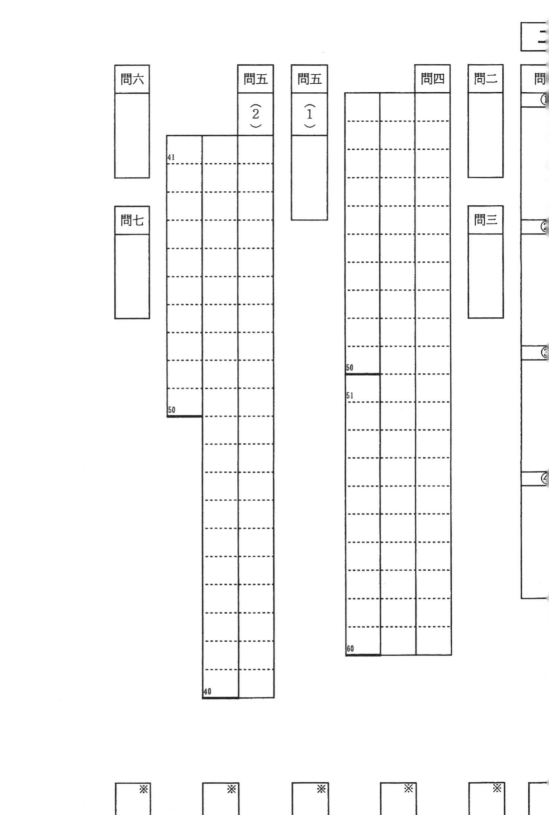

(3)　文章中の下線部②について、この時期のできごととして最もふさわしいものを、次のア～エのうちから一つ選び、記号で答えなさい。

ア．民衆に向けての政策の一環として、生き物を大切にすることが命じられた。

イ．朱子学者が政治に登用され、貿易の制限などが行われた。

ウ．きびしい年貢の取り立てに対して、九州地方のキリシタンらが大規模な一揆をおこした。

エ．きびしく倹約が命じられる一方で、大名の参勤交代が緩和された。

問題は次のページに続きます。

問５　明治時代に入ると、煙草（たばこ）の宣伝合戦が繰り広げられた。外国からの舶来品と、日本の国産品を売る２つの大きな会社が、利益を求めて争っていたようである。

左・中：『広告は語る』（2005年）より

右：谷峯藏『日本屋外広告史』岩崎美術社（1989年）より

しかし、この２つの会社による煙草の宣伝合戦は唐突に終わりを迎えることとなった。次の〈煙草の販売に関する歴史〉の表を参考にしながら、〈煙草の宣伝合戦が終了した理由〉の文章中の空らん(1)～(3)に適切な語句を答えなさい。ただし、同じ番号の空らんには同じ語句が入る。

＜煙草の販売に関する歴史＞

明治９年	煙草税則が決められ、煙草の販売には営業税に加えて、各商品に貼られた印紙からも税金が徴収されるようになった。
明治31年	財政の不足をおぎなうため、「葉煙草 (1)(漢字二字) 法」が施行され、煙草の原料である葉タバコを国が買い上げることになった。
明治37年	「煙草 (1)(漢字二字) 法」が施行され、煙草の製造から販売まですべて国が行うことになった。

＜煙草の宣伝合戦が終了した理由＞

財政不足をおぎなうために政府は煙草にかける税金を増やしていき、ついには (2)(漢字四字) のための (3)(漢字二字) 費をねん出するべく、政府が煙草の製造から販売にまで (1)(漢字二字) 制を取り入れ、民間の会社が関与できなくなってしまったから。

問題は次のページに続きます。

問６　大正時代・昭和時代に入ると、新聞広告やポスターなどあらゆる形での宣伝が多く行われるようになったが、それらがつくられる目的は商品の宣伝だけにとどまらなかった。

次に示すのは、1923（大正12）年に新聞に出された髙島屋呉服店の広告と、同年のある日の新聞の見出しである。広告を出した髙島屋呉服店は、どのような役割を担おうとしていたのか。資料を参考に、当時の社会の状況を考えて、80字以内で説明しなさい。

<1923年当時の髙島屋呉服店の広告>

帝都復興の第一線に立ちて
ニユースの活躍とデパートメントストアの奉仕
時代の要求=實質本位の
新百貨店として髙島屋は
面目を更めて營業いたします
十月二十日より
開店大安賣
◇ウィンドー・マーケット開設
お手輕な日用品の窓賣を始めます
髙島屋呉服店

<左の広告を現代の字になおしたもの>

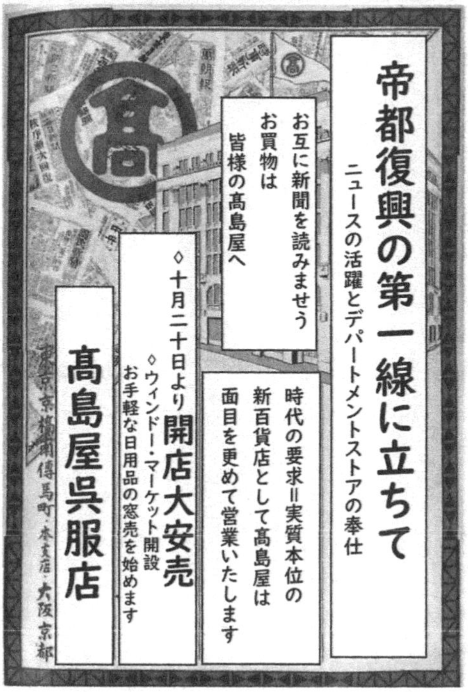

帝都復興の第一線に立ちて
ニュースの活躍とデパートメントストアの奉仕
お互に新聞を読みませう
お買物は
皆様の髙島屋へ
時代の要求=実質本位の
新百貨店として髙島屋は
面目を更めて営業いたします
◇十月二十日より開店大安売
◇ウィンドー・マーケット開設
お手軽な日用品の窓売を始めます
髙島屋呉服店

『広告は語る』（2005年）より

＜大阪朝日新聞の見出しとそれを現代の字になおしたもの＞

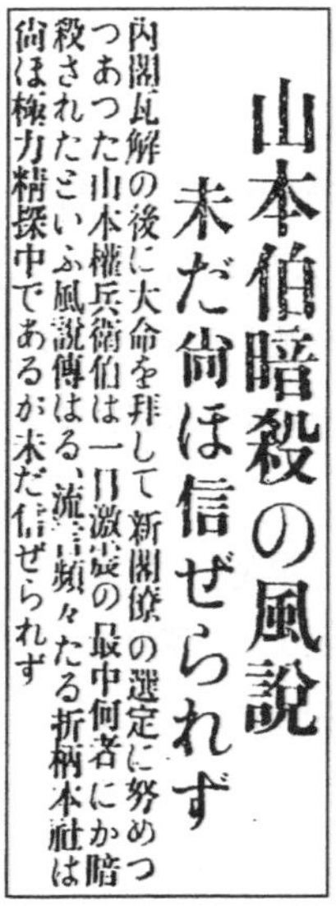
山本伯暗殺の風說
未だ尙ほ信ぜられず
内閣瓦解の後に大命を拜して新閣僚の選定に努めつあつた山本權兵衛伯は一日激震の最中何者にか暗殺されたこいふ風說傳はる、流言頻々たる折柄本社は尙ほ極力精探中であるが未だ信ぜられず

山本伯[※1]暗殺の風説
未だ尚ほ信ぜられず
内閣瓦解の後に大命を拝して新閣僚の選定に努めつつあつた山本権兵衛伯は一日激震の最中何者にか暗殺されたといふ風説伝はる、流言頻々[※2]たる折柄本社は尚ほ極力精探中であるが未だ信ぜられず

（9月2日の大阪朝日新聞）

山本伯は微傷も負はず

山本伯[※1]は微傷も負はず

（9月5日の大阪朝日新聞）

※1「山本伯」…9月2日に内閣総理大臣になった山本権兵衛のことを指す。

※2「頻々たる」…何度も繰り返されるということ。

3　以下の文章を読んで、次のそれぞれの問に答えなさい。

新型コロナウイルスは人々の働き方に大きな影響を与えた。中でも大きなものに、①テレワークという情報通信技術を活用した、②場所などにとらわれない柔軟な働き方の推進がある。

日本のテレワークは、1990年頃に都心の高い（　X　）を避けて郊外に別のオフィスを構えたことに始まるとされる。しかし、バブル崩壊で（　X　）が下がり、それらのオフィスの多くは閉鎖され、テレワークは定着しなかった。その後、【資料1】にあるように、（　Y　）大震災の被災経験や計画停電の教訓などから徐々にテレワークへの注目が高まっていった。そして、新型コロナウイルスの流行により外出制限が強化される中で、多くの人がテレワークを経験した。

ただし企業のテレワーク導入は大企業が中心であり、しかも③業種によりかなりのばらつきがある。政府が進める④「働き方改革」はテレワークの導入も含んでいるが、その実現までの道のりはまだ遠いと言わざるをえない。テレワークにかかる家庭の電気料金増加に加えて、⑤物価上昇による生活苦が報道される中、よりよい働き方の実現に向けた取り組みが今後も求められている。

【資料1】企業のテレワーク導入率（単位：%）

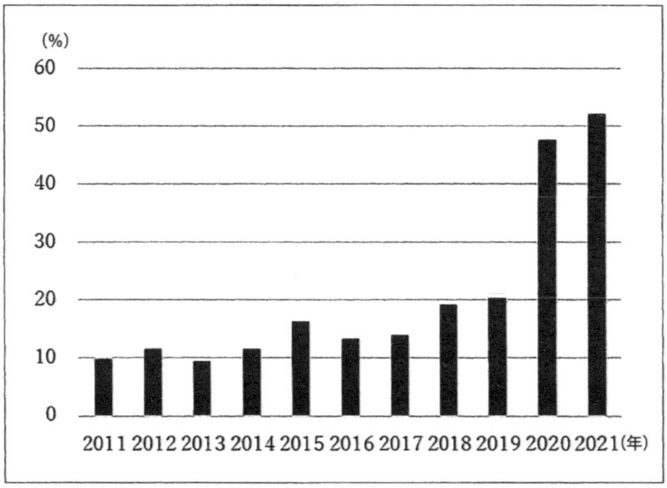

総務省「通信利用動向調査」より作成

問1　上の文中の空らん（　X　）・（　Y　）にあてはまる語句を答えなさい。
ただし、（　X　）は漢字二字、（　Y　）は漢字三字で答えること。

問２　下線部①について、テレワークが進むことで予想される社会の変化について説明した次の文章を読み、空らん（　①　）・（　②　）にあてはまる語句を答えなさい。ただし、（　①　）・（　②　）ともに漢字二字で答えること。

> 生活費の安い（　①　）で暮らす人が増え、電車や自動車などで（　②　）する人が少なくなることが予想されるが、仕事と日常生活の境目がなくなる可能性がある。

問３　下線部②について、テレワークは、仕事の評価の方法を大きく変える可能性がある。それについて説明した次の文章を読み、空らん（　A　）・（　B　）にあてはまる語句を答えなさい。ただし、（　A　）・（　B　）ともに漢字二字で答えること。

> 従来の仕事の評価は、定時を過ぎた後の残業代など、（　A　）に基づいて計算される要素が大きかった。しかしテレワークで上司が部下の働きぶりを直接確認できない状況になると、仕事の途中経過ではなく（　B　）で評価する要素を増やすようになり、（　B　）を出すために、より仕事に（　A　）がかかるようになる可能性がある。

問4　下線部③について、テレワークの実施率について説明した以下の文章を読み、【資料2】～【資料4】を参考に、空らん（　1　）～（　4　）にあてはまる語句の組み合わせとしてふさわしいものを、ア～エのうちから一つ選び、記号で答えなさい。

テレワークが難しい業種の（　1　）などが多い（　2　）駅では、通勤客の減少は抑えられた。一方、テレワークしやすい業種の（　3　）などが多い（　4　）駅では、通勤客が大きく減少した。

【資料2】2020年1月を基準とする、朝通勤時間帯（7時～10時）の利用者減少率

	池袋駅	新橋駅
2021年1月	27%減	50%減
2021年7月	16%減	42%減

「JR東日本ニュース」（2021年11月4日）より一部改変

【資料3】業種別・テレワーク実施率（2020年11月の調査）（単位：%）

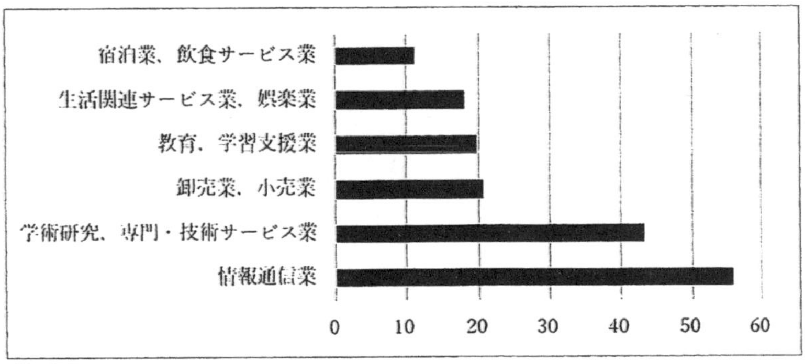

パーソル総合研究所「第四回・新型コロナウイルス対策によるテレワークへの影響に関する緊急調査」より一部改変

【資料4】山手線主要駅のタイプ適合度

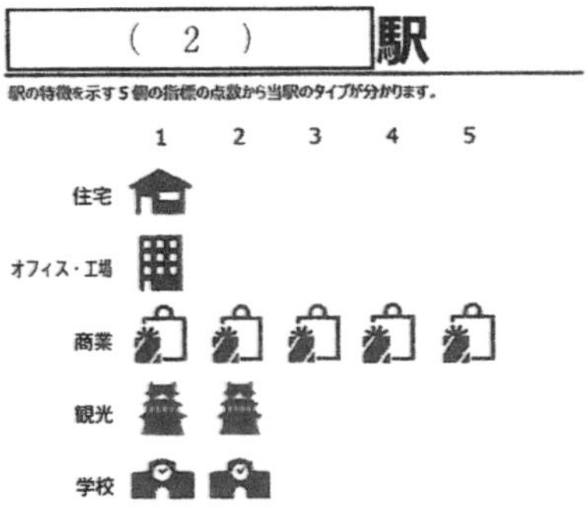

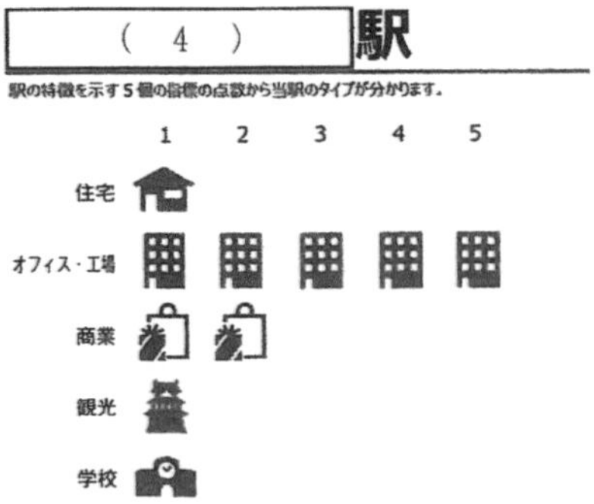

「JR東日本ニュース」（2021年11月4日）より一部改変

※タイプ適合度とは、Suicaの利用傾向（評価指標）のみで判定される駅のタイプで、点数はタイプの規模ではなく特徴の強さを示す。

	（ 1 ）	（ 2 ）	（ 3 ）	（ 4 ）
ア	宿泊業、飲食サービス業	池袋	情報通信業	新橋
イ	宿泊業、飲食サービス業	新橋	情報通信業	池袋
ウ	情報通信業	池袋	宿泊業、飲食サービス業	新橋
エ	情報通信業	新橋	宿泊業、飲食サービス業	池袋

問題は次のページに続きます。

問５　下線部④に関連した以下の文章の空らんに当てはまる同じ語句を答えなさい。

> 仕事の内容・責任などに応じて、雇われ方にかかわらず同じ賃金を支払うという同一労働同一賃金の導入が、男女間の格差解消のために必要であると指摘されている。
>
> その理由は、同じ仕事をしても□の人の賃金は安く、特に女性はパートなどの□で働いている割合が男性より高いためである。

問６　下線部⑤について、昨年（2022年）の物価上昇の原因について説明した文章Ｘ・Ｙの正誤の組み合わせとしてふさわしいものを、ア～エのうちから一つ選び、記号で答えなさい。

Ｘ　日本円の価値がドルなどの外国通貨に対して高くなったため、輸入価格も上昇した。

Ｙ　ロシアのウクライナ侵攻により、資源・燃料の国際価格が上昇した。

ア．Ｘ―正　Ｙ―正　　イ．Ｘ―正　Ｙ―誤

ウ．Ｘ―誤　Ｙ―正　　エ．Ｘ―誤　Ｙ―誤

問題は以上です。

令和四年度（第一回）

渋谷教育学園渋谷中学校　入学試験問題

国語

（50分）

※　解答は、必ず解答用紙の指定されたところに記入しなさい。

※　「○○字で」、または「○○字以内で」、という指示がある場合は、「。」「、」「かっこ」なども一字と数えます。

一

次の文章を読んで後の問いに答えなさい。

お詫び

著作権上の都合により、文章は掲載しておりません。
ご不便をおかけし、誠に申し訳ございません。

教英出版

お詫び

著作権上の都合により、文章は掲載しておりません。ご不便をおかけし、誠に申し訳ございません。

教英出版

お詫び

著作権上の都合により、文章は掲載しておりません。ご不便をおかけし、誠に申し訳ございません。

教英出版

お詫び
著作権上の都合により、文章は掲載しておりません。
ご不便をおかけし、誠に申し訳ございません。
教英出版

お詫び

著作権上の都合により、文章は掲載しておりません。
ご不便をおかけし、誠に申し訳ございません。

教英出版

（いとうせいこう「犬小屋」より）

※いわく……ここでは、「私は次のように言った」という意味。
※グーテンモルゲン……ドイツ語で「おはよう」の意味。
※符牒……仲間だけに通用する言葉。
※説教……宗教の話をわかりやすく説き聞かせること。その話。
※恰幅……肩幅《かたはば》や肉づきなどの具合からみた、体つき。
※クリスチャン……キリスト教の信者。
※ミサ……教会に集まって行う、神をたたえ、祈《いの》るための儀式。
※憲兵……旧日本軍で、軍事警察をつかさどった兵。犯罪捜査《そうさ》や思想の取りしまりにあたった。
※マタイ伝……聖書におさめられた、イエスの言葉と行いを記した文書の一つ。
※いぶかしむ……疑わしく思う。
※洗礼……信者になるための儀式。信仰に生きることを象徴《しょうちょう》するための儀式。
※もうひとつの名前……キリスト教徒は、洗礼の際に洗礼名をさずけられる。

問一　――線①～④のカタカナを漢字に直しなさい。漢字は一画ずつていねいに書くこと。

問二　――線(1)「一計を案じた」とありますが、ここでいう「一計」とはどういうものですか。五十一字以上六十字以内で説明しなさい。

問三　[1] に入る四字熟語として最もふさわしいものを次の中から一つ選び、記号で答えなさい。

ア　意味深長　　イ　単刀直入　　ウ　異口同音　　エ　公明正大　　オ　無我夢中

問四　――線(2)「ある初冬の朝」とありますが、その「朝」に起きたことの説明として最もふさわしいものを次の中から一つ選び、記号で答えなさい。

ア　ふだんから信仰について真剣《しんけん》に考えているケンスケは、ミサを終えると、聞きとれなかった部分の意味を確かめようと、タイチ、ヒナコ、「私」の順に、グリ神父の話を解説させた。

イ　タイチは、中途半端《ちゅうとはんぱ》な答えでは、発問したケンスケを納得させることが難しいと判断し、グリ神父の説教に登場した内容を的確に引用しながら、その内容をわかりやすく説明した。

ウ　ヒナコは、ケンスケが発したミサに関する質問に対して、グリ神父の説教を上手にまとめて答えることができず、感情を表に出さないようにしたものの、思わず泣いてしまった。

エ　「私」は、自分から質問しておきながらどんな答えについても認めないようなケンスケの態度に納得がいかず、乱れた気持ちになりながら、自分でも意外な感想をもらした。

オ　ケンスケに想定外の対応をしてしまった「私」は、ケンスケに嫌われたくない一心から、興奮した状態のまま、自分をかばうような言葉を次から次へと口にすることになった。

問五　[2]～[4] に入る語として最もふさわしいものを次の中からそれぞれ選び、記号で答えなさい。

ア　姉　　イ　妹　　ウ　兄　　エ　弟　　オ　母

カ　父　　キ　姪《めい》　　ク　甥《おい》　　ケ　伯母　　コ　伯父

問六 ――線(3)「ミエ伯母はかえって申し訳なかったと、母に頭を下げた」とありますが、「ミエ伯母」が「母に頭を下げた」のはなぜだと考えられますか。最もふさわしいものを次の中から一つ選び、記号で答えなさい。

ア タイチやヒナコのことを心配して、前日に起きたささやかな出来事について、わざわざ翌朝に謝りに来た「私」の母の礼儀正しさを、ミエ伯母はありがたいと感じたから。

イ 事態をおだやかにおさめるために、「私」の母が、なにもいわずに、自分の息子の方に非があることにしてくれた気づかいに対して、ミエ伯母はありがたいと思ったから。

ウ ケンスケ自身が抱えている問題のために、前日、ケンスケが「私」をやっかいな状況に巻きこみ、嫌《いや》な思いをさせたことについて、ミエ伯母は悪かったと考えたから。

エ 一つのことに熱中すると周りが見えなくなるケンスケが、子どもの年齢では答えられない質問を発し、子どもたちを困らせたことを知って、ミエ伯母は申し訳なく感じたから。

オ 前々から、ケンスケが勝手に「私」に洗礼を受けさせたことを「私」の両親に謝ろうと考えていたところに、「私」の母が先に謝りに来て、ミエ伯母は気が引ける思いがしたから。

問七 「私」とケンスケとの関わりの説明として最もふさわしいものを次の中から一つ選び、記号で答えなさい。

ア 下の階に住む「私」は、日々の生活の中でケンスケに迷惑をかけたくないので、二階に住むケンスケのたてる音を気にした。

イ 幼い「私」は、ケンスケにも自分の母にも気に入られたくて、毎朝、ケンスケと大声でドイツ語の挨拶を交わした。

ウ 教会でグリ神父と話をするケンスケを待つ間、「私」は、ケンスケが抱えるやっかいな問題について考えをめぐらせた。

エ とつぜん自分の子どもたちに厳しく接するような時、「私」は、いつも、ケンスケの気まぐれな態度を憎いと思った。

オ ケンスケが正統な神のしもべではないかもしれないと思った「私」は、余計にケンスケとの結びつきを感じるようになった。

問八　次のア～オは、この作品を読んだ生徒たちの感想です。作品の解釈《かいしゃく》として明らかな間違《まちが》いを含むものを一つ選び、記号で答えなさい。

ア　小学生の頃の「私」は聴覚が鋭かったという話が印象に残った。教室の隅にいるバッタのこととか、校門近くのウサギ小屋のこととか、信じられないような話だった。近くに住むケンスケがたてる音が気になってしまうのは、聴覚のせいもあったのかもしれない。聴覚についていえば、憲兵に殴られて片耳が悪いというケンスケと「私」とでは、対照的に描《えが》かれているようだった。

イ　少なくなったはずの野犬が二〇一一年に福島に現れたというような記述が、作品の途中にみられた。これは、二〇一一年当時の状況をふまえると、大きな地震《じしん》が起きて、原子力発電所の事故が起きて、人と一緒に避難《ひなん》することができなかった飼い犬がやがて野犬になったということなのだろうと想像した。さらに、次の世代がまた野犬になったということなのだろうと想像した。

ウ　柴又街道のことが気になった。「私」が住んでいる家のすぐ近くを通っている街道だというのに、ミサなんかが行われる教会に足を運ぶ時と亡《な》くなったケンスケの葬儀に参列した時以外、「私」は柴又街道を越えることがなかったらしい。宗教や信仰にまつわるものとか、死にまつわるものとか、柴又街道を渡ったむこう側には、「私」にとって特別なものがあるように思えた。

エ　ケンスケからの質問に答える場面のところどころに登場する水にまつわる表現が、一貫《いっかん》して、無茶な質問をされた子どもたちの不安な気持ちをあらわしていた。タイチが返事をする場面、ヒナコが泣く場面、「私」がケンスケの声を聞く場面、すべてにおいて水に関する表現が使われている。そこまで読んだ時、冒頭《ぼうとう》のおねしょの話が伏線《ふくせん》としてつながっていることがわかった。

オ　この作品は、過去をふり返る形で書かれていた。大きくなった「私」は、海外を転々としたり、外国と日本の血の混じる女性と結婚をしたり……でも、もう、その女性はいなくなっているらしい。ちょうどケンスケが真面目な質問をする時にみんなをそう呼ぶのと同じように、「私」が「君」と呼びかけるその女性にむかって、「私」が語りかけているような形式で書かれていた。

二　次の文章を読んで後の問いに答えなさい。

資本主義の歴史を振《ふ》り返れば、国家や大企業《きぎょう》が十分な規模の気候変動対策を打ち出す見込《みこ》みは薄《うす》い。解決策の代わりに資本主義が提供してきたのは、収奪《しゅうだつ》と負荷《ふか》の外部化・※転嫁《てんか》ばかりなのだ。矛盾《むじゅん》をどこか遠いところへと転嫁し、問題解決の先送りを繰《く》り返してきたのである。

実は、この転嫁による外部性の創出とその問題点を、早くも一九世紀半ばに分析《ぶんせき》していたのが、あの※カール・マルクスであった。

マルクスはこう強調していた。(1)資本主義は自らの矛盾を別のところへ転嫁し、不可視化する。だが、その転嫁によって、さらに矛盾が深まっていく泥沼《どろぬま》化の惨状《さんじょう》が必然的に起きるであろうと。

資本による転嫁の試みは最終的には破綻《はたん》する。このことが、資本にとっては克服《こくふく》不可能な限界になると、マルクスは考えていたのである。

そうした資本主義の限界の所在を突《つ》き止めるべく、マルクスを参照しながら、技術的、空間的、時間的という三種類の転嫁について整理しておこう。

第一の転嫁方法は、環境《かんきょう》危機を技術発展によって乗り越《こ》えようとする方法である。

マルクスが扱《あつか》っているのは農業による土壌疲弊《どじょうひへい》の問題である。その際、彼《かれ》が参照したのは、同時代の化学者ユストゥス・フォン・リービッヒの「掠奪《りゃくだつ》農業」批判であった。

リービッヒによれば、土壌の養分、とりわけリンやカリウムのような無機物は、岩石の風化作用によって、植物が利用できる形になる。ただし、風化の速度は非常にゆっくりであるため、植物が利用可能な状態の土壌養分は限られている。それゆえ、地力を保つためには、穀物が吸収した分の無機物を土壌にしっかりと戻《もど》すことが不可欠だという。

リービッヒは、これを「充足律《じゅうそくりつ》」と呼んだ。要するに、持続可能な農業のためには、土壌養分がしっかりと循環《じゅんかん》しなくてはならないというわけだ。

ところが、資本主義が発展して、都市と農村のあいだで分業が進むと、農村で収穫《しゅうかく》された穀物は、都市の労働者向けに販売《はんばい》されるようになっていく。そうすると、都市で消費される穀物に吸収された土壌養分は、もはや元の土壌に戻ってくることがない。都市の労働者たちが摂取《せっしゅ》し、消化した後は水洗トイレで河川《かせん》に流されてしまうからだ。

資本主義下での農業経営にも問題は潜《ひそ》む。短期的な視点しかもてない農場経営者は、地力を回復させるための休耕より、儲《もう》けのために連作を好む。土地を潤《うるお》す灌漑《かんがい》設備への投資なども最低限にとどめる。資本主義では、短期的な利潤《りじゅん》が最優先されるのである。こうして土壌の養分循環に「亀裂《きれつ》」が生じ、土壌に養分が還元されることなく、一方的に失われ、土壌は疲弊していく。

短期的な利潤のために、持続可能性を犠牲《ぎせい》にする不合理な農場経営を、リービッヒは「掠奪農業」と呼んで批判し、ヨーロッパ文明崩壊《ほうかい》の危機として警鐘《けいしょう》を鳴らしたのだった。

ところが、歴史的に見れば、リービッヒが警告したような土壌疲弊による文明の危機は生じなかった。なぜだろうか？　二〇世紀初頭に開発された「ハーバー・ボッシュ法」というアンモニアの工業的製法によって、※廉価《れんか》な化学肥料の大量生産が可能になったからである。

ただし、この発明によって、循環の「亀裂」が修復されたわけではない。「転嫁」されたにすぎないというのがポイントだ。

ハーバー・ボッシュ法によるアンモニア（※NH_3）の製造は、大気中の窒素《ちっそ》（※N）だけでなく、化石燃料（主に天然ガス）由来の水素（※H）を利用する。当然、世界中の農地の分をまかなうためには膨大《ぼうだい》な量の化石燃料が必要となる。

実際、アンモニアの製造に使われる天然ガスは、産出量の三～五％をも占《し》めるのだ。要するに、現代農業は、本来の土壌養分の代わりに、別の限りある資源を浪費《ろうひ》しているだけなのである。当然、製造過程では、大量の二酸化炭素も発生する。これが、技術的転嫁の本質的な矛盾である。

そのうえ、大量の化学肥料の使用による農業の発展は、窒素化合物の環境流出によって、地下水の硝酸《しょうさん》汚染《おせん》や富栄養化による赤潮などの問題を引き起こす。飲み水や漁業に影響《えいきょう》を与《あた》えるようになっていくのである。こうして技術による転嫁はいよいよ、ひとつの土地の疲弊には収まらない大規模な環境問題を引き起こすようになっていくのだ。

だが、話はこれで終わりではない。土壌生態系が化学肥料の大量使用によって※攪乱《こうらん》され、土壌の保水力が落ちたり、野菜や動物が疫病《えきびょう》などにかかりやすくなったりするのだ。そうはいっても、市場《しじょう》は虫食いがなく、大きさも均一で、廉価な野菜を求めている。こうして、現代農業には、ますます多くの化学肥料、農薬、抗生物質《こうせいぶっしつ》が必要不可欠になっていく。もちろん、これらの化学物質も環境へと流出し、生態系を攪乱する。

ところが、その原因を作った企業は、被害《ひがい》が出ても因果関係が証明されないと言い張って補償《ほしょう》をしない。もちろん、補償をしたところで、環境問題の場合は、元通りにならないことも多い。

(2)技術的転嫁は問題を解決しないのだ。むしろ、技術の濫用《らんよう》によって、矛盾は深まっていくばかりなのである。

技術的転嫁に続く、第二の方法が、(3)空間的転嫁である。この点についても、マルクスは、土壌疲弊との関係で考察している。まだハーバー・ボッシュ法が開発されていなかったマルクスの時代に注目された代替《だいたい》肥料は、グアノであった。南米のペルー沖にはたくさん海鳥がいて、その海鳥の糞《ふん》の堆積物《たいせきぶつ》が化石化したものがグアノである。それが島のように積み重なっていたのだ。

このグアノは乾燥《かんそう》した鳥の糞なので、植物の生育にとって必要な多くの無機物が含《ふく》まれており、取り扱いも容易であった。実際、現地の住民は伝統的にグアノを肥料として用いていたという。このグアノの効用に気がついたヨーロッパ人が、一九世紀初頭に南米を調査旅行していたアレクサンダー・フォン・フンボルトであった。

その後、グアノは、土壌疲弊に対する救世主として一躍《いちやく》有名になり、大量に南米から欧米《おうべい》へ輸出されるようになっていく。グアノのおかげで、イギリスやアメリカの地力は維持《いじ》され、都市の労働者たちの食料が供給されたのだ。

ところが、ここでも「亀裂」は修復されていない。大勢の労働者が①ドウインされて、グアノが一方的に、奪《うば》い去られていったのだ。その結果は、原住民の暴力的な抑圧《よくあつ》と九万人にも及《およ》ぶ中国人※クーリーの搾取《さくしゅ》、ならびに海鳥の激減を伴《ともな》うグアノ資源の急速な枯渇《こかつ》であった。さらには、枯渇する資源をめぐって、グアノ戦争（一八六四～六六年）や硝石戦争（一八七九～八四年）が勃発《ぼっぱつ》することになる。

この事例からもわかるように、矛盾を中核《ちゅうかく》部にとってのみ有利な形で解消する転嫁の試みは、「生態学的帝国《ていこく》主義」(ecological imperialism)という形を取る。生態学的帝国主義は周辺部からの掠奪に依存《いそん》し、同時に矛盾を周辺部へと移転するが、まさにその行為《こうい》によって、原住民の暮らしや、生態系に大きな打撃《だげき》を与えつつ、矛盾を深めていく。

最後の第三の転嫁方法は、時間的なものである。マルクスが扱っているのは森林の過剰伐採《かじょうばっさい》だが、現代において時間的転嫁が最もはっきりと現れているのが、気候変動である。

化石燃料の大量消費が気候変動を引き起こしているのは間違《まちが》いない。とはいえ、その影響のすべてが即時《そくじ》に現れるわけではない。ここには、しばしば何十年にも及ぶ、タイムラグが存在するのだ。そして資本はこのタイムラグを利用して、すでに投下した採掘機《さいくつき》やパイプラインからできるだけ多くの収益を上げようとするのである。

こうして、資本主義は現在の株主や経営者の意見を②ハンエイさせるが、今はまだ存在しない将来の世代の声を無視することで、負担を未来へと転嫁し、外部性を作り出す。将来を犠牲にすることで、現在の世代は繁栄《はんえい》できる。

だが、その代償として、将来世代は自らが排出《はいしゅつ》していない二酸化炭素の影響に苦しむことになる。こうした資本家の態度をマルクスは、「大洪《こう》水《ずい》よ、 1 」と皮肉ったのだ。

(4)ここで、時間的な転嫁は必ずしも否定的なものではない、むしろ、危機に対処するための技術開発のための時間を稼《かせ》いでくれるではないか、と考える人もいるかもしれない。実際、※本章の冒頭で触《ふ》れたノードハウスのように、二酸化炭素排出量削減《さくげん》をやりすぎて経済に悪影響が出るよりは、経済成長を続けて豊かになり、技術開発を推進する方が、賢《かしこ》い判断だと考える学者もいる。

ところが、仮にいつか新技術が開発されたとしても、その技術が社会全体に普及《ふきゅう》するのには、長い時間がかかる。そのせいで、貴重な時間を失ってしまうのだ。その間に、危機をさらに加速・悪化させる作用（「※正のフィードバック効果」）が強まり、環境危機はさらに深刻化するかもしれない。となれば、その新技術では対応しきれないことだってありうる。技術がすべてを解決するという望みは裏切られることになるのだ。

「正のフィードバック効果」が大きければ、当然、経済活動にも甚大《じんだい》な負の影響が出る。環境悪化の速度に新技術がおいつかなければ、もはや人類になす術《すべ》はなく、未来の世代はお手上げだ。当然、経済活動にも負の影響が出る。つまり、将来世代は、極《きわ》めて過酷《かこく》な環境で生きることを余儀《よぎ》なくされるだけでなく、経済的にも苦しい状況《じょうきょう》に陥《おちい》る。

これこそ最悪の結果であろう。技術任せの対症療法《たいしょうりょうほう》ではなく、根本原因を探《さぐ》って、そこから気候変動を止めなくてはならない理由がここにある。

以上、マルクスにならって、三種類の転嫁を見てきた。このように、資本はさまざまな手段を使って、今後も、否定的帰結を絶えず周辺部へと転嫁していくに違いない。

その結果、周辺部は二重の負担に直面することになる。つまり、生態学的帝国主義の掠奪に苦しんだ後に、さらに、転嫁がもたらす破壊《はかい》的作用を不平等な形で押《お》しつけられるのである。

例えば、南米チリでは、欧米人の「ヘルシーな食生活」のため、つまり帝国的生活様式のために、輸出向けのアボカドを栽培《さいばい》してきた。「森のバター」とも呼ばれるアボカドの栽培には多量の水が必要となる。また、土壌の養分を食いつくすため、一度アボカドを生産すると、ほかの種類の果物などの栽培は困難になってしまう。チリは自分たちの生活用水や食糧《しょくりょう》生産を犠牲にしてきたのである。

そのチリを大干ばつが襲《おそ》い、深刻な水不足を招いている。これには気候変動が影響しているといわれている。先に見たように、気候変動は転嫁の帰結だ。そこに、新型コロナウイルスによるパンデミックが追い打ちをかけた。ところが、大干ばつでますます③キショウとなった水は、コロナ対策として手洗いに使われるのではなく、輸出用のアボカド栽培に使われている。(5)水道が民営化されているせいである。

このように、欧米人の消費主義的ライフスタイルがもたらす気候変動やパンデミックによる被害に、真っ先に晒《さら》されるのは周辺部なのである。

つまり、リスクやチャンスは極めて不平等な形で分配されている。中核が勝ち続けるためには、周辺が負け続けなくてはならないのだ。

もちろん、中核も自然条件悪化の影響を完全に免《まぬか》れることはできない。だが、転嫁のおかげで、資本主義が崩壊するほどの致命傷《ちめいしょう》を今すぐに負うことはない。裏を返せば、先進国の人々が大きな問題に直面するころには、この惑星の少なからぬ部分が生態学的には手遅《ておく》れの状態になっているだろう。(6)資本主義が崩壊するよりも前に、地球が人類の住めない場所になっているというわけだ。

だから、アメリカを代表する環境活動家ビル・マッキベンは次のように述べている。

「利用可能な化石燃料が減少していることだけが、私たちの直面している限界ではない。実際、それは最重要問題ですらない。石油がなくなる前に、地球がなくなってしまうのだから」

この発言のなかの石油を資本主義と言い換《か》えることもできるだろう。もちろん、地球がダメになれば、人類全体がゲーム・オーバーとなる。地球の※プランBは存在しない。

（斎藤幸平『人新世の「資本論」』より）

※転嫁……過ちや責任を他のものになすりつけること。

※カール・マルクス……一九世紀の経済学者・哲学《てつがく》者。

※廉価……値段が安いこと。

※NH_3・N・H……NH_3は、記号を用いてアンモニアの構成をあらわしたもの。N、Hはそれぞれ窒素、水素をあらわす記号。

※攪乱……かき乱すこと。

※クーリー……重労働に従事する中国やインドの労働者。当時、奴隷《どれい》にかわる労働力として売買された。

※本章の冒頭で触れたノードハウス……これより前の本文に、経済学者のウィリアム・ノードハウスについて触れた部分がある。
※正のフィードバック……ある変化が起こったときに、その変化を強める作用が働くこと。
※プランB……これまで続けてきた計画が行きづまった際に用いられる代わりのプラン。

問一 ══線①～③のカタカナを漢字に直しなさい。漢字は一画ずつていねいに書くこと。

問二 ――線(1)「資本主義は自らの矛盾を別のところへ転嫁し、不可視化する」とありますが、ここでいう「矛盾」は、波線部「農業における土壌疲弊の問題」においてはどのようなことですか。五十一字以上六十字以内で説明しなさい。

問三 ――線(2)「技術的転嫁は問題を解決しないのだ」とありますが、ここでいう「技術的転嫁」の結果として起こっていることの説明として、最もふさわしいものを次の中から一つ選び、記号で答えなさい。

ア 化学肥料によってその土地の土壌養分の消費を抑《おさ》えたとしても、化学肥料を生産するために他の資源が失われていることには変わりがなく、さらに大量に使用された化学肥料によって地球規模の環境破壊までも引き起こされているということ。

イ 化学肥料によって土壌の疲弊という問題が解決されたように見えても、都市から農村へと養分が還元されていないことには変わりがなく、養分の循環という農場が抱《かか》える問題の根本的な部分は解決されていないままだということ。

ウ 化学肥料によって都市から農村へと養分が還元されるようになったが、流出した余分な化学物質が水質汚染や疫病といった新しい問題を引き起こすようになり、農場の問題を自然や他の産業に押しつけているだけだということ。

エ 化学肥料によって土壌養分の不足を補うことはできたが、大量に使用された化学肥料によって生態系の破壊という新しい問題が農地には起きており、短期的な利潤を求める農場経営が農地に強いる犠牲の大きさは変わっていないということ。

オ 化学肥料によって農業の持続可能性は維持されているが、市場の要求に応え続けるためにより多くの化学肥料、農薬、抗生物質が必要となっており、農地から消費者の健康へと問題の所在が移り変わったに過ぎないということ。

問四　――線(3)「空間的転嫁」とありますが、筆者はその問題点をどのようなことだと考えていますか。最もふさわしいものを次の中から一つ選び、記号で答えなさい。

ア　先進国が抱える問題を途上国《とじょうこく》に押しつけて解決を先延ばしにし、新しい技術を開発するための時間を稼ごうとするもので、先進国が問題に正面から向き合おうとしない無責任な態度をとっていること。

イ　先進国が抱える問題を途上国と共有することで解決を先延ばしにし、環境にかかる負荷を世界で平均化しようとするもので、もともと環境負荷の小さい途上国にとっては不利益が大きいこと。

ウ　先進国が抱える問題を途上国に眠《ねむ》る資源の利用によって解決することを目指し、その資源は途上国から不適正な価格で入手しようとするもので、弱い立場にある途上国に対して先進国が不誠実であること。

エ　先進国が抱える問題を途上国から資源を掠奪し続けることで解決することを目指し、軍事力を背景に先進国が途上国から資源を搾取し続けようとするもので、先進国が資源の枯渇を問題視していないこと。

オ　先進国が抱える問題を途上国から資源を奪い取ることによって解決することを目指し、環境への負荷を途上国に押しつけようとするもので、先進国にばかり都合が良く途上国には不平等であること。

問五　[1]に入る言葉として最もふさわしいものを次の中から一つ選び、記号で答えなさい。

ア　我の生まれる前に来たれ！

イ　我が亡《な》き後に来たれ！

ウ　我がもとに来たれ！

エ　我のあずかり知らぬ地へ去れ！

オ　我が敵のもとへ去れ！

問六　――線(4)「ここで、時間的な転嫁は必ずしも否定的なものではない、むしろ、危機に対処するための技術開発のための時間を稼いでくれるではないか、と考える人もいるかもしれない」とありますが、筆者はこの考えに反対する立場です。そうした立場をとるのは、筆者にどのような考えがあるからですか。六十一字以上七十字以内で説明しなさい。

問七　――線(5)「水道が民営化されているせい」とありますが、本文で述べられている筆者の考えに従えば、ここでの「水道」の「民営化」はどのような問題点を含んでいると考えられますか。次のア～オで述べられている、「水道」の「民営化」によって引き起こされる事態の中から、最もふさわしいものを一つ選び、記号で答えなさい。

ア　先進国からの出資によって経営されている民間企業は、自国に暮らす人々の生活の安全性よりも、先進国の豊かな生活の維持を優先せざるを得ないということ。

イ　経営の持続可能性を重要視する民間企業は、安定した経営を将来にわたって維持していくために、目の前の利用者の要望にそぐわない選択をせざるを得ないということ。

ウ　商品の生産にかかる費用の大きさによって事業の整理を行うことがある民間企業は、採算が取れない過疎《かそ》地域に暮らす人々への給水を切り捨てかねないということ。

エ　利益を上げることが経営の前提である民間企業は、国民の生活を維持することで長期的な経営を目指すよりも、水の売買によって得られる目先の利益を優先しかねないということ。

オ　短期的な利潤をあげることを何よりも優先する民間企業は、収益のあがらない設備投資を後回しにして日常生活に利用できないほどの水質低下を招きかねないということ。

問八　――線(6)「資本主義が崩壊するよりも前に、地球が人類の住めない場所になっている」とありますが、そのように言えるのはなぜですか。最もふさわしいものを次の中から一つ選び、記号で答えなさい。

ア　資本主義は環境の悪化を未来の世代に先送りし続けることで成り立っているので、その起点である現在の先進国に環境危機が迫《せま》るときには、未来の技術でも対応しきれないほどに環境問題が悪化していると考えられるから。

イ　資本主義は中核が周辺部に環境への負担を肩《かた》代わりさせることで成り立っているので、その中心である先進国に環境危機が迫るときには、すでに地球規模で環境が壊滅《かいめつ》的な被害を受けていると考えられるから。

ウ　資本主義は地球上の資源を次々に消費して経済活動を行うことで成り立っているので、その中心である先進国に環境危機が迫るときには、すでに経済活動が行えないほどに地球から資源が失われていると考えられるから。

エ　資本主義は強大な資本力を持つ国家が先進的な立場にあり続けることで成り立っているので、その中心である先進国に経済的な危機が迫るときには、すでに資本力に劣《おと》る途上国が経済的に破綻していると考えられるから。

オ　資本主義は周辺部の富を先進国に集め続けることで成り立っているので、その中心である先進国に経済的な危機が迫るときには、すでに世界経済のシステムが崩壊していると考えられるから。

（問題は以上です）

算数　令和４年度　渋谷教育学園渋谷中学校入学試験問題　(50分)

注　解答はすべて解答用紙に記入すること。
定規，コンパスは使用しないこと。

1 次の問いに答えなさい。ただし，(6) は答えを求めるのに必要な式，考え方なども順序よくかきなさい。

(1) $\frac{1}{12}-\frac{2}{7}\div\left\{\frac{1}{3}\div1\frac{2}{3}\div\left(\frac{1}{4}-\frac{1}{5}\right)\right\}$ を計算しなさい。

(2) 中学1年生がテストを受けました。中学1年生は A 組，B 組，C 組の3クラスあり，それぞれ 29 人，31 人，30 人がテストを受けました。中学 1 年生全体，A 組，B 組の平均点は，四捨五入しないで計算することができて，それぞれ 59.1 点，62 点，58 点でした。このとき，C 組の平均点は何点ですか。ただし，答えは小数第 2 位を四捨五入して小数第 1 位まで求めなさい。

(3) 8%の食塩水 A が 400g あります。5%の食塩水 B を食塩水 A に加え，よく混ぜると，7.5%の食塩水になりました。加えた食塩水 B は何 g ですか。

(4) 原価 900 円の品物があります。この品物 300 個を定価の 1 割引きで売るときの利益は，この品物 675 個を定価の 2 割引きで売るときの利益に等しいです。この品物の定価はいくらですか。

(5) 3桁《けた》の数 ABC，DEF，GHI の 3 つを足したら 2022 になりました。

$$\begin{array}{r} \mathrm{A\ B\ C} \\ \mathrm{D\ E\ F} \\ +\ \mathrm{G\ H\ I} \\ \hline 2\ 0\ 2\ 2 \end{array}$$

A～I には，0～9 の 10 個の数字のうち，9 個の異なる数字が 1 つずつ入ります。また，C は 6，H は 0 です。A～I で使わなかった数字を P とします。
ABC が考えられる数の中で一番大きい数になるとき，B と P はそれぞれいくつですか。

(6) 右の図は 1 辺 24 cm の正方形から，直角二等辺三角形を取り除いた図形です。この図形を直線 L を軸として 1 回転させてできる立体の体積は何 cm^3 ですか。ただし，円周率は 3.14 とします。また，すい体の体積は「(底面積)×(高さ)÷3」で求めることができます。

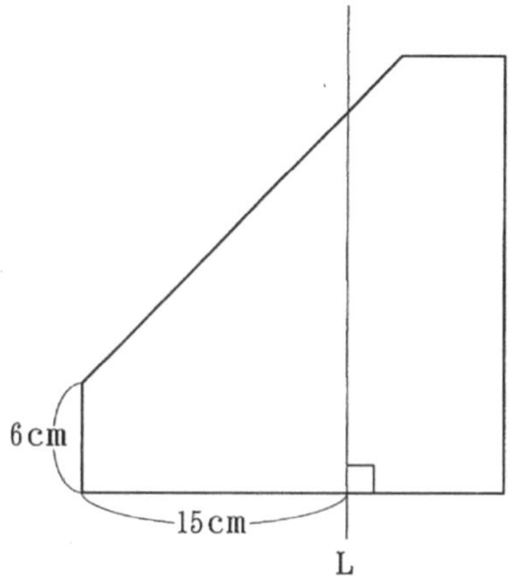

（計算用紙）

2 1, 2, 3, 4, 5 の 5 つの数字だけを使ってできる 4 桁の数すべてを次のように小さい順に並べました。

1111, 1112, 1113, 1114, 1115, 1121, 1122, ・・・・・・, 5553, 5554, 5555

次の問いに答えなさい。

(1) 全部で何個並んでいますか。

(2) 8 の倍数は何個並んでいますか。

(3) 並んでいる数をすべてかけあわせました。その積は一の位から 0 が何個続いていますか。

（計算用紙）

3　次の問いに答えなさい。

(1)　図1の三角形の面積は何 cm^2 ですか。

図 1

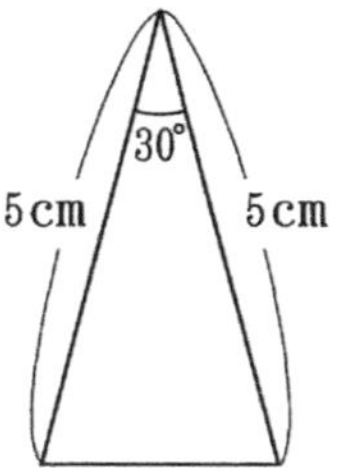

(2)　1辺の長さが 7cm の正三角形の面積と，図 2 の三角形の面積の差は何 cm^2 ですか。
図 3 を利用して考えなさい。

図 2

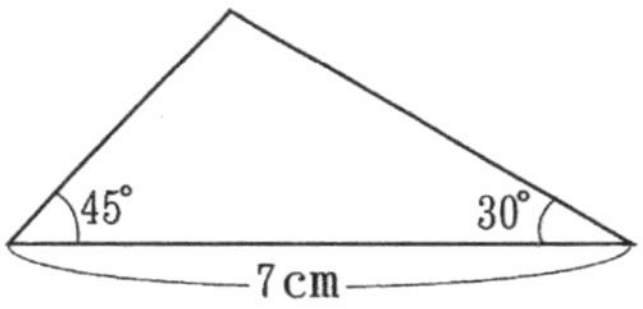

図 3

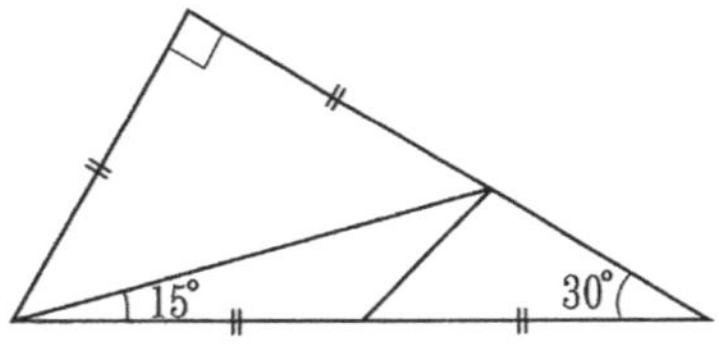

(3)　図 4 のように 1 辺の長さが 9cm の正方形の中に, 2 つの正三角形と正方形が入っています。
斜線部分の面積は何 cm^2 ですか。

図 4

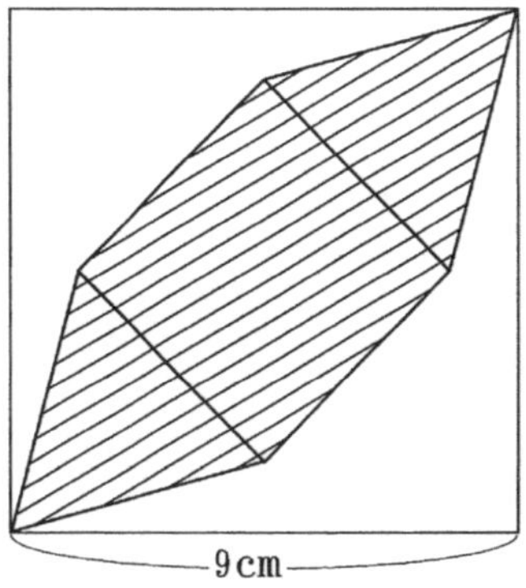

（計算用紙）

4　渋男君と教子さんが丘のふもとの公園と頂上を往復する競争をしました。スタート地点とゴール地点は，公園で，上りも下りも同じ道を通りました。

渋男君の下りの速さは，上りの速さの1.25倍でした。教子さんは上りの速さも下りの速さも同じでした。

教子さんが先にスタートし，7分30秒後に渋男君がスタートしました。

渋男君は下りの途中で教子さんに追いつきました。そのまま渋男君が勝ちました。

下のグラフは，渋男君と教子さんの2人の間の距離《きょり》と教子さんがスタートしてから渋男君が教子さんに追いつくまでの時間の関係を表したものです。

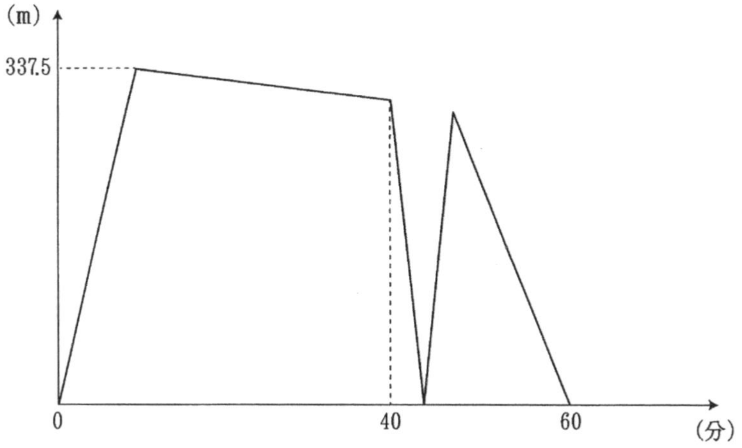

次の問いに答えなさい。ただし，(3)，(4) は答えを求めるのに必要な式，考え方なども順序よくかきなさい。

(1) 教子さんの速さは分速何mですか。

(2) 公園から頂上までの道のりは何mですか。

(3) 渋男君の上りの速さは分速何mですか。

(4) 渋男君と教子さんが最初にすれ違ったのは，教子さんがスタートしてから何分何秒後ですか。

〔問題は以上です。〕

理科　令和４年度　渋谷教育学園渋谷中学校入学試験問題　(30分)

注 答えはすべて解答用紙に記入しなさい。

1 次の文を読み、問いに答えなさい。

植物のからだは、一見、複雑な形に見えますが、ある規則性に基づいて作られています。

たとえば、カキやリンゴの果実を横に切ると、その断面のようすからカキは8つの部屋に、リンゴは5つの部屋に分かれていることがわかります。1果実を作る部屋の数は、花びらの枚数と関連しているようです。

次に、木の枝の伸《の》び方にも規則性があります。成長期には、図1のように、以下のルールに従って、枝分かれが起こるものとします。

ルール　枝が2つに分かれるときに栄養は均等に配分されずに、栄養の多いほう、少ないほうとかたよりができ、栄養の多いほうの枝は「次の成長期」に2つに分かれることができ、少ないほうの枝は「次の次の成長期」に2つに分かれることができる。

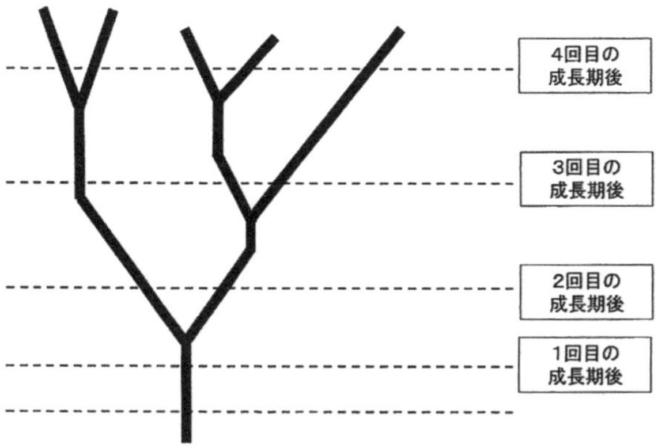

図1

上の図1より、成長期を経て木を構成する枝の数は増えていくことがわかりますが、2各々の成長期後の枝の数には規則性ができることがわかります（フィボナッチ数列という）。

成長期	1	2	3	4	…
枝の数	1	2	3	5	…

最後に、3葉は茎《くき》の周りに規則性をもってついています。茎の周りの葉の配列を葉序（ようじょ）といい、葉序の中でも右の図2に示すように、葉が互《たが》い違《ちが》いにつくことを互生《ごせい》といいます。

図中の葉に示された①～⑥は、葉の出る順序を示しています。

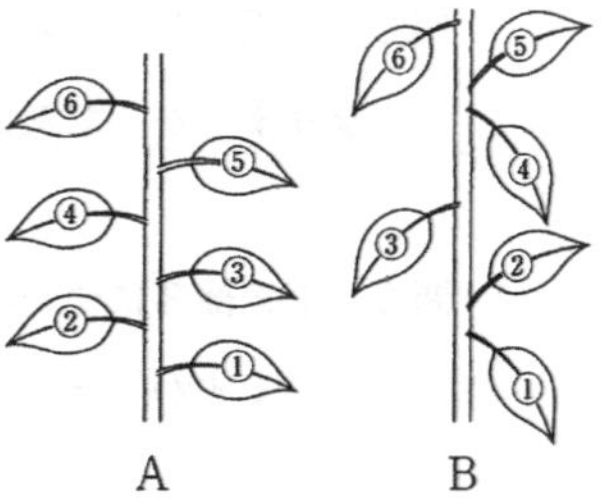

図2

図2のAとBの植物を真上から見たときに、どのように葉がついているかを図3に示しました。

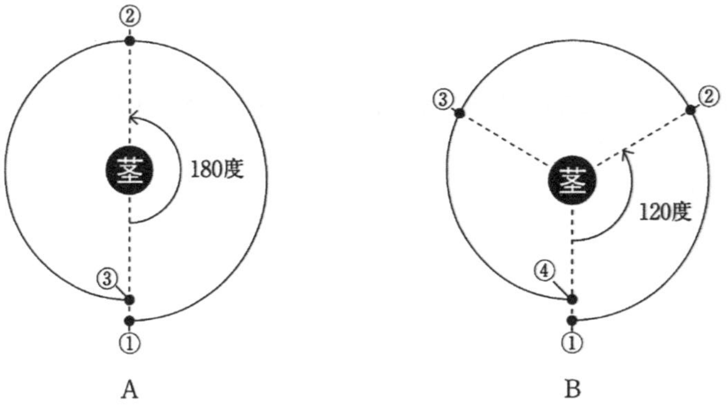

図3

図3のAでは、観察したときに①の葉と③の葉が上下に重なっています。つまり、①から次の葉（②）まで茎の周りを$\frac{1}{2}$周していることになります（$\frac{1}{2}$葉序といいます）。また、1枚の葉の茎への接続点と茎の中心を結ぶ線と、次の葉の接続点と中心を結ぶ線とのなす角を開度といい、この場合は180度になります。同様に、図3のBは$\frac{1}{3}$葉序で、開度は120度となります。その他、4$\frac{2}{5}$葉序、（　　　）葉序、$\frac{5}{13}$葉序の植物も知られており、ここでもフィボナッチ数列を使った規則性が見られます。

問1　下線部1について、花びらの枚数が4枚の植物を次のア～オから1つ選び、記号で答えなさい。

ア　ヘチマ
イ　イネ
ウ　サクラ
エ　アブラナ
オ　タンポポ

問２　下線部２について、図１の木は８回目の成長期を終えた後に、何本の枝から構成されるようになりますか。ただし、１回目の成長期においては、枝分かれが起こらなかったものとします。

問３　下線部３について、葉が茎の周りに規則性をもってついていることは、どのような点で有利になりますか。あなたの考えを述べなさい。

問４　下線部４について、$\frac{2}{5}$葉序の葉のつき方（②～⑤の葉）を、図３にならって解答らんにかきこみなさい。また、$\frac{2}{5}$葉序の開度は何度になりますか。

問５　文中の（　　　）に入る分数として、正しいものを次のア～オから１つ選び、記号で答えなさい。

ア　$\frac{1}{4}$　　イ　$\frac{5}{6}$　　ウ　$\frac{5}{7}$　　エ　$\frac{3}{8}$　　オ　$\frac{7}{9}$

このページは白紙です。

2 次の会話文を読み、問いに答えなさい。

リカ子：お父さ〜ん。学校の課題をプリントアウトしたいのに出てこないんだけど、見てもらえる？

父　：ああ。これは、インクが切れているね。年賀状でたくさん使っちゃったからなあ。

リカ子：そうか。じゃあ、新しいインクに交換《こうかん》すればいいんだね。

あれあれ？　黒いインクが切れたみたいなんだけど、黒いインクのカートリッジって２つもあるよ。（図１）

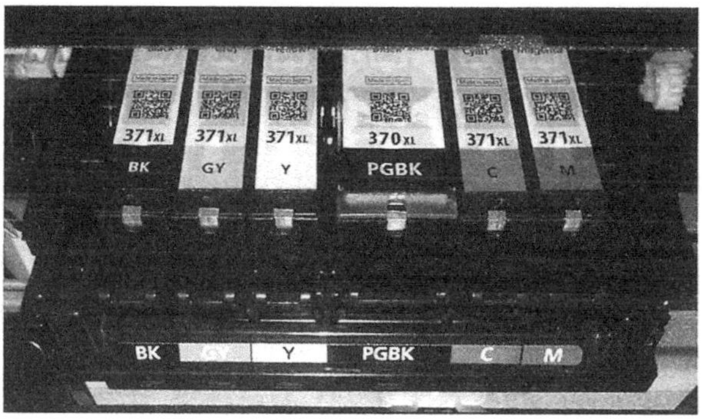

図１　プリンターのインクカートリッジ

リカ子：『BK』ってBLACK（ブラック）だから、黒色だよね？　『PGBK』もBKだから黒色のようだけど、PG って何だろう。

父　：よく気づいたね。PGはPigment（ピグメント）の意味で、これは顔料という意味なんだ。

リカ子：顔料？

父　：色の材料としては、顔料と染料という２種類に分けられるんだ。簡単にいうと、顔料は水などの液体に溶《と》けないもので、染料は水などの液体に溶けるもののことだよ。このプリンターインクのPGBK以外の色はみんな染料なんだ。『BK』以外では、『M』はMagenta（マゼンタ）赤っぽい色、『C』はCyan（シアン）青っぽい色、『Y』はYellow（イエロー）黄色、『GY』はGray（グレイ）灰色ということだよ。そして、1インクを出す部品を急速に加熱することで、紙に吹《ふ》き付けて印刷するんだ。」

リカ子：そうなんだ。あれ？　でも、インクって液体だよね。顔料って水に溶けないのにどうやって液体のインクにしているの？

父　：顔料は水に溶けないけど、とても細かくして水の中に混ぜてあるんだ。

リカ子：へー。ところで、顔料の黒と染料の黒って違《ちが》うの？

父　：もちろん違いがあるから使い分けているんだよ。さっき話した通り、染料は水に溶ける色素だから、普通《ふつう》の紙に印刷した時、水といっしょに紙にしみこんでいくんだ。それに比べて顔料は水には溶けないため、紙にしみこむのではなく、紙の上にたまっていくんだ。（図２）

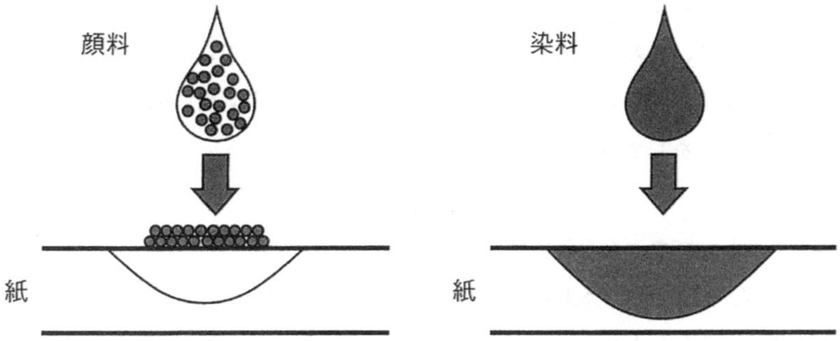

図２　顔料と染料の違い

父　：だから文字は、くっきり印刷される顔料を使うんだ。
年賀はがきを買いに行ったのを覚えているかな？

リカ子：もちろん。キャラクターの年賀はがきを買ったよ。

父　：家で買った年賀はがきはキャラクターのものだけど、あの年賀状はインクジェット紙というものだったんだ。年賀はがきには、普通紙、インクジェット紙、それからつるつるした光沢《こうたく》のあるインクジェット写真用という種類があるんだよ。ほら、お年玉くじの上のところにインクジェット紙とかって印刷してあるでしょ。（図３）

図３　インクジェット紙とインクジェット写真用の年賀はがき

リカ子：そういえば、リカ夫くんからきた年賀状は、写真入りで、つるつるした年賀はがきだったよ。

父　：つるつると光沢がある表面にするためには、いろいろな方法があるけど、どれも平らでなめらかな表面にしているんだ。これらのインクジェット紙や光沢のあるインクジェット写真用というのは、染料のインクでの印刷を想定してつくられているんだ。

リカ子：普通紙とは何か違うの？

父　：染料のインクは、さっき説明した通り、色素が水に溶けていて、水と一緒《いっしょ》に紙にしみこんでいく。だから普通の紙に印刷すると、インクが少し［　あ　］しまう。そうならないように、紙の表面に特別な処理をしているんだ。でも、染料に適した加工をしてしまうと、顔料インクには不向きで、顔料がはがれてしまうことがあるんだ。

リカ子：そっか！　それで、黒いインクには顔料と染料の２種類があるんだね。

父　：その通り、この処理をしているのは、裏の通信面のみで、表の宛名《あてな》面は普通の紙のままなんだよ。だから、通信面の彩《いろど》りのある絵は染料インクを使って、宛名面の宛先は黒の顔料インクを使うようになっているんだ。

リカ子：でも、どうして、表の宛名《あてな》面もインクジェット用に加工しないんだろう。

父　：そうだね。価格の問題もあるし、年賀はがきでは、表の宛名面に加工をしてしまうと、

[　い　] 加工をしていないんだ。

リカ子：染料とか顔料ってなかなか深い話なんだね。

父　：そういえば、図工で使う水彩《すいさい》絵の具も、実は顔料なんだよ。

リカ子：顔料なのに『水彩』なの？

父　：そうなんだ。さっき話した通り、細かくした顔料を液体に混ぜているんだ。このときの液体が水ならば水彩絵の具、油ならば油絵の具になる。たとえば、水彩絵の具を紙の上に塗《ぬ》ると水は紙にしみこんで顔料が紙の上に残る。だから、色が塗れるんだ。まあ、実際には水と言ったけど、2水彩絵の具はアラビアゴムというものも混ぜているんだ。

リカ子：アラビアゴムって何？

父　：植物の樹液からとれたもので、接着剤《ざい》のような役目をしているんだ。アクリル絵の具って聞いたことあるかな？　アクリル絵の具は、アクリル樹脂《じゅし》というものを混ぜてあって、やはり接着剤のような役目をしているんだ。

リカ子：へー。割と身近なものは顔料を使っていることが多いのかな。

父　：いやいや。染料だっていろいろあるよ。洋服の生地を染めている多くは染料だし、食品に使っている色素だってその多くは染料なんだよ。

問1　下線部1のようなプリンターはサーマル方式またはバブルジェット方式とよばれます。この方式は、インクを詰《つ》めた注射器の針に加熱されたハンダごて※が触《ふ》れた瞬間《しゅんかん》、小さなポンという音とともにインクが噴《ふ》き出したことがきっかけとなって開発されました。ハンダごてが触れた瞬間、インクが噴き出したのはなぜでしょうか。「体積」という言葉を使って、2行以内で説明しなさい。

※ハンダごて・・・スズと鉛《なまり》などの金属の合金である「ハンダ」を溶《と》かして、金属の導線などをつなぎ合わせるためのこて。300℃程度まで温度が上がる。

問2　光沢《こうたく》のあるインクジェット写真用の年賀はがきは、顔料インクの印刷に向きません。その理由として最も適切な文を、次のア～エから1つ選び、記号で答えなさい。

ア　表面がつるつるしているので、水を吸い込《こ》まずに、インクをはじいてしまうから。

イ　インクの水分を吸い込むため、用紙がまるまってしまうから。

ウ　表面がつるつるしているので、こすれたとき、インクがはがれやすいから。

エ　印刷面のインクが乾《かわ》くのに時間がかかってしまうから。

問３　下線部２について、アラビアゴムを水に混ぜる理由を答えなさい。

問４　[あ] に入る適切な言葉を次のア～エから１つ選び、記号で答えなさい。

ア　うすくなって　　イ　にじんで　　ウ　はがれて　　エ　はじかれて

問５　会話の内容から考えて、[い] に入る最も適切なものを、次のア～エから１つ選び、記号で答えなさい。

ア　水分が吸い取られて、用紙がまるまってしまうから
イ　印刷がにじんでしまうから
ウ　顔料インクを使ったさまざまな印刷がしにくくなるから
エ　はがきどうしがくっついてしまうから

問６　紫《むらさき》色は日本で603年に制定された冠位十二階《かんいじゅうにかい》でも最も位の高い色に利用されるなど、高貴な色として使われてきました。これは、紫色が古くは貝からとられる「貝紫《かいむらさき》」という染料を使っており、ローマ時代には皇帝《こうてい》のローブに用いられ「帝王紫《ていおうむらさき》」とよばれるほどでした。貝紫はアッキ貝という種類の貝から取り出すことができましたが、１匹《びき》の貝からたった0.15ミリグラム（ミリは1000分の１の意味）程度しか得られませんでした。

布を染めるには、布の重さの10分の１の重さの染料が必要です。１つの貝からとれる色素が0.15ミリグラムだとすると、200グラムのTシャツの生地を貝紫で染めるために貝は最低何匹《ひき》必要ですか。

社会　令和４年度　渋谷教育学園渋谷中学校入学試験問題　（30分）

注　・答えはすべて解答らんにおさまるように記入して下さい。
　　・字数の指定がある問題については、次の①と②に注意して下さい。
　　①句点（「。」）や読点（「、」）は、それぞれ１字として数えます。
　　②算用数字を用いる場合は、数字のみ１マスに２字書くことができます。
　　　例１）「２０２２年」と書く場合　| 20 | 22 | 年 |
　　　例２）「３６５日」と書く場合　| 36 | 5 | 日 |　または　| 3 | 65 | 日 |

1

今年（2022年）、日本で最初の鉄道が新橋～横浜間に開業して150周年をむかえます。この150年間に、鉄道の路線網は全国各地へと広がり、現在では通勤・通学や長距離の移動に欠かせないものになっています。鉄道を中心にして、日本の人と物資の移動について考えてみましょう。

問１　鉄道が開業する前は、人の移動は基本的に徒歩が中心でした。次のＡ～Ｃは、江戸時代の五街道のうち、奥州街道、東海道、中山道の断面図です。Ａ～Ｃと街道の組み合わせとして適当なものを、下のア～カの中から１つ選び、記号で答えなさい。

A

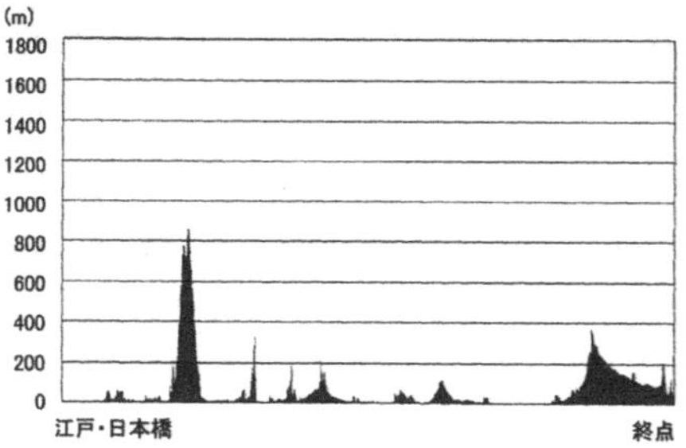

B

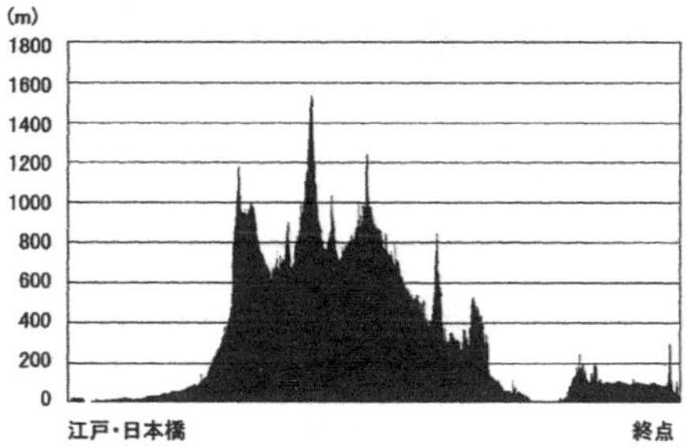

C

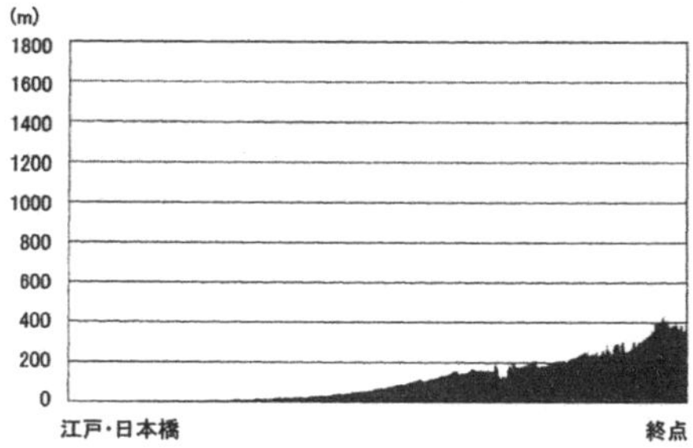

ア．Ａ：奥州街道　　Ｂ：東海道　　Ｃ：中山道
イ．Ａ：奥州街道　　Ｂ：中山道　　Ｃ：東海道
ウ．Ａ：東海道　　Ｂ：奥州街道　　Ｃ：中山道
エ．Ａ：東海道　　Ｂ：中山道　　Ｃ：奥州街道
オ．Ａ：中山道　　Ｂ：奥州街道　　Ｃ：東海道
カ．Ａ：中山道　　Ｂ：東海道　　Ｃ：奥州街道

問２　鉄道のルート選びには、その時代の土木技術の水準が影響しています。次の地図は、群馬県と新潟県の県境付近の鉄道のルートを示したものです。地図中の鉄道のルートＡ～Ｃを、建設された時期の古い順に並べたものを、下のア～カの中から１つ選び、記号で答えなさい。

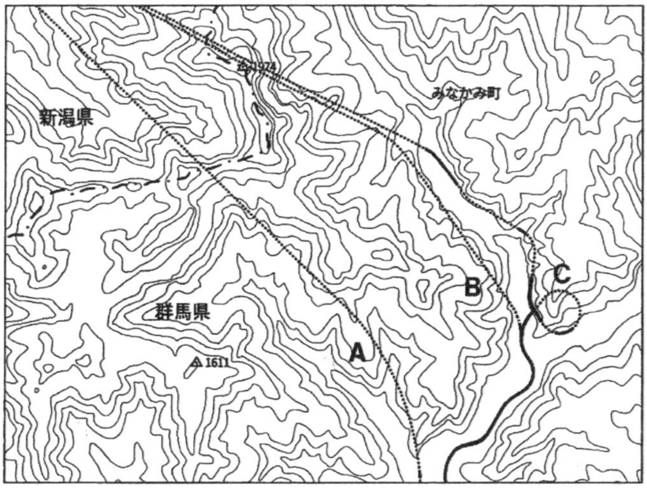

＊点線部はトンネルを示している。　　　　　　地理院地図より作成

ア．Ａ→Ｂ→Ｃ　　イ．Ａ→Ｃ→Ｂ　　ウ．Ｂ→Ａ→Ｃ

エ．Ｂ→Ｃ→Ａ　　オ．Ｃ→Ａ→Ｂ　　カ．Ｃ→Ｂ→Ａ

問３　通勤・通学に利用する交通手段は、都市の規模や主要産業によっても異なります。次の図は、いくつかの都市における代表交通手段を示したもので、図中のア～エは京都市、東京23区、名古屋市、新潟市のいずれかです（データは2010年）。名古屋市に当てはまるものを、ア～エの中から１つ選び、記号で答えなさい。

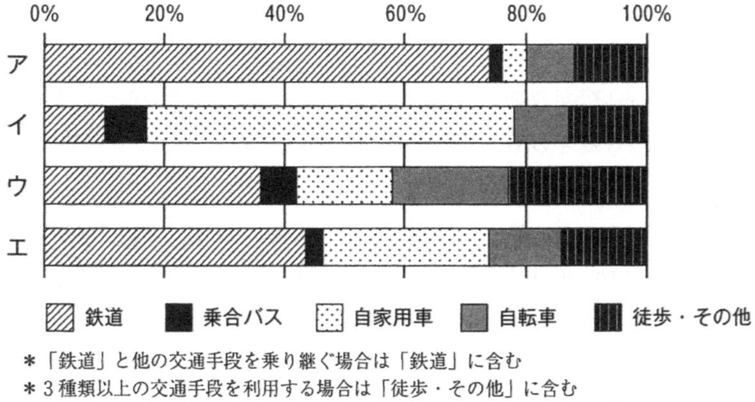

＊「鉄道」と他の交通手段を乗り継ぐ場合は「鉄道」に含む

＊３種類以上の交通手段を利用する場合は「徒歩・その他」に含む

平成22年国勢調査より作成

問４　鉄道網の整備と技術の発達により、移動にかかる所要時間は次第に短くなりました。次の図は、実際の空間距離ではなく、主にJR（1985年までは国鉄）による所要時間で表した「時間距離」によって描かれた地図で、年代別に示したものです。これについて以下の設問に答えなさい。

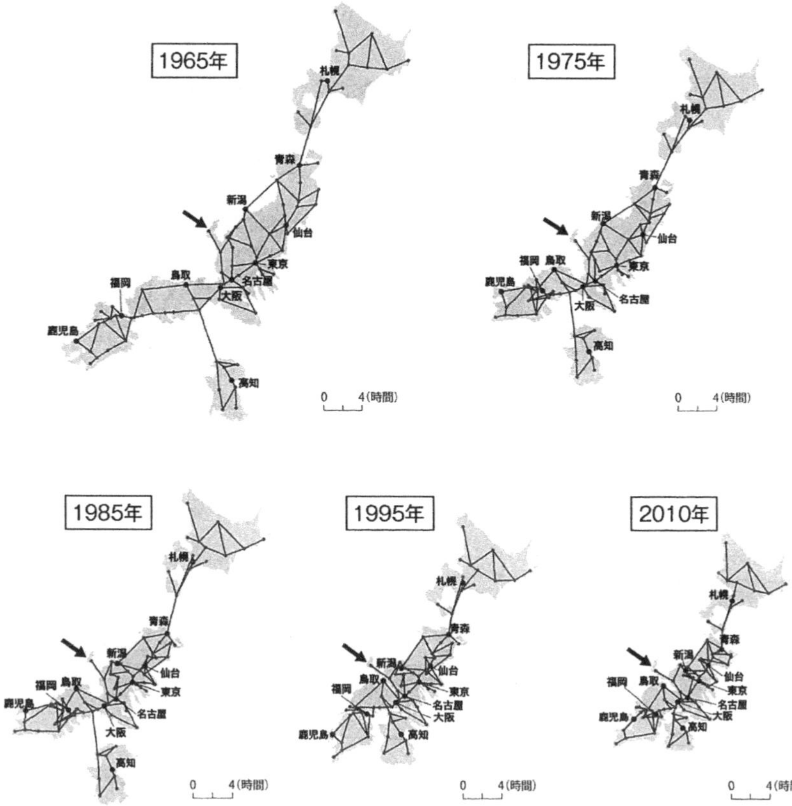

日本経済新聞ウェブサイトより（一部改変）

(1)　図から読み取れることの背景について説明した文として適当でないものを、次のア～エの中から１つ選び、記号で答えなさい。

ア．1965年から1975年の間に、鉄道の高速化によって大阪・福岡間の時間距離が短縮した。

イ．1975年から1985年の間に、海底トンネル開通によって青森・札幌間の時間距離が短縮した。

ウ．1985年から1995年の間に、橋が建設されて大阪・高知間の時間距離が短縮した。

エ．1995年から2010年の間に、鉄道の高速化によって仙台・青森間の時間距離が短縮した。

(2)　1965年から2010年の間に、図中に矢印で示された半島では、時間距離はあまり短縮しませんでした。この半島の名前を答えなさい。

問5　交通網の整備は、人の移動手段にも影響を与えます。次の図1は京阪神地区と熊本県の間のJR線と航空機の旅客数、JR線利用者の占める割合の推移を示したものです。図1を見ると、大きな変化が生じていることがわかります。図2を参考に、その変化の内容と要因を説明しなさい。

図1

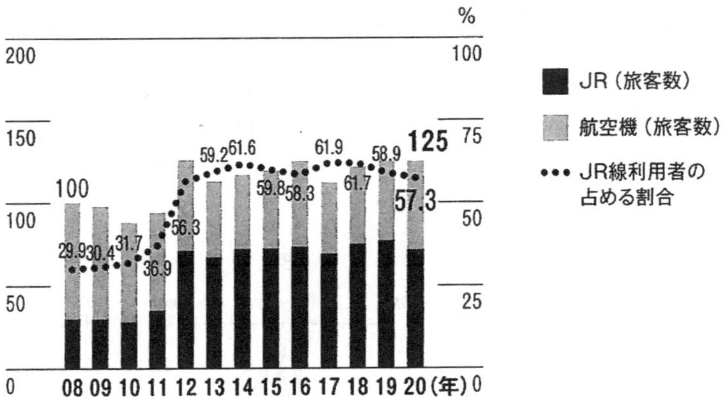

＊旅客数は2008年を100とした数値
（ここでの旅客数はJR線と航空機の旅客数を足したものです）
JR西日本ファクトシート（2021年版）より作成

図2

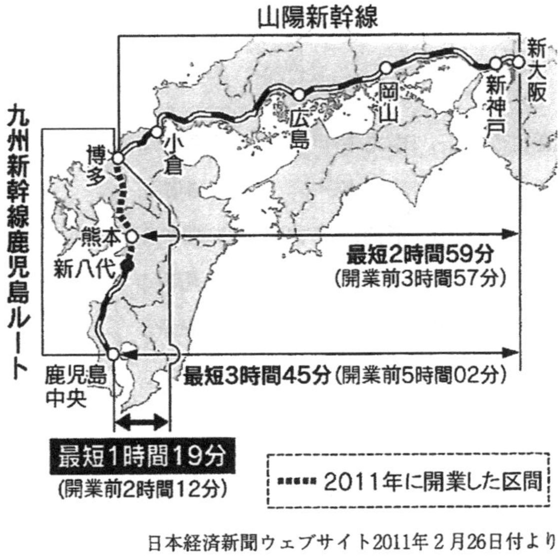

日本経済新聞ウェブサイト2011年2月26日付より
（一部改変）

問6　東海道・山陽新幹線沿いの都市や都府県について、設問に答えなさい。

(1)　次の雨温図Ａ～Ｃは、右の地図中の静岡市、姫路市、米原市のいずれかのものです。Ａ～Ｃと都市名の組み合わせとして適当なものを、下のア～カの中から１つ選び、記号で答えなさい。

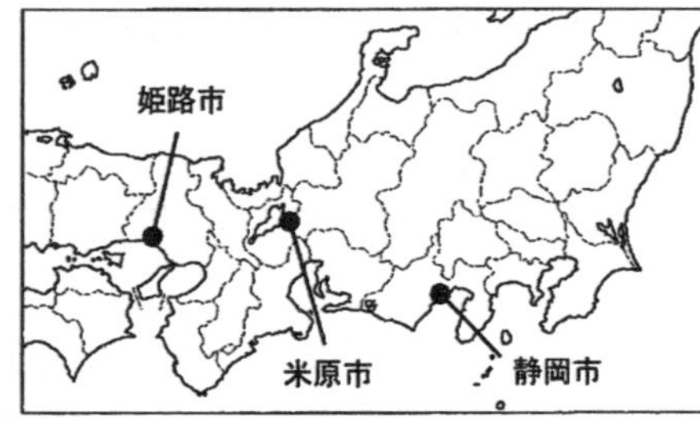

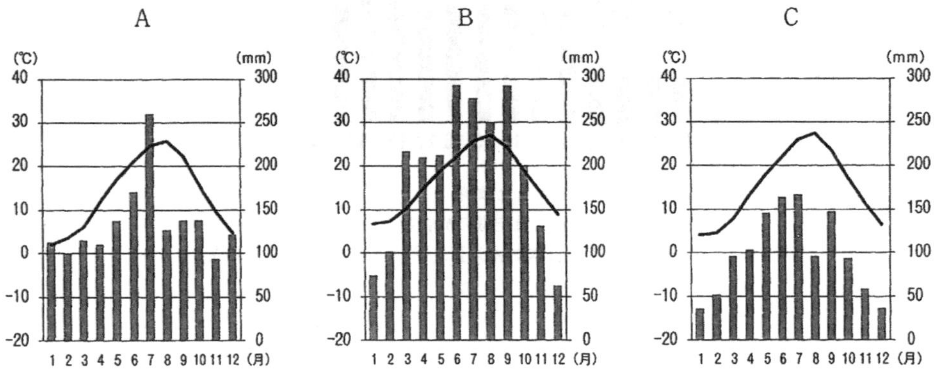

気象庁資料より作成

ア．Ａ：静岡市　　Ｂ：姫路市　　Ｃ：米原市

イ．Ａ：静岡市　　Ｂ：米原市　　Ｃ：姫路市

ウ．Ａ：姫路市　　Ｂ：静岡市　　Ｃ：米原市

エ．Ａ：姫路市　　Ｂ：米原市　　Ｃ：静岡市

オ．Ａ：米原市　　Ｂ：静岡市　　Ｃ：姫路市

カ．Ａ：米原市　　Ｂ：姫路市　　Ｃ：静岡市

(2) 次の表は、いくつかの都市の工業について、パルプ・紙・紙加工品、食料品製造業、鉄鋼業、輸送用機械器具の産業別出荷額（2019年）を示したものであり、表中のア～エは、小田原市、北九州市、広島市、富士市のいずれかです。小田原市に当てはまるものを、ア～エの中から1つ選び、記号で答えなさい。

単位：百万円

	パルプ・紙・紙加工品	食料品製造業	鉄鋼業	輸送用機械器具
ア	6,156	29,841	3,278	9,913
イ	473,477	103,533	40,909	264,922
ウ	13,383	216,379	15,591	2,001,222
エ	17,858	72,785	844,106	160,606

2019年工業統計表　地域別統計表より作成

(3) 次の表は、県別の農業産出額の内訳（2019年）を示しており、表中A～Cは愛知県、岡山県、神奈川県のいずれかです。A～Cと県名の正しい組み合わせを、下のア～カの中から1つ選び、記号で答えなさい。

単位：%

	米	野菜	果実	畜産
A	5.2	51.6	11.8	20.9
B	22.8	15.3	17.5	40.9
C	9.5	36.1	14.1	27.8

「データブック オブ・ザ・ワールド 2021年版」より作成

ア．A：愛知県　B：岡山県　C：神奈川県
イ．A：愛知県　B：神奈川県　C：岡山県
ウ．A：岡山県　B：愛知県　C：神奈川県
エ．A：岡山県　B：神奈川県　C：愛知県
オ．A：神奈川県　B：愛知県　C：岡山県
カ．A：神奈川県　B：岡山県　C：愛知県

問７　北海道では近年、鉄道の廃止が進んでいます。次の図は、1964年、1987年、2016年における北海道の鉄道路線網を示しています。図を参考に、北海道の交通網について説明した文として最も適当なものを、下のア～エの中から１つ選び、記号で答えなさい。

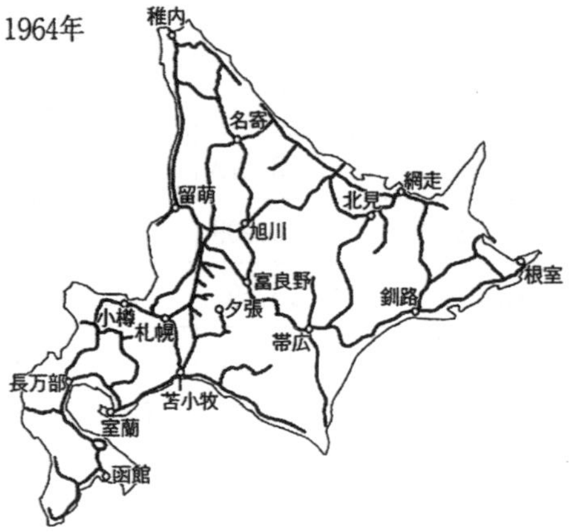

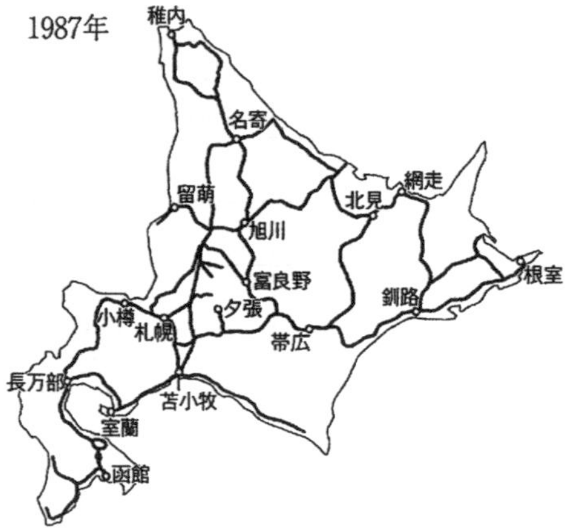

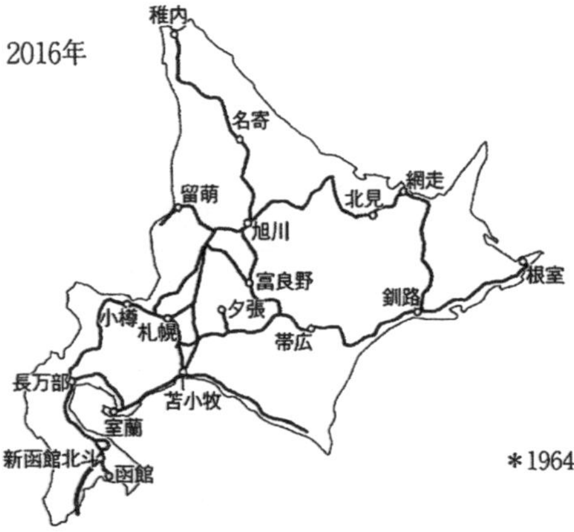

＊1964年は国鉄、1987年と2016年はJRの鉄道路線を示している。
乗りものニュースウェブサイトより

ア．1964年には、稚内周辺で収穫された米を北海道各地に輸送するための鉄道路線がみられる。

イ．1964年から1987年の間に、北海道全域で高速道路が開通したため、鉄道の廃止が進んだ。

ウ．1964年から1987年の間に、札幌と帯広・釧路方面をより短距離で結ぶ鉄道路線が開通した。

エ．1987年から2016年の間に、新たな炭鉱が開山し、北見と帯広を結ぶ鉄道路線が開通した。

問８　近年、貨物輸送において鉄道の利用が見直されています。以下の資料に即して、鉄道貨物輸送の利点を75字以内で説明しなさい。

SDGｓの目標の一部

※イラスト省略

response.jpより

newswitch.jpより

問題は次のページに続きます。

令和四年度

220110

国語解答用紙

渋谷教育学園渋谷中学校

↓ここにシールを貼ってください↓

受験番号

番

氏名

※らんには記入しないこと

合計得点 ※

※100点満点（配点非公表）

一

問一

①

み

②

か

③

④

問二

50

51

60

問三

問四

※

※

※

答え cm^3		※

2

(1)	個	(2)	個	(3)	個	※

3

(1)	cm^2	(2)	cm^2	(3)	cm^2	※

受験番号					番	氏名	

答え

分　秒後

※

受験番号						番	氏名	

得点合計	※　点

※100点満点
（配点非公表）

2

問1		
問2		
問3		
問4		
問5		
問6	匹	

2

問1		問2						※
問3	(1)		(2)	①		②		※
問4		問5						※
問6	(1)		(2)	(X)		(Y)		※
問7	(1)		(2)					※

3

問1	(1)	(あ)		(い)		(2)		※
問2	(1)							※
	(2)	④		⑤		⑥		
		⑦		⑧				※
問3								※

2022(R4) 渋谷教育学園渋谷中　第1回
K 教英出版

220130

↓ここにシールを貼ってください↓

令和４年度　**社会解答用紙**　渋谷教育学園渋谷中学校

受験番号						番	氏名	

※50点満点
（配点非公表）

※欄には記入しないこと。

1

問１		問２					※
問３		問４	(1)		(2)		※
問５							※
問６	(1)		(2)		(3)		※
問７							※
問８							

220140

↓ここにシールを貼ってください↓

※50点満点
（配点非公表）

令和４年度　理科解答用紙　渋谷教育学園渋谷中学校

受験番号						番	氏名	

1

問１	
問２	本
問３	
問４	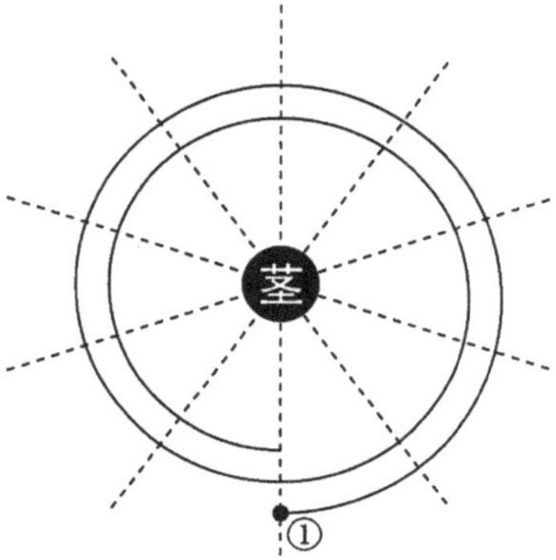

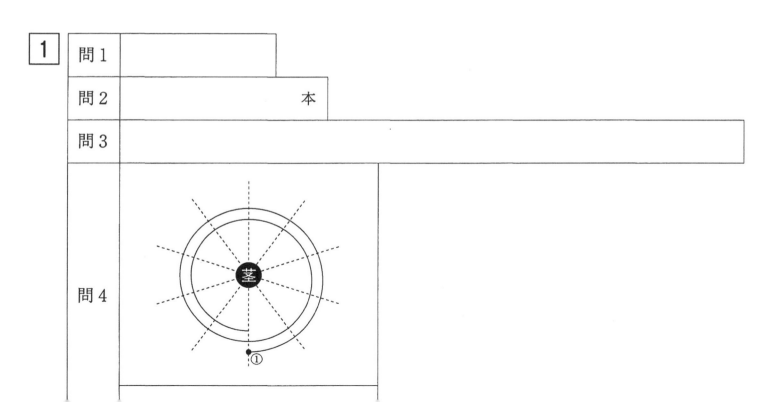

令和４年度　**算数解答用紙**　渋谷教育学園渋谷中学校

※欄には記入しないこと。

4

(1)	分速　　　　　m	(2)	m

(3) 式・考え方

答え

分速　　　　　m

220120

↓ここにシールを貼ってください↓

令和４年度

算数解答用紙

渋谷教育学園渋谷中学校

※欄には記入しないこと。

1

(1)		(2)	点	(3)	g
(4)	円	(5)	B　　　P		
(6)	式・考え方				

問

問

問

※

二

問一

①

②

③

※

問二

※

問三

問四

問五

※

問六

※

問七

問八

※

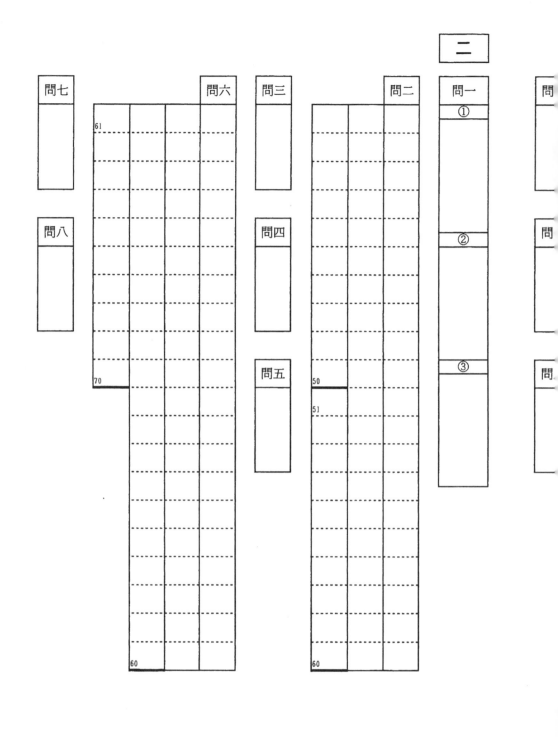

2　A　江戸時代後期に広大な鉄の産地を形成した東北地方について、以下の地図や資料を参考に、問に答えなさい。

問１　上の地図中のＸには、８世紀に蝦夷に対する軍事拠点が設置され、周囲には製鉄炉などがつくられました。この軍事拠点の名称を答えなさい。

問２　現在の岩手県を中心に、東北地方で鉄の生産が拡大された背景には、原材料を運ぶために大きな河川を利用できたことがあります。この地域の鉄生産に大きな役割を果たしたＹの河川の名称を答えなさい。

問３　岩手県には、現在まで続く、鉄が使用された特産品があります。これに関して、次の設問に答えなさい。

(1)　下の特産品は、江戸時代に設置されていた藩の名を由来とする名称で知られています。この特産品の名称を答えなさい。

岩手県産株式会社ホームページより

(2)　(1)の特産品がつくられるようになるまで、現在の岩手県でひろまった鉄製品には主要な産地が２か所あり、それぞれの地域でつくられてきたものには特色があります。この特色を説明した下の文章の空らん（　①　）・（　②　）に入る適切なものを、次のア～エのうちから１つ選び、記号で答えなさい。

地域	つくられ始めたきっかけ	つくられていた鉄製品
盛岡	盛岡藩が成立し、甲斐から鋳物師が招かれたこと	茶の湯釜・美術工芸品などが中心
水沢	後三年の役が終わり、近江から鋳物師が招かれたこと	鍋・釜・武器などが中心

盛岡で鉄製品がつくられ始めた時代は（　①　）ため、芸術品や献上品が多くつくられており、水沢で鉄製品がつくられ始めた時代は（　②　）ため、生活や戦いに用いる庶民や武士向けのものが多くつくられていた。

ア．庶民が富裕になり武士団を形成したことで、生活用品と武器の需要が高まっていた
イ．東北地方を舞台にした大きな戦乱が起きた後で、戦後に現地の人々の生活が再興された
ウ．茶の湯が流行し始めた室町時代で、寺院関係者や貴族たちが必要としていた
エ．幕藩体制の確立期で、藩から幕府へ進物を贈る習慣ができていた

問４　幕末になると、外国船の脅威に対応するため、各地で反射炉と呼ばれる鉄の精錬のための設備がつくられるようになりました。1850年、佐賀藩では日本初の反射炉が建設されましたが、これは下の年表においていずれの時期にあたるできごとか、ふさわしいものを年表中のア～オのうちから１つ選び、記号で答えなさい。

ロシア使節が長崎に来航し、沿岸防備の必要性が高まる。
（　ア　）
異国船打払令が出される。
（　イ　）
大坂で、江戸幕府に対する大きな反乱がおこる。
（　ウ　）
アヘン戦争がおこり、清がイギリスに敗北する。
（　エ　）
ペリーが再び来航し、日米和親条約がむすばれる。
（　オ　）

B　金・銀・銅などの金属は、世界中で貨幣として用いられており、各国で需要が高かったために、貿易品として重要な価値をもっていました。これらの金属をめぐる貿易について、問に答えなさい。

問５　16世紀に入ると、ヨーロッパの国々がアジアへ出向いて貿易を行うようになりました。次の文章は、1512年から1515年までマラッカ商館に滞在したポルトガル人トメ・ピレスの著書、『東方諸国記』の一部です。文章中の（　①　）・（　②　）に当てはまる国の名の組み合わせとしてふさわしいものを、次のア～カのうちから１つ選び、記号で答えなさい。

> マラッカでその住民とマラッカに居留している人々が断言するところによれば、マラッカの港ではしばしば84の言語がそれぞれ（話されるのが）見られるということである。（　①　）人以下すべての国民は、ポルトガル人がミラノについて語るように、琉球人について語る。彼らは正直な人間で、奴隷を買わないし、たとえ全世界とひきかえでも同胞を売ったりしない。琉球人は、（　②　）に行って黄金と銅を買い入れ、マラッカには黄金・銅・武器・工芸品・小麦・紙・生糸…などを携えてあらわれ、（　①　）人が持ち帰るのと同じ品物やベンガル産の衣服を持ち帰る。すべての（　①　）人の言うことによると、（　②　）は琉球人の島々よりも大きく、国王はより強力で偉大である。～（中略）～　国王は異教徒で、（　①　）の国王の臣下である。彼らが（　①　）と交易をすることはさほど頻繁ではないが、～（中略）～　琉球人は７、８日で（　②　）におもむき、上記の品々を交換する。
>
> トメ・ピレス 著、生田滋ほか訳 『東方諸国記』岩波書店　1966年より（一部改変）

ア．①―中国　②―朝鮮
イ．①―中国　②―日本
ウ．①―朝鮮　②―中国
エ．①―朝鮮　②―日本
オ．①―日本　②―中国
カ．①―日本　②―朝鮮

問6　次の地図に示すのは、かつて金属を産出した鉱山の位置です。これについて、以下の設問に答えなさい。

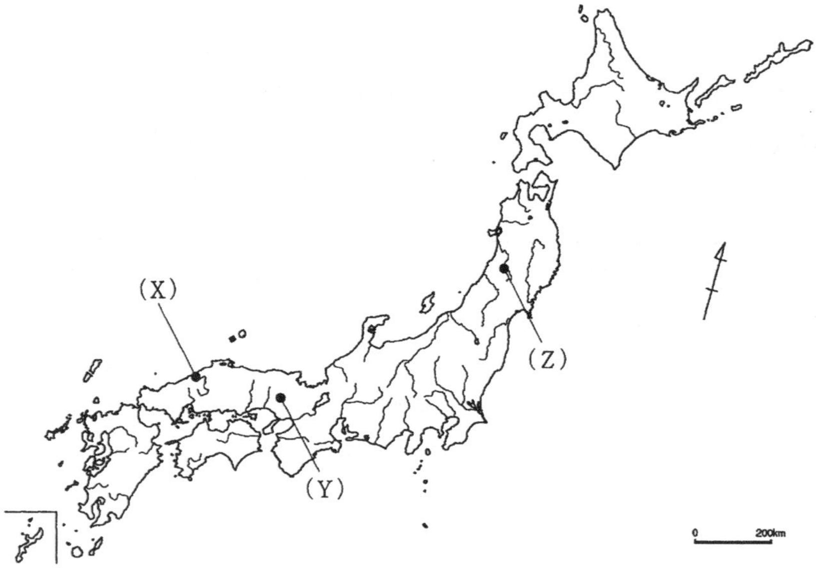

(1)　16世紀後半から17世紀にかけて、地図中の（X）～（Z）の鉱山において多くの鉱石が採掘され、日本はヨーロッパの国々から「[　　　]の島」と呼ばれていました。空らんに入る金属は何か、答えなさい。

(2)　当時、地図中の(X)・(Y)のそれぞれの位置の支配に関わりの深かった大名としてふさわしいものを、次のア～キのうちからそれぞれ１つずつ選び、記号で答えなさい。

ア．朝倉氏　　イ．上杉氏　　ウ．大友氏　　エ．武田氏
オ．伊達氏　　カ．北条氏　　キ．毛利氏　　ク．山名氏

問7　次に示すのは、江戸時代の貿易に関する資料です。これらの資料を参考に、以下の説明文に関する設問に答えなさい。

【資料1】1715年に出された条例における貿易制限の内容

貿易の相手	入港船の上限	貿易額
① 船	年30隻まで	銀6000貫まで
② 船	年2隻まで	銀3000貫まで

【資料2】　江戸時代前期の輸出入品目

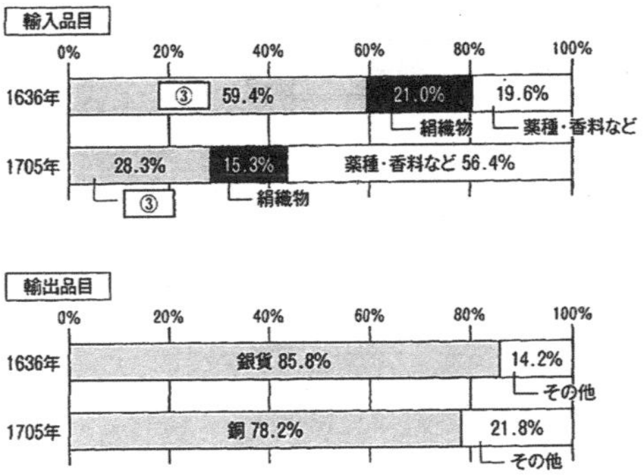

【資料3】　江戸時代末期の輸出入品目

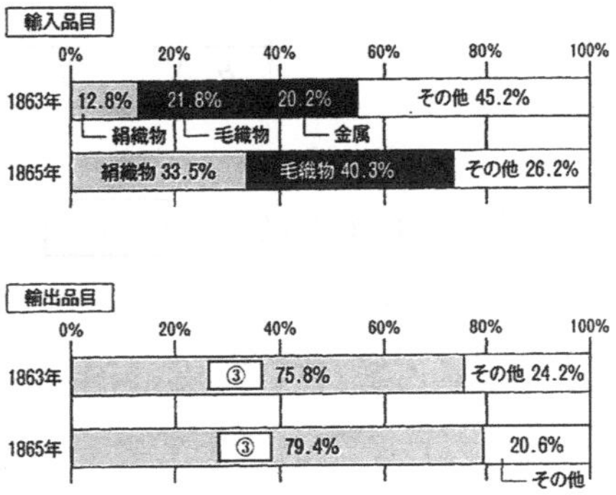

『日本史のライブラリー』とうほう　より（一部改変）

【江戸時代の貿易に関する説明文】

1715年に出された条例では、当時の主要な貿易相手国であった［①］・［②］との貿易に対して、それぞれ入港船数や貿易額に関する制限が設けられています。入港船数や貿易額に関してこのような貿易制限を設けるということは、当時最大の輸入品であり、日本国内で大きな需要があった［③］の輸入も減少してしまうことが予想されます。それでもこの条例が出されたのは、輸出品の大部分を占めていた金属の流出を制限するためであったと考えられます。

輸入が減ってしまった［③］は、江戸時代のあいだに国産化が進み、江戸時代末期には最重要輸出品となりました。［③］の原料の需要も高まり、多くの米農家は副業として［④］業を営むようになっていきました。

(1) 説明文中の空らん ① ～ ③ に入る語句の組み合わせとしてふさわしいものを、次のア～クのうちから１つ選び、記号で答えなさい。

	①	②	③
ア	オランダ	清	生糸
イ	オランダ	清	綿糸
ウ	ポルトガル	清	生糸
エ	ポルトガル	清	綿糸
オ	清	オランダ	生糸
カ	清	オランダ	綿糸
キ	清	ポルトガル	生糸
ク	清	ポルトガル	綿糸

(2) 説明文中の空らん ④ に適切な語句を記しなさい。

3　次の文章を読んで、問に答えなさい。

昨年（2021年）10月31日、第49回衆議院議員総選挙が行われました。この選挙は1976年12月以来45年ぶりに、衆議院議員の任期満了の選挙として話題になりました。また今年（2022年）の夏には、第26回参議院議員通常選挙が行われます。東京オリンピック・パラリンピックも終わり、新型コロナウイルス感染症の影響が残るなか、今後の日本の針路を考える重要な時期と言えるでしょう。

問１　下線部について、次の記事を読んで設問に答えなさい。

2020年国勢調査の速報値の公表を受け、「１票の格差」是正に向けて16年の法改正で導入が決まった「アダムズ方式」に基づく衆院議員定数の新たな配分が固まった。同方式の適用は初めて。小選挙区数は東京で５増える一方、福島、和歌山、山口など10県で１ずつ減り、全体で10増10減となる。格差は違憲判断の目安とされる２倍を下回り、最大1.695倍まで縮小する。

～（中略）～　現在、都道府県への小選挙区数の割り振りは、まず１議席を割り当てる「１人別枠方式」を採用。今秋の見通しの衆院選は現行の定数配分で行われる。速報値によると、（　あ　）ある衆院小選挙区の１票の格差は、人口最多の東京22区（57万3969人）と最少の鳥取２区（27万4160人）の間で、最大２.094倍に拡大。鳥取２区との格差が２倍以上の小選挙区数は20に上る。

～（中略）～　比例代表の定数（　い　）もアダムズ方式に基づいて再配分される。

～（中略）～　速報値によると、参院では「合区」を含む45選挙区の１票の格差は最大３.026倍に拡大。格差是正を求める声が強まりそうだ。

時事ドットコム　2021年６月26日より（一部改変）

(1)　空らん（　あ　）・（　い　）に適する数字を入れなさい。

(2)　次の表は1960年～80年の衆議院議員総選挙に関するものです。表中の下線部「日中選挙」について、このキャッチフレーズがつけられた理由としてふさわしいものを次のア～エから１つ選び、記号で答えなさい。

回数	日時	マスコミによる選挙のキャッチフレーズ
第29回	60年11月	安保選挙
第30回	63年11月	ムード選挙
第31回	67年１月	黒い霧選挙
第32回	69年12月	沖縄選挙
第33回	72年12月	日中選挙
第34回	76年12月	ロッキード選挙
第35回	79年10月	増税選挙
第36回	80年６月	ダブル選挙

『政治経済資料2021』とうほう　より作成

ア．北京の中華人民共和国政府との間で、日中共同声明の調印が行われた直後であった。

イ．ベトナムの統一を受けて、日中平和友好条約が調印された直後であった。

ウ．台湾の中華民国政府との間で、日中共同声明の調印が行われた直後であった。

エ．天安門事件を受けて、日中平和友好条約が調印された直後であった。

問２　次の表は国会の種類（通称）についてまとめたものです。設問に答えなさい。

［種類］	［召集のかたち］	［主な議題］	［会期］
（　①　）国会	毎年１回、（　④　）月に召集	予算の審議と議決	（　⑧　）日間
（　②　）国会	・内閣が必要に応じて召集 ・衆参どちらかの総議員数の（　⑤　）分の（　⑥　）以上の要求	国内外の緊急課題	両議院の議決
（　③　）国会	衆議院の解散総選挙から（　⑦　）日以内	内閣総理大臣の指名	両議院の議決
参議院の緊急集会	衆議院の解散中に緊急の必要が生じたときに内閣が要求	緊急の問題	特に定めず

(1)　表中の空らん（　①　）～（　③　）に入る語句の組み合わせとして正しいものを、次のア～カから１つ選び、記号で答えなさい。

	①	②	③
ア	通常	特別	臨時
イ	通常	臨時	特別
ウ	特別	通常	臨時
エ	特別	臨時	通常
オ	臨時	通常	特別
カ	臨時	特別	通常

(2)　表中の空らん（　④　）～（　⑧　）に入る、適切な数字をそれぞれ答えなさい。

問３　昨年（2021年）、菅総理大臣が河野太郎行政改革担当大臣に命じた、新型コロナウイルス感染症対策は何か、答えなさい。

問題は以上です。

令和三年度　（第一回）

渋谷教育学園渋谷中学校　入学試験問題

国語

（50分）

※　解答は、必ず解答用紙の指定されたところに記入しなさい。

※　〇〇字で、または〇〇字以内で答えなさい、という問題は、「。」や「、」、「かっこ」なども一字と数えます。

一

次の文章を読んで後の問いに答えなさい。

【悟《さとる》（「おれ」）とユリカとみなとは、三人で一緒《いっしょ》に育てた鳩《はと》（ライツィハー）を、鳩レース（鳩を一斉《いっせい》に放ち、巣に戻《もど》るまでのタイムを競う競技）に出場させるために、スタート地点である北海道のスキー場にやってきた。】

ライツィハーを再びトレーラーに連れていった。籠《かご》から出してやり、羽を伸《の》ばさせる。これからはるか遠い※岩槻《いわつき》の街まで飛んでいくことを理解しているのだろうか。ライツィハーは気合いの入った顔をしていた。

鳩レースは鳩が自分の巣に帰るという帰巣本能を利用している。どんなに遠く離《はな》れても自分の巣である鳩舎《きゅうしゃ》がわかるのだから、どれくらい鳩舎から遠くへ連れてこられたのかもわかるんじゃないだろうか。その遠さを感じて、ライツィハーは引《ひ》き締《し》まった顔をしているんだろう。これからどれだけ過酷《かこく》なレースに臨《のぞ》まなくちゃいけないのか、きっとどんな鳩も前もって理解しているのだとおれは思う。

明日のスタート時間はたぶん午前五時くらいになる。父ちゃんが見た天気図によれば明日は晴天だから、時間が遅《おく》れることもない。

「頑張《がんば》れよ、ライツィハー」

(1)トレーラーの中をとことこ歩くライツィハーに話しかける。みなととユリカも続いて話しかけた。

「頑張ってね、ライツィハー」

「またおうちで会おうね、ライちゃん」

父ちゃんはおれたちの様子を①ミトドけると、トレーラーの後ろ扉《とびら》をそっと開けて出ていった。おれたちはライツィハーを囲んで体育座《たいいくずわ》りをした。ライツィハーはもの珍《めずら》しそうにおれたちの顔を順番に見回していく。

「実を言うとね、わたしすごく心配なの」

ユリカが心細げに切り出した。

「なにがさ」

「ライちゃんが本当に無事に帰れるかどうか。ライちゃんは海を越《こ》えるの初めてなんだよ。青函《せいかん》連絡船で四時間近くかかったあの距離《きょり》をライちゃんは飛べるのかな。つらくなっても海の上だから休むこともできないんだよ。悟はおうちの鳩が参加するんでしょう。不安にならない?」

「そりゃあ、不安になるけど……。でも、飛ばしてあげたいなって思う」
「どうして」
「鳩は飛ぶためにたくさん訓練するじゃん。その結果を本番で出させてあげたいって思うのは普通《ふつう》じゃん」
「普通かなあ」
納得《なっとく》できないのか、ユリカは首をかしげた。
「普通だよ」
「かわいそうなことをしてるって思わない？　わたしは北海道に来てからずっとね、ライちゃんにかわいそうなことをさせようとしてるんじゃないかなって考えるようになった。ライちゃんのことは雛《ひな》だった頃《ころ》から育ててきたんだよ。パパといっしょに訓練もしてきた。たしかにレース鳩だから飛ばしてあげたいけど、それって人間の勝手なんじゃないかな。自分たちが卵を産ませて、大きくなるまで大切に育てたのに、危険な旅に出させるのっておかしいんじゃないかな。わたしはいまになって、どうしてパパがレースに参加させないかやっとわかったのよ」
そういえばウィレムさんは飼育しているだけで、レースには参加しない人だった。
(2)「ねえ、悟はいいことだと思ってるの？　悪いことだと思わない？」
いいか、悪いか。そう訊《き》かれるとわからない。悲しいけれど、鳩が帰ってこないことはよくある。でも、それも含《ふく》めてレースなんじゃないだろうか。
弱い鳩は帰ってこられない。強い鳩だけが生き残り、その強い鳩たち同士で子供を産むから、強い子供たちばかりになる。いまはたしかに帰ってこない鳩たちもいるけど、レースに参加する鳩がみんな強い鳩ばかりになっていけば、帰ってこないといった悲しいこともなくなる。いままでそう考えてきた。
(3)自分の考えをどう説明しようか言葉を選んでいると、ユリカはみなとに意見を求めた。
「じゃあ、みなとはどう？　ライちゃんを本当に飛ばしてもいいと思う？」
みなとはトレーラーの天井《てんじょう》をしばらく見上げた。悩《なや》んでいるようだった。早くとせっつきたかったけれど、この前みたいに強く言い返されるかも、と言葉を待つ。
「チャレンジさせてあげたいな、とぼくは思う」

うなずきながらみなとは言った。
「でも心配じゃない？　わたし、すごく不安だよ。もしかしたら、ライちゃんが帰ってこないかもって」
「ぼくも心配だよ。でもさ、だったら、ぼくたちはいまライツィハーのためにできることをしてあげようよ」
「できることって？」
「ライツィハーのために神様に祈《いの》ってあげるんだ。鳩の神様に」
「鳩の神様？」
A ユリカもおれも素《す》っ頓狂《とんきょう》な声をあげた。
「うん、鳩の神様」
「そんなのいるはずねえだろう」
おれは鼻で笑ってやった。みなとは落ち着いた口調で語り始めた。
「※麗子《れいこ》さんがうちに来る前の話なんだけれど、捨てられていた子犬とか子猫《こねこ》をよく家に拾って帰っていたんだ。もちろん、お父さんに怒《おこ》られたよ。でも給食の残りとかおやつとかをよくあげてたんだ。それでね、お父さんの仕事が変わってまた引《ひ》っ越《こ》さなきゃならないときに、結局はまた捨てなくちゃならないんだけれど、そのときはいつも忘れないようにスケッチブックにその子たちの絵を描《か》いて、それから神様に祈ってたんだ。犬を捨てるときには犬の神様に、猫を捨てるときには猫の神様に」
「なんて祈るの？」
ユリカがやさしく尋《たず》ねる。
「最後にパンとかソーセージとかたくさんあげて、犬の神様や猫の神様にお願いしたんだ。このワンちゃんが無事に大きく育ちますように、この猫ちゃんが苦しい目にあわずにおいしいものがたくさん食べられますようにって」
「なんだよ、その話」
おれは突《つ》っこまずにいられなかった。
「ちょっと待って。まだ話の途中《とちゅう》だから」
みなとは手のひらをおれに向けて遮《さえぎ》り、話を続けた。

「小学校三年生のときにね、白い子猫を拾ったんだ。白猫なのに野良だから毛が灰色になるくらい汚《よご》れててね、目やにだらけで、痩《や》せてて、鳴く声も小さくて、もうあんまり長く生きられないんじゃないかと思った。だけど、毎日猫の神様にお祈りをしながらごはんを食べさせたんだ。そしたら、一週間くらいで目をきちんと開けてね、きれいな真っ青な目をしててさ、元気に鳴いて、ごはんももりもり食べたんだよ。最後にはお別れしなくちゃならなかったけど、白猫ちゃんとっても元気になったんだ。健康って感じだった。スケッチブックに描いた白猫ちゃんの絵は、いまでもいちばんのお気に入りだよ。それであのときに思ったんだ。ああ、猫の神様って本当にいるんだなって。だから、鳩の神様も絶対にいるよ。みんなでライツィハーが無事に帰れるように鳩の神様に祈ろうよ」

初めは、みなとのやつなにをおかしなことを話し出すんだろうって聞いていた。でも、白猫の話を聞いているうちに思い出すことがあった。それはおれが小学校一年生のときまで飼っていた猫のチビのことだ。

チビはおれがもの心ついたときにはすでにいたオスのキジトラで、すげえデブってたけど頭のいい猫だった。普通、猫は鳩を襲《おそ》う。けれども、チビはそんなことまったくしなかった。いつも鳩舎の周りを見張っていて、ほかの野良猫が近づいてきたら追《お》い払《はら》っていた。野良犬も追い払ったし、カラスも追い払った。狸《たぬき》を追い払ったことだってある。とても賢《かしこ》くて勇敢《ゆうかん》な猫だったんだ。

そのチビは実はけっこう年老いた猫で、おれの一年生の夏休みにだんだんごはんを食べなくなって、夏休みの最後の日に死んじまった。腎臓《じんぞう》が悪かったそうだ。年老いた猫はどうしても腎臓が悪くなるって、父ちゃんは言っていた。

で、そのチビが亡《な》くなった日、父ちゃんは静岡まで配送に行っていて、夜の九時を過ぎても帰ってきていなかった。もうチビが駄目《だめ》なのはおれも父ちゃんも母ちゃんもわかっていたのだけど、なんとか最後はみんなでそろって見送ってやりたくて、父ちゃんが帰ってくるまで頑張れってチビを励《はげ》ましていた。そのとき、おれも祈ったんだ。猫の神様に。

「お願いです、猫の神様。チビの命を助けてやってください。もしできるなら、父ちゃんが帰ってくるまであと一時間だけでいいから、チビをあっちの世界に連れていかないでください」

父ちゃんは高速道路の渋滞《じゅうたい》にはまって、予定よりも二時間遅れて家に到着《とうちゃく》した。

「チビは?」

家に入ってきた父ちゃんは叫《さけ》んだ。そのとき、チビは「ナア」と鳴いたんだ。父ちゃんはチビに駆《か》け寄《よ》った。そして、がりがりに痩せてしまったチビの手を握《にぎ》ったとき、すべてが終わった。がくんと手足を突《つ》っ張《ぱ》らせて永遠の眠《ねむ》りってやつについた。

チビは天国に旅立った。悲しくてしかたがなかった。でも、チビは最期《さいご》に父ちゃんと会えた。大好きだった父ちゃんに。チビに鳩舎を守ることを教えたのは父ちゃんだった。たっぷりとごはんもおやつもあげて、鳩舎の周りにクッションで寝床《ねどこ》を作ってやって、番犬じゃなくて番猫にした。いろいろと食べ過ぎてチビは太っちゃったけど、本当に立派な番猫だったんだ。

いちばんかわいがってくれた父ちゃんと、チビは旅立つ前に会いたかったにちがいない。そしてその願いは叶《かな》った。きっとおれが祈った猫の神様のおかげで。

「いるよ、鳩の神様」

B気づくとおれは、みなとに向かってつぶやいていた。猫の神様がいたんだ。鳩の神様だっている。

「いるよね、鳩の神様」

みなとの顔が輝《かがや》く。

「うん、いる」

強くうなずくと、ユリカがおれとみなとを交互《こうご》に見てから言った。

「三人でお願いをしましょう。鳩の神様に」

おれたちはライツィハーを囲んで座《すわ》ったまま、両手を組んでお祈りをした。

ライツィハーが無事に津軽海峡《つがるかいきょう》を越せますように。

鷹《たか》や鷲《わし》などの猛禽類《もうきんるい》に襲われませんように。

奥羽《おうう》山脈などの険しい山で力尽《つ》きたりしませんように。

急な雷雨《らいう》などに降られませんように。

お願いします、鳩の神様。

トラックのドアが閉まった音で目が覚めた。父ちゃんが外に出ていったようだ。空はまだ暗くて星が見えた。

おしっこがしたくなって、助手席のドアを開けて出る。トラックはスキー場のロッジのそばに停《と》められている。今回のレースの放鳩《ほうきゅう》地点がスキー場であるためだ。放鳩するのには見晴らしのいい場所のほうがいいし、鉄塔《てっとう》や送電線がないほうがいいし、高い建物もないほうがいい。それで今回はスキー場が選ばれたらしい。
　トラックの後方に回ったら、父ちゃんが先におしっこをしていた。
「おお、悟か。おはよう」
「おはよう」
　父ちゃんと並んでおしっこをする。北海道の五月の朝はまだまだとても寒くて、おしっこをしたら白い湯気が立った。
(4)「なあ、父ちゃん」
「なんだ」
「父ちゃんはさ、放鳩するときは鳩が心配になったり、鳩に悪いことしてるなって悩むことはある？　せっかく育てた鳩を遠いところまで連れていって飛ばすのは、人間の勝手だと思う？」
　ユリカに突きつけられた質問が、②ムネの中にずっと残っていた。父ちゃんはおしっこが終わったのか、黙《だま》ったままズボンのチャックを上げた。
　返事がないのでさらに尋ねた。ユリカからの質問で考えるようになったことだ。
「レースをするためだけに生まれてくる鳩たちって、なんかかわいそうじゃないかな。人間がそんなふうに命を勝手に操っていいのかな。レースって絶対に帰ってこられる③ホショウはないわけでしょ？　帰還《きかん》率百パーセントのレースなんてないもんね。帰ってこられなかった鳩たちは、死んでしまったか、どこかで苦労して暮らしているかしてるはずだもん。そんな目にあわせる人間ってひどいんじゃないかな。死ぬこともあるのに飛ばすなんて、ひどいことしてるんじゃないかな」
　鳩レースが大好きで夢中な父ちゃんに、レースに批判的な言葉を言う。緊張《きんちょう》しておしっこの出が悪くなった。父ちゃんの答えが気になって耳をすます。父ちゃんは夏のあいだ草原となっているスキー場を見渡《みわた》しながら言った。
「悟よ、よく聞け。鳩レースはいいか悪いかじゃないんだよ。たしかに鳩レースは人間の勝手ばかりだ。より強い鳩を作出するために、いい④ケットウの鳩同士を交配させて、いいレース結果が出ればまるで神様気取りになる。けどな、いいか悪いかじゃなくて、それを超《こ》えたところでやってるんだよ」
「いいか悪いかを超えたところ……」
「おれたちが飛ばす鳩ってやつは、飛ばす人間の名誉《めいよ》欲とかお金とか執念《しゅうねん》とかそういったものの塊《かたまり》なんだ。いわば、おれたちはエゴを飛ばしてるんだ。だからこそ、それに引っついてくる悲しみや心の痛みはみんな自分で引き受けなきゃいけない。飛ばすからには全部引き受けるんだ」
「エゴってなに？」
父ちゃんは苦笑いした。
「実はおれもよくわかってねえ。だけど、いつか悟ならわかるときが来るんじゃねえかな」
エゴを飛ばす。飛ばすからには全部引き受ける。意味はぜんぜんわからないけれど、(5)耳にざらざらと残る言葉だった。

スタートはちょうど朝の五時だった。スキー場には、ぎっしりと鳩を積んだ六台のトラックが停まっていた。鳩を運ぶ専用の放鳩車だ。その放鳩車のコンテナの扉が、いっせいに開いた。
明けたばかりの青い空に八千羽の鳩が飛び出していく。空が一瞬《いっしゅん》にしてかき曇《くも》り、羽の音が空気を震《ふる》わせる。
鳩の一群は上空に駆けのぼると、方向判定のために輪を描《えが》くようにして飛んだ。おれたちがいる場所までその一群が近づいてくる。海鳴りがものすごい速さで近づいてくるような怖《こわ》さがあった。
籠の中でライツィハーが羽をはばたかせた。自分と同じ鳩たちが旅立っていくのを感じ、飛びたくてうずうずしているのだろうか。
父ちゃんと目が合う。飛ばせ、ということらしい。
「よし、こっちもスタートだ！」
おれが叫ぶと、ユリカは自分の人差し指の先にキスをして、そのキスした部分をライツィハーの嘴《くちばし》に近づけた。ライツィハーがつつく。痛いだろうにユリカは微笑《ほほえ》んだ。間接キス。そうなんだと気づいたとき、彼女《かのじょ》は籠を開けた。
「いってらっしゃい、ライちゃん！」
ライツィハーは矢のように飛んでいった。羽の外側は灰色、内側は白。激しくはばたくと灰色と白が交互に見えた。
空中で旋回《せんかい》するレース鳩の一群に、やがてライツィハーは合流した。いままでずっといっしょだったのに、八千羽の中に交ざってしまうと、もうどこにいるのかさっぱりわからない。
「悟君ちの鳩たちといっしょになれればいいね」
みなとが言う。おれもユリカも大きくうなずいた。

方向判定が終わったのだろう。鳩たちはいっせいに南の方角へと向かい始めた。ちゃんとみんな飛ぶべき方角がわかるのだ。すごい。本能ってすごい。そして、その本能に従ってひたすら家を目指す鳩たちもすごい。

ふと、おれは考えた。人間もなにかの本能に従って生きているんだろうか。過酷な旅とわかっていながら旅立っていく鳩のように、その先は大変だとわかっていても、突き進むことを人間もするんだろうか。本能に突き動かされて。

北海道の緑の大地を、横断していく鳩たちの姿を想像した。彼《かれ》らはやがて力強く青い海を渡《わた》っていく。なんて健気《けなげ》で美しい姿なんだろう。(6)涙《なみだ》がじんわり滲《にじ》んだ。

「おうちで会おうね！」

ユリカが飛び去る鳩たちに向かって叫んだ。おれもみなとも叫んだ。

「おうちで会おうね！」

「おうちで会おうね！」

みなとが満面の笑《え》みで話しかけてくる。

「ライツィハーに会いに、ぼくらも帰ろうよ」

「そうだな」

おれは涙を気づかれないように首をひねって答えた。そのとき、両手を組み合わせ、目をつぶって祈るユリカの姿が目に入った。高台のここからは海が見える。朝日に輝く海を背に祈る彼女は、まるで美しい乙女《おとめ》の銅像みたいだった。

（関口尚『はとの神様』より）

※岩槻……埼玉県にある市の名前。

※麗子さん……みなとの父の再婚相手。

問一　――線①～④のカタカナを漢字に直しなさい。漢字は一画ずつていねいに書くこと。

問二　——線(1)「トレーラーの中をとことこ歩くライツィハーに話しかける」とありますが、ここでの悟の説明として最もふさわしいものを次の中から一つ選び、記号で答えなさい。

ア　鳩舎のある北海道からはるか遠い岩槻まで飛んでいく過酷なレースを控《ひか》えて気合いの入る鳩の様子に、頑張れと声をかけずにはいられなくなっている。

イ　鳩舎までの長い道のりの険しさを知っているがゆえに引き締まった表情をしているように見受けられる鳩の様子に、旅の無事を願うことしかできずにいる。

ウ　岩槻にある自分の巣からかなり遠く離れた場所に連れてこられても不安を見せない鳩の健気な様子に、何とか元気に飛んで帰ってほしいと考えている。

エ　はるか遠く離れた巣まで飛んで帰るレースの過酷さを理解しているかのように凛々《りり》しく見える鳩の様子に、自然と応援したい気持ちになっている。

オ　自分の鳩舎からはるか遠く離れた場所にいることを認識している鳩の毅然《きぜん》とした様子に、スタート時間どおりに飛ばしてやりたいと願っている。

問三　——線(2)「『ねえ、悟はいいことだと思ってるの？　悪いことだと思わない？』」とありますが、ここでのユリカの考えはどのようなものですか。最もふさわしいものを次の中から一つ選び、記号で答えなさい。

ア　大事に育てたライツィハーを無事に帰れるか分からないような厳しいレースに出場させるのは心もとないし、レース鳩とはいえそもそもそのようなことをさせるのは人間の都合に過ぎないのではないかと思い、悟の考えはどうなのかを聞きたいと考えている。

イ　卵から大切に育ててきたライツィハーを長く危険な旅に出させるのはかわいそうで忍《しの》びないと思い、レースと称《しょう》して鳩の運命をもてあそぶような人間の身勝手な行為《こうい》に疑問を感じており、悟ならその疑問に対する納得のいく答えを出してくれるはずだと考えている。

ウ　雛のころから大事にかわいがっているライツィハーを海を越えるような長距離レースに出させるのは心配であるし、そもそも訓練やレースと称して動物を危険な目にあわせるのは人間の改めるべき点であると思い、悟にだけはそんなことをしてほしくないと考えている。

エ　みんなで大切に育てたライツィハーを初めての海越えに挑《いど》ませることを不安に感じ、訓練してきたとはいえ経験の浅い鳩を過酷なレースに出させるのは自分たちのわがままではないかと思い、一緒にライツィハーを育ててきた悟の考えを知りたがっている。

オ　ずっと大事にしているライツィハーを危険なレースに出場させるのは父と同様に反対で、レース鳩とはいっても人間が勝手に訓練しただけでそれは鳩本来の姿ではないと考え、鳩レース好きの父を持つ悟の考えがどのようなものであるかを知りたがっている。

問四　――線(3)「自分の考え」とありますが、それはどのような考えですか。その内容としてふさわしくないものを次の中からすべて選び、記号で答えなさい。

ア　レース鳩として育てたからにはレースに出してやりたい。

イ　鳩の命が危険にさらされるのも、レースというものの性質上ある程度は仕方ない。

ウ　弱い鳩が帰ってこないことは悲しいことだ。

エ　強い鳩ばかりになれば鳩がレース中に無《む》駄《だ》死にすることはなくなる。

オ　強い鳩になるためにはレースの経験が必要だ。

問五　～～線A「ユリカもおれも素っ頓狂な声をあげた」・～～線B「気づくとおれは、みなとに向かってつぶやいていた」とありますが、この二か所の間において、みなとの意見に対する悟の考えはどのように変化しましたか。変化のきっかけとなった悟自身の過去の経験を含めて七十一字以上八十字以内で説明しなさい。

問六 ――線(4)「『なあ、父ちゃん』」とありますが、この場面での悟の説明として、最もふさわしいものを次の中から一つ選び、記号で答えなさい。

ア ユリカからの質問にうまく答えられなかったことが悔《くや》しく、鳩レースが大好きな父の話をきけばユリカにうまく言い返せるのではないかという思いと、鳩レースを批判する意見を父にぶつけることへのためらいを持って、鳩レースの意義についての父の意見を尋ねている。

イ ユリカからの質問がずっと心にわだかまっており、鳩レースに夢中になっている父も間違《まちが》ったことをしているのではないかという疑念と、それを正さなければならないのではないかという責任感を持って、鳩レースの功罪について父に問いかけている。

ウ ユリカと議論したことで鳩をどのように扱《あつか》うべきかを考えるようになり、鳩に詳《くわ》しい父がどのように鳩と接しているかを知りたいという気持ちと、自分がより強い鳩を生み出さねばならないという義務感を持って、鳩との関わり方について父に相談している。

エ ユリカの話を聞いて芽生えた気持ちを整理したいと思い、鳩を愛する父ならばその手掛《てが》かりを知っているだろうという信頼《しんらい》と、くだらない質問をして父を怒らせてしまうかもしれないという緊張感を持って、人間と鳩とのきずなに対する父の信念を聞き出そうとしている。

オ ユリカの考えを聞いて自分の考えに自信が持てなくなり、長年鳩レースに携《たずさ》わる父ならば納得のいく答えを示してくれるのではないかという期待と、父の愛する鳩レースに反対するようなことを言うことへの緊迫感《きんぱくかん》を持って、鳩レースの是非《ぜひ》について父に質問している。

問七 ――線(5)「耳にざらざらと残る言葉だった」とありますが、父の言葉を聞いた悟の説明として、最もふさわしいものを次の中から一つ選び、記号で答えなさい。

ア 鳩レースについての父の意見を問うたところ、「いいか悪いかじゃない」という納得のいかない答えが返ってきた。「エゴを飛ばす」「飛ばすからには全部引き受ける」という言葉についてもその真意を理解することはできないが、父にうまく言いくるめられているような気がして、心にわだかまりが残っている。

イ 鳩レースについての父の信念を尋ねたのに、「いいか悪いかじゃない」という意味の分からない答えが返ってきた。「エゴを飛ばす」「飛ばすからには全部引き受ける」という言葉についてもその真意を理解することはできないが、いずれ自分にも分かるときがくるのだろうかと、不安な思いがつのっている。

ウ 鳩レースについての父の思いをきいたところ、「いいか悪いかじゃない」という意味深長な答えが返ってきた。「エゴを飛ばす」「飛ばすからには全部引き受ける」という言葉についてもその真意を理解することはできないが、きっと重要な意味を持つ言葉に違いないと感じ、背筋が伸びる思いがしている。

エ　鳩レースについての父の考えを知りたかったのに、「いいか悪いかじゃない」という予期せぬ答えが返ってきた。「エゴを飛ばす」「飛ばすからには全部引き受ける」という言葉についてもその真意を理解することができないが、何か重大なことが示唆《しさ》されているような気がして、心にひっかかりが残っている。

オ　鳩レースについての父の本音をききたかったのに、「いいか悪いかじゃない」という想定外の答えが返ってきた。「エゴを飛ばす」「飛ばすからには全部引き受ける」という言葉についてもその真意を理解することはできないが、自分にとって重い意味を持つ言葉となるような予感がして、少し怖くなっている。

問八　――線⑹「涙がじんわり滲んだ」とありますが、ここでの悟の説明として、最もふさわしいものを次の中から一つ選び、記号で答えなさい。

ア　鳩レースの是非について考えれば考えるほど分からなくなっていたが、そんな悩みなど大自然を前にしてはちっぽけなものに過ぎないと感じさせるような、空を覆《おお》うほどの鳩の一群の迫力《はくりょく》と、ライツィハーを送り出すユリカの優美な姿に心を奪《うば》われ、感極まっている。

イ　鳩レースに対するわだかまりが心のなかに残っていたが、そんなものはとるに足らないものだと思わせるかのように力強く躍動《やくどう》する鳩たちの姿に生き物の本能を感じ取り、大自然の中をひたむきに羽ばたいてゆく彼らの美しい姿を想像して、強く心を打たれている。

ウ　鳩レースは人間が勝手に命を操る行為なのではないかと悩むようになっていたが、そんなこととはいっさい無関係に存在する生き物の本能のたくましさと、大空や大地や大海原といった自然の偉大《いだい》さをじかに肌《はだ》で感じとり、激しく心を揺《ゆ》さぶられている。

エ　鳩レースへの自分の思いが揺《ゆ》らいでいたが、そんな必要はまったくないと思わせるような八千羽の鳩たちの猛烈《もうれつ》な羽音を聞き、本能の赴《おもむ》くままに巣を目指して懸命《けんめい》に羽ばたいていく彼らの姿を想像し、畏《おそ》れにも似たような感情をいだいている。

オ　鳩レースについての複雑な思いをいだいていたが、そんな思いを忘れさせてくれるかのような、大地を横切り大海原を渡っていく鳩たちの美しくたくましい姿に目を奪われ、生き物を操る力強い本能の存在を感じ取って、かつてないほど感動している。

二 次の文章を読んで後の問いに答えなさい。

いま、言葉の使われ方がさまざまな新しい形を見せています。たとえば携帯《けいたい》電話で文字による情報の交換《こうかん》をしたり、あるいはパソコンで文章を作成したり、またそうして作成した文章をインターネットでやりとりしたりする——。要するに、新しく開発された機械が介在《かいざい》することによって、私たちの身の回りにある言葉のあり方が、かつての「話す・書く」という範囲《はんい》を超《こ》えた、一見、複雑な様相を呈《てい》しています。

このような事態の進行に伴《ともな》い、言葉あるいは日本語のありようが、いろいろな形で問題になっています。たとえば、「言葉の①ミダれ」を指摘《してき》し、「漢字が書けなくなったこと」を嘆《なげ》くような問題意識の場合もあれば、あるいは、「美しい日本語」を※言挙げして、「朗読運動」を提案するといった形のものもあります。

これら言葉に関するさまざまな問題を整理しながら、「日本語とはどういう言語か」ということを問いなおしていきたいと思います。

1

まず、いま非常な勢いで普及《ふきゅう》しつつあるパソコンや携帯電話、そしてインターネットなどについて、少し掘《ほ》り下げて考えてみましょう。

まず確実に言えることは、(1)これらは必ずしも、われわれ自身が言葉を使う上で欲したり、待ち望んで生まれてきた機械や通信手段ではないという事実です。これらは、われわれの生活の上での必要な速度を超えて開発された機械であり、普通の生活者の実感で言えば、ある日突然、世の中に登場してきた商品です。にもかかわらず、われわれの側は、まさに現代商品と呼ぶほかはないこれらに、最初はとまどい、一部の人は、「これは便利だ」と飛びつき、やがて、あれよあれよという間に周囲に浸透《しんとう》してしまったわけです。

しかし、インターネットにせよ、パソコンにせよ、携帯電話にせよ、そしてパソコンの前段階のワープロにせよ、言葉をやりとりする道具としてはちょっとおかしな部分を含《ふく》んでいます。たとえば、直接に手で「漢字仮名《かな》交《こ》じり」の文章を書いていくのとはちがって、パソコンやワープロで日本語の文章を作成する場合は、まずキーでローマ字か仮名文字を打ち込み、次にその一部を漢字に変換していくという操作が加わります。また携帯電話では、数字をたくさん打ち込むことでまず仮名を出し、次にそれを漢字に変換するという、非常に複雑で歪《ゆが》んだ形になっています。本来なら直接に話したり書いたりすることでなされる人間と人間との言葉のやりとり（言葉の交通）に、機械が介在することによって、そこに大変まわりくどい操作が加わり、人間が機械の機能に従属する操作者として言葉を発していかなければならないという奇妙《きみょう》なことになっています。

しかも、たとえば頭のなかでは「雨が降る」と書きたいと思っているにもかかわらず、手は「amegafuru」とか「あめか゛ふる」と打ち込まねばならないという分裂《ぶんれつ》したありようは、言葉を生み出す思考の流れに反し、適切な言葉を生み出す方向へ向かう集中を妨《さまた》げます。これは、言葉が発せられる本来の姿ではありません。このように考えるとき、機械が介在して発せられた言葉は、せいぜいが、本来の言葉を「代用」するものにすぎないと言えます。

実はコンピュータ、インターネットは、人間と人間が生活上の言葉をやりとりするために開発された道具や手段ではなく、軍事通信技術あるいは諜報《ちょうほう》技術に利用するため開発されたものです。私はこれらを、生活機器への「軍事通信技術の廃物《はいぶつ》利用」と呼んでいます。したがって、機械本来の開発目的と商品としての利用目的の間にずれのある、言ってみれば無理な商品（機械）です。このような、ずれや無理の避《さ》けられない機械が介在することによって、⑵人間と人間の言葉のやりとりの関係が実に妙な具合に歪んでいるわけです。

そんな「妙な」関係に、多くの人々は潜在《せんざい》的に気づいています。言葉の「代用」にすぎないということまでは明確に意識しないにしても、なにか※異和感を感じて、「ほんとうなら使わないほうがいいんだがなあ」と心のどこかで思っています。とはいえ、いまやだれもが持っているといっていいほどの圧倒《あっとう》的な浸透ぶりと、当座の便利さ、さらには社会的な使用の強要を見せつけられれば、やはり使わざるを得ません。実際、これだけ普及していながら、これだけ多くの人が気乗りのしないまま使っている商品（機械）もめずらしいのではないでしょうか。もっとも、最近では、馴《な》れっこになって、自らの気乗りのしない思いの存在自体にすら気づかぬまでに②イタっているようです。

これらの機械は、将来、人間の生活や社会的活動において、どのような位置を占《し》めていくべきものなのでしょうか。結論的に言えば、言葉の交通を「代用」するかぎりでは非常に便利なものなので、軍事やビジネスなどの限られた分野では、使われていくでしょう。というより、むしろさらに上手く「使いこなして」いけばいいのです。しかしそれ以外の生活の局面――たとえば人間と人間が生活のなかで言葉をやりとりする、あるいは表現をする、あるいは子どもたちが言葉を覚え、それを自らのものにして自分の表現力を蓄《たくわ》え、そして人間として生きていく、というような局面においては、人間と人間の間に機械を介在させる機会はむしろ減らして、「じかに話し、じかに書く」ことに立脚《りっきゃく》した基本的な言葉の交通を促《うなが》していくべきである、と私は考えています。

A　言葉する動物

ひるがえって、では、「言葉」とはいったいどういうものなのでしょうか。

言葉とは人間の最も根底的な表現（表出）行動です。そしてそこから、「人間とは言葉する動物である」と定義することも可能です。

よく、人間の言葉を理解する飼犬《かいいぬ》がいるとか、文字を示して人間と会話する猿《さる》がいるという話を聞きます。しかし、それはしかるべき自然の現象ではなく、人間が教え込むことによってペットの犬がいくぶんか人間化した姿であり、また猿がはたしてどこまで人間に似た振舞《ふるま》いができるかということを教育訓練した結果にすぎず、もともと動物が自分の意思を伝えるために言葉を使うということはありません。

またイルカは言葉をもって通信しあっているというような説もあります。しかし、それは、身辺のあらゆるモノ、コトに名を与え、いわば言葉の宇宙を築きあげている人間の言葉とは次元を違《たが》えたものです。むしろ自然の動物たちは、一つの声を発するなかにすべてを言いつくしています。たとえば馬が「ヒヒーン」といななき、ウグイスが「ホーホケキョ」と鳴く。それは何かを呼んでいたり、何かを求めていたり、あるいはまったく別のことを意味しているのかもしれませんが、いずれにせよ、馬もウグイスも一声のなかに言いたいことのすべてを言いつくしています。その意味では、馬やウグイスの鳴き声を、ある種の「完全なる言葉」であると考えてもよいかもしれません。

ところが人間の言葉は、一声発してそれですべてを言いつくせるというようなものではない「不完全な言葉」です。不完全で、一声ではうまく言いつくせないがゆえに、人間は、膨大《ぼうだい》な数の語彙《ごい》（単語）を生み出し、さまざまな文体（言い方、表現の仕方）をつくり出し、そして、それらを長い時間をかけて際限なく積み重ね、言葉の宇宙を築き上げることによって、現在のような文化と文明を築き上げてきました。そのような「言葉」は、人間にしかありません。「(3)人間とは言葉する動物である」とは、そういう意味です。

B　「はなす」と「かく」

人間の言葉には、大きく分けて話す言葉と書く言葉、すなわち「言《はなしことば》」と「文《かきことば》」があります。

当然のことながら、長い人類の歴史においては文字のない時代があり、また現在においても、文字をもたない民族・部族もあることでしょう。

あるいは、現在の我々も日常生活の過半は「文《かきことば》」なしに大半を過ごしているともいえます。したがって、人間にとって最も本質的な言葉はあくまで「言《はなしことば》」です。ところが人類は、歴史のある段階で「文字」を獲得《かくとく》しました。といっても、二百万年を超える人類史から見ればごく最近のことで、中国でいえば今から三千四百年ほど前（紀元前一四〇〇年ごろ）の殷《いん》の時代であり、エジプトやメソポタミアでもせいぜい四千年から四千五百年ほど前のことです。

しかし、文字を獲得することによって、人間は飛躍《ひやく》的な広がりと加速度的な速さで、文明というものを築き上げました。そのことの功罪は無論いろいろとありますが、人類はその恩恵《おんけい》を受けつつ現在にいたっています。そのため、「人類が文字を獲得し、物事を記録するようになった時代以降が歴史である」と考える人もいます。言うまでもなく、人類は文字獲得以前に長い長い歴史を持っています。しかし、文字を獲得して以後の飛躍的な展開を考えるとき、「歴史は文字とともにある」と考える立場があっても不思議ではないくらい、文字＝「文」というものが人間にとって画期《かっき》的な意味をもつことは間違《まちが》いありません。

それでは、さかのぼって文字を獲得する以前の人類は、「話す」ことはしたけれども、「書く」ことはしなかったのでしょうか。これについて、一般《いっぱん》には音声言語（音声によって表される言語）はあったが、文字言語（文字によって表される言語）はなかったとされています。「文字」の有無を③シヒョウとする限りは、そういうことになるでしょう。しかし私は、この音声言語と文字言語を、(4)「話す（はなす）言葉」と「書く（かく）言葉」と置き換《か》えて考えてみます。

まず、「はなす」とはどういう行為《こうい》でしょうか。これは、人間が身ぶりや手ぶりなど自分の身体や、あるいは口から発する音声を用いて、一つの表出や表現をすること。身体や音声を通じて意識を「放《はな》す」ことであり、「離《はな》す」ことであり、そして「話《はな》す」ことです。たとえば、踊《おど》りは身体動作を用いて「はなす」こと、音楽は声を出したり笛を吹《ふ》いたりすることなどを通じて「はなす」こと、そしてもちろん会話は声を用いて「はなす」ことです。要するに、自分の身体を用いてじかに表出、表現する行為はすべて「はなす」ことの範疇《はんちゅう》に含まれる――そう考えれば、「はなす」ことが人類の誕生とともにあったこと、また「話す」ことが身ぶりや手ぶりや表情とともにある、否《いな》、ともにしかありえない理由が納得《なっとく》されるでしょう。

次に、「かく」はどうでしょうか。たとえば、石や木を「引っ掻《か》く」と、そこには何らかの図形が生まれたり、あるいは模様ができます。あるいは、同じく石や木を「欠《か》く（欠かす）」場に、石や木の彫刻《ちょうこく》ができあがります。また、「描《か》く」ことによって絵画のような表現も、画《か》く（区切る）表現も生まれます。むろん文学や書は「書《か》く」表現です。これらの「掻く」「欠く」「描く」「画く」「書く」のすべてが「かく」ことに含まれると考えれば、これもまた人類の誕生とともにあったはずです。鋤《すき》をもって土を「掻き」耕やす（ＣＵＬＴＩＶＡＴＥ）農耕はその原形と言え、そこからCULTURE（文化）の語も生《うま》れたと考えられます。

このように、「はなす」ことと「かく」ことはいずれも、人類が誕生して以来の歴史とともにあったわけです。

では、「はなす」ことと「かく」ことの違いはどこにあるか。それは、「かく」ことが道具を持つという点です。当初は石片や木切れであったことでしょうが、筆記具を持つ、あるいはずいぶん下っては金属の鑿《のみ》を持つ。道具を用いて石や木などの対象に「かく」（掻く、欠く、描く、画く、書く）。それによって、その場に何らかの痕跡《こんせき》を残すというかたちで表現していく――「かく」ことは、このようにして、無文字時代という長い時間の経過のなかでも積み重ねられていきました。

そして、そのような「かく」ことの長い歴史のなかから、あるとき、いちばん古い例でいえば今から三、四千年前に、「文字」が生まれたのです。

ここで忘れてならないことは、「書く」（文字）とはもともと、「かく」ことのなかの一つの形態であるという事実です。「書く」（文字）は、「かく」ことの範疇に含まれる他の表現、たとえば「描く」（絵画・文様）や「欠く」（彫刻）などと密接な関係を持ちつつ、全体として「かく」という表現世界を形成していました。それが、「文字」ができ、「書き言葉＝文」が成立したとき、絵画や文様や彫刻は「書く」（文字）ことから離れて、「描く」や「掻く」「欠く」などのそれぞれの表現として独立して行ったのです。これは「はなす」についても同様です。「文字」ができたことで、それまではある種の音楽や舞踊《ぶよう》に近かった言葉が、明確な語彙と文体をもった言葉になり、新しい「話し言葉＝言」が成立し、また文法の内省的固定と定着も生じました。そのとき、音楽や舞踊が「話す」から別れて独立していったわけです。

このように、文字が生まれたことによって、現在のわれわれが考えるような「言《はなしことば》」と「文《かきことば》」からなる言葉が独立し、また、成立したのです。

（石川九楊『日本語の手ざわり』新潮選書より）

※言挙げ……特に言い立てること。

※異和感……一般的には「違和感」と表記するが、出題にあたっては本文の表記に合わせた。

問一　――線①～③のカタカナを漢字に直しなさい。漢字は一画ずつていねいに書くこと。

問二　[1]には～～線A「言葉する動物」・～～線B「『はなす』と『かく』」と同じように、後に続く部分の内容を示す見出しが入ります。最もふさわしいものを次の中から一つ選び、記号で答えなさい。

ア　言葉の交通を円滑《えんかつ》にする機械　　イ　人間関係の構築の障壁《しょうへき》となる機械　　ウ　人間の社会的活動を妨げる機械

エ　人間関係の構築に不可欠な機械　　オ　言葉の交通に介在する機械

問三　――線(1)「これらは必ずしも、われわれ自身が言葉を使う上で欲したり、待ち望んで生まれてきた機械や通信手段ではない」とありますが、そのように言えるのはなぜですか。最もふさわしいものを次の中から一つ選び、記号で答えなさい。

ア　パソコンやインターネットなどは、われわれの生活に本当に必要かという議論が十分に行われないまま、非常な勢いで浸透していったものであるから。

イ　パソコンやインターネットなどは、日常生活においてその利便性を十分に活かすことが容易ではなく、使用者であるわれわれにとまどいを与えるものであるから。

ウ　パソコンやインターネットなどは、元々われわれが日常生活の中で利用することを想定したものではなく、他の目的のために開発されたものであるから。

エ　パソコンやインターネットなどは、それらが開発された当初の目的が明かされないまま、いつの間にかわれわれの生活に浸透していったものであるから。

オ　パソコンやインターネットなどは、日常生活におけるわれわれの言葉のやりとりの実情を考慮《こうりょ》する間もなく、異様な速度で開発されたものであるから。

問四　――線(2)「人間と人間の言葉のやりとりの関係が実に妙な具合に歪んでいる」とありますが、それはどういうことですか。最もふさわしいものを次の中から一つ選び、記号で答えなさい。

ア　本来自分の考えをそのまま言葉に表現することで成り立っていた人間同士の言葉のやりとりが、機械を用いることによって変質し、言葉を発する者が機械の従属者となる上に、言葉が生み出される思考の流れも本来のあり方とは異なるものになってしまっているということ。

イ　本来直接顔を合わせて行われるはずの人間同士の言葉のやりとりが、機械を用いることによって変質し、言葉を発する者が目の前の機械の操作に気を取られ、思考の流れが中断されながら言葉を発することになってしまっているということ。

ウ　本来自分の考えをじかに表現することで円滑に進んでいた人間同士の言葉のやりとりが、機械を用いることによって変質し、自然な会話の流れに無理が生じ、自分が伝えようと思考している内容が少々歪められて相手に伝わってしまっているということ。

エ　本来人間が発する言葉のみで成り立っていた人間同士の言葉のやりとりが、機械を用いることによって変質し、そこで使われる言葉が性質の異なる二種類の言葉に分かれ、機械が生み出す言葉が人間が発する言葉の「代用」の域を超えた役割を担《にな》っているということ。

オ　本来自分の考えを直接表現するという単純な行為で成り立っていた人間同士の言葉のやりとりが、機械を用いることによって変質し、多くのまわりくどい操作を積み重ねる複雑なものになってしまい、相手との意思疎通《そつう》が困難になっているということ。

問五　――線(3)「人間とは言葉する動物である」とありますが、それはどういうことですか。他の動物との違いにふれて、七十一字以上八十字以内で説明しなさい。

問六　――線(4)「『話す（はなす）言葉』と『書く（かく）言葉』」について、次の（1）（2）に答えなさい。

（1）「はなす」ことと「かく」ことにはどのような違いがありますか。四十一字以上五十字以内で説明しなさい。なお、説明の際には「『はなす』こと」をA、「『かく』こと」をBと表現して答えなさい。

（2）「はなす」・「かく」という行為と、文字ができたこととの関係について、筆者はどのように説明していますか。最もふさわしいものを次の中から一つ選び、記号で答えなさい。

ア　「はなす」・「かく」という行為は、元来同一の表現行為から生まれたものであるが、文字が生まれ、文法が定まったことにより、言葉を使って「話す」ことと「書く」こととが別の表現行為としてできあがった。

イ　「はなす」・「かく」という行為は、元来同一の表現行為から生まれたものであるが、文字が生まれたことで、文法が人々の間で定着していき、文法に従う「文《かきことば》」とそうでない「言《はなしことば》」の違いが明確になった。

ウ　「はなす」・「かく」という行為は、元来多くの表現行為を含んでいたが、文字が生まれたことで、文法を持つ言葉が人々の間に広がり、言葉を使った「話す」・「書く」という行為が新たに誕生した。

エ　「はなす」・「かく」という行為は、元来多くの表現行為を含んでいたが、文字が生まれ、文法が定まったことにより、言葉を使って「話す」・「書く」という行為が他の表現行為と一線を画するものになった。

オ　「はなす」・「かく」という行為は、元来多くの表現行為を含んでいたが、文字が生まれたことにより、言葉を使った表現行為だけが他の行為と比べて高度なものとなったため、独り歩きするようになった。

（問題は次のページにつづきます。）

問七　本文の内容についての説明としてふさわしいものを次の中から二つ選び、記号で答えなさい。

ア　われわれが現代商品と呼ばれる機械に対する異和感に気づかなくなってしまったのは、それらが社会のなかで占める役割が大きくなったことが原因である。

イ　コンピュータを通じての言葉は言葉の本来のあり方ではないため、生活やあらゆる社会的活動においての使用は慎《つつし》み、「じかに話し、じかに書く」ことが望ましい。

ウ　人間の言葉は「不完全な言葉」であるので、言葉を話す際には身ぶりや手ぶりや表情を交じえなければ、相手と完全なる意思疎通を図ることは難しい。

エ　動物の言葉が「完全なる言葉」であるということは、動物の言葉にはこれ以上新たな語彙を加える必要がないということの比喩《ひゆ》として用いられた表現である。

オ　人間の言葉のなかでも、「言《はなしことば》」は人間にとって最も本質的な言葉であり、人類の歴史の上で「文《かきことば》」より先に確立されたものである。

カ　人類は二百万年以上前から存在していたが、今から四千五百年以上前の時代を人類の「歴史」と呼ぶべきかどうかは、人により見解が分かれるところである。

（問題は以上です。）

算数　令和３年度　渋谷教育学園渋谷中学校入学試験問題　(50分)

注　解答はすべて解答用紙に記入すること。
定規，コンパスは使用しないこと。

1　次の問いに答えなさい。ただし，(6) は答えを求めるのに必要な式，考え方なども順序よくかきなさい。

(1) $2.8\times\left\{4\frac{1}{6}-\left(1.25+3\frac{1}{3}\right)\div2\frac{1}{5}\right\}$　を計算しなさい。

(2) 2%の食塩水に7%の食塩水を加えると，5.6%の食塩水が500g できました。
7%の食塩水を何 g 加えましたか。

(3) 電車Aが長さ1.3km のトンネルを通過するとき，電車Aが完全にかくれているのは65秒間です。また，電車Aが，前方からくる電車Bと出会ってからすれ違うまでに8秒かかります。電車Bの長さは190m，速さは秒速22m です。電車Aの速さは秒速何mですか。

(4) 右の図は正方形と円からできている図です。
図の㋐の部分の面積が57cm^{2}のとき，
㋑の部分の面積は何cm^{2}ですか。
ただし，円周率は3.14とします。

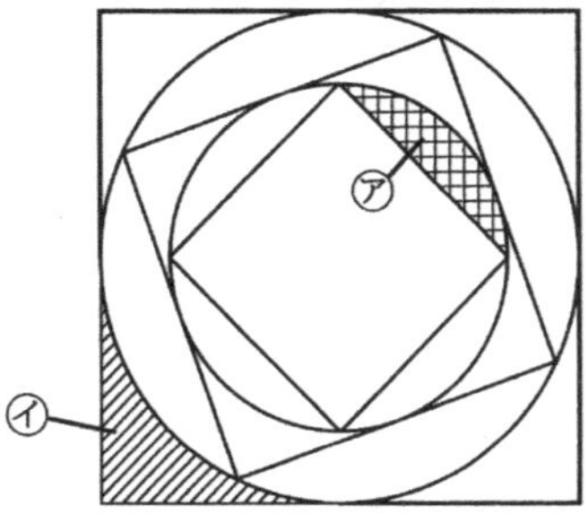

(5) 右の図で，直線Lを軸として図形を1回転させます。
このときにできる立体の体積は何cm^{3}ですか。
ただし，円周率は3.14とし，すい体の体積は
「(底面積)×(高さ)÷3」で求められます。

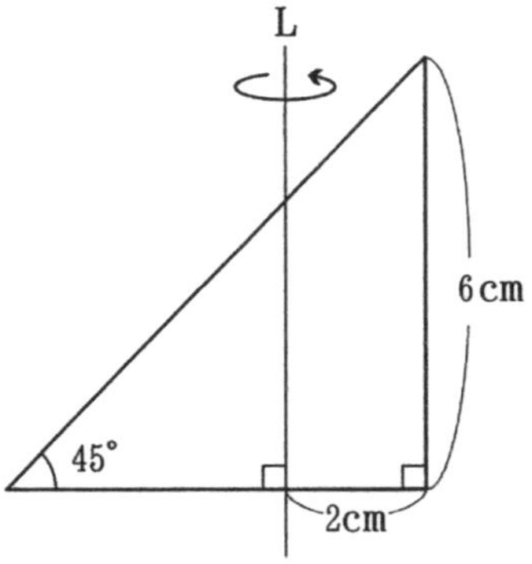

(6) 水の入った水槽《そう》に，A，B，Cの3本の棒を底につくようにまっすぐに立てました。
それぞれAの棒の長さの$\frac{1}{3}$，Bの棒の長さの$\frac{1}{4}$，Cの棒の長さの$\frac{1}{5}$が水面の上に出ています。これらの3本の棒の長さの合計は147cmです。Aの棒の長さは何cmですか。

（計算用紙）

2

伝言ゲームを行います。まず，先生が 1 人の生徒に伝言を伝え，伝言を聞いた生徒は次の生徒に伝言を伝えます。伝言を伝えるのにちょうど 1 分かかります。1 人の生徒は 1 度に 1 人の生徒にしか伝言を伝えることができません。伝言が伝わってから，次の生徒に伝え始めるまでの間の時間は考えないものとします。

例えば，1 人の生徒が 2 人ずつの生徒に伝言を伝えるとします。下の図はその様子を表しています。生徒の名前の上の時間は，伝言が伝わった時間を表します。3 分後に A さん，B さん，C さん，D さんの 4 人に伝言が伝わります。

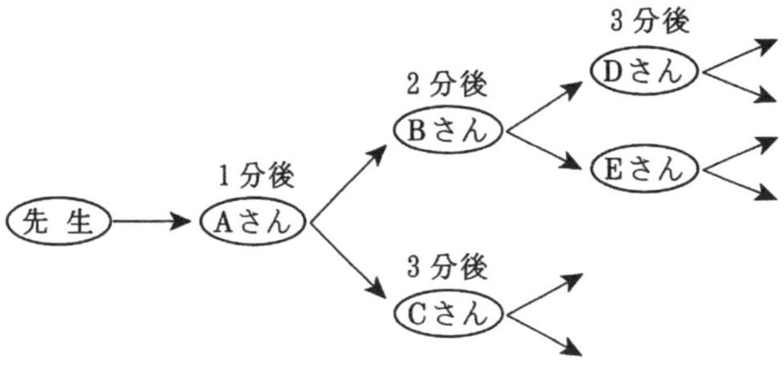

次の問いに答えなさい。

(1) 1 人の生徒が 2 人ずつの生徒に伝言を伝えるとき，5 分後に何人の生徒に伝言は伝わりますか。

(2) 1 人の生徒が 3 人ずつの生徒に伝言を伝えるとき，6 分後に何人の生徒に伝言は伝わりますか。

(3) この伝言ゲームを，学年の 205 人で行うことにしました。1 人の生徒が 3 人ずつの生徒に伝言を伝えるとき，何分後に全員に伝言は伝わりますか。

（計算用紙）

3　下の図は立方体の展開図です。この展開図を組み立ててできる立方体について，次の問いに答えなさい。

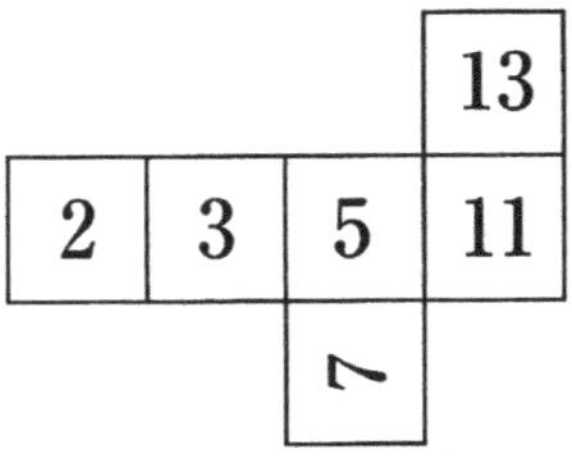

(1) 立方体の見取り図に向きも考えて数字をかき入れなさい。

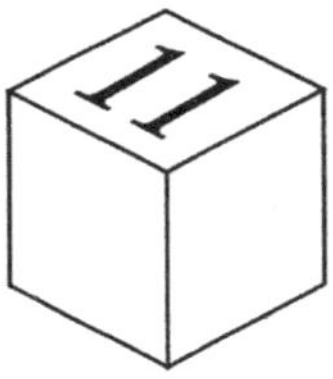

(2) 同じ立方体になるように向きも考えて展開図に数字をかき入れなさい。

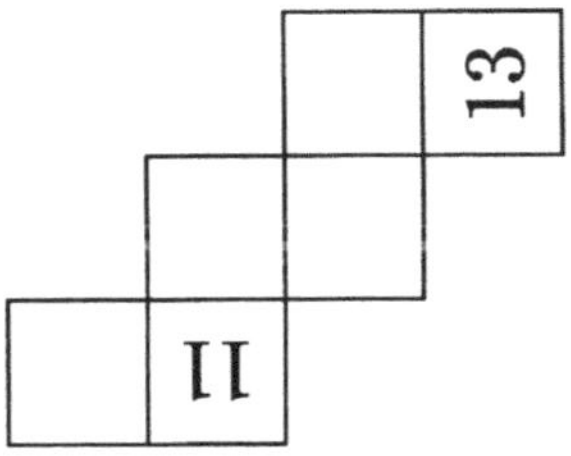

(3) 下の図のように，この立方体を正方形のマス目がかかれた紙の上に，2 が上の状態で置きます。置いてある位置は，数字とアルファベットで表すと 6－F となります。

下の図の状態から立方体の上の数字が，2，3，5，7，11，13 の順になるように，正方形のマス目に合わせてすべらないように倒していきます。13 が上の状態になったとき，置いてある位置を，数字とアルファベットで答えなさい。また，13 が上の状態になったときの立方体を下の図と同じ方向から見た見取り図に向きも考えて数字をかき入れなさい。

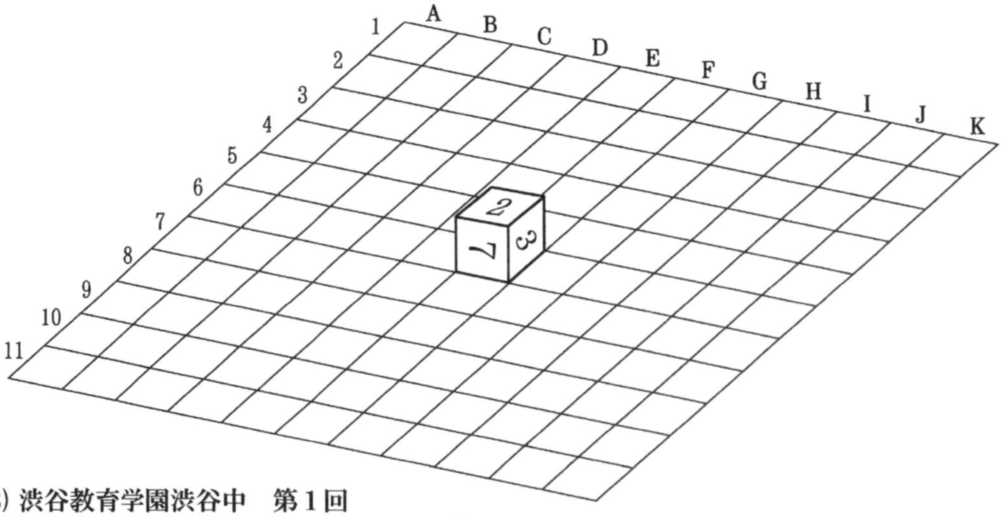

（計算用紙）

4

図1のような空《から》の水槽《そう》に，高さ36cmの仕切りが立ててあります。仕切りの左側に給水管A，右側に給水管Bがあり一定の割合で水を注ぎます。仕切りの左側の底には，排水管Cがあり一定の割合で水を出します。仕切りの左右で入っている水の高さを測ります。

水槽は最初，空の状態で全ての管が閉じてあります。まずAとBを開き給水します。給水を始めてから20分までは，仕切りの右側の水の高さの方が高くなりました。給水してから初めて仕切りの左右に入っている水の高さの差が0cmになったとき，Aだけを閉じCを開きました。50分後に全ての管を閉めました。図2は，給水してからの時間と仕切りの左右に入っている水の高さの差の関係をグラフに表したものです。

次の問いに答えなさい。また，答えを求めるのに必要な式，考え方なども順序よくかきなさい。

(1) Cは1分間あたり何L排水しますか。

50分後に全ての管を閉めたのと同時に，水の高さの差が0cmになるように仕切りを左に動かしました。仕切りを動かしたとき，仕切りの左から右への水の移動はありませんでした。また，仕切りを動かす時間は考えないものとし，仕切りを動かしたあともAとCは仕切りの左側で給水または排水します。仕切りを動かした後すぐに，全ての管を開きました。

仕切りを動かしてからのグラフの続きをかいたところ，図3のようになりました。

(2) 50分後に仕切りを左側に何cm動かしましたか。

(3) 図3の㋐，㋑，㋒にあてはまる数を求めなさい。

図1

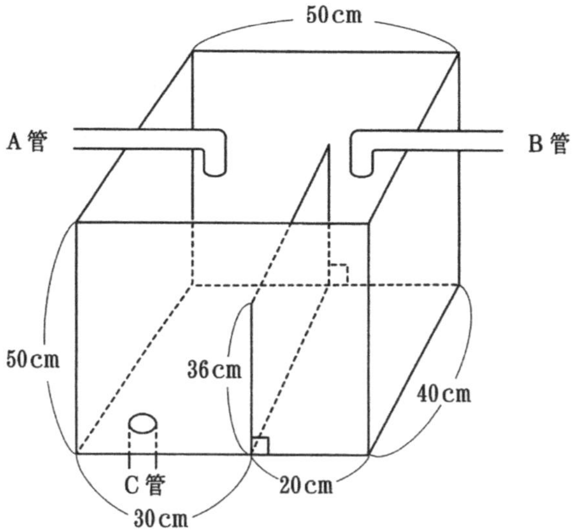

図2

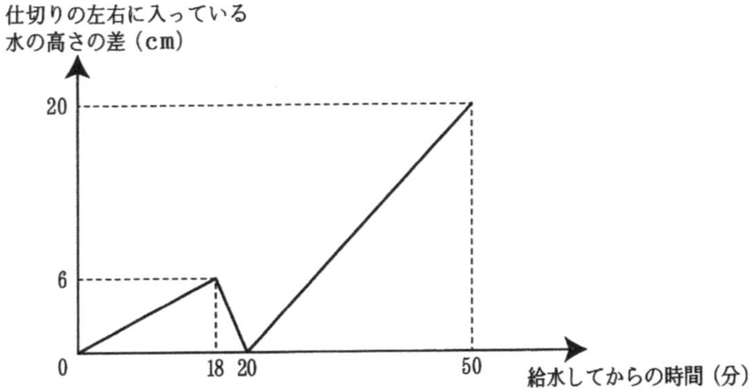

図3

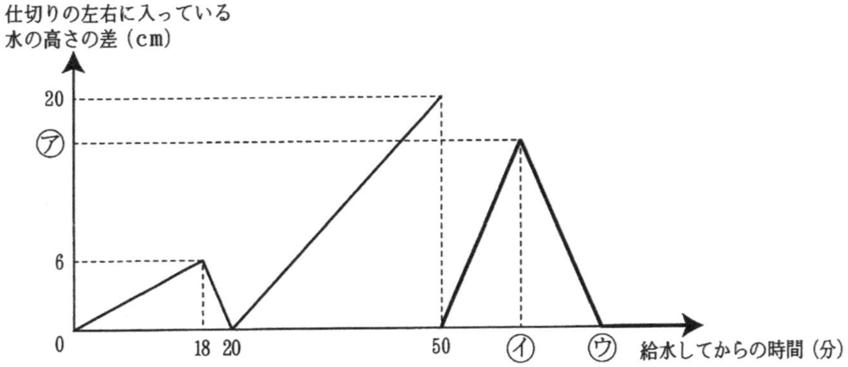

〔問題は以上です。〕

（計算用紙）

（計算用紙）

理科　令和３年度　渋谷教育学園渋谷中学校入学試験問題　(30分)

注　答えはすべて解答用紙に記入しなさい。

1　次の会話文を読み、問いに答えなさい。

リカ子：お母さん、このアヲハタの55ジャムって、なんで名前に55が入っているの？

母　：アヲハタという会社は、たしか瀬戸内《せとうち》のミカンの缶詰《かんづめ》作りから始まって、現在はジャムを作っている会社よね。たぶん、55というのはジャムの糖度のことよ。

リカ子：糖度？

母　：そう、糖度とはジャム全体の重さに対して、糖分がどのくらい含《ふく》まれているかの割合よ。例えば、ジャム100gに55gの糖分が含まれていれば、糖度55％ということになるわね。昔、ジャムはフルーツの保存を目的としていたから、糖度が65％以上ととても高かったの。でも、アヲハタは冷蔵庫などの保存技術が発達してきたので、世界に先がけて、フルーツ本来のおいしさを大切にしようと、低糖度の55％のジャムに挑戦《ちょうせん》して商品開発したのよ。その糖度55％をジャムの名前にしたというわけ。今ではさらに糖度をおさえた40％程度のものも販売《はんばい》しているのよ。そして、2020年は55ジャム発売ちょうど50周年だったのよ。

リカ子：さすがお母さん、物知り！　ジャムって、昔はフルーツの保存が目的だったんだね。ところで、フルーツ本来のおいしさって何？

母　：糖度が高いと、ただ甘《あま》いだけでフルーツそのものの味がわからないでしょ。それに、ジャムはじっくり煮《に》詰《つ》めて、水分をとばして作るものだから、温めているときに、フルーツの色が変わってしまったり、香りがとんでいったりしてしまうの。それらを防ぐために、アヲハタさんは様々な工夫をしているのよ。

リカ子：様々な工夫って、具体的にどんなことをしているの？

母　：真空釜《がま》を使っているって聞いたことがあるわ。それと、加熱しているときに逃《に》げてしまう香りを集めて、ジャムに戻《もど》したりもしてるみたいよ。

リカ子：真空釜かぁ。標高の（　A　）場所のような環境《かんきょう》にして、（　B　）温度で水をふっとうさせるのね。確かにそれならフルーツの変色とかが防げそう！　さぁ、私もアヲハタさんに負けないイチゴジャムを作るぞ！

母　：リカ子、とりあえず今はそのイチゴに砂糖をかけるだけでおしまいよ。

リカ子：え、なんで？　なんで？

母　：こうしておくと、イチゴから水分が出てくるので、煮詰める時間が短縮できるからよ。

リカ子：なるほど。ひと工夫ってやつね。おいしいジャムのためにも、ここはがまん、がまん。

…

リカ子：なんとかジャムはできたけど、ビンやキャップも煮沸《しゃふつ》して、水気を切るために乾燥《かんそう》させたり、手早くジャムを詰めたり、ほんと完成するまで大変！　やっぱり買ったほうが楽でいい！

母　：そもそも、あなたが調子に乗って食べれもしない量のイチゴを摘《つ》むから、こうなったんでしょ！

リカ子：た、たしかに…。今、作ったジャムも初めてキャップを開けるとき、アヲハタさんのジャムみたいに『ぽこっ』と音がするの？　なんか安心な感じがするから、あの音、好きなんだよね。

母　：うちのキャップもへこむ加工がされてるから、きっと音がするはずよ。

問１　糖度が高いと、フルーツが腐《くさ》らないで保存できるようになる理由を次のア～エから１つ選び、記号で答えなさい。

ア　微《び》生物が大量の糖分を養分とするので、フルーツそのものが傷《いた》まないから。

イ　微生物に大量の糖分が入り込み、微生物が破裂《はれつ》してしまうから。

ウ　大量の糖分によって、微生物が閉じ込《こ》められ、移動できなくなるから。

エ　大量の糖分に水分がうばわれるので、微生物が増えることができないから。

問２　文中の（　Ａ　）、（　Ｂ　）にあてはまる語句の正しい組み合わせを次のア～エから１つ選び、記号で答えなさい。

	A	B
ア	高い	高い
イ	高い	低い
ウ	低い	高い
エ	低い	低い

問３　リカ子さんは、糖度55%のジャムを作ろうとしています。材料のイチゴ500gに対して砂糖を250g用意しました。煮詰めることで何gの水を蒸発させればよいですか、整数で答えなさい。必要があれば小数第１位を四捨五入すること。ただし、イチゴははじめの重さの10%の糖分を生じるものとします。

問４　リカ子さんが作ったジャムのキャップを初めて開けるときに、『ぽこっ』と音がする理由を説明した文章の（　ア　）～（　エ　）にあてはまる言葉を答えなさい。ただし、リカ子さんが行った作業は次の通りです。

【作業】

① 煮沸《しゃふつ》した後、よく乾燥《かんそう》させたビンを用意する。ビンの口より５～10mm下の位置まで強火で加熱した熱い状態のジャムを入れる。

② すぐにキャップを閉めて、少しゆらして１分ほど待つ。

③ いったんキャップをゆるめて、素早く閉めなおす。

④ ビンに詰めたジャムを、約90℃のお湯に10分ほどつける。

⑤ 約50℃のお湯に５分ほどつけ、ある程度さます。

⑥ 水で１時間ほど冷却《れいきゃく》する。

②の作業で、ジャムとキャップとの間の（　ア　）がふくらもうとする。また、ジャムからは多量の（　イ　）が発生する。③の作業で、（　ア　）や（　イ　）が追い出される。その後、冷却するとジャムとキャップの間に存在していた（　イ　）が（　ウ　）に変化する。よって、この空間が（　エ　）に近い状態になるため、キャップがへこむ。そして、初めて開けるときにキャップがもとに戻《もど》り『ぽこっ』と音がする。

このページは白紙です。

2　父と娘《むすめ》の会話文を読み、問いに答えなさい。

父　：昨年も豪雨《ごうう》による被害《ひがい》が起きてしまったね。

娘　：夏休みにテレビを見ていたら、関東大震災《だいしんさい》がそろそろ起きそうで、発生した時にどう避難《ひなん》するかと防災グッズの準備が出来ていますかってニュースで言っていたよ。

父　：そうだね。日本は様々な災害が毎年発生しているね。日本にはどんな災害が想定されているか調べてみようか。

娘　：ついでにどのような対策が取られているかも調べちゃおう。

…

娘　：インターネットでいろいろ探していたら、首相官邸《かんてい》ホームページに「防災の手引き　～いろんな災害を知って備えよう～　」というのがあったよ。

父　：なになに。項目《こうもく》としては、地震《じしん》・火山・津波・大雨・台風・竜巻《たつまき》・雪害・土砂災害かぁ。

娘　：８つも項目があるんだね。各災害ではそれぞれどんなことが起こるの？

父　：それぞれどのような災害が起こるか、表１に一部分をまとめてみたよ。

表１　主な災害と主な被害

項目	主な災害	主な被害など
地震	建物の倒壊《とうかい》	古いビルが崩《くず》れたり、ビルからの落下物が発生する。アンテナの破損により携帯《けいたい》電話がつながりにくくなる。
	火災の発生	道路が寸断されると、消防車が入れなくなり、消火できなくなる。
	土砂崩れ	道路が寸断され通れなくなる。線路の寸断や安全確認で電車が動かなくなる。
	液状化現象	電気・ガス・水道が使えなくなる。
	長周期地震動	遠くで巨大《きょだい》地震が発生した場合、ゆったりとした揺《ゆ》れが遠くまで伝わり高いビルのみ揺れる。
火山	大きな噴《ふん》石	火口付近では退避壕《たいひごう》がなければ逃《に》げきるのは難しい。
	火砕流《かさいりゅう》	火口付近ではなくても火山付近にいた場合、時速100kmで迫《せま》るので逃げ切るのは難しい。
	融雪《ゆうせつ》型火山泥《でい》流	下流域の洪水《こうずい》。
	溶岩《ようがん》流	家屋の火災。
	火山灰	火山灰による肺や目や皮膚《ひふ》の炎症《えんしょう》。
		降灰による視界の悪化で交通障害。
	空振《くうしん》	噴火《ふんか》の衝撃波《しょうげきは》で窓ガラスが割れる。
大雨・台風	集中豪雨	河川の急激な増水、堤防《ていぼう》の決壊《けっかい》。
		道路や住宅の浸水《しんすい》。
		都市部では排水《はいすい》できなくなった水により、道路のアンダーパスや地下空間の水没《すいぼつ》。
		山間部では土石流・がけ崩れ・地すべりの発生。
	台風	暴風による家屋やライフラインに被害。
		集中豪雨と同じ雨による被害。
		海岸部では、暴風による高波や台風の接近による高潮の被害。

娘　：うわぁ、たくさんあるね。各災害で様々なことが起こるね。発生した時にはこんなに災害が起こってしまうけど何か対策はしていないの？

父　：対策の前に、まずは、それぞれの災害が発生する前にどのような警報を出しているか表２にまとめてみたよ。

娘　：災害ごとに様々な警報があるね。地震では、①緊急《きんきゅう》地震速報というのが書いてあるけど、これはどんなものなの？

表２　各種災害警報

現象	対策
地震	緊急地震速報
火山	噴火警戒《けいかい》レベル
津波	津波警報
大雨・台風	大雨警報・洪水警報
雪害	大雪注意報・雪崩《なだれ》注意報
土砂災害	土砂災害警戒情報
竜巻	竜巻注意情報

父　：これはね、地震が起こった時、震源に近い観測所が、最初に来る地震波であるＰ波を観測して、大きな揺れであるＳ波が伝わってくる前に、各地に警報を出すものなんだよ。ただし、揺れの大きな震源付近に警報は間に合わないんだ。

娘　：そうなんだ。地震は起こってからでないと警報は出せないの？

父　：現在のところ、地震を正確に予知をすることは難しいんだ。なので、地震はいつ起こっても良いように備えておく必要があるんだ。そのために役に立つのが、他の災害でも作られているけど、ハザードマップなんだ。これは、各自治体が作成し、自分の住んでいるところが揺れやすい土地なのか、災害が起こった時にどこに避難すればよいかが書いてあるんだよ。

娘　：そんな便利なマップがあるんだね。火山では「噴火警戒レベル」と書かれているけど、どのような警報が出るの？

表３　噴火警戒レベル

レベル	レベル１	レベル２	レベル３	レベル４	レベル５
種別	予報	警報		特別警報	
名称《しょう》	噴火予報	噴火警報 (火口周辺)		噴火警報 (居住地域)	
対策など	活火山であることに留意	火口周辺規制	入山規制	避難準備	避難

父　：表３のように５段階にレベル分けされているんだよ。実際の対応は、火山ごとにハザードマップで示されているんだ。

娘　：火山の近くに住んでいる人は、火山の災害も考えなくてはいけないんだね。また、噴火した季節によっても災害が変わるんだね。表１の火山の災害に融雪型火山泥流って書いてあるけど、どんなことが起こるの？

父　：冬に火山が噴火すると、溶岩や噴出した熱い火山灰などで、雪が一気にとけ、火山灰や岩石などを巻き込んで流れ下ってくる洪水が発生するんだよ。

娘　：②富士山が冬に噴火したら、麓《ふもと》は大変な災害になってしまうね。

問１　下線部①について、(1)・(2)に答えなさい。

(1)　ある地震《じしん》が発生したとき、震源から12km離《はな》れた地点に設置してある地震計で、最初にＰ波が観測されてから１秒後に緊急《きんきゅう》地震速報が発表されました。震源から63km離れた地点では、この速報発表から何秒後にＳ波による大きな揺《ゆ》れが始まるか答えなさい。ただし、この地震によるＰ波とＳ波の速さをそれぞれ秒速６kmと秒速３kmとします。また、緊急地震速報はすべての地域にすぐに伝わるものとし、伝わるまでの時間は考えないものとします。

(2)　(1)の地震で、63km離れた地点で緊急地震速報が伝わった後、大きな揺れに備えていましたが、あまり揺れませんでした。なぜそのようなことが起こるのか簡潔に答えなさい。

問２　下線部②について、図１を見て、問(1)・(2)に答えなさい。ただし、標高差は考えないこととします。

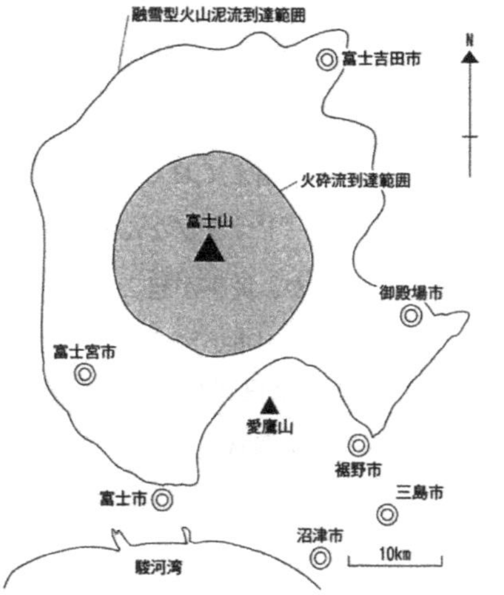

図１　富士山周辺の火山災害

(1)　富士山からの融雪《ゆうせつ》型火山泥《でい》流が、22km離れた御殿場《ごてんば》市に24分で到達《とうたつ》したとすると、融雪型火山泥流の流速は時速何kmになるか答えなさい。

(2)　火砕流《かさいりゅう》が発生した際、富士山から火砕流到達範囲《はんい》まで約何分で到達しますか、次のア〜エから１つ選び、記号で答えなさい。ただし、火砕流は全方位に一定の速度で流れていくものとします。

ア　３分　　イ　６分　　ウ　９分　　エ　12分

娘　：なるほどね。最後に、集中豪雨《ごうう》や台風による被害《ひがい》では、どのような対策が行われているの？

父　：大雨が降ると、土砂災害、浸水《しんすい》害、洪水《こうずい》などの災害発生の危険度が高まるので、その危険度を地図上で５段階に色分けして表示する「大雨警報・洪水警報の危険度分布」というものが、常時10分ごとに更新《こうしん》されるようになっているんだよ。

娘　：へー、10分ごとって刻々と変わる状況《じょうきょう》に対応しているね。どんなふうに色分けされているの？

父　：低い危険度から、白→黄色→赤→薄《うす》い紫《むらさき》→濃《こ》い紫で表されるんだけど、最大危険度の「濃い紫」が出現した場合は、過去の重大な災害時に匹敵《ひってき》する極めて危険な状況となっていて、すでに重大な災害が発生している可能性が高いんだ。だから、地図に濃い紫が出る前に避難《ひなん》しないといけないね。

娘　：なるほど。情報化社会になったから、自分のいる地域の状況を自分で判断して、警報が出る前に避難することが出来るようになってきたんだね。

父　：そうだね。最近は、線状降水帯など、災害を引き起こす極端《きょくたん》な雨の降り方も観測できるようになってきたし、私たちも情報を待つだけの受け身ではなく、積極的に情報を取り入れ、避難行動がとれるようになってきているね。

娘　：台風の場合は、雨だけでなく、表１には高潮や風による被害と書いてあるけど、高潮ってどんな現象なの？　高波とは何が違うの？

父　：高波は、風によって波が海岸線に打ち付けられて普段《ふだん》より高くなる現象だよ。高潮の原理は、台風自体が低気圧なので、③海水面を押《お》さえつける力が小さくなり、また海水面自身を吸い上げる事によって海面が普段より高くなってしまう現象なんだ。

娘　：もしかして、台風が通過する間中ずっと海水面が上がり続けるって言うこと？

父　：そうだね。ちなみに、その時に満潮の時間が重なったりすると、さらに海水面が高くなるんだよ。

娘　：踏《ふ》んだり蹴《け》ったりだね。台風なんて発生しなければいいのに。

父　：私たち被害を受ける人間にとっては、困ったものだけど、地球規模で見た場合は実は台風は役に立っているんだよ。

娘　：どんなことで役に立っているの？

父　：台風は暖かい空気の塊《かたまり》なんだけど、この塊が、暖かい赤道域から、日本を通過し、北へ移動してくれることで、南北の気温の差を小さくしてくれているんだよ。

娘　：なんか壮大《そうだい》なスケールの話になっているけど、そういう役割があるんだね。

問３　下線部③について、標高０mの地面や海面１m^2を押す空気の平均の重さを１気圧と表わします。１気圧は1013hPa（ヘクトパスカル）と表されますが、これは、１m^2の上に10130kgの重さの空気がある状態に相当します。日本南岸で発生したある台風の中心気圧は最初992hPaであったが、24時間後には950hPaに低下して関東に上陸をしました。普段は１気圧であったとすると、台風が上陸した時に海岸線の１m^2の上にある空気の重さはおよそ何kg軽くなったことになるか答えなさい。

問４　台風のエネルギー源は、海面から蒸発した水蒸気が水になるときに発生する凝結熱《ぎょうけつねつ》です。ある台風が、半径500kmの円形の範囲に100mmの降雨をもたらしました。この雨のすべての水が水蒸気の凝結で生じたものとすると、この時発生した凝結熱の総量は、マグニチュード７の地震何回分のエネルギーになるか答えなさい。ただし、水１gの凝結熱は2000J（ジュール）、水１cm^3あたりの重さは１gとします。また、マグニチュード７の地震のエネルギーは2000000000000000J（２に０が15個つく）とし、円周率は3.14とします。

父　：様々な災害を見てきたけど、次に私たち一般《いっぱん》住民はいつ、どこに、どの様なタイミングで避難《ひなん》すればいいかをまとめた「警戒《けいかい》レベル」というものが決められているので、見ていこう。

娘　：警戒レベル？　今までの警報とは何が違《ちが》うの？

父　：それまで住民には「避難勧告《かんこく》や避難指示（緊急《きんきゅう》）」など様々な避難情報が発信されていたけど、住民に正しく理解されていたかなど様々な課題があったので、2019年３月に「避難勧告等に関するガイドライン」が改訂《かいてい》されたんだ。災害発生の危険度と、とるべき避難行動を、住民が直感的に理解するための情報として警戒レベルという色分けした５段階の警報を伝えるようになったんだ。

娘　：どんなふうに分類されているの？

父　：表４のように、白から黒へと色分けされて、ハザードマップとも関連付けて、自分自身の地域の状況《じょうきょう》を普段《ふだん》から把握《はあく》することで、災害時に自主的に速やかな避難行動がとれるように作成してあるんだ。今までは、各自治体が警報を発する時に空振《からぶ》りだった時を考えてしまうこともあったけど、これからは、住民自らが判断することで、地域のみんなで声を掛《か》けあって、空振りを恐《おそ》れずに警戒レベル５になる前に、レベル３・４の段階で安全・確実に避難できるように考えられたものなんだ。

表４　警戒レベル

危険度	色	警戒レベル	状況	防災気象情報	とるべき行動
低	白	警戒レベル１	災害への心構えを高める	早期注意情報	最新の気象情報等に留意するなど、災害への心構えを高める。
	黄	警戒レベル２	ハザードマップなどで避難行動を確認	氾濫《はんらん》注意情報	ハザードマップなどにより、災害が想定されている区域や避難先、避難経路を確認する。
				大雨注意報	
				洪水《こうずい》注意報	
				高潮注意報	
				危険度分布（黄）	
	赤	警戒レベル３	危険な場所から高齢《れい》者や要介護《かいご》者等は避難	大雨警報（土砂災害）	災害が想定されている区域等では自治体からの避難準備・高齢者等避難開始の発令に留意しつつ、危険度分布や河川の水位情報などを用いて高齢者等の方は自ら避難の判断をする。
				洪水警報	
				高潮注意報	
				氾濫警戒情報	
				危険度分布（赤）	
	紫《むらさき》	警戒レベル４	危険な場所から全員避難	土砂災害警戒情報	災害が想定されている区域等では自治体からの避難勧告が発令されていなくても危険度分布や河川の水位情報などを用いて自ら避難の判断をする。
				高潮特別警報	
				高潮警報	
				氾濫危険情報	
				危険度分布（紫）	
高	黒	警戒レベル５	命を守るための最善の行動をとる	大雨特別警報	何らかの災害がすでに発生している可能性が極めて高い状況なので、命を守る最善の行動をとる。
				氾濫発生情報	

娘　：なるほどね。情報を速やかに常時出し続けることで、専門家が判断する前に自分自身で避難をしていこうという積極的避難の時代になってきたんだね。

父　：そうだね。情報が簡単に手に入らない時代では難しかったけど、専門的な情報がすぐ手に入る時代になったから、自分の身は自分で守る事が出来るようになってきたんだね。

娘　：災害が発生する前に私たちの地域のハザードマップをよく見ておくね。

問５　ある地域に５軒《けん》の家庭があります。それぞれ家族構成を下にまとめました。ただし、以下の人達に、要介護者の人はいないものとします。

ア：39才（父）　37才（母）　８才（娘）　５才（息子）

イ：70才（祖父）　68才（祖母）　32才（父）　30才（母）　１才（娘）

ウ：82才（夫）　80才（妻）

エ：25才（男）

オ：29才（夫）　30才（妻）

(1)　この地域に洪水警報が出た場合、避難を開始するべき家庭はア～オのどれですか。当てはまるものを全て選び、記号で答えなさい。

(2)　ア～オの家庭が、１つのアパートに住んでいたとします。警戒レベル３が発令され、全ての人が在宅をしていた場合、エの人が取るべき行動として正しいことを簡潔に答えなさい。ただし、ア～オの家庭全て、お互いの家族構成は知っているものとします。

2021(R3) 渋谷教育学園渋谷中　第１回
K 教英出版

社会　令和３年度　渋谷教育学園渋谷中学校入学試験問題　（30分）

注　・答えはすべて解答らんにおさまるように記入して下さい。
・字数の指定がある問題については、次の①と②に注意して下さい。
①句点（「。」）や読点（「、」）は、それぞれ１字として数えます。
②算用数字を用いる場合は、数字のみ１マスに２字書くことができます。
例１）「２０２１年」と書く場合　| 20 | 21 | 年 |
例２）「３６５日」と書く場合　| 36 | 5 | 日 | または | 3 | 65 | 日 |

1　次の文章を読んで、問いに答えなさい。

今から40年ほど前の1979年、**世界保健機関**は「天然痘」の根絶を宣言しました。医学の発達で人類は病気を克服していくと考えられましたが、それ以降も人類は予防法も治療法もない病原体の流行に幾度となく襲われています。実は、人が病気と必死に闘うように、病原体もまた、薬が効かないような強い毒性を持つなど進化を遂げてきたのです。

人類にとって、病気の原因である病原体は、ほぼ唯一の天敵と言えます。微生物が人や動物などの宿主(しゅくしゅ)に寄生して、そこで増殖することを「感染」と言い、その結果、宿主に起こる病気を「感染症」、その微生物を「病原体」と呼びます。感染症が人類を脅かすようになったのは、農耕や牧畜の開始により定住化し集落・都市が発達、人同士あるいは人と家畜が密接に暮らすようになってからです。また現代では大量・高速移動を可能にした交通機関の発達で、病原体は瞬時に遠距離を運ばれていきます。

地球、そして日本に住む限り、われわれは自然災害や感染症から完全に逃れるすべはありません。今日はこのような視点から、日本や世界の歴史を大きく変えたいくつかの感染症を取り上げて、人類と感染症のことを考えてみましょう。

＜資料１＞　世界の主な感染症に関するできごと

年代・世紀	主なできごと（想定される病気）
735	北九州で病気（天然痘）が流行
737	都で病気（天然痘）が流行
861	日本各地で病気（赤痢）が流行
1331	日本で病気（天然痘）が流行
1347～51	ヨーロッパでペストが大流行
16世紀	アメリカ大陸で天然痘が流行
17～18世紀	ヨーロッパ各地でペストが再流行
1796	ジェンナーが種痘法を成功させる
1849	日本で種痘が成功
1858～77頃	日本で外来の病気が流行
1894	[　X　] が、ペスト菌発見
1899	日本で初のペスト感染
1918～20	世界的にインフルエンザが大流行
1933	インフルエンザウィルスの発見
1979	世界保健機関が、天然痘の根絶を宣言

中学歴史資料集『学び考える歴史』（2019　浜島書店）より作成

問１　下線部に関する次の文章を読んで、空らんに適する語句の組み合わせとして正しいものを、以下のア～エから１つ選び、記号で答えなさい。

昨年（2020）、世界的な大流行となった「新型コロナウィルス感染症（COVID-19）」ですが、その対策の最前線に立っていたのが「世界保健機関」です。この機関は（　A　）に属し、頭文字を取ってアルファベットで（　B　）と呼ばれています。

	A	B
ア.	国際連合	WTO
イ.	国際連合	WHO
ウ.	国際連盟	WTO
エ.	国際連盟	WHO

問２　【天然痘】に関する次の文章を読み、設問に答えなさい。

＜資料１＞からわかるように、人類を最も苦しめてきた病気の一つが「天然痘」です。それは日本でも同じでした。

６世紀の欽明、敏達両天皇の時代、ちょうど仏教が日本に伝えられたとする直後に病気の大流行がありました。これをきっかけに仏教を受け入れるかどうかを巡り、蘇我氏と（　あ　）氏の抗争に発展します。

また天平７年（735）には、遣新羅使が北九州の（　い　）に戻った直後に北九州一帯に天然痘らしき病気が大流行しました。

彼らが病気から回復したのち、天平９年（737）３月に報告のために入京したところ、４月から８月にかけて（　う　）京で貴族や皇族が次々と感染し、政権の中枢を担っていた（　え　）氏の４人の兄弟も全員が亡くなってしまいます。

(1)　上の文章の空らん（　あ　）～（　え　）に適する語句を答えなさい。

＜資料２＞

天平十三年三月二十四日、天皇は詔を出され、「…全国に命じて各々七重塔一区画を建立し、金光明最勝王経を一部ずつ写させよ。（中略）、その寺の名を金光明四天王護国之寺とせよ。（以下略）」

＜資料３＞

天平十五年十月十五日、天皇は詔を出され、「…ここに天平十五年十月十五日、菩薩がめざすようにすべての衆生を救済し地上に極楽を実現したいという悲願をおこして、盧舎那仏の金剛像一体を造る。（以下略）」

『必須日本史資料210選』（2019　とうほう）
※資料は、現代語に訳されています。

(2)　上の資料は、病気の流行に対して当時の天皇が発した詔です。この天皇を答えなさい。

(3)　＜資料２＞について、天皇が建立を命じた「金光明四天王護国之寺」は、一般に何と呼ばれているか答えなさい。

(4)　＜資料３＞と最も関係の深いものを、以下のア～エから１つ選び、記号で答えなさい。

ア.

イ.

ウ.

エ.

(5) 近代以前は、日本では病気の原因は、怨霊やもののけのせいだと考えられていました。9世紀の終わりころ、日本各地で病気が流行したとき、都の人々は、諸国を表す66本の鉾を立てて神をまつり、さらに神輿（みこし）を送って、災厄の除去を祈りました。この行事は15世紀後半に戦乱で中止されたものの、それ以降は一度も中断されることなく続いてきました。しかし、その伝統も今回のCOVID-19には勝てませんでした。この行事の名前を答えなさい。

問3 【ペスト】に関する次の資料と文章を読み、設問に答えなさい。

＜資料4＞ 家畜と人間の病気

人間の病気	もっとも近い病原体をもつ家畜
麻疹（はしか）	牛
結核	牛
天然痘	牛や天然痘ウィルスをもつ他の家畜
インフルエンザ	豚・アヒル
熱帯性マラリア	鶏・アヒルなど

『歴史風景館 世界史のミュージアム』（2019 とうほう）より作成

＜資料4＞からわかるように、人類を苦しめてきた感染症には家畜を通じて人間に感染したものが多くあります。ペストは、ノミを介してネズミから人間に感染する感染症です。死亡率が高く、皮膚が紫黒色になることから黒死病と呼ばれました。

14世紀、モンゴル帝国の拡大で、アジアのネズミやノミがヨーロッパにもたらされました。これにより1347年からヨーロッパで大流行がはじまり、14世紀の末までに、ヨーロッパの人口は大幅に減少しました。その後も、ヨーロッパではたびたびペストなどの病気の流行に見舞われました。

(1)　人類は感染症との戦いの中で多くのことを学んできましたが、今回のCOVID-19ではその経験が生かされていました。以下の＜資料５＞は14世紀のヨーロッパの人々がおこなった感染症対策です。今回の流行でも、海外で同じような対策がとられました。この対策を何と呼ぶか、カタカナで答えなさい。

＜資料５＞

14世紀、ペストが流行する中でイタリア人のボッカッチョが著した、『デカメロン』の一節です。

　いずれにせよ数年前、はるか遠く地中海の彼方のオリエントで発生し、数知れぬ人命を奪いました。ペストは一箇所にとどまらず次から次へと他の土地に飛び火して、西の方へ向けて蔓延してまいりました。

（中略）市当局に任命された役人が、病人の市中への立ち入りを禁止、衛生管理の周知徹底のお触れを出しました。

『デカメロン』（ボッカッチョ　平川祐弘訳　2020　河出文庫）一部改変

(2)　ペストは、人類が苦しめられた感染症のなかでは、珍しく日本にほとんど影響を及ぼしませんでした。しかし、ペストの原因である病原体は、１ページの＜資料１＞にあるように1894年、日本人［　X　］によって発見されました。［　X　］の名前を答えなさい。

問4　次の文章と＜資料6＞を読み、設問に答えなさい。

250年におよぶ江戸時代を終わらせ、開国に導いた黒船、ペリーの来航。1854年、２度目の来航で幕府と①**外交交渉**が始まります。1858年、黒船が再び日本に姿を見せ、７月初めに長崎に、末には下田に寄港します。ところがこの直後、長崎で病気がはやり始めました。この病気はまたたく間に江戸や大阪にもひろがり、また発症するとあっという間に死んでしまうことから「コロリ」と呼ばれました。下の＜資料6＞は、この時の様子を記したものです。この流行で、幕府の要人もふくめ、多くの人々が次々に命を落とし、大混乱になりました。

＜資料6＞

> 1857年７月にアメリカ艦ミシシッピー号が清国から日本に【　Ｙ　】を持ち込んだ。(中略)今回はたくさんの犠牲者が出た。市民はこのような病気に見舞われてまったく意気消沈した。彼らは、この原因は日本を外国に開放したからだといって、②**市民のわれわれ外国人に対する考えは変わり、ときには、はなはだわれわれを敵視するようにさえなった。**(医学伝習医ポンペの回想録)

小長谷正明『世界史を変えたパンデミック』(2020　幻冬舎新書）一部改変

(1)　下線部①について、この外交交渉の結果むすばれた条約を答えなさい。

(2)　(1)で答えた条約の内容として**誤っているもの**を、次のア～エから１つ選び、記号で答えなさい。

ア．両国民の永久不変の親睦を結び、場所や人によって差別しない。
イ．下田、箱館を開港して、アメリカ船が不足品を買うことを許可する。
ウ．遭難した船員は保護され、滞在が許可される。
エ．日本がアメリカに許可したことは、自動的に他国にも許可をする。

(3)　＜資料6＞中の病気【　Ｙ　】を、カタカナ３字で答えなさい。

(4)　＜資料6＞中の下線部②に関して、このように外国人を敵視し、追いはらおうとする考えを、何と呼びましたか、漢字２字で答えなさい。

問５　【インフルエンザ】に関する次の文章を読み、設問に答えなさい。

第１次世界大戦中の1918年５月、イギリスのロイター通信が「（　Ｚ　）国の首都マドリードに変わった伝染病が発生した。症状は軽く、死亡例は報告されていない。」と伝えました。

これが、いわゆる「（　Ｚ　）かぜ」と呼ばれる病気です。しかし現在、この病気の発生源はアメリカではないかと考えられています。アメリカは1917年に大戦に参戦し、ヨーロッパに大量の兵士を派遣しました。ここから、交戦国の兵士に広がり、当時世界各地の植民地から動員されていた人々に感染します。感染した兵士がそれぞれの国に帰還することで、世界中に拡大したと考えられています。

日本でも1918（大正７）年以降に、大流行が始まっています。この病気には、最終的に日本の人口の約半数が感染したと考えられています。

(1)　文中の（　Ｚ　）に適する語句を入れなさい。

(2)　下線部について、この時期にインフルエンザがどのように日本に伝わったと考えられるのか、本文と次の資料を参考にして、説明しなさい。

＜資料７＞

＜資料８＞　資料７にまつわる国内のようす。

徳川美術館所蔵

問題は次のページに続きます。

2　次のグラフは、2010年度の公共工事費を100とし、2011年度～2019年度の５つの県の公共工事費の増減を表しています。ａ・ｂはグラフ中のＸ群に、ｃ・ｄはグラフ中のＺ群に含まれる県であり、Ｙ（点線）は単独の県を表しています。公共工事費とは、国や都道府県、市区町村、独立行政法人、地方公社が発注した工事のことです。グラフ中のａ～ｄおよびＹについて述べた以下の文章を読み、問いに答えなさい。

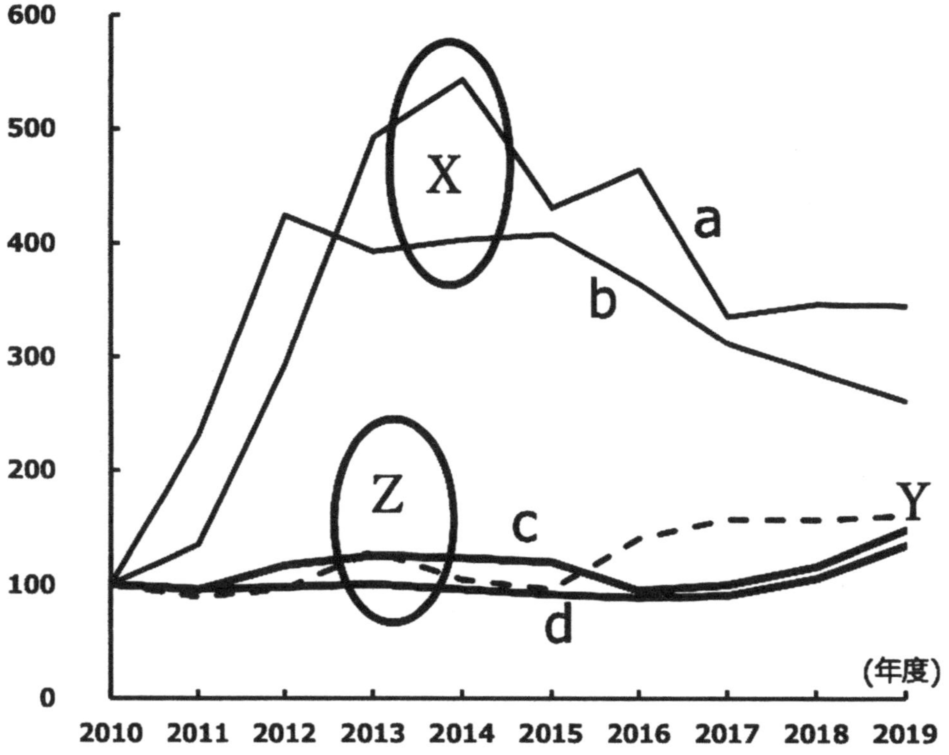

「公共工事前払金保証統計」より作成

ａ：千円札の肖像画にもなっている（　ア　）の出身地であり、（　イ　）のほとりには功績を称える記念館がある。また、幕末に16～17歳の武家の男子によって結成された（　ウ　）が自刃した悲しい歴史もある。

ｂ：日本三景の一つに数えられる（　エ　）があり、西隣との県境をなす1800mを超える連峰では、例年冬に（　オ　）をみることができる。関ヶ原の戦いの翌年、この地を治めた有名な戦国武将である（　カ　）が城の建設を始めた。

ｃ：日本三名園の一つである（　キ　）がある。道路鉄道併用ルートとして1988年に（　ク　）が完成した。1932年、武装した海軍将校により殺害された（　ケ　）の出身地でもある。

ｄ：島々に10本の橋が架けられた（　コ　）がある。この地の戦国大名（　サ　）は、子供たちに協力し合うことの大切さを説いた逸話で有名である。県内には戦争に関する世界文化遺産があり、2016年には（　シ　）氏が現職のアメリカ大統領として初めて平和記念資料館を訪れた。

令和三年度

国語解答用紙

渋谷教育学園渋谷中学校

※らんには記入しないこと

受験番号
番

氏名

※100点満点
（配点非公表）

合計得点
※

一

問一

①　ける

②

③

④

問二

問三

問四

問五

70

71

80

問六

問七

問八

※

※

※

※

2

(1)	人	(2)	人	(3)	分後	※

3

(1)

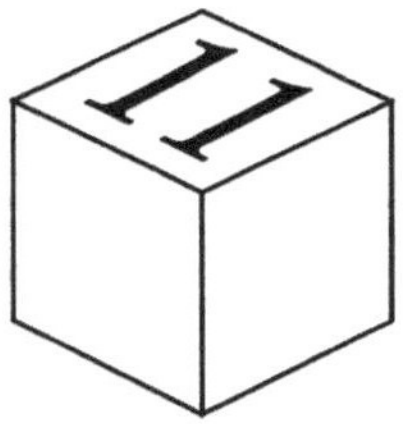

(2)

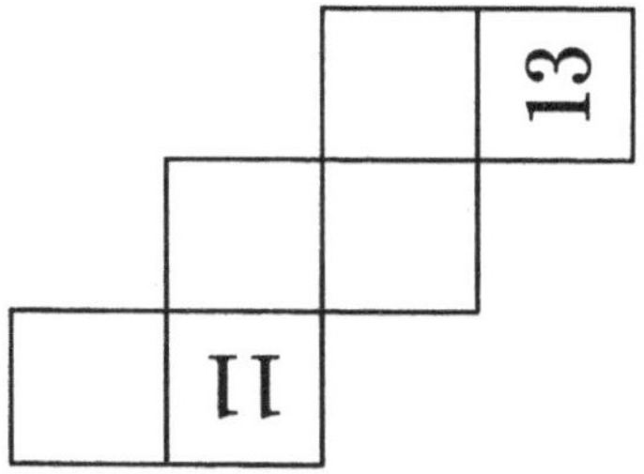

(3) —

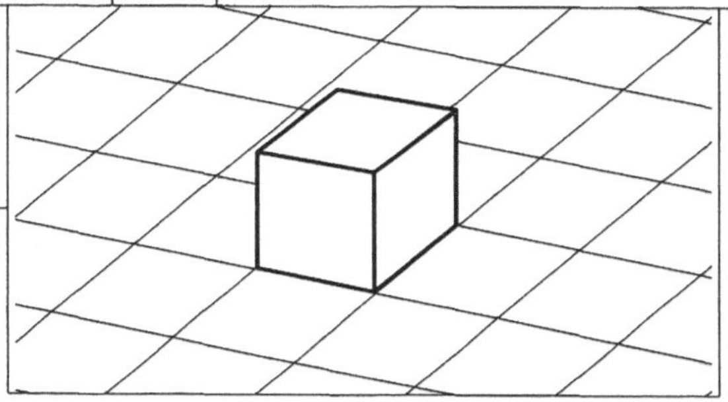

※

受験番号						番	氏名	

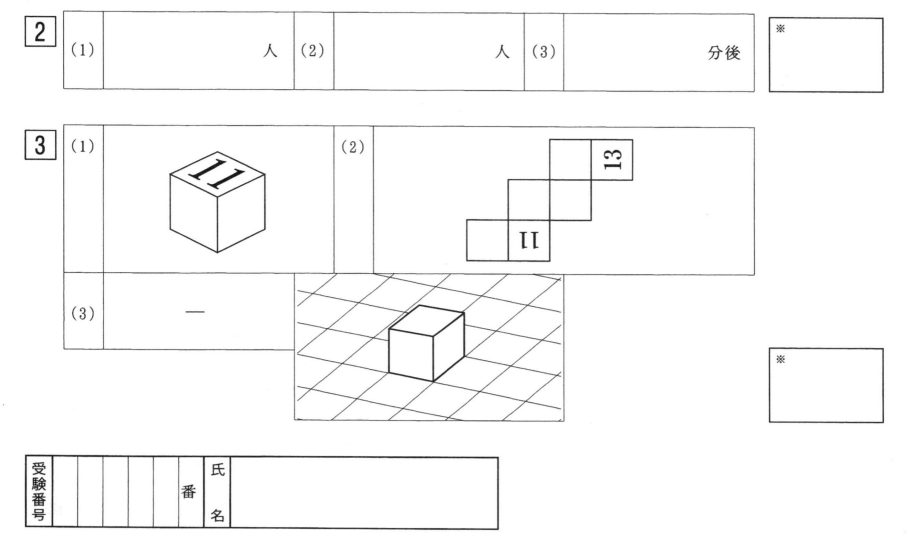

	答え cm
(3)	式・考え方

㋐		㋑		㋒	

※

※100点満点
(配点非公表)

受験番号						番	氏名	

得点合計	※ 点

	(2)	
問 3		kg
問 4		回分
問 5	(1)	
	(2)	

※

受験番号						番	氏名	

得点合計	※ 点

※50点満点
（配点非公表）

	Y	ス		セ		ソ					※
問2	a		b		c		d		Y		※
問3	(1)	A		B							※
	(2)										※
問4	(1)	ア		イ							※
	(2)										※

受験番号						番	氏名	

得点合計	※ 点

※50点満点
(配点非公表)

令和３年度　**社会解答用紙**　渋谷教育学園渋谷中学校

※欄には記入しないこと。

1

								※
問１								※
問２	(1)	あ		い		う		※
		え		(2)		(3)		※
	(4)		(5)					※
問３	(1)		(2)					※
問４	(1)		(2)		(3)			※
	(4)							※
問５	(1)							※
	(2)							
								※

2

								※
問１	a	ア		イ		ウ		※
	b	エ		オ		カ		※

令和３年度　**理科解答用紙**　渋谷教育学園渋谷中学校

※には記入しないこと。

1

問１		
問２		
問３		g
問４	(ア)	
	(イ)	
	(ウ)	
	(エ)	

※

2

問１	(1)	秒後
	(2)	

令和３年度　**算数解答用紙**　渋谷教育学園渋谷中学校

※欄には記入しないこと。

4

(1)	式・考え方 答え　L
(2)	式・考え方

令和３年度　**算数解答用紙**　渋谷教育学園渋谷中学校

※欄には記入しないこと。

1

(1)		(2)	g	(3)	秒速　m
(4)	cm^2	(5)	cm^3		

(6) 式・考え方

答え

※

二

問一
①
れ
②
って
③

問二

問三

問四

問五

70
71
80

問六
（1）

41
50
40

問六
（2）

問七

※

※

※

※

※

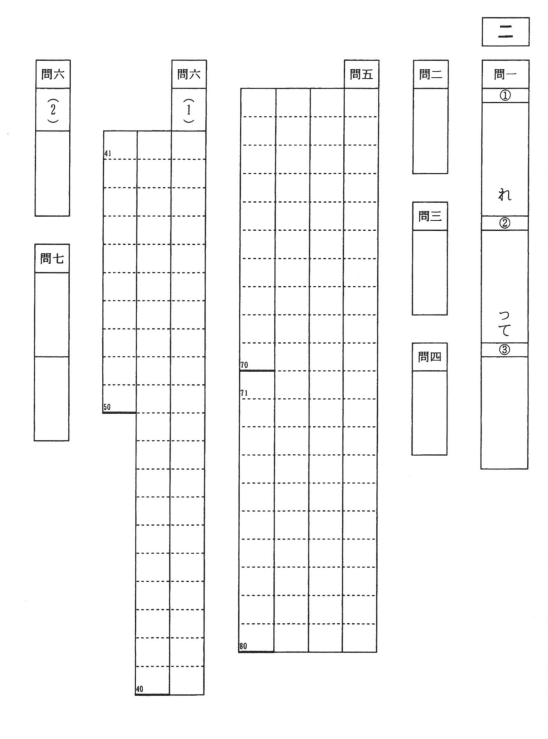

Ｙ：世界最大級の（　ス　）である火山がある。17世紀に（　セ　）をリーダーとして一揆が起き鎮圧されたが信仰の火は消えず、2018年同地区は世界文化遺産に登録された。県北部の干潟ではハゼ科に属する魚の一種である（　ソ　）が生息している。

問１　文中の（　ア　）～（　ソ　）にあてはまる語句を語群より選び、それぞれ番号で答えなさい。

①　明石海峡大橋	②　天草四郎時貞	③　天橋立
④　猪苗代湖	⑤　犬養毅	⑥　上杉景勝
⑦　大内義隆	⑧　オオサンショウウオ	⑨　大塩平八郎
⑩　オバマ	⑪　オーロラ	⑫　偕楽園
⑬　カルデラ	⑭　奇兵隊	⑮　兼六園
⑯　後楽園	⑰　樹氷	⑱　瀬戸内しまなみ海道
⑲　瀬戸大橋	⑳　高橋是清	㉑　田沢湖
㉒　伊達政宗	㉓　トランプ	㉔　十和田湖
㉕　野口英世	㉖　白虎隊	㉗　福沢諭吉
㉘　ブッシュ	㉙　松島	㉚　宮島
㉛　ムツゴロウ	㉜　毛利元就	㉝　溶岩ドーム

問２　ａ～ｄおよびＹにあてはまる県を①～⑧から１つずつ選び、番号で答えなさい。

問題は次のページに続きます。

問３　2019年10月、台風19号が関東地方を直撃しました。以下に示すA、Bは、2014年と2019年の東京都の全卸売市場におけるある農作物の市場価格を月ごとに示したものであり、C、Dのグラフは2017年のA、Bいずれかの農作物の全国の生産量に占める上位都道府県をあらわしたものです。以下のA、Bの農作物に関する文章を読み、設問に答えなさい。

A

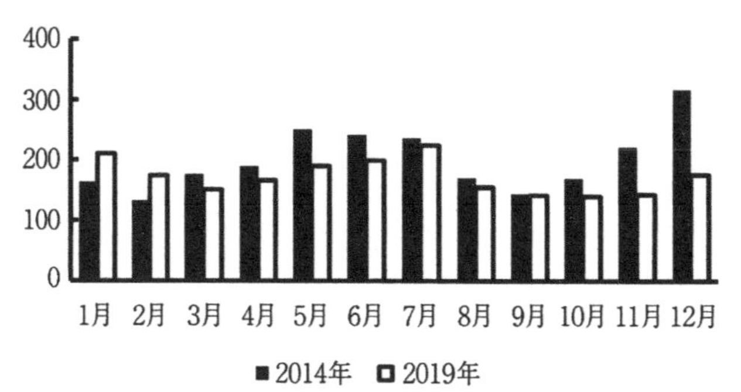

「東京都中央卸売市場　市場統計情報」より作成

16世紀に漂着したポルトガル船によってもたらされたのが日本における起源とされている。日本名の由来は一説には「カンボジア産の野菜」、「カンボジア瓜」と呼ばれていたものがなまったと言われている。主な食べ方として、スープや煮物があげられる。

B

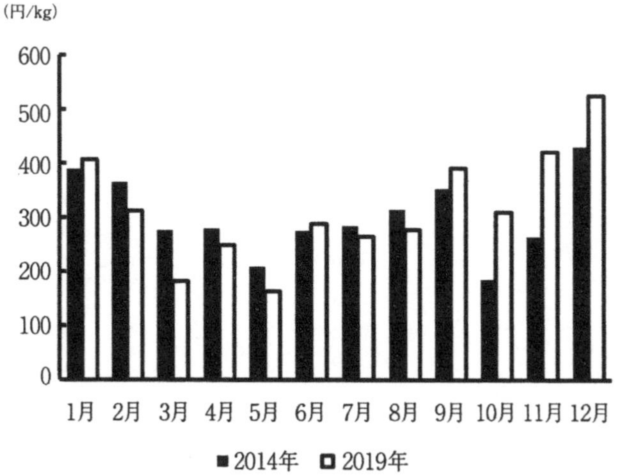

「東京都中央卸売市場　市場統計情報」より作成

奈良時代から平安時代にかけて中国から入ってきた野菜である。江戸時代は冬に収穫されることから「冬菜」などと呼ばれていたが、一説には８代将軍徳川吉宗が現在の名称の名付け親といわれている。主な食べ方として、おひたしやいため物があげられる。

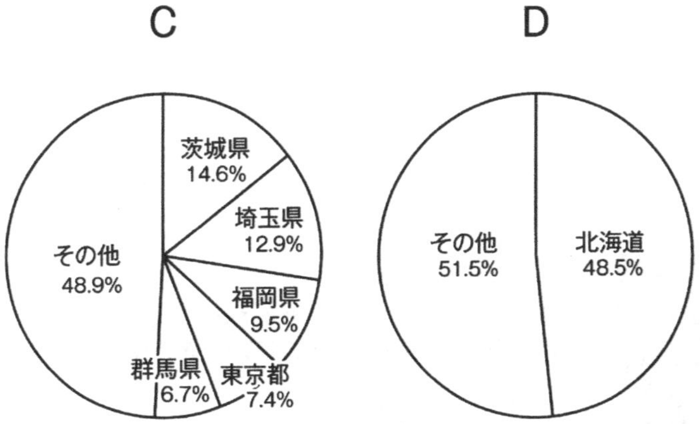

「地域の入れ物」https://region-case.comより作成

(1)　A、Bの農作物の名称をそれぞれ答えなさい。

(2)　A、Bの農作物の2019年の月ごとの市場価格をみると、台風の影響をAは受けておらずBは受けていることがわかる。なぜ農作物によって影響の受け方が違うのか、写真を参考にして、このような違いが生じた理由を、次の語句を使用して100字以内で説明しなさい。ただし、農作物はA、Bでよい。

語句	近郊　　出荷

https://camp-fire.jp/projects/view/103044

問4　自然災害による被害は年々深刻化しています。地球温暖化防止への取り組みは一国にとどまらず、地球規模で取り組む課題となっています。地球環境を守る活動について、以下のマークの解説と図をよくみて、設問に答えなさい。

FSC認証マーク

FSC（森林管理協議会）

責任ある森林管理を世界に普及させることを目的とする、独立した非営利団体である。国際的な森林認証制度を運営している。

このマークを与える条件

適切な森林管理がされていると認証された森林から収穫した木材、およびFSCの規格で認められた原料を使用した木材製品や紙製品に与えられる。

木材
紙　⇦(　ア　) 紙の利用で消費量を削減

レインフォレスト・アライアンス認証マーク

レインフォレスト・アライアンス

地球環境保全のために熱帯雨林を維持することを目的に設立された国際的な非営利団体である。熱帯雨林や野生動物をはじめ、(　イ　) 資源の保護などを目指している。

このマークを与える条件

熱帯雨林の持続可能な管理を目指して、環境、社会、経済の長期的・持続的な取り組みをしていると認められた農場、森林、あるいは観光業に与えられる。

(1)　文中の（ア）・（イ）に適する語句を、解答らんにあう字数で答えなさい。

(2)　熱帯雨林を守るため「FSC認証マーク」や「レインフォレスト・アライアンス認証マーク」が事業者に与えられています。カカオ豆やバナナの「農園」、「リゾートホテル」について、熱帯雨林の伐採以外に必要とされる具体的な配慮をそれぞれ明らかにしながら説明しなさい。

〔問題は以上です。〕

2021(R3) 渋谷教育学園渋谷中　第１回
K 教英出版

2021(R3) 渋谷教育学園渋谷中　第１回
K 教英出版

令和二年度　（第一回）

渋谷教育学園渋谷中学校　入学試験問題

国語

（50分）

☆

※　解答は、必ず解答用紙の指定されたところに記入しなさい。

※　○○字で、または○○字以内で答えなさい、という問題は、「。」や「、」、「かっこ」なども一字と数えます。

一

次の文章を読んで後の問いに答えなさい。

著作権に関係する弊社の都合により本文は省略いたします。

教英出版編集部

著作権に関係する弊社の都合により
本文は省略いたします。

教英出版編集部

著作権に関係する弊社の都合により
本文は省略いたします。

教英出版編集部

（星新一『城のなかの人』より）

※太閤さま……豊臣秀吉のこと。
※勅命……天皇による命令。

※上杉景勝……大名の名前。

※宮内卿……秀頼の教育係をしている女性。

※あの悪夢……本文より前の部分で秀頼が見た夢のこと。秀頼は以前、人の首がたくさん出てくる悪夢に悩《なや》まされていた時期がある。

問一 ――線①～④のカタカナを漢字に直しなさい。漢字は一画ずつていねいに書くこと。

（問題は次のページに続きます。）

問二　——線(1)「『しかし……』」とありますが、この発言からは淀君と秀頼との考えに隔《へだ》たりがあることがうかがえます。二人の考え方の違《ちが》いを説明したものとして、最もふさわしいものを次の中から一つ選び、記号で答えなさい。

ア　淀君は、二度といくさが起きることはないと確信しているため、秀頼が剣術や馬術を習うことがかえって関白としての教養を身につけるさまたげとなると考えているのに対し、秀頼は、関白になるには必要ないことかもしれないが興味はあるし、万が一争いが勃発《ぼっぱつ》することもあり得ると考えている。

イ　淀君は、太閤がすべてのいくさを終わらせたと考えているため、秀頼が剣術や馬術を習うことは太閤の意志に反する行為《こうい》であり、関白となる身にはふさわしくないと考えているのに対し、秀頼は、自分は関白になりたいわけではないし、争いを禁じた太閤の影響力がいつまでも続くはずはないと考えている。

ウ　淀君は、再びいくさが起こるはずがないと信じているため、秀頼に剣術や馬術を習わせる気は全くなく、関白になるために必要な勉強をさせることが彼《かれ》のためだと考えているのに対し、秀頼は、剣術や馬術に関心があるし、だれかが再び争いを始める可能性があると考えている。

エ　淀君は、これからいくさを始める者などもはやだれもいないと考えているため、秀頼が剣術や馬術を習う必要性を感じておらず、関白になるにあたってもそれは無用のものであると考えているのに対し、秀頼は、争いが起こるかどうかにかかわらず興味があるから習いたいと考えている。

オ　淀君は、二度といくさが起きないことを強く望んでいるため、秀頼が剣術や馬術を習うことに対してなっとくできず、はやく関白となって争いのない世を彼に作ってほしいと考えているのに対し、秀頼は、関白になるには何が必要か分からないが、再び争いが起きることを想定する必要があると考えている。

問三　——線(2)「箱を持ってこさせた」とありますが、この箱とその中身を見たときの秀頼の心情はどのようなものですか。最もふさわしいものを次の中から一つ選び、記号で答えなさい。

ア　美しい箱に関心をもったが、中から出てきたのは箱の美しさとは無縁《むえん》のうす汚《よご》れた書状であり、指に傷をつけて血をしたたらせるという野蛮《やばん》な行為に恐《おそ》ろしさを感じ、今の世の平穏が危《あや》ういものとなりつつあることに焦《あせ》りといらだちを覚えている。

イ　美しい箱が気になったが、中から出てきたのは箱の美しさを忘れさせるくらい神聖な書状であり、命にかえても太閤と自分にそむかぬことを神に誓うという行為に恐怖と重圧を感じ、自分がそれにふさわしい存在でありうるかという不安にさいなまれている。

ウ　美しい箱に心躍《おど》ったが、中から出てきたのは箱の美しさからは想像もできない重々しい内容の書状であり、命にかえて平穏を誓うということに矛盾《むじゅん》と恐ろしさを覚え、自分を取り巻く環境《かんきょう》が不可解なものによって成り立つ不安定なものであるということを痛感している。

エ　美しい箱に心ひかれたが、中から出てきたのは箱の美しさとは対極にある不気味な書状であり、命がけで太閤と自分への忠誠を誓った人々の思いの強さに恐怖を覚え、自分の置かれた立場は自分が思うほど簡単なものではないのではないかという心配を抱《いだ》いている。

オ　美しい箱に興味をもったが、中から出てきたのは箱の美しさとはまったく趣《おもむき》の異なる書状であり、血のあとによって服従や不戦の誓いとすることに違和感《いわかん》と恐怖を覚え、自分を取り巻く現実は母が言うほど安穏《あんのん》としたものではないのではないかという疑念を抱いている。

問四　――線(3)「そうかもしれませんね」とありますが、ここでの秀頼についての説明として、最もふさわしいものを次の中から一つ選び、記号で答えなさい。

ア　老いて見苦しさを感じさせた父秀吉の死と比べれば、母が語るように万が一のときにはこの城の炎のなかで死ぬ方がまっとうに思えてしまうため、母に反論することができなくなっている。

イ　近しい人々の死を思い返しながら恐怖にかられつつも若き日の自分を思い出してうっとりする母を見て、もうこれ以上話しても母の考えは変わらないだろうと説得を半ばあきらめている。

ウ　万が一のときには義父や伯父のように城の炎のなかで死んでしまえばよいと冷静に語る母を見ていると、父秀吉の晩年の醜《みにく》い姿が思い出され、母の言葉に強い説得力を感じている。

エ　母が自分の体験をもとに語るいさぎよく見事な死について想像をめぐらせるうちに、自分もそのように死ぬかもしれないということが恐ろしくなり、母の言葉を否定する気力がなくなっている。

オ　自分の父母や伯父の非業《ひごう》の死を恐れながらも美化している母を見ているうちに、自分が父秀吉のような死に方をすることは母を裏切ることになると感じたため、母の言葉を素直《すなお》に受け入れている。

問五　――線(4)「他人と同格になる楽しみ」とありますが、それはどういうことですか。最もふさわしいものを次の中から一つ選び、記号で答えなさい。

ア　他の子どもたちが習っていた剣術や馬術さえ習うことをゆるされなかった秀頼にとって、周りのみんなと同じことをしてもよいということがはじめて認められたことが嬉《うれ》しく痛快なものに感じられたということ。

イ　豊臣の跡継ぎという身分に縛《しば》りつけられ嫌気《いやけ》がさしていた秀頼にとって、遊びとはいえ他の子どもたちと同じ身分になれたことは日ごろのつらさを忘れられる幸福な時間に感じられたということ。

ウ　関白になるための勉強ばかりさせられて外の世界のことを知る機会がなかった秀頼にとって、同年輩の子どもたちと同じ遊びをすることは未知の経験であり興味深いものに感じられたということ。

エ　太閤の跡を継ぐために教育係に勉強を教わる毎日を過ごしている秀頼にとって、他の子どもたちと一緒になって遊ぶことは母が自分をどのように見ているかを知る絶好の機会であると感じられたということ。

オ　太閤の跡を継いで関白となるために他の子どもたちとは違う扱《あつか》いを受けつづけてきた秀頼にとって、一瞬でもそこから解放され、他の子どもと同一の立場に立つことができたことが新鮮《しんせん》で愉快《ゆかい》なものに感じられたということ。

問六　――線(5)「淀君の目が微妙に変った」とありますが、淀君が秀頼を見る目はどのように変化したのですか。本文全体をふまえて五十一字以上六十字以内で説明しなさい。

問七　――線(6)「以前から心のなかでもたついていたことを、それはすっきり整理してくれた」とありますが、その結果秀頼はどのようなことを理解したのですか。最もふさわしいものを次の中から一つ選び、記号で答えなさい。

ア　自分は一つの肉体をもつ存在としてではなく、人々が何かを成《な》し遂《と》げる際の精神的な支柱として存在しているのだということ。

イ　自分は一人の意志をもつ人間としてではなく、だれかの目的を達成するための最終手段として大切に守られているのだということ。

ウ　自分は一人の大名としてではなく、亡《な》き父の跡を継ぎ天下を治める関白として生きていかねばならないのだということ。

エ　自分は一人の人間として見られているのではなく、だれかの人生にとっての何かの象徴《しょうちょう》として位置づけられているのだということ。

オ　自分は一人の子どもとして扱われているのではなく、人々に生きる意味を与《あた》える特別な存在として注目されているのだということ。

（問題は次のページに続きます。）

問八　次の会話文は、本文を読んだ生徒たちと先生とのやり取りです。これについて後の（1）～（3）の問題に答えなさい。

生徒A　歴史を題材にし、史実に基《もと》づいて書かれた小説だけれど、現代に通じるテーマがあると思う。

生徒B　自分が一個人としてではなく、何かの「旗印」としてしか見てもらえないというのは辛《つら》いことだね。

先生　人はみんな色々な「役割」を生きていると言われるね。私はみんなから見れば先生という役割を持っているけれど、家に帰れば夫だったり父親だったり、外出すればだれかの友達だったり、町内会の役員だったりと色々な面を持って生きている。

生徒A　確かに、私たちもそうかも。友達やクラスでの係、家でもそうだね。「あなたはお姉ちゃんなんだから」と言われるとちょっと窮屈《きゅうくつ》なときがあるなあ。

生徒B　みんながよく使う「キャラ」という言葉も「役割」と似ているかもしれない。ある特定の見方でしか見てもらえないのは、そこから外れてはいけないという重圧も生まれるから、苦しいことなのではないかな。

生徒C　そう考えると、秀頼が遊ぶ場面で出てくる、「X」という小道具は非常に象徴的なものだね。人はいくつかの「X」を時と場合によって使い分けて生きていると言えるし、時にはそこから逃《のが》れることもできるけれど、秀頼は素顔《すがお》になっても「旗印」として見られるわけだから、もう生まれた時からあるべき姿が決められているんだなあ。

先生　本文では秀頼という人間を、秀吉は自分の築きあげたものを後世に存続させるための「旗印」として捉《とら》え、三成は自らの才気を発揮し太閤のまねをするための「旗印」と捉えていた。淀君も含《ふく》めて、みんな自分の目的を実現するために秀頼を必要としていたということだね。

生徒A　愛情とは本来そういうものではないと、この間読んだ本に書いてあったけどなあ。ところで、本文の波線部に「どのような目的の旗印として、わたしを利用しようと思っているのだろうか」とあるけれど、家康は秀頼をどう見ていたのかな。

生徒B　本文で出てくる関ヶ原の戦いの後、家康は征夷《せいい》大将軍《たいしょうぐん》になり江戸《えど》幕府が開かれるね。その後大坂の陣があって、秀頼と淀君は、淀君の言葉どおり、［　Y　］で亡《な》くなったとされているね。

生徒C　それをふまえて本文を読むと、家康は秀頼を、［　Z　］、と言えるかな。

先生　そういうことだろうね。だから本文で家康は、動揺を見せない秀頼に対して「なにかとまどったような顔つき」や「いらだち」を見せたのだろうね。

（1） X に入る適語を本文中から三字以内で抜《ぬ》き出《だ》して答えなさい。

（2） Y に入る適当な表現を本文中から十一字以上十五字以内で抜き出して答えなさい。

（3） Z に入る内容として最も適当なものを次の中から一つ選び、記号で答えなさい。

ア　自分が関ヶ原の戦いで勝利したことを世の人々に印象付けるための敗軍の「旗印」として捉えている

イ　自分が天下を取るために討ち滅《ほろ》ぼさなければならない豊臣家の「旗印」として捉えている

ウ　自分が作り出す新しい世の中から置き去りにされる古い世の中の「旗印」として捉えている

エ　自分の存在に対して脅《きょう》威《い》をもたらすであろう様々な敵対勢力の「旗印」として捉えている

オ　自分が最後に戦うべき相手として十分な素質を持つ新興勢力の若き「旗印」として捉えている

（一は以上です。二は次ページから始まります。）

二

次の文章を読んで後の問いに答えなさい。

著作権に関係する弊社の都合により
本文は省略いたします。

教英出版編集部

著作権に関係する弊社の都合により本文は省略いたします。

教英出版編集部

著作権に関係する弊社の都合により
本文は省略いたします。

教英出版編集部

（中島義道『哲学の教科書』より）

※元禄時代……江戸時代の元禄年間を中心とする時代。

※普遍性……広く一般にあてはまる性質。

問一　――線①～④のカタカナを漢字に直しなさい。漢字は一画ずつていねいに書くこと。

問二　――線(1)「個別科学の問い」とありますが、「科学の問い」について筆者が重要だと考えるのはどのようなことですか。最もふさわしいものを次の中から一つ選び、記号で答えなさい。

ア　人は全ての時代で同じような問題を抱《かか》えているという状況《じょうきょう》をふまえ、過去の特別な出来事に限るのではなく、どの時代の人間にも合致《がっち》する標準的な答えを追究すること。

イ　同じ条件が与えられた場合に多くの人が類似《るいじ》の認識《にんしき》を持つことを目的とし、個別の具体的な事象に終始するのではなく、抽象的で広義の意味を持つ答えを考えること。

ウ　全人類が共感できるような思想が必ず存在するという信念に基《もと》づき、資料や証拠《しょうこ》の有無《うむ》にこだわるのではなく、多くの人が共有している意識を重視して答えを探究すること。

エ　あらゆる問題は「私」というかけがえのない個人に帰属するという想定のもと、万人《ばんにん》に共通の意識によってではなく、個人の固有の印象によって一般に適合する答えを見つけること。

オ　同様の状況においては全ての人が共通の認識を持つということを前提とし、個人個人が持つ独自の印象ではなく、測定や論証を通じて普遍性のある答えを導き出すこと。

問三　――線(2)「科学的客観性は個物を真の意味でとらえることができない」とありますが、そのように言えるのはなぜですか。最もふさわしいものを次の中から一つ選び、記号で答えなさい。

ア　科学的客観性は、個人的な感情を持たずに複数の対象を結合させて論じることを要求するものであり、個物性に向き合う態度とは相容《あいい》れないものだから。

イ　科学的客観性は、対象を類似した特性を持つ他のものと比較し冷静に分析することを要求するものであり、個物性に向き合う態度とは相容れないものだから。

ウ　科学的客観性は、対象の独自性を無意味なものと考え他の対象と共通する特徴《とくちょう》をより多く見つけることを要求するものであり、個物性に向き合う態度とは相容れないものだから。

エ　科学的客観性は、対象を他の一般的なものと比べてその特性に優劣《ゆうれつ》をつけることを要求するものであり、個物性に向き合う態度とは相容れないものだから。

オ　科学的客観性は、対象の個性に着目するが、個性そのものよりもそれが他の対象にいかに影響《えいきょう》を与えるかを追究することを要求するものであり、個物性に向き合う態度とは相容れないものだから。

問四　――線(3)「個物性に向き合っている」とありますが、これにあてはまる具体的な例としてふさわしいものを次の中からすべて選び、記号で答えなさい。

ア　ポチは芸の一つもできない犬だが、ぼくは彼のことをとても大切に思っている。

イ　ぼくのお父さんは、「他の時代の土器にはない文様が興味深い」と言って、縄文土器《じょうもんどき》の研究をしている。

ウ　CDが全然売れなくても、メンバーがころころ入れ替《か》わっても、ぼくの兄は一つのアイドルグループを応援《おうえん》しつづけている。

エ　有名なコンクールで一番をとったことがある人なので、ぼくはそのピアノの先生のレッスンに行くのが毎回楽しみだ。

オ　ぼくの妹は、「クラスで流行《はや》っているから欲《ほ》しい」と言って、発売したばかりの新しいゲームを買ってもらった。

カ　お婆《ばあ》ちゃんがくれた大切な時計をなくして落ち込んでいたが、昨日お父さんに同じものを買って貰《もら》ったのでぼくの悲しみは吹《ふ》き飛《と》んだ。

問五　――線(4)「『愛』という現象」とありますが、筆者は「愛」をどのようなものだと考えていますか。四十一字以上五十字以内で説明しなさい。

問六　――線(5)「哲学的思索」とありますが、筆者は哲学をどのような営みだと考えていますか。五十一字以上六十字以内で説明しなさい。

問七　本文の構成および内容についての説明として最もふさわしいものを次の中から一つ選び、記号で答えなさい。

ア　本文は、まず哲学と科学の性質を比較し、次に哲学の一種である愛が科学的な客観性を持っていることを証明し、最後に実際は科学との明確な違いはないと結論付けることで、哲学についての説明を試みている。

イ　本文は、まず哲学と科学の目的には違いがあることを明らかにし、次に客観性という点において愛と科学は対極に位置することを証明し、最後に三者はそれぞれ相容れないものであると主張することで、哲学についての説明を試みている。

ウ　本文は、まず哲学と科学が別種の学問であることを示し、次に哲学における思索の対象の一つである愛と比較することで科学の個物性を浮《う》き彫《ぼ》りにし、最後に科学と相互《そうご》補完的なものであると論じることで、哲学についての説明を試みている。

エ　本文は、まず哲学と対照的な存在である科学のあり方を述べ、次に科学と愛における対象物への向き合い方の違いを軸《じく》として哲学が重視する個物性を説明し、最後に科学との共通点や相違点《そういてん》を示すことで、哲学についての説明を試みている。

オ　本文は、まず哲学とは異なる科学の問いの立て方について述べ、次に哲学の一種と見なされていた愛の本来の位置づけを解明し、最後に両者よりも多くの問題を解決する学問であると語ることで、哲学についての説明を試みている。

（問題は以上です。）

算数　令和２年度　渋谷教育学園渋谷中学校入学試験問題　(50分)

注　解答はすべて解答用紙に記入すること。
定規，コンパスは使用しないこと。

＃教英出版 編集部　注
編集の都合上、一部の計算用紙は省略しています。

1　次の問いに答えなさい。ただし，(6) は答えを求めるのに必要な式，計算なども順序よくかきなさい。

(1) $7\frac{2}{3} - 1\frac{2}{3} \times (4.7 - 2\frac{1}{5} \div 2\frac{3}{4})$ を計算しなさい。

(2) ある2桁の整数と2020の積は各位の数が0と1のみである整数です。
ある2桁の整数のうち最も大きい整数はいくつですか。

(3) 下の図のように，2つの正方形と2つの円を交互にぴったり入るようにかきました。
正方形ABCDの面積は$20cm^2$です。このとき斜線部分の面積の合計は何cm^2ですか。
ただし，円周率は3.14とします。

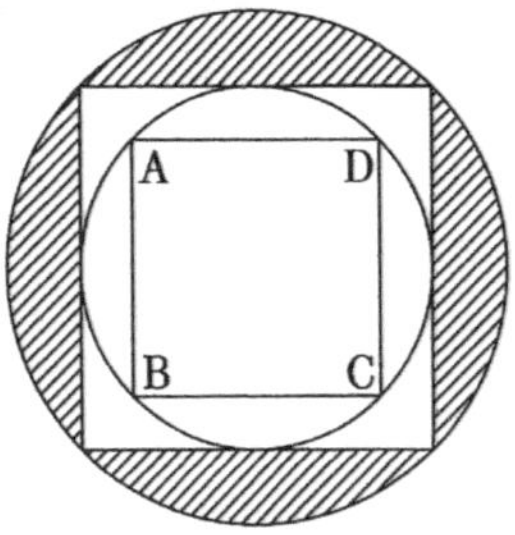

(4) A君，B君，C君の3人がサイコロを1つずつ投げたところ，A君とB君の出た目の積は4の倍数で，B君とC君の出た目の積は9の倍数でした。このような目の出方の組は何通りありますか。

(5) 容器Aには6%の食塩水が，容器Bには3%の食塩水が，それぞれ300gずつ入っています。
Aには水を，Bには8%の食塩水を，1分間に10gずつの割合で同時に入れていきます。
A，Bが同じ濃さになるのは，入れ始めてから何分何秒後ですか。

(6) A君，B君，C君，D君，E君の5人の所持金の平均は1230円でした。さらにF君も含めた6人で計算したところ，平均は1260円になりました。F君の所持金は何円以上から何円以下の可能性がありますか。ただし，それぞれの平均は一の位を四捨五入して十の位まで求めたものです。また，所持金は1円単位です。

（計算用紙）

2

1辺の長さが4cmである正方形と，1辺の長さが6cmである正方形が1つずつあります。1つの角Aを共通になるように置き，正方形の他の頂点を図のように点B，C，D，E，F，Gとします。

点Pは最初，点Bにあり，秒速1cmで正方形ABCDの辺を

B→A→D→C→B→A→D→C→B→・・・

のように動き続けます。

点Qは最初，点Fにあり，秒速1cmで辺EFを

F→E→F→E→F→・・・

のように動き続けます。

点Pと点Qは同時に出発します。次の問いに答えなさい。

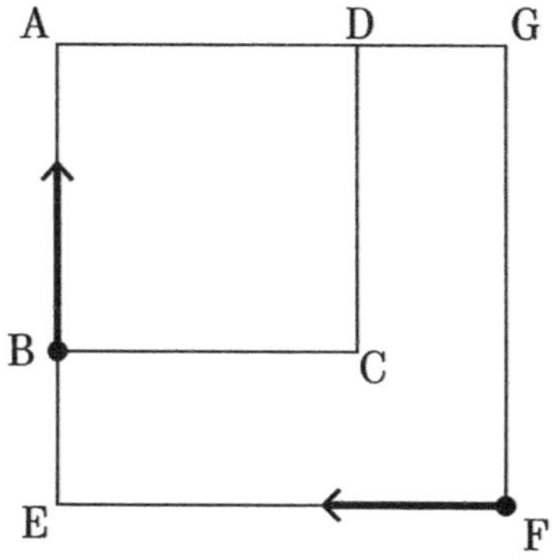

(1) 点Pと点Qが，初めて両方とも最初と同じ位置になるのは，出発してから何秒後ですか。

(2) 点Qから点Pに向かって限りなくのびる直線をかきます。この直線が正方形ABCDと正方形AEFGの面積を両方とも二等分するのは，出発してから10分間で何回ありますか。

(3) 三角形GPQの面積が正方形AEFGの面積の半分になるのは，出発してから何秒後ですか。出発してから1分間のものをすべて答えなさい。ただし，解答欄はすべて使うとは限りません。また出発時は含めないものとします。

（計算用紙）

3

視覚障がい者が，指先の触覚により文字や文章を読み取れるように，6点式点字が用いられています。6点式点字では，下の図のようにマス内のⒶ～Ⓕの6点について，突起（以下●と表す）と平面（以下○と表す）を組み合わせることで1つの文字を表します。

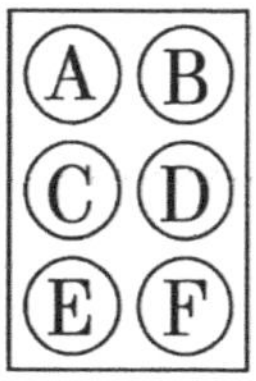

渋男君と教子さんが，駅の自動券売機の前で点字について会話をしています。次の会話文を読み，[あ]～[け] にあてはまる数を答えなさい。

渋男「運賃表にある，このボコボコしてるの，何だろう？」

教子「これはね，点字といって，目の不自由な人が指先の触覚で文字が読み取れるようにしているんだよ。私ね，点字のことは勉強したことがあるんだ。」

渋男「そうなんだ。僕は初めて知ったよ。よく見てみると，縦に3つ，横に2つの6つの点で1セットになっているみたいだね。」

教子「そうなの。日本で使われている点字は『6点式点字』といって，上の図のようにマス内のⒶ～Ⓕの6点について，●と○を組み合わせることで1つの文字を表しているんだよ。」

渋男「なるほど。6点全部が○のときは文字にならないから除くとして，全部で[あ]通りを表せるよね。」

教子「その通り。でも，目の不自由な人がその全てを区別できるかしら。まずは，●が1点のときから考えてみましょう。さっきの[あ]通りは，下の図の〈ア〉～〈カ〉はそれぞれ異なる文字を表すこととして考えたよね。」

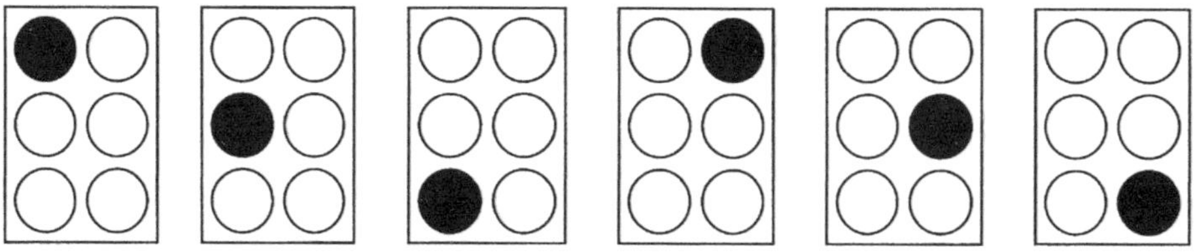

〈ア〉　〈イ〉　〈ウ〉　〈エ〉　〈オ〉　〈カ〉

渋男「そうだね。」

教子「でも，上の図の〈ア〉～〈カ〉はいずれもマスの中に●が1点なので区別が難しいから，実際にはどれも同じ文字を表すことになるの。同じように，次の図の〈キ〉～〈コ〉は，マスの中に●が2点あって，その2点の位置関係が同じだから，4つとも同じ文字を表すの。」

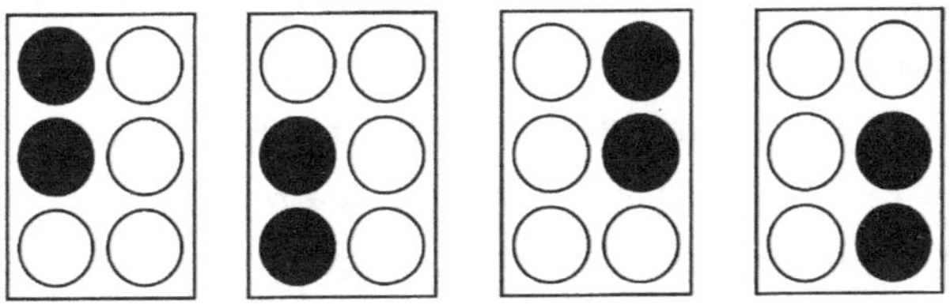

〈キ〉　〈ク〉　〈ケ〉　〈コ〉

渋男「分かった。ということは，下の図の〈サ〉，〈シ〉も，マスの中に 6 点のうち 3 点が●で，3 点の位置関係が同じだから，同じ文字を表すことになるね。でも，〈ス〉は別の文字を表すんだね。」

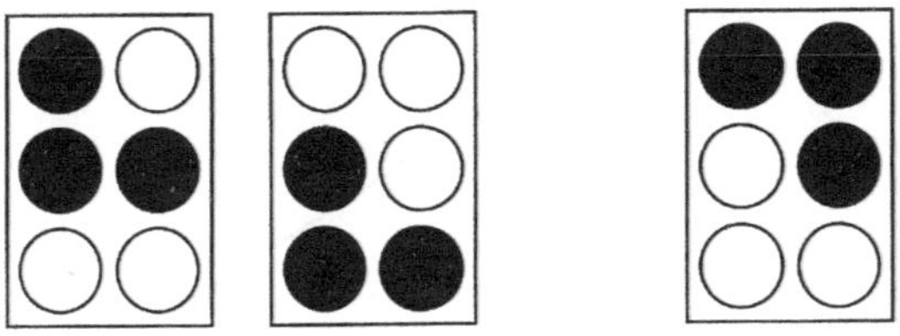

〈サ〉　〈シ〉　〈ス〉

教子「そういうこと。これ以降は，〈サ〉と〈シ〉のように，●の数が同じでその位置関係も同じものは同じ文字として扱うとしましょう。では，まず数字から考えてみよう。数字を点字で表すときは，1 マスの 6 点のうち，Ⓐ～Ⓓの点だけが使われるんだけど，この 4 点だけを使うと，1 マスで何通りの文字が表せるかしら。」

渋男「これは地道に数えていくしかないのかな。4 点のうちの 1 点が●のときは 1 通り，4 点のうちの 2 点が●のときは[い]通り，4 点のうちの 3 点が●のときは[う]通り，4 点のうちの 4 点が●のときは 1 通りで，全部で[え]通りだ！」

教子「そうだね。これだけあれば，0 ～ 9 の全ての数字を 1 マスで表せることになるね。じゃあ，次にひらがなのことも考えてみよう。ひらがなを点字で表すときは，Ⓐ～Ⓕの 6 点すべてが使われるのだけど，数字で考えたものも含めて何通りあるか，同じように考えてみましょう。」

渋男「少し大変になるね。6 点のうちの 1 点が●のときは 1 通り，6 点のうちの 2 点が●のときは[お]通り，6 点のうちの 3 点が●のときは[か]通り，6 点のうちの 4 点が●のときは[き]通り，6 点のうちの 5 点が●のときは[く]通り，6 点のうちの 6 点が●のときは 1 通りで，全部で[け]通りだ！」

教子「がんばったね。」

渋男「でもこれだと，数字と重複するものもあるし，ひらがなを全種類表すことができないんじゃないかな。」

教子「鋭いところに気付いたね。実際には，数字が始まる前には『数字が始まる』という意味の点字が入るし，『ん』の文字は 1 文字目に来ることがないから，他の文字と同じだったりして，上手く作られてるらしいわ。」

渋男「そうなんだ！それはおもしろいね。点字も奥が深そうだね。」

4

三角形 ABC と三角形 PQR があります。この 2 つの三角形はともに面積が $75cm^2$ で，辺 AB の長さと辺 PQ の長さはどちらも 15cm です。下の図のように，点 C から辺 AB に，点 R から辺 QP の延長上に，それぞれ垂線を引き，その交点をそれぞれ D，S とすると，AD：DB＝1：2，SP：PQ＝1：3 となりました。次の問いに答えなさい。

ただし，円周率は 3.14 とし，すい体の体積は「(底面積) × (高さ) ÷ 3」で求めることができます。また，(3)，(4) は答えを求めるのに必要な式，考え方なども順序よくかきなさい。

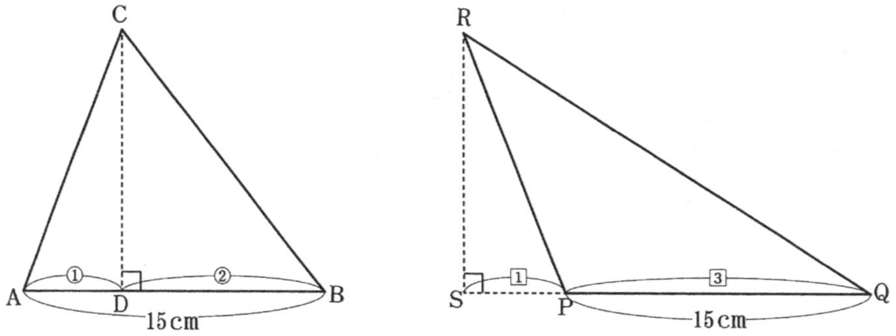

(1) ABを軸として三角形 ABC を 1 回転させてできる立体の体積は何 cm^3 ですか。

(2) SRを軸として三角形 PQR を 1 回転させてできる立体の体積は何 cm^3 ですか。

点 A と点 P，点 B と点 Q がそれぞれ一致するように，辺 AB と辺 PQ をぴったりあわせ，三角形 ABC と三角形 PQR を重なる部分ができるようにおきました。重なる部分を図形 ㋐ とします。

(3) AB (PQ) を軸として図形 ㋐ を 1 回転させてできる立体の体積は何 cm^3 ですか。

(4) SRを軸として図形 ㋐ を 1 回転させてできる立体の体積は何 cm^3 ですか。

〔問題は以上です。〕

理科　令和２年度　渋谷教育学園渋谷中学校入学試験問題　（30分）

注 答えはすべて解答用紙に記入しなさい。

1 次の文を読み、問いに答えなさい。

M君は、車や電車に乗っているときに、月が自分を同じ速さで追いかけてくるように見えることを不思議に思いました。そこで学校に行き、S先生に聞いてみました。S先生は「実験をやってみましょう。」と言いました。

＜実験1＞

S先生：部屋の窓の向こう側にマンションが見えるでしょう。

M　君：はい。遠くと近くに2棟《とう》見えます（図1）。

S先生：じゃあ、遠くのマンションBを見ながら（　①　）みてください。

M　君：あれ？　なんだか窓の向こう側のマンションBが拡大されたように見えます！

S先生：不思議でしょう。M君はあのマンションBに近づいていないのに、拡大されたように見えるのです。

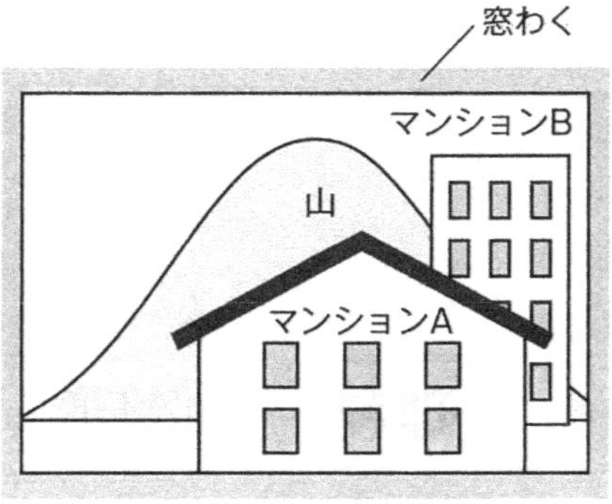

図1

問1　空らん（　①　）に入る語句を次のア～オから1つ選び、記号で答えなさい。

ア　しゃがんで

イ　窓から遠ざかって

ウ　片目をつぶって

エ　左右に体をゆすって

オ　窓に近づいて

＜実験2＞

S先生：なぜ拡大されたように見えるのかを考えてみましょう。Cと書かれた円形の板（物体C）をM君から1ｍ離《はな》したときと、3ｍ離したときとで見え方にどんなちがいがあるのかを確認してみましょう。どうですか？

M　君：3ｍの方が小さく見えます。

S先生：M君が物体Cを見るとき、「近くにあるのか遠くにあるのか」を、「見えている範囲《はんい》（「視野」といいます）の中での面積の大きさ」で

図2－1

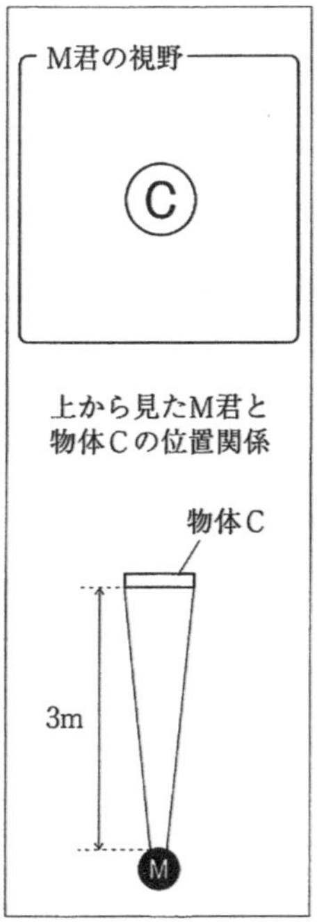

図2－2

判断しています。図２－１と図２－２を見てください。M君が物体Ｃから１ｍ離れて見たときと、３ｍ離れて見たときとを比べています。

M　君：そうか、「②遠近法」は、これをうまく使っているのですね。

S先生：そうですね。東京ディズニーランドに行ったことはありますか？ シンデレラ城の高さは約51メートルですが、下から見上げると、③それ以上の高さに見えます。

問２　下線部②について、遠近法の説明文の空らんにあてはまる語句を答えなさい。解答らんにある語句のうち正しい方に○をつけなさい。

「絵画で、遠近の距離《きょり》を、目に見えるのと同じ距離感を与えるように平面に表す方法。同じ大きさの物でも、近くにあるときは（　ア　）、遠くにあるときは（　イ　）描《えが》く。」

問３　下線部③について、シンデレラ城を実際の高さ以上に高く見せる工夫を簡単に答えなさい。ただし、周りの建物や景色ではなく、シンデレラ城の建物自体になされた工夫を答えなさい。

S先生：次に、物体ＣがM君の近くにあるときにさらに１ｍ離す場合と、遠くにあるときにさらに１ｍ離す場合とで、見え方のちがいがどうなるかを考えてみましょう。図３－１は、M君から１ｍ離れた場所にあった物体Ｃを、M君からさらに１ｍ離した場合の見え方の変化を表しています。図３－２は、M君から３ｍ離れた場所にあった物体Ｃを、M君からさらに１ｍ離した場合の見え方の変化を表しています。

M　君：あっ、もともと遠くにあるときの方が、物体Ｃの見える大きさの変化が（　④　）です。

S先生：そうです。その結果、もともとの距離が大きくなればなるほど、「見え方の変化」から「距離の変化」がとらえにくくなるのです。M君が（　①　）いくと、実際には窓（窓わく）もマンションＢも見える大きさは小さくなっていきます。しかし、マンションＢの方が見える大きさの変化が（　④　）です。ここで窓から見える景色を「視野」だと考えてください。M君が（　①　）いくと、「視野」が小さくなります。ところが、マンションＢの見える大きさの変化が（　④　）ので、拡大されたように見えるのです。

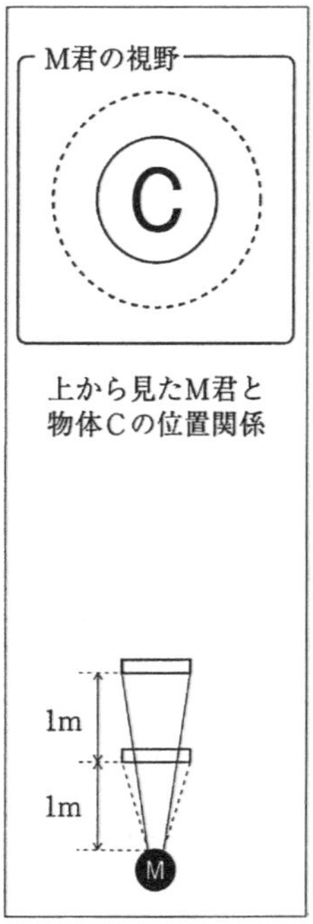

図３－１

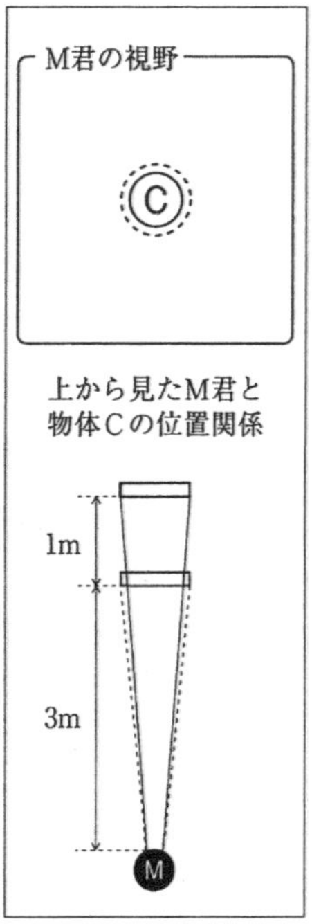

図３－２

M　君：なるほど。それならば、マンションAに注目してもいいと思います。マンションBはマンションAより見える大きさの変化が（　④　）ので、マンションAに対して大きくなったように見えるのですね。

問4　空らん（　④　）に入る語句を次のア～ウから１つ選び、記号で答えなさい。

ア　大きい
イ　小さい
ウ　まったくない

＜実験３＞

S先生：では、月が追いかけてくるように見える理由を考えていきましょう。この部屋の窓を車の窓だと考えてください。そして車が左方向に進んでいくと想像してください。すると、見える景色も変わっていきますね。図４－１⇒図４－２は車が移動するときの様子を真上から見た図で、網《あみ》かけの部分がM君の見えている部分、すなわち「視野」です。図４－２では近くのマンションAは見えなくなりますね。遠くのマンションBはまだ見えています。

M　君：確かに、近くのものは一瞬で過ぎ去っていきます。

S先生：ではもう少し進ませてみましょう（図４－３）。遠くのマンションBも見えなくなりましたが、さらに遠くにある山はまだ見えています。

M　君：なるほど、遠くにあるものほどこちらが移動しても（　⑤　）のですね。

S先生：あの山は離《はな》れているとしてもせいぜい数十kmでしょう。一方、月は地球から約（　⑥　）km離れています。そのため、見ている人がどれだけ速く移動しても、それに影響《えいきょう》されることなく月が見えるのです。

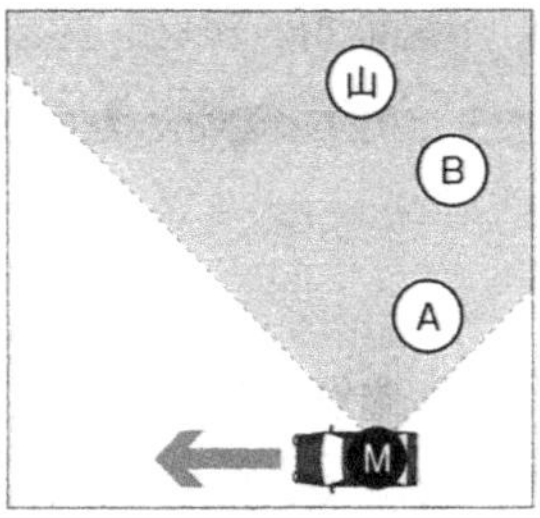

図４－１

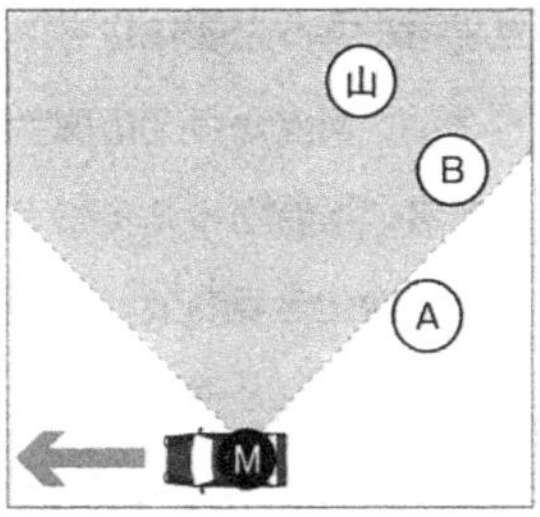

図４－２

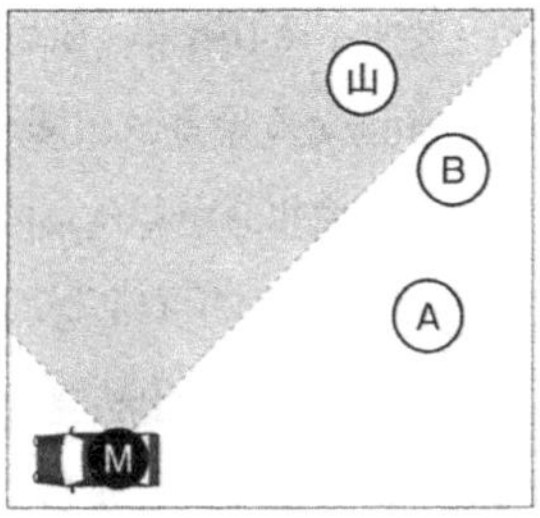

図４－３

問5　空らん（　⑤　）に入る文を答えなさい。ただし、「視野」という言葉を必ず入れなさい。

問６　空らん（　⑥　）に入る数値を次のア～エから１つ選び、記号で答えなさい。

ア　380
イ　3800
ウ　38000
エ　380000

Ｓ先生：次に、月がM君と同じ速さで動いているように見える理由を考えましょう。時速50kmで動く車の窓から近くのマンションAを見ると、反対方向に一瞬で過ぎ去っていくように見えます。では、隣《となり》の車線を同じ向きに時速50kmで走る別の車を見たらどうでしょうか？（図５－１⇒図５－２）

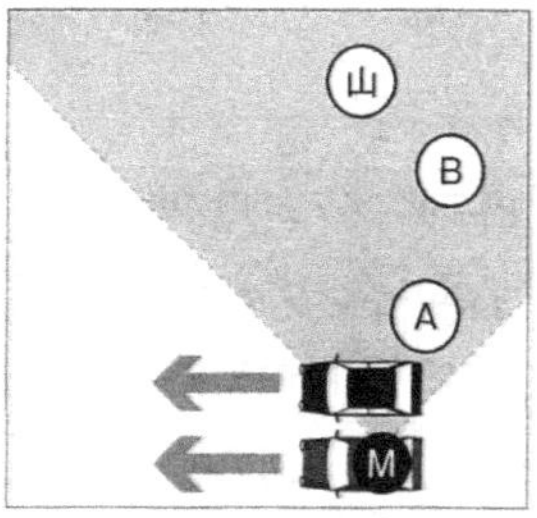

図５－１

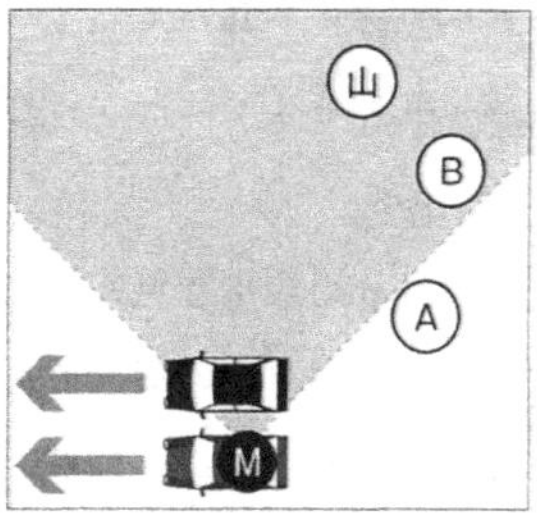

図５－２

問７　次の文は最後のＳ先生の言葉と＜実験２＞と＜実験３＞を参考にして、月が同じ速さで追いかけてくるように見える理由を述べたものです。空らんに入る語句を答えなさい。ただし、同じ語句をくり返し用いてもよい。

M君の車と同じ速さで動く別の車を、M君が窓から見ると、その車は視野の中で（　ア　）場所に（　イ　）ように見える。車の窓から見える月も、視野の中で（　ア　）場所に（　イ　）ように見える。その２つの見え方は区別が（　ウ　）ため、月がM君と（　エ　）速さで左方向に追いかけてくるように見える。

次に、月から遠ざかりながら月を見ると、月とM君との距離《きょり》はとても離れているので、月の見える大きさは（　オ　）。つまり、月はM君と（　カ　）を保ちながら、M君についてくるように見える。

2 次の会話文を読み、問いに答えなさい。

リカ子：お父さん、トースターのヒーターがついたり消えたりしてる！　故障しちゃったのかな？

父　：故障じゃないよ、それで大丈夫《だいじょうぶ》なんだよ。ヒーターがついたり消えたりすることで、トースター内の温度をコントロールして、パンがおいしく焼けるようにしているんだ。
ほら、バルミューダ社のホームページにもトースター内の温度のグラフ（**図１**）が出ているよ。

リカ子：そうなんだ、故障じゃないんだ。でもヒーターって、火が出ていないけど、どんな仕組みでパンが焼けるの？

父　：ヒーターから遠赤外線という目には見えない光の一種が出ているんだよ。太陽の光でひなたぼっこしているのと同じ感じだよ。

リカ子：遠赤外線！　知ってる！　遠赤外線は体の芯《しん》までぽっかぽかって言うよね。

父　：実は遠赤外線は物質の表面でほとんど吸収されるので、そんな深くまでは届かないよ。皮膚《ひふ》の表面であたためられた血液が体の内部をあたためているんだ。遠赤外線では、空気はあたたまりにくいけど、二酸化炭素や水は遠赤外線をよく吸収してあたたまるんだよ。

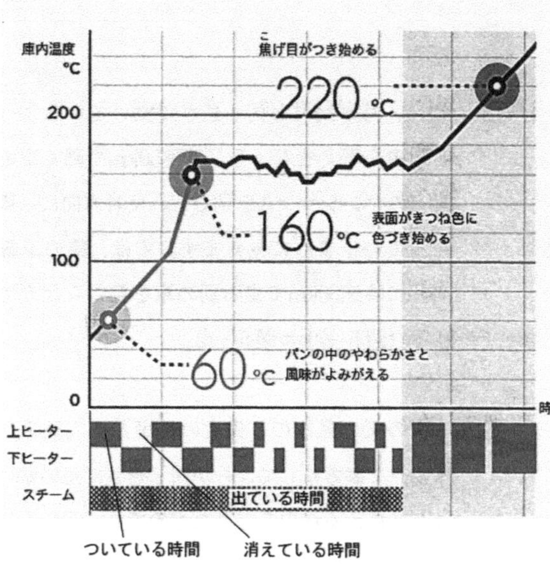

図１

トーストを科学する．"BALMUDA The Toaster"．
http://www.balmuda.com/jp/toaster/technology．より作成

リカ子：なるほど！　だから、この ①バルミューダ社のトースターは焼き始めると最初にスチーム（水蒸気）を出しているんだね。

父　：その通りだね。おそらくバルミューダ社のトースターは、まずパンの表面を軽く焼きあげているんだ。だから、パンの内側の水分が逃《に》げずにもちもちになるんだと思うよ。ふつうの食パンが本当においしくなるから最高だよね！　パンは焼くときに水分を逃がさないことがおいしさにつながるんだ。

リカ子：あれ？ ②遠赤外線は物質の表面で吸収されてしまうんだよね？　そしたら、パンの中は冷たいままになっちゃうよね？

父　：そうかな、リカ子。物のあたたまり方をちょっと考えてごらん。

リカ子：お父さん、ずっと疑問に思っていたんだけど、パンは焼いて作るのに、なんで食べるときにもう一回焼くのかなって？

父　：なるほど、確かに不思議だね。でもそれは冷えたごはんを電子レンジで再びあたためて食べるこ

とと同じだよ。パンもごはんと同じでデンプンでできているから…

リカ子：ちょっと待って。パンは小麦粉で作るよ。

父　：そうだね、小麦粉の大部分はデンプンで、残りはタンパク質からできているんだよ。

リカ子：そしたらパンでも③ヨウ素デンプン反応が見られるの！？

父　：もちろん。パンをもう一回焼いて食べる理由にもどるよ。パンは小麦粉に牛乳などの水分を加えて生地を作るよね。お米と同じで水分といっしょにあたためられると、デンプンのすき間に水が入り込んで、ほぐれた構造になるんだ。すると消化しやすいデンプン、つまりおいしいデンプンに変わるんだ。でも冷えてしまうと、一部がもとの構造にもどってしまうんだよ。パンも焼き立てはやわらかいけど、冷えるとかたくなってしまうよね。だから、パンは食べるときにもう一回焼いて、デンプンをほぐし、やわらかい構造のデンプンに変えているんだ。

リカ子：そうなんだぁ、すごいなぁ。お父さんって、物知りだね！

問１　トースターでパンを一度焼いて、続けてすぐに次のパンを焼くと、いつもより上手く焼きあがらないことがあります。続けて次のパンをいつものように焼きあげるには、どのようなことに気をつけたらいいですか。**図１**を参考にして答えなさい。

問２　下線部①について、最初に水蒸気を出すことで、パンがおいしく焼ける理由を説明した次の文章の（　ア　）～（　ウ　）にあてはまる言葉を答えなさい。

最初に水蒸気を出すことで、パンの表面が（　ア　）でうすくおおわれる。ヒーターによって（　ア　）は庫内の空気よりも（　イ　）加熱される。すると、パンの表面だけが軽く焼けて、パンの中の（　ア　）を（　ウ　）ことができるため。

問３　トースターの庫内の金属の天井《てんじょう》を以下の図のように、平らではなく丸い形にしている製品もあります。天井を丸い形にすることで、どのような利点があると考えられますか。その利点について説明しなさい。

トースターを横から見た図

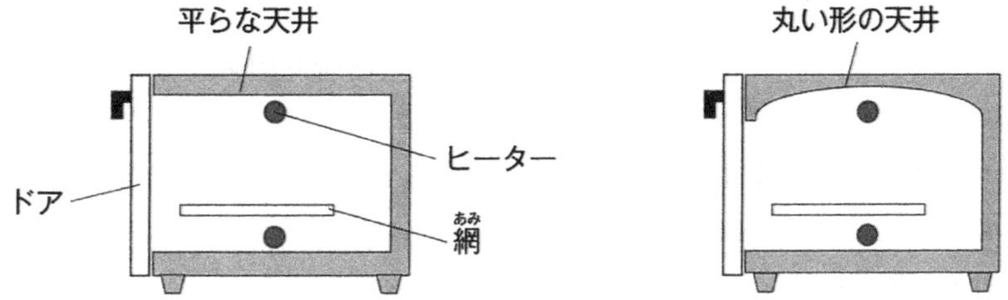

問４　下線部②について、実際にはパンの中まであたたまっています。中まであたたまる理由について正しいものを次のア～オから１つ選び、記号で答えなさい。

ア　パンの中の空気があたためられて膨張《ぼうちょう》するから。
イ　パンのまわりのあたためられた空気がパンの中にまで入りこむから。
ウ　パンの表面であたためられた水分の熱が冷たい内側へと移動していくから。
エ　パンの中の冷たい水分があたためられた表面へと移動していくから。
オ　パンをあたためると、パンの中の冷たい水分がぬけていくから。

下線部③について、デンプンは、たくさんのブドウ糖が同じ距離《きょり》、同じ角度で結合して、**図２**のような「らせん構造」をしています。ヨウ素デンプン反応は、デンプンのらせん構造の中にヨウ素が入りこむことで、デンプンがむらさき色に見える現象です。デンプンには**図３**のように枝分かれのないアミロースと、枝分かれのあるアミロペクチンがあります。

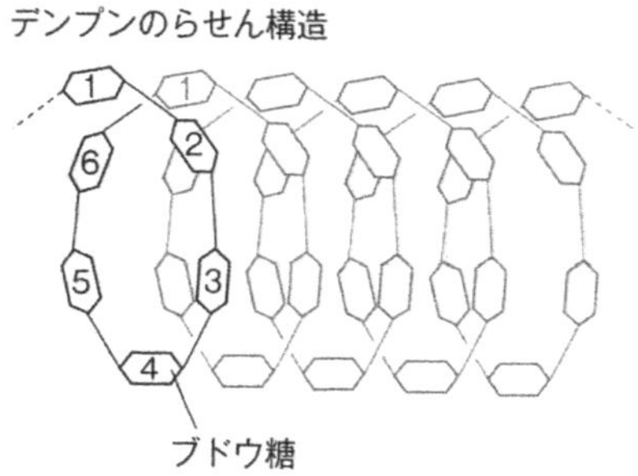

図２

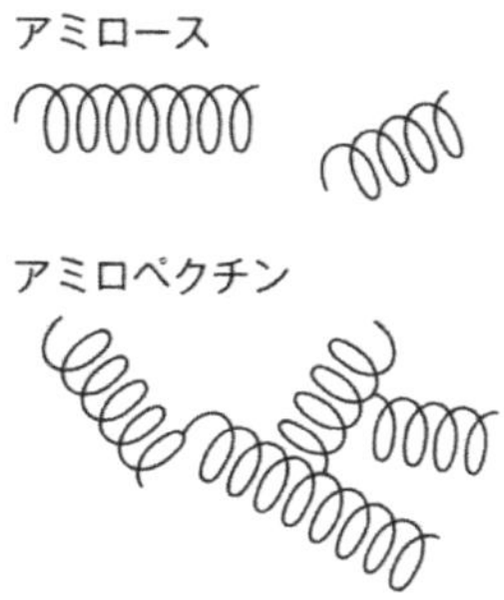

図３

問５　デンプンは、**図２**のようにブドウ糖６個で１回転するようならせん構造をしています。連続した３つのブドウ糖がつくる角度は、およそ何度になりますか。

問６　アミロペクチンは、**図４**のようにブドウ糖の５個ある結合の手のうち、１番と４番を使ってらせん構造をつくり、１番と５番を使って枝分かれをつくっています。その構造を調べるために、アミロペクチン中のブドウ糖で結合していないすべての手に**図５**の例のようにカバーをします。次に、１番と４番、１番と５番の結合を切って、アミロペクチンをすべてばらばらにして、「カバー付きブドウ糖」にします。ただし、結合を切るときにカバーされた手は変化せず、カバーが付いたままになります。**図６**のアミロペクチンからは何種類の「カバー付きブドウ糖」ができることになりますか。

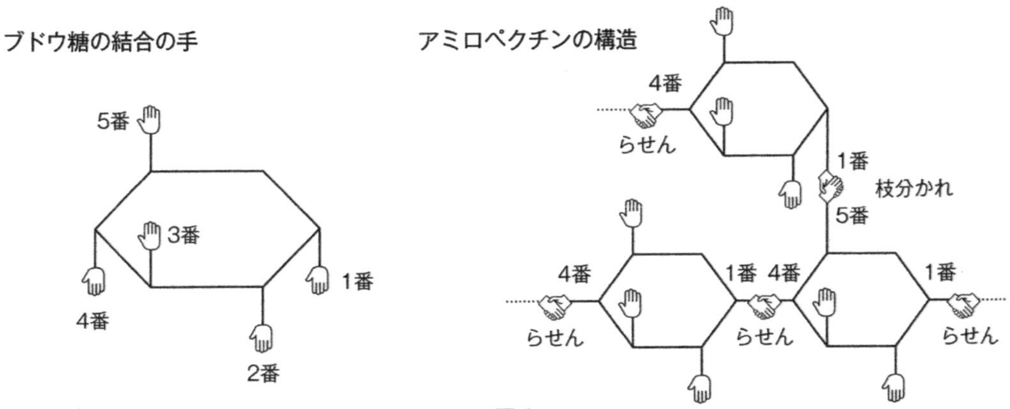
ブドウ糖の結合の手
5番
3番
1番
4番
2番
アミロペクチンの構造
4番
らせん
1番
枝分かれ
5番
4番
1番
4番
1番
らせん
らせん
らせん

図4

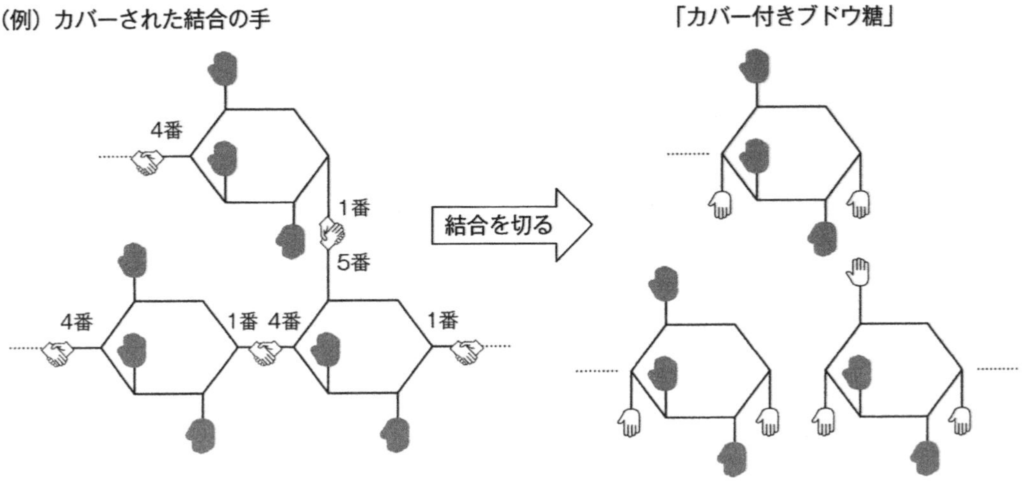
(例) カバーされた結合の手
4番
1番
5番
4番
1番
4番
1番
結合を切る
「カバー付きブドウ糖」

図5

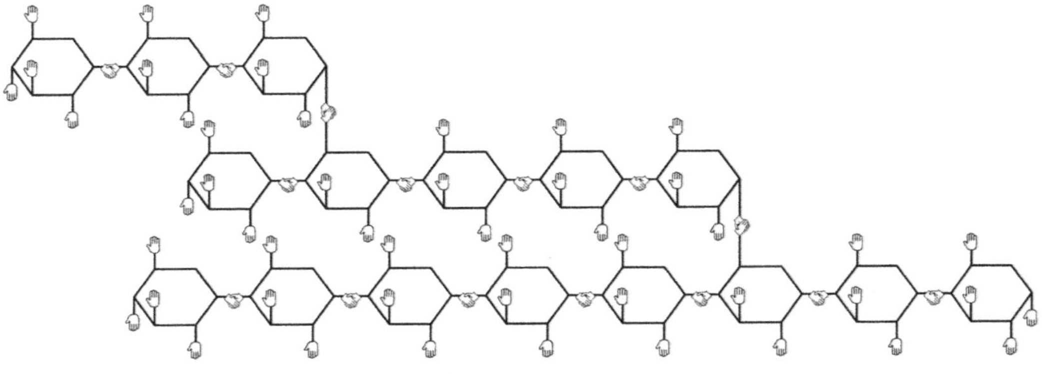

図6

社会　令和２年度　渋谷教育学園渋谷中学校入学試験問題　(30分)

注
・答えはすべて解答らんにおさまるように記入して下さい。
・字数の指定がある問題については、次の①と②に注意して下さい。
①句点（「。」）や読点（「、」）は、それぞれ１字として数えます。
②算用数字を用いる場合は、数字のみ１マスに２字書くことができます。

例１）「２０２０年」と書く場合

20	20	年

例２）「３６５日」と書く場合

36	5	日

または

3	65	日

1　以下は、2019年の２学期最初の中学１年生社会科の授業での渋谷先生（以下先生）、教子、育夫の３人の会話です。この会話文を読み、下記の問いに答えなさい。

先生：１学期の終わりに参議院議員選挙がありましたね。君たちにはまだ選挙権はないですが、選挙はこれからの日本の在り方に対する国民の意見を聞く重要な機会です。選挙権を持ったときにあわてて考え始めたりしないように、今からちゃんと政治に注目しておかないといけませんね。

教子：はい、各政党や候補者の意見も新聞でチェックしていました。

先生：それは素晴らしい。

育夫：でも、先生、選挙になると、いつも「一票の格差」が問題になりますよね。たしか、[a] 裁判所からもこの問題をなんとかすべきだという見解が出されたと思いますが。

先生：よく勉強していますね。では、「一票の格差」とはどんな問題なのか少し説明してみましょう。参議院の場合、全国区での比例代表選挙と、おおむね都道府県を単位とした選挙区選挙を採用してきました。そして、その選挙区内での有権者の数と議員定数の割合が、選挙区によって大きく異なることがあるのです。それによって、例えばある選挙区では1000票を獲得して落選した候補者がいる一方で、別の選挙区では500票で当選する候補者が出てしまうということが起きます。これはつまり、前者の選挙区と比較して、後者の選挙区での投票（一票）には、【　A　】ということになりますね。

教子：それは問題だと思います。[b] 憲法で保障されている基本的人権にも反していると思います。

先生：そうですね。だからこそ、裁判所も正すように判断を下したのです。

育夫：たしか参議院では合区の導入も含めた定数変更がなされましたよね。

先生：そうです。育夫君もよく知っていますね。2016年の参議院議員選挙より合区が導入される新制度となり、選挙区の定数是正が行われました。従来の都道府県を単位とした選挙区のうち、定数が増加したものがある一方で、初めて合区が導入されたのです。

この表（２ページ）は、このときの定数是正の一覧を示したものです。

この表を見ると、どの選挙区も増減は２ずつですね。前々回の定数是正も、そのさらに前の是正も増減は２ずつだったんですよ。そして、どの選挙区も必ず定数は偶数になっているんですが、どうしてでしょうか。

教子：そうか、参議院の場合、定数を偶数にしているのは、［　あ　］からなんですね。

先生：そうです。これも参議院の特徴ですね。

ところで、今回の選挙の投票率（選挙区）は、戦後２番目の低さだったそうです。

これは大きな問題です。私たち国民が、国の政治に関わる組織のうちでその構成員を直接選ぶことができるのは、三権をつかさどるもののうち（　①　）だけです。だからこそ（　①　）は「（　②　）の最高機関」と呼ばれているのです。

そもそも、政治権力はとても大きな力を持っているために、この力を悪用されないようにしておかなくてはいけません。そのことを定めているのが憲法です。政治権力を憲法によって制限して、憲法に基づいて政治が行われるという考え方を（　③　）と呼びます。近代においてこの

（　③　）の考え方を明確にしたのが「フランス人権宣言」です。これは1789年に始まったフランス革命のさなかに表明されました。その100年後に、アジアで（　④　）が制定されました。このように政治に対する基本的な考え方は、数百年にわたる伝統に基づいているのです。このことを忘れないようにしないといけません。

育夫：はい、僕も18歳になったら必ず投票に行こうと思います。

先生の示した表

合区を含む選挙区の定数是正　［平27］（10増10減）

《増員区》	北海道　4→6　東京都　10→12　愛知県　6→8 兵庫県　4→6　福岡県　4→6
《減員区》	宮城県　4→2　新潟県　4→2　長野県　4→2
《合　区》	鳥取県および島根県　2　徳島県および高知県　2

参議院HP「参議院議員選挙制度の変遷」より作成

問１　会話文中の下線部［a］について、裁判所の判断に対応して、制度の変更を決定すべき組織として、正しいものを次のア～オより１つ選び、記号で答えなさい。

ア．国会　　イ．裁判所　　ウ．都道府県議会　　エ．内閣　　オ．選挙管理委員会

問２　会話文中の【　Ａ　】に当てはまる文として、正しいものを次のア、イより選び、記号で答えなさい。

ア．２倍の価値がある
イ．２分の１の価値しかない

問３　会話文中の下線部［b］について、下記の問いに答えなさい。

(1)「一票の格差」の問題は、憲法で保障されている基本的人権のうちの「何権」に反していると考えられるか、答えなさい。

(2)「一票の格差」の問題と同様の問題と考えられる事例を、これまでにあった出来事を記した次の文章ア～エより１つ選び、記号で答えなさい。

ア．フランチャイズ制のコンビニエンスストアの店主たちが、経営面で同じような問題を抱えている店主たち合同での話し合いを運営会社に対して求めたが、実現しなかったため、訴訟を起こそうとした。

イ．薬局を開こうとした人が県に営業申請をしたところ、他の薬局から100m離れていなければならないことを定めた薬事法や、県の条例を理由に許可されなかったため、訴訟を起こした。

ウ．ある会社で、男性は「総合職」女性は「一般職」に分けるコース別人事制度をとっていたことに対して、不合理な男女差別だとして、女性社員たちが訴訟を起こした。

エ．生活保護を受けていた人が、保護基準が「健康で文化的な最低限度の生活」の保障に十分ではないため、保護基準を上げるように主張して訴訟を起こした。

問４　会話文中の教子の発言の空らん［　あ　］に当てはまる語句（文）を答えなさい。

問５　会話文中の空らん（　①　）～（　④　）に当てはまる語句を答えなさい。

2　以下の文章と**【史料Ａ～Ｅ】**を読み、問いに答えなさい。

いつの時代にもその当時の人々にとって驚きの出来事がありました。そうした出来事は様々な形で記録されることで現在に伝わっています。過去の出来事を記録した史料を通して、驚きの出来事やその影響について考えてみましょう。

【史料Ａ】

中大兄は、子麻呂らとともに不意に剣で入鹿の頭と肩を切り裂いた。入鹿は驚いて起き上がった。子麻呂は剣をぬいて、入鹿の足を切りつけた。入鹿は椅子に転がりながらたどりつき、床に頭をつけて「まさに天皇の位にあるべきは天の子です。私に罪はありません。詳しい調査を望みます」と申し上げた。①天皇は大いに驚き、中大兄に対して「私は（事情を）知らない。何でこのようなことになったのか」とおっしゃられた。中大兄は、伏して「入鹿は天皇家を滅ぼし、位を傾けようとしていました。どうして天皇家が入鹿に取って代わられることがあるでしょうか」と申し上げた。

『日本書紀』より

出題者が現代語に改めた。

問１　文中の下線部①の天皇は誰か。次のア～エより１つ選び、記号で答えなさい。

ア．桓武天皇　　イ．皇極天皇　　ウ．聖武天皇　　エ．推古天皇問２　この出来事が起きた場所を次の地図中ア～エより１つ選び、記号で答えなさい。（府・県境は現在のものを表している。）

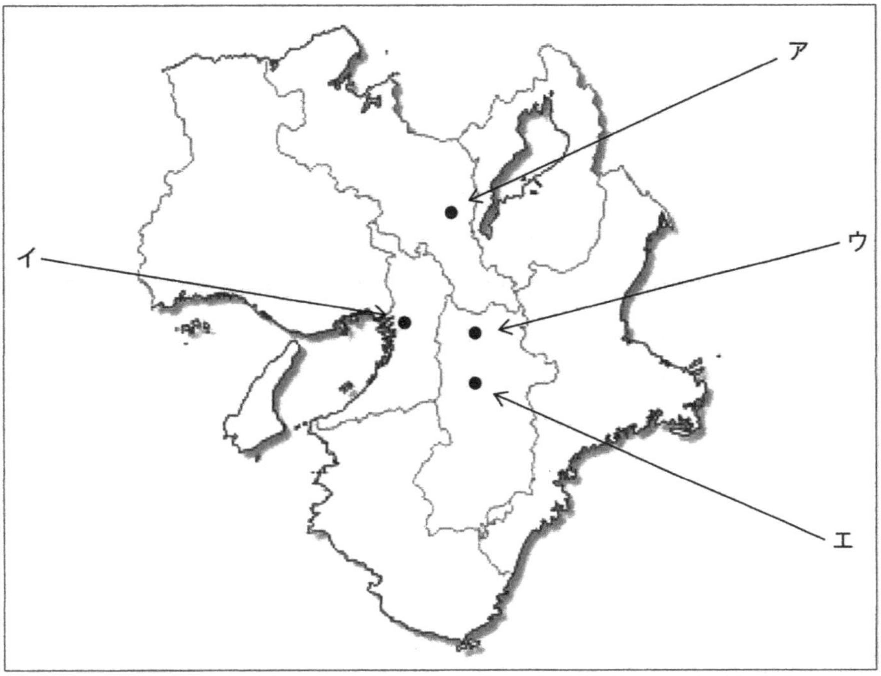

問３　この出来事を機に大化の改新と呼ばれる新しい政治が始まりました。大化の改新の政策としてふさわしいものを次のア～エより１つ選び、記号で答えなさい。

ア．遣隋使として小野妹子を中国に派遣した。

イ．蝦夷を征討するために坂上田村麻呂を征夷大将軍に任命した。

ウ．戸籍・計帳・班田収授の法をつくることを命じた。

エ．天皇を補佐する摂政・関白が政治の実権を握るようになった。

【史料B】

その翌日、良沢の家に集まり、前日のことを語り合い、まずあの『ターヘルーアナトミア』の書にむかった。しかしまことに艪も舵もない船で大海に乗り出したようで、茫洋として寄りつくところもなく、ただ、あきれにあきれているだけであった。

しかし良沢はかねてからこのことに心懸け、[　　　　]まで行って、オランダ語ならびにその文章や言葉のつながりのことを少しだが聞き習った人であったことと、歳も②私よりも十歳年長の先輩であったことから、彼を盟主に定め、先生として仰ぐことにした。②私はそのときまで二十五文字さえ習わず、急に思い立ったことであったために、だんだんに文字を覚え、オランダのいろいろな言葉を習うことにした。

酒井シヅ『すらすら読める蘭学事始』(講談社)より。原著は『蘭学事始』

問4　文中の下線部②は誰か。氏名を答えなさい。

問5　文中の空らん[　　　　]にあてはまる地名を答えなさい。

問6　『ターヘルーアナトミア』の翻訳は、この後、ある分野の発展に大きく貢献することになりました。その分野としてもっとも関係が深いものを次のア〜エより1つ選び、記号で答えなさい。

ア

イ

ウ

エ

【史料C】

「泰平のねむりをさます正（上）喜撰　たった四はいで夜もねられず」

『新編史料日本史』（とうほう）より

問７　「正（上）喜撰」はお茶の銘柄を表し、「蒸気船」の意味にもなっています。この蒸気船が来航した場所を次の地図中のア～オより１つ選び、記号で答えなさい。

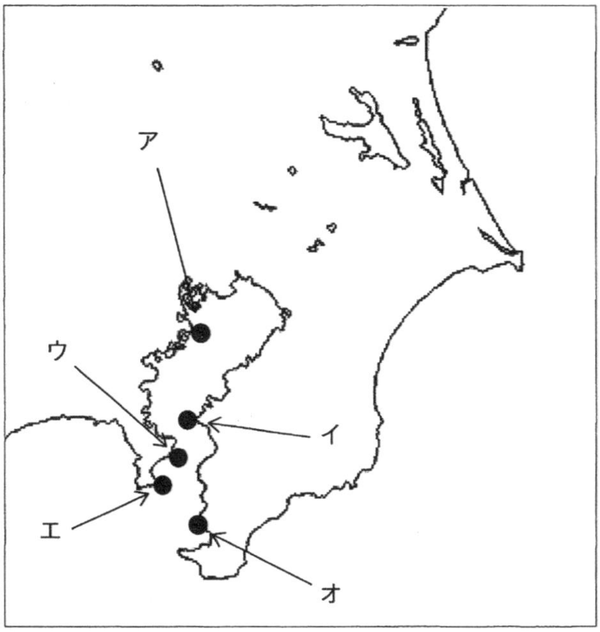

令和二年度

国語解答用紙

渋谷教育学園渋谷中学校

受験番号　　番

氏名

※らんには記入しないこと

合計得点 ※

※100点満点
（配点非公表）

一

問一

①

②

③

ましい

④

※

問二

問三

問四

問五

※

問六

※

問七

※

(4) 式・考え方

答え

cm^3

※

受験番号						番	氏名	

得点合計	※ ※100点満点 (配点非公表) 点

令和２年度　**算数解答用紙**　渋谷教育学園渋谷中学校

※欄には記入しないこと。

4

(1)	cm³	(2)	cm³
(3)	式・考え方 答え		

答え

円以上　　円以下

※

2

(1)	秒後	(2)	回	(3)	秒	秒	秒	秒	秒	秒	秒

※

3

(あ)	(い)	(う)	(え)	
(お)	(か)	(き)	(く)	(け)

※

受験番号						番	氏名	

2

問1						
問2	(ア)		(イ)		(ウ)	
問3						
問4						
問5	およそ　　　　　　度					
問6	種類					

※

受験番号						番	氏名	

得点合計	※ ※50点満点 (配点非公表)　点

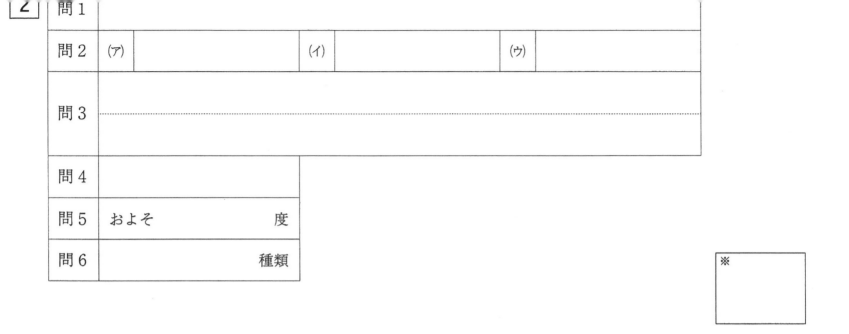

問2	(A)	あ		い		う	
		地図		雨温図			
	(B)	え		お		か	
		地図		雨温図			
	(C)	き		く		け	
		地図		雨温図			

※

※

※

※

※

※

4

※

受験番号						番	氏名	

得点合計	※ ※50点満点 (配点非公表)　点

令和２年度　**社会解答用紙**　渋谷教育学園渋谷中学校

※欄には記入しないこと。

1

問１		問２			※
問３	(1)		(2)		※
問４					※
問５	①		②		※
	③		④		※

2

問１		問２		問３				※
問４		問５						※
問６		問７		問８		問９	月　日	※
問10		問11						※
問12								
								※

【解答

令和２年度　　# 理科解答用紙　　渋谷教育学園渋谷中学校

※には記入しないこと。

1

問１						
問２	(ア)	小さく　・　大きく				
	(イ)	小さく　・　大きく				
問３						
問４						
問５						
問６						
問７	(ア)		(イ)		(ウ)	
	(エ)		(オ)		(カ)	

※

【解答

令和２年度　**算数解答用紙**　渋谷教育学園渋谷中学校

※欄には記入しないこと。

1

(1)		(2)		(3)	cm²
(4)	通り	(5)	分　秒		
(6)	式・考え方				

【解答

二

問一

①　み

②

③

④

問二

問三

問四

問五

問六

問七

※

※

※

※

※

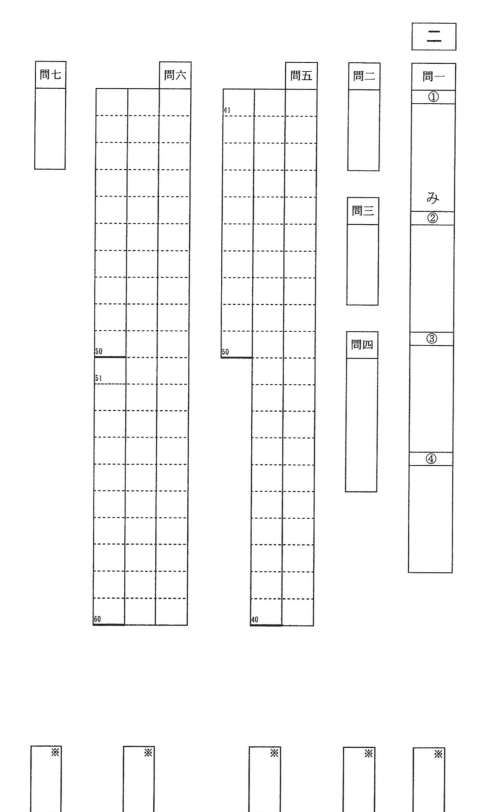

問８　**【史料C】**で詠まれた出来事が起きた時期を次の年表中ア～オより１つ選び、記号で答えなさい。

↓・・・(ア)
水野忠邦が上知令を出した。
↓・・・(イ)
択捉島以南が日本領となった。
↓・・・(ウ)
日本の関税自主権を否定した。
↓・・・(エ)
幕府が朝廷に政権を奉還した。
↓・・・(オ)

【史料D】

□月□日、帝都に一大事件が突発した。二十余名の陸海軍青年軍人が数隊に分れ、その主力は午後五時過ぎ首相官邸に闖入して犬養首相を狙撃し、他は警視庁、日本銀行、政友会本部を襲うてピストルを発射し爆弾を投じ、首相は午後十一時過ぎ遂に絶命せられた。

齋藤隆夫『回顧七十年』（中央公論新社）より

問９　文中の空らんに入る月日を本文にならって漢数字で答えなさい。

問10　**【史料D】**の事件は1930年代の出来事でした。次の1930年代の出来事Ⅰ～Ⅲを、時代の古い順に並べ替えたものとして正しいものを次のア～カより１つ選び、記号で答えなさい。

Ⅰ　日本に対する勧告案に反発して、国際連盟の脱退を通告した。
Ⅱ　世界恐慌の影響を受けて、日本でも深刻な不況が始まった。
Ⅲ　満州鉄道の爆破を機に、日本と中国の軍事衝突が起こった。

ア．Ⅰ→Ⅱ→Ⅲ　　イ．Ⅰ→Ⅲ→Ⅱ　　ウ．Ⅱ→Ⅰ→Ⅲ　　エ．Ⅱ→Ⅲ→Ⅰ
オ．Ⅲ→Ⅰ→Ⅱ　　カ．Ⅲ→Ⅱ→Ⅰ

【史料E】

このころ*1情報局*2は米・英語（カタカナ語）、ジャズなど米・英音楽（約一〇〇〇曲）を敵性ものとして追放した。パーマネントが電髪、レコードは音盤、サッカーが蹴球、ド・レ・ミがハ・ニ・ホ、雑誌の『サンデー毎日』を『週刊毎日』、③野球の審判用語ではストライクを「よし一本」、アウトが「それまで」、と数えあげれば小辞典ができる。デリケッセンというレストランが京都にあったが、「出里決戦」と変わっていたのには驚いた。

敵性音楽というのは「ダイナ」「アラビアの唄」「オールド・ブラック・ジョー」「アロハ・オエ」などで、喫茶店、飲食店からの追放、放送番組から締め出された。レコード盤も回収され、残った洋楽は□、□、フランスの音楽が中心になった。

奥村芳太郎『学徒の青春』（角川書店）より

＊1このころ…学徒出陣が行なわれた1943年あたりを指す。
＊2情報局…言論・出版・文化の取り締まりを行った内閣直属の機関。

問11　文中の空らん□、□にあてはまる国の首都を、次の第二次世界大戦前の地図中のア～クより2つ選び、記号で答えなさい。

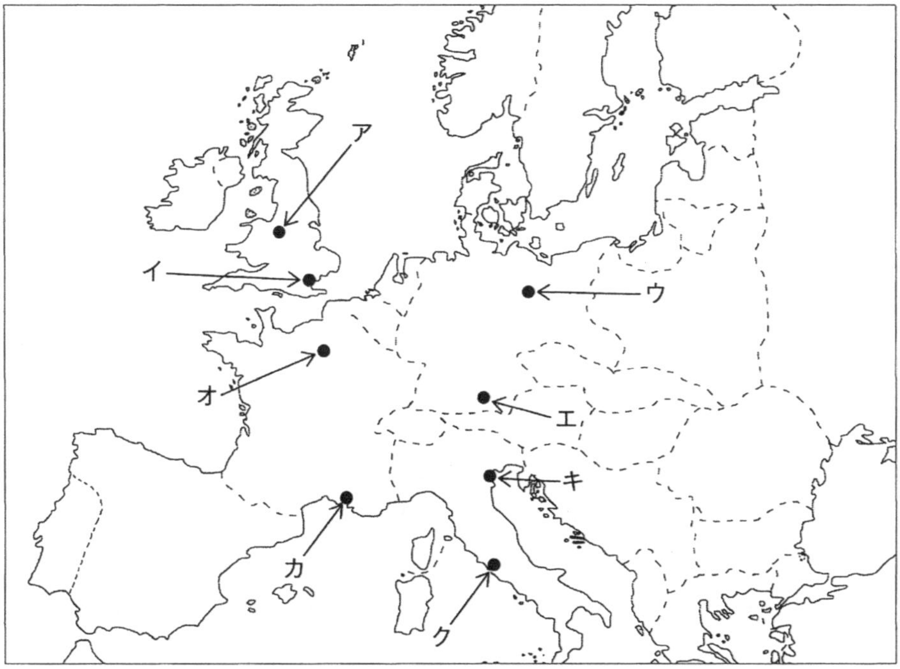

問12　下線部③に関連して、情報局による敵性ものの言葉が追放される以前に、プロ野球では、1940年に外国人選手の名前や英語のチーム名を日本語名に改めており、1943年には下線部③のような英語の野球用語の使用が禁じられました。

このように1940年には、すでに英語の使用が避けられており、日本国内でイギリスやアメリカに対する感情が悪化していることが分かります。その背景を説明しなさい。

問題は次のページに続きます。

3　以下の問いに答えなさい。

問１　昨年７月に実施された第25回参議院議員選挙について述べた、以下の文章中の（　あ　）～（　う　）に適する語句を答えなさい。ただし、（　あ　）はアルファベット３文字で答えること。

既成政党と比較して資金等が限られている新しい政党が、特にTwitterやYouTubeに代表される（　あ　）を利用し、有権者へ動画や情報の拡散をよびかけました。これは（　い　）を活用した選挙戦ができるようになったからです。今回の比例区では重度障害者が当選し、国会議事堂の（　う　）を促したことでも注目されました。

問２　次の表は第25回参議院議員選挙において、都道府県別の選挙区の投票率（％）を高い順に並べたものです。以下の文章（A）～（C）は、表中の（A）～（C）について述べたものです。文中の（　あ　）～（　け　）に当てはまる語句を答え、また、（A）～（C）に当てはまる都道府県を白地図中のア～カより選び記号で答え、さらに（A）～（C）の都道府県の県庁所在地にあてはまる雨温図を①～③より選び記号で答えなさい。（農産物のデータは、すべて2017年）

	投票率
（A）	60.74
岩手県	56.55
秋田県	56.29
新潟県	55.31
（B）	54.29
島根県	54.04
（C）	53.76
福島県	52.41
愛媛県	52.39
滋賀県	51.96
東京都	51.77
三重県	51.69
山梨県	51.56
宮城県	51.17
岐阜県	51.00
大分県	50.54

	投票率
静岡県	50.46
和歌山県	50.42
鳥取県	49.98
奈良県	49.53
沖縄県	49.00
神奈川県	48.73
大阪府	48.63
兵庫県	48.60
群馬県	48.18
愛知県	48.18
福井県	47.64
山口県	47.32
熊本県	47.23
石川県	47.00
富山県	46.88
埼玉県	46.48

	投票率
京都府	46.42
高知県	46.34
鹿児島県	45.75
長崎県	45.46
香川県	45.31
千葉県	45.28
佐賀県	45.25
岡山県	45.08
茨城県	45.02
広島県	44.67
栃木県	44.14
青森県	42.94
福岡県	42.85
宮崎県	41.79
徳島県	38.59
計	48.80

「総務省発表データ」より作成

（A） 盆地での果樹栽培が盛んであり、西洋なしや（　あ　）の生産は第１位である。日本三大（　い　）の１つである（　う　）川が流れ、１つの都府県のみを流域とする河川としては最長である。

（B） 盆地での果樹栽培が盛んであり、（　え　）の生産は青森県に次いで第２位である。秩父山地を源とする（　お　）川が流れ、北に隣接する県に入ると（　か　）川と呼称が変わる。

（C） 南東部に広がる平野では畑作が盛んで、特に葉や搾りかすを家畜の餌にする（　き　）の国内生産は100％である。中央部を（　く　）川が流れ、中流から下流に広がる平野では泥炭地に客土を施し、水田地帯となっている。かつては（　け　）の激しい川であったが、近年改修されて短縮したものの、第３位の長さである。

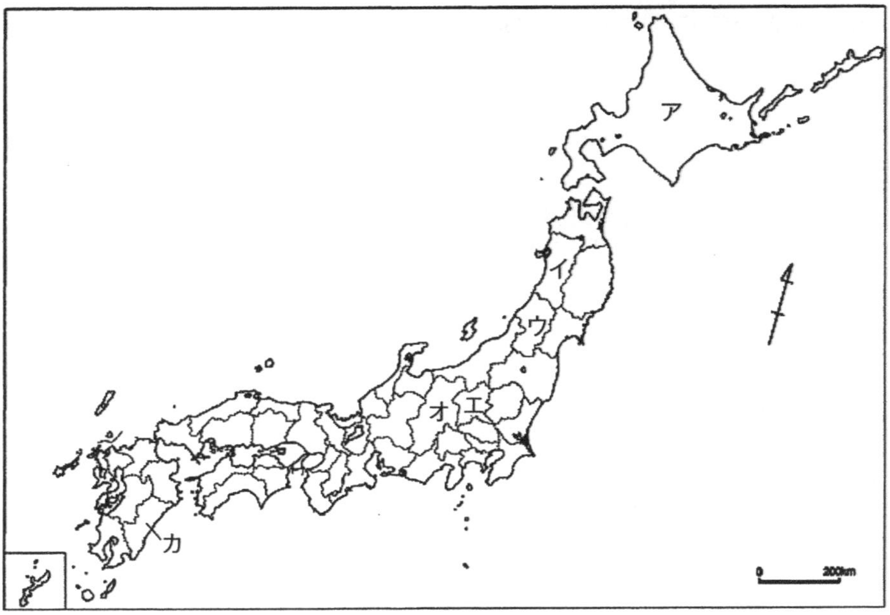

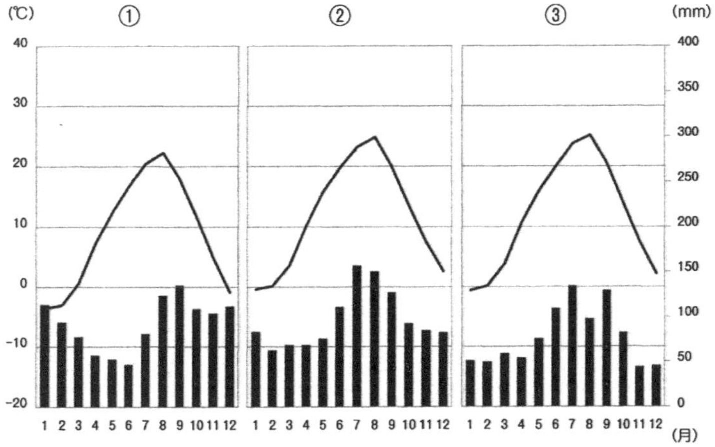

『地理データファイル2019年度版』（帝国書院）より作成

4 　近年、以下の図のようなサービスが提供されるようになりました。このようなサービスが提供されるようになった社会背景を、「人口動態調査」、「日本の年齢別人口構成の推移」を参考にし、100字以内で説明しなさい。ただし、解答に際しては以下の指定された【語句】を必ず使うこと。【語句】は何度使ってもよいが、使った【語句】を丸で囲みなさい。

https://www.e-shinbun.jp（一部改変）

【語句】
医療　　団塊

「人口動態調査」

西暦	平均初婚年齢		合計特殊出生率	世帯数（万世帯）	
	女性	男性		核家族世帯数	単身世帯数
1960年	24.4	27.2	2.00	−	389
1965年	24.5	27.2	2.14	1,424	463
1970年	24.2	26.9	2.13	1,703	554
1975年	24.7	27.0	1.91	1,930	599
1980年	25.2	27.8	1.75	2,132	640
1985年	25.5	28.2	1.76	2,274	685
1990年	25.9	28.4	1.54	2,415	845
1995年	26.3	28.5	1.42	2,400	921
2000年	27.0	28.8	1.36	2,694	1,099
2005年	28.0	29.8	1.26	2,787	1,158
2010年	28.8	30.5	1.39	2,910	1,239
2015年	29.4	31.1	1.45	3,032	1,352

厚生労働省「人口動態調査」より作成

（注） 平均初婚年齢：はじめて結婚して同居を始めた年齢の平均。
合計特殊出生率：15～49歳までの女性の年齢別出生率の合計。
核家族：次の①～③のいずれかからなる家族。
①夫婦とその未婚の子女
②夫婦のみ
③父親または母親とその未婚の子女
単身：一人暮らしであること。

「日本の年齢別人口構成の推移」

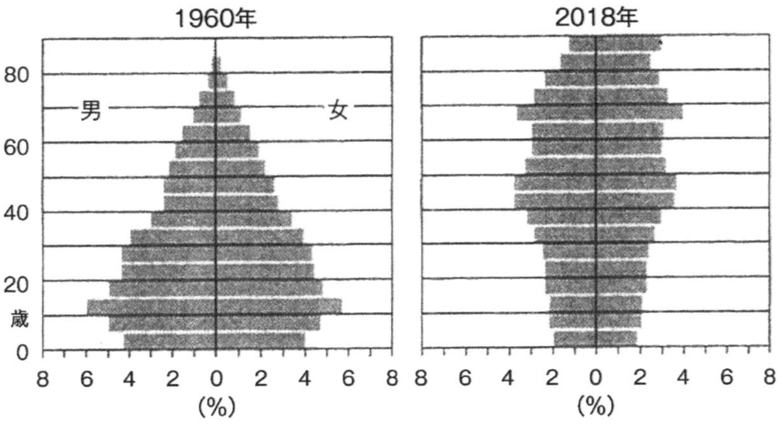

『データブック　オブ・ザ・ワールド2019年版』（二宮書店）より、一部改変

〔問題は以上です。〕

2020(R2) 渋谷教育学園渋谷中　第１回
K 教英出版